本书得到国家自然科学基金项目（项目编号：71764027）、广西高校中青年教师科研基础能力提升项目（项目编号：2020KY22018）和桂林旅游学院"旅游管理"广西一流学科（培育）建设项目资助

低碳旅游研究

章杰宽　张　燕　著

科学出版社

北　京

内 容 简 介

本书旨在综合运用经济学、管理学、地理学和社会学等研究方法分析当前以及未来低碳转型战略实施背景下，旅游可持续发展的若干重要理论和实践问题。本书的主要研究内容包括碳税与旅游发展，碳市场与旅游发展，气候政策与旅游研究，低碳旅游系统与评价，旅游、经济、能源与碳排放，旅游与低碳发展的元分析六个方面。

本书适合环境经济学、环境地理学、旅游管理学和旅游地理学等领域的高等院校师生、科研人员以及相关的政府管理人员和企业经营管理者阅读。

图书在版编目（CIP）数据

低碳旅游研究/章杰宽，张燕著. —北京：科学出版社，2023.8
ISBN 978-7-03-076186-6

Ⅰ. ①低… Ⅱ. ①章… ②张… Ⅲ. ①旅游业发展－节能－研究－中国 Ⅳ. ①F592.3

中国国家版本馆CIP数据核字（2023）第152945号

责任编辑：石　珺 / 责任校对：郝甜甜
责任印制：赵　博 / 封面设计：无极书装

科学出版社出版
北京东黄城根北街16号
邮政编码：100717
http://www.sciencep.com
北京建宏印刷有限公司印刷
科学出版社发行　各地新华书店经销
*
2023年8月第 一 版　开本：720×1000 1/16
2024年9月第三次印刷　印张：17 1/2
字数：324 000
定价：138.00元
（如有印装质量问题，我社负责调换）

作者简介

章杰宽

江苏沭阳人,于陕西师范大学旅游与环境学院和西北历史环境与经济社会发展研究院分别获得管理学学士学位、管理学硕士学位和历史学博士学位。现为桂林旅游学院-中国旅游研究院东盟旅游研究基地特聘教授。主要研究方向包括系统科学与可持续旅游、低碳旅游、旅游经济学、历史旅游地理等。主持完成国家自然科学基金地区项目2项,参与国家社会科学基金项目、教育部人文社会科学研究规划基金项目、国家民委民族研究项目等省部级以上科研项目多项。出版专著两部,以第一作者(兼通信作者)或独立作者身份在"*Annals of Tourism Research*""*Climate Policy*""*Current Issues in Tourism*""*Journal of Environmental Planning and Management*""*Tourism Management Perspectives*""*Sustainable Development*""*Journal of Hospitality and Tourism Management*""*Tourism Economics*""*Journal of Cleaner Production*",以及《系统工程理论与实践》《中国管理科学》《管理评论》《中国人口·资源与环境》《地理研究》《旅游学刊》《经济管理》等国内外权威学术期刊发表学术论文70余篇,其中SCI/SSCI源刊论文40篇。现为国家自然科学基金通信评审专家,近30个国内外高水平学术期刊审稿人。

张 燕

河南邓州人,于新疆大学法学院和甘肃政法大学法学院分别获得法学学士和法学硕士学位。现为桂林旅游学院旅游管理学院讲师和广西某律师事务所兼职律师。其主要研究方向包括旅游政策与法规、可持续旅游、低碳旅游等。现主持完成广西高校中青年教师科研基础能力提升项目一项，参与国家自然科学基金项目一项，以第一作者身份在"*Journal of Cleaner Production*"《旅游学刊》《中国生态旅游》《旅游导刊》《旅游研究》等刊物发表学术论文多篇，以参与作者身份在 SCI/SSCI 期刊发表学术论文十余篇。

前　言

气候变化以及节能减排是全球热议的论题。低碳已经成为国内外主要国家和地区可持续发展的最基本指标。旅游业作为全球经济持续增长和包容性发展的主要驱动力，在全球以及区域低碳发展中正发挥着越来越重要的作用，低碳旅游研究已经逐渐成为旅游学者持续关注的热点领域。

本书旨在通过综合运用经济学、管理学、地理学和社会学等研究方法，探讨由二氧化碳排放引起的气候变迁背景下的旅游适应性，分析当前以及未来低碳转型战略实施下，低碳旅游的若干重要理论和实践问题。

本书首先关注了气候政策对旅游的影响。根据对国内外研究文献的梳理发现，当前的低碳旅游研究学者们较多关注旅游碳计量以及气候变迁对旅游的影响。但是从实践的角度来看，单纯的碳计量并不能引起旅游管理者和经营者的注意，因为碳排放本身不会直接给旅游增加额外的负担或者成本，并且气候变迁对旅游业的影响存在长期性，旅游管理者和经营者对气候变迁更多的是适应，而不能主动地改变气候变迁以维护自身利益。与碳计量和气候变迁不同，气候政策对旅游业的影响是显而易见的。基于遏制或减缓气候变迁的气候政策可通过给经济产业带来额外的经济成本而规范和约束经济主体的行为。因此，关注气候政策对旅游产业的影响具有极强的实践意义，因为这可以让旅游经营者清楚地认识到旅游企业会受到的具体影响。气候政策对旅游业的影响同样具有极强的理论性，因此也有必要厘清背后的影响机制。基于这样的背景，本书探讨了碳税和碳交易市场这两个全球最主要的气候政策对旅游产业的经济和环境影响，不仅清晰地向业界证实气候政策对旅游的显著影响，同时也向学术界呈现了这些影响背后的机制。本书研究结果表明，旅游管理者和经营者必须正视碳税政策和碳交易市场对我国旅游业的影响，加快旅游产业的低碳转型，从而服务于自身的可持续发展以及国家和全球的低碳战略。本书还指出，气候政策和旅游发展有必要且应该是未来旅游研究尤其是低碳旅游研究的重要研究方向。

其次，从系统论的角度对低碳旅游系统做了全面、深入的研究。旅游目的地的低碳发展不仅是旅游业的工作，还需要旅游目的地所有相关要素的共同努力，而这同样是当前旅游研究中被忽视的内容。为此，本书以城市旅游地为实证对象，界定了低碳旅游系统的关键变量和辅助变量，并模拟了不同发展情景下的旅游地低碳旅游系统的演变。研究成果可以极大地提升有限资源约束下的城市旅游地的低碳管理效率。此外，本书还面向城市旅游目的地构建了低碳旅游发展水平评价模型，无论是在指标体系还是在权重设定方面都做出了较多的原创性工作。

最后，从整体性视角关注了旅游在低碳经济环境系统中的作用。本书识别了旅游对于区域经济增长、二氧化碳排放、能源消耗以及可再生能源利用的因果影响，反过来也探讨了相关经济环境变量对可持续发展的影响。研究结果表明旅游对区域低碳发展绩效有显著的影响，而这些影响除了旅游本身的作用，还包括旅游与经济、技术以及可再生能源利用的组态效应。此外，这些影响表现出非常明显的异质性，体现在不同的分析周期、旅游地类型和样本特征。这对于未来的相关研究以及实践具有非常重要的指导意义。

本书的研究和写作得到了许多同行的支持和帮助。要特别感谢南京大学章锦河教授、南京大学张宏磊副教授、南京师范大学侯国林教授、南京师范大学曹芳东教授、江苏师范大学陶玉国教授、北京第二外国语学院唐承财教授、青岛大学肖建红教授、青岛大学郭永锐教授、浙江工业大学赵磊教授、中南大学粟路军教授、湖南工商大学麻学锋教授、湖南工商大学生延超教授、山西财经大学程占红教授、四川大学查建平教授、中山大学陈钢华教授和黄山学院朱国兴教授等专家学者。在与上述专家学者的交流中学习甚多，开阔了研究视野，丰富了研究方法。

同时感谢桂林旅游学院程道品校长、林伯明副校长、钟泓副校长、李永强副校长、科研处卢小金处长、发展规划处张坚处长、图书馆周弥馆长、图书馆翟青青老师、广西旅游科学研究所梁业章教授（所长）、中国旅游研究院东盟旅游研究基地张海琳教授等领导和好友对本书的大力支持。

本书的研究得到了国家自然科学基金项目（编号：71764027）、广西高校中青年教师科研基础能力提升项目（编号：2020KY22018）和桂林旅游学院"旅游管理"广西一流学科（培育）建设项目的支持。作者对上述机构和基金的资助与支持表示由衷的感谢！

希望本书的出版，一方面可以丰富环境经济学和旅游学的研究方法、内容和领域；另一方面也可以彰显旅游学科的应用型特色，同时对低碳旅游这一新兴研究领域和我国的低碳旅游事业实践做出有意义的贡献。

由于作者学识有限，书中难免存在不足之处，恳请广大专家学者和读者提出宝贵意见，可发送至 zhangjiekuan@126.com。

作者

2022 年 12 月

目 录

前言

第 1 章 碳税与旅游发展 ·················1
1.1 碳税与旅游排放 ··················2
1.2 碳税与旅游能源消耗 ··············16
1.3 碳税与旅游经济发展 ··············25
1.4 碳税、经济不确定性和旅游 ········33
1.5 碳强度目标政策下的旅游经济动态变迁 ········58

第 2 章 碳市场与旅游发展 ·············76
2.1 引言 ··························76
2.2 ETS 的工作机制 ················78
2.3 文献综述 ······················81
2.4 研究方法 ······················82
2.5 实证结果 ······················87
2.6 稳健性检验 ····················90
2.7 机制分析 ······················92
2.8 结论、讨论和对策分析 ············96

第 3 章 气候政策与旅游研究 ···········99
3.1 引言 ························99
3.2 文献检索 ····················102
3.3 相关文献梳理 ················104
3.4 文献分析和讨论 ··············108
3.5 未来研究方向 ················112

3.6 小结 ··· 115

第 4 章 低碳旅游系统与评价 ····································· 116
4.1 城市低碳旅游系统仿真研究 ································· 116
4.2 城市低碳旅游地评价研究 ···································· 134

第 5 章 旅游、经济、能源与碳排放 ····························· 153
5.1 文献述评 ·· 154
5.2 中国样本 ·· 161
5.3 东盟样本 ·· 177

第 6 章 旅游与低碳发展的元分析 ································ 200
6.1 文献综述和理论假设 ·· 201
6.2 研究方法 ·· 206
6.3 研究结果 ·· 210
6.4 讨论和启示 ··· 219
6.5 小结 ·· 222

结语 ·· 223

参考文献 ·· 227

附录 ·· 258
附录 1：系统动力学模型的主要方程 ···························· 258
附录 2：模糊德尔菲法结果（ρ=5） ························· 261
附录 3：阈值 ρ 为 3 或 2 的敏感性检验 ····················· 262
附录 4：评价指标之间的相互联系 ······························· 264
附录 5：初始超矩阵 ··· 266
附录 6：各指标得分和数据来源 ·································· 268

第1章 碳税与旅游发展

本章基于一般均衡理论,探讨碳税对我国旅游发展的潜在影响。其中,1.1~1.3节基于可计算一般均衡模型分别讨论碳税对我国旅游业相关的二氧化碳排放、能源消耗和经济发展的影响。1.4节考虑宏观经济环境的不确定性,讨论碳税以及生产率和低碳技术的动态冲击对旅游业相关的二氧化碳排放的影响。同样基于宏观经济环境的不确定性,1.5节探讨不同碳强度目标冲击下,我国旅游相关部门经济的变化。本章涉及的旅游变量有碳排放、碳强度、能源消费、能源强度、就业、需求、生产价格和产出等。

本章结果表明,碳税政策可以对旅游业相关的碳排放产生显著影响。此外,这些影响在不同时间会有显著差异,不同的碳税对旅游业不同部门的影响也大不相同。在能源消耗方面,我国旅游能源消费占全国能源消费的比例将随着时间的推移而增大,碳税对中国旅游化石能源消费、电力消费和能源强度的影响将越来越弱,碳税对电力消费的影响大于对化石能源消费的影响,不同的碳税对能源消费水平和能源强度的影响在不同的旅游部门之间会有很大的差异。在旅游经济方面,结果显示,碳税政策将会显著增加中国旅游业的运营成本。具体而言,碳税政策将会降低旅游业的规模,减少旅游就业人数,减少旅游业对国民经济的贡献,降低旅游需求。同样地,碳税政策对不同旅游经济变量和旅游部门的影响有显著区别,其中对旅游就业的影响最大,对生产价格的影响最小。税率越高对我国旅游业影响越大,但这种影响会随着时间而逐渐削弱。

此外,本章还考察了宏观经济不确定性条件下以及碳强度目标政策下的旅游经济动态。结果表明,生产率冲击具有正向影响,而碳强度目标冲击对旅游业总体经济具有负向影响。此外，外生冲击的影响因旅游部门而异。整体而言，与旅游业有关的运输和住宿部门受到的影响最大。此外，不同的碳强度目标意味着外生冲击效应不同的波动性和持续性。

1.1 碳税与旅游排放

二氧化碳排放是全球气候变化的重要诱因（Cox et al., 2000; Figueroa et al., 2008; Friedlingstein et al., 2006）。为应对气候变化，诸多国家和地区都出台了法律、税收和市场方面的气候相关政策。碳税被认为是遏制二氧化碳排放量增加和防止经济体陷入碳密集型发展模式的有效手段（Dulal et al., 2015; Pereira et al., 2016; Calderón et al., 2016）。在当前建议将碳税作为遏制气候变化工具的背景下，旅游业发展面临着新的挑战。因此，本节以旅游大国中国为案例，研究碳税对旅游相关二氧化碳排放的影响。本节采用的主要研究模型是可计算一般均衡模型（CGE），该模型广泛用于政策模拟。本节的主要贡献是尝试模拟不同碳税对旅游业相关二氧化碳排放水平的影响。此外，本节还调查了不同时期和不同碳税情景下的碳税影响，这使得政策更加灵活，并导致更彻底的实证研究。

根据世界旅游组织（UNWTO）和联合国环境规划署（UNEP）2008年的估计，旅游业二氧化碳排放约占全球二氧化碳排放量的5%。因此，整个旅游业已成为温室气体排放、节能减排的重要组成部分，也有望成为全球应对气候变化的最前沿。因此，旅游业在实现全球减排目标方面具有重要意义，大量研究都集中在减少与旅游业相关的二氧化碳排放上。这些研究是从不同的角度进行的，所有这些研究都可以总结为处理二氧化碳减排的以下方面：技术发展（Walz et al., 2008; Jones, 2013）、自愿方法（Scott et al., 2010; Gössling et al., 2007; Mair, 2011; Eijgelaar, 2011; Horng et al., 2014）、全面的框架讨论（Peeters et al., 2006; Horng et al., 2012; Hu et al., 2013; Zhou et al., 2016）和政策实施。在政策实施方面，一些研究扩大了人们对碳税对旅游业二氧化碳排放影响的理解。

例如，Mayor 和 Tol（2007）探讨了不同情景下碳税对航空碳排放和游客数量的影响。Cranenburgh 等（2014年）建议将正在进行的关于航空碳税的辩论作为减少航空二氧化碳排放的可行措施。作者进一步评估了高航空碳税对旅游业相关二氧化碳排放的影响。由于航空运输造成了大量的二氧化碳排放，学者们通常倾向于更多地关注碳税对航空运输相关排放的影响（Cranenburgh et al.，2014；Mayor and Tol，2007）。然而，很少有研究帮助人们理解碳税对整个旅游业的全面影响。

一些研究调查了碳税（或碳定价政策）如何影响旅游业或旅游部门的经济变化。例如，Tol（2007）得出结论，航空燃料的碳税只会对旅行行为产生轻微影响。征收与碳相关的航空乘客税（Mayor and Tol，2007）和其他气候政策工具（Mayor and Tol，2010a）将显著影响游客数量。这些研究都是从游客的角度来研究碳税的影响，而"经济"属性并不突出。Dwyer 等（2012，2013）、Meng 和 Pham（2017）分别探讨了碳税对澳大利亚旅游经济的潜在影响。区别在于 Dwyer 等根据旅游卫星账户定义旅游部门，而 Meng 和 Pham 的研究侧重投入-产出表。这两项研究基于不同的研究数据，从而导致了显著不同的模拟结果。

2002 年、2005 年、2007 年和 2010 年，旅游业对我国所有行业二氧化碳排放量的贡献率分别约为 2.489%、2.425%、2.439%和 2.447%（Meng et al.，2016），作者还认为旅游业（运输部门除外）的间接碳排放量是其直接二氧化碳排放量的 3~4 倍。与全球水平相比，中国与旅游业相关的二氧化碳排放量占工业总排放量的比例较小。然而，中国的碳排放总量较大，旅游业承担较大的二氧化碳排放量（2019 年约为 2.46 亿 t）。此外，我国旅游业发展近些年呈现加速趋势，2010~2019 年，旅游业收入年均增长率约为 18.86%，这意味着我国旅游业的二氧化碳排放量增长速度要远高于全国平均水平。

尽管截至目前碳税尚未实施，但其仍被认为是一种有效的补充措施以支持中国未来的低碳发展（Chen and Nie，2016；Dong et al.，2017；Liu and Lu，2015）。Zhang（2017）也讨论了碳税对低碳旅游目的地发展的重要性。基于此，越来越多的研究致力于评估碳税对中国二氧化碳排放的影响（Fang et al.，2013；Dong et al.，2017；Xiao et al.，2016）。尤其在"双碳"计划提出之后，碳税逐渐成为碳市场[①]之外重要的政策选项，以加速我国的低碳转型。但是已有研究表明，碳税对经济发展有显著的负面影响。例如，Lu 等（2010）使用动态递归一般均衡

---

① 碳排放交易市场，简称碳市场，又称碳排放交易体系（ETS）。

模型探讨了碳税对中国经济的负面影响。Guo 等（2014）量化了不同碳减排情景对 GDP、收入、劳动力价格、投资和储蓄的负面影响。

作为一种税收手段，碳税对二氧化碳排放和经济福利产生了重大影响。尽管它在中国和世界范围内扮演着重要的经济角色，但很少有研究明确调查其对旅游业的影响，尤其是对中国旅游业的影响。碳税政策对中国旅游业的影响及这种影响的管理含义值得进一步研究。遗憾的是，截至目前，很少有研究关注不同碳税情景下中国旅游业的变化，因此，这是本节的重点。此外，目前中国尚未征收碳税，税率尚未确定，所以调查不同的目标税率并比较由此产生的影响非常重要。征收碳税是一个长期的动态过程，因此，在不同的时间点对其产生的影响进行研究也具有现实意义。本书提出了一个综合动态分析框架，以探讨不同时间点不同税率对中国旅游业在二氧化碳排放和碳强度方面的影响。相关时间点为 2020 年（与 2005 年水平相比，碳排放强度下降 40%～45%的承诺已于 2018 年提前实现）和 2030 年（我国二氧化碳排放量将达到峰值）。

1.1.1 研究方法

CGE 模型在估算旅游冲击的经济影响和制定旅游政策方面发挥着重要作用（Dwyer，2015），Meng 等（2013b）、Inchausti（2015）、Pham 等（2015）和 Pratt（2015）也证实了这一点。考虑到 CGE 模型在旅游政策模拟中的广泛适用性，本节采用该模型探讨碳税对中国旅游业的影响。

1. 社会核算矩阵

构建社会核算矩阵（SAM）是建立 CGE 模型的基础工作，原因在于 SAM 是 CGE 模型中数据组织的一种重要形式。因此，创建与中国旅游业直接相关的 SAM 是本节研究的前提。SAM 以国民账户体系为基础，扩展了标准投入产出表，全面、灵活、详细地描述了某一地区或整个国家特定年份的经济体系结构。CGE 模型需要一个包含生产、收入分配和消费的完整数据集作为基准年数据，而所有这些信息都可以从 SAM 中获得。

由于本节探讨碳税对旅游业的潜在影响，所以在 SAM 中正确定义旅游业至关重要。在中国的投入-产出表中，旅游业不是独立的，因此首先需要定义与旅游业相关的行业。世界旅游组织提出了"国际旅游活动标准分类"（standard international classification of tourist activities，SICTA），将旅游相关产业分为两类：完全属于旅游业的产业部门和部分属于旅游业的产业部门。然而，这种分类是模糊的，通常很难完全掌握一个行业的"依赖"或"归属"程度。世界旅游组织的《2008年旅游卫星账户：推荐方法框架（TSA：RMF2008）》中提出了一种更为学者广泛接受的分类，即将旅游业分为三类：①旅游特色产业；②旅游关联产业；③其他产业。这种划分方法已经被越来越多的学者认可，并且考虑到旅游卫星账户（TSA）的普及性，它非常适合CGE建模。

然而截至目前，还没有中国国家层面的TSA。国家旅游局在2015年根据《国民经济行业分类（GB/T 4754—2017）》和《2008年国际旅游统计建议》（IRTS 2008），发布了《国家旅游及相关产业统计分类（2015）》。在该分类中，中国旅游业被分为以下八类：①交通；②餐饮；③风景名胜区；④旅游购物；⑤旅游娱乐；⑥旅游综合服务（包括旅行社和旅游规划）；⑦旅游支持服务（包括金融和教育）；⑧政府旅游管理服务。然而，这些分类与投入-产出表中的条目不匹配，因此不适用于本节的SAM。考虑到这一点，本节主要基于中国投入-产出表，且参考国内外的旅游行业分类，对中国旅游相关产业进行了分类，如表1-1所示。本节的分类考虑了中国旅游业的实际情况。

表1-1 我国旅游特征产业和旅游关联产业分类表

编号	旅游特征产业	编号	旅游关联产业
I_1	铁路运输	I_7	酒精和饮料制造
I_2	公路运输	I_8	其他食品制造
I_3	水路运输	I_9	运输设备制造
I_4	航空运输	I_{10}	商业服务
I_5	住宿	I_{11}	餐饮服务
I_6	娱乐和休闲活动	I_{12}	水利、环境和公共设施管理
		I_{13}	文化、艺术和娱乐活动
		I_{14}	体育活动

本节使用的SAM包括73个部门（73项活动和73种商品），其中包括14个旅游部门（表1-1）、两个要素（劳动力和资本）、居民、企业、政府补贴、额外系统、政府、世界其他地区、资本账户、证券交易等。SAM数据主要来源于

2012年的投入-产出表,以 2012 年作为基准年。SAM 涉及的有关政府消费、进口关税、政府生产税、政府补贴、进项税、政府债务收入和政府对外支付数据来自《中国财政年鉴》;资本要素、居民的境外收入和政府境外转移收入数据来自《中国统计年鉴》;二氧化碳排放量和就业数据分别来自《中国能源统计年鉴》和《中国人口和就业统计年鉴》。在创建 SAM 的过程中,由于数据源不同,可能会出现一些数据不一致现象。本书使用交叉熵方法对这些数据进行了平滑处理,从而获得一个非常接近初始表的目标 SAM 表。本节基于 2012 年的数据构建了一个动态递归 CGE 模型。

2. CGE 模型

本节使用的 CGE 模型分为五个模块:①生产;②贸易;③碳税;④收入支出;⑤动态均衡闭合。其总体框架如图 1-1 所示,其中"A""B""C"表示不同的碳排放税率。

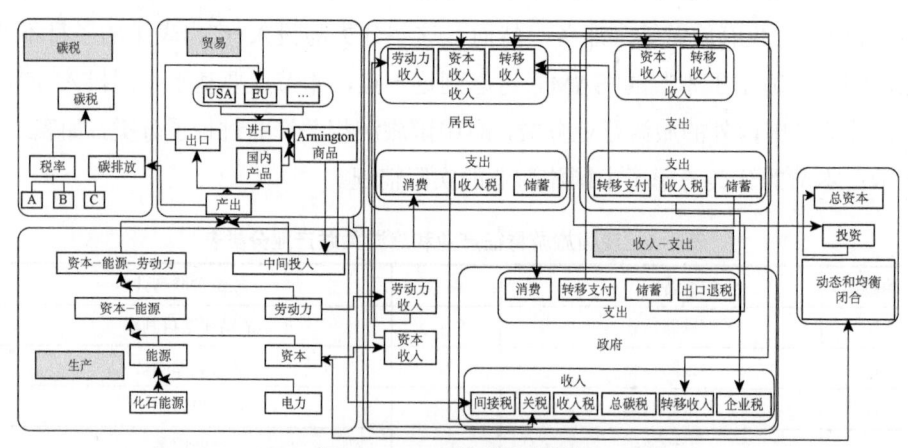

图 1-1　CGE 模型理论框架

Armington 反映国内商品与进口商品之间的替代程度

生产模块描述经济系统中不同生产要素的组合,用于获得最终产量。生产模块中使用五级生产函数。第一层:包含各种形式的化石能源,使用不变替代弹性(constant elasticity of substitution,CES)生产函数来创建化石能源投入,并命名为 $Fossil_{i,t}$,见式(1-1):

$$Fossil_{i,t}=(\sum_{fossil_f} a_{fossil_{f,t}} Fossil\_F_{fossil_{f,i,t}}^{\rho_f})^{1/\rho_f} \quad (1-1)$$

这里 $\sigma_f =1/(1-\rho_f)$，表示不同化石能源 $a_{\text{fossil}_{f,i}}$ 的替代弹性，代表不同能源的份额，并且 $\sum_{\text{fossil}_f} a_{\text{fossil}_{f,i}} =1$。

第二层：将 Fossil$_{i,t}$ 和电力 ELE$_{i,t}$ 结合，使用 CES 生产函数得到能源投入 Energy$_{i,t}$。

第三层：将能源 Energy$_{i,t}$ 和资本投入 $K_{i,t}$ 结合，使用 CES 生产函数得到资本-能源投入 $(K\text{-}E)_{i,t}$。

第四层：将资本-能源 $(K\text{-}E)_{i,t}$ 和劳动力投入 $L_{i,t}$ 结合，使用 CES 生产函数得到资本-能源-劳动力投入 $(K\text{-}E\text{-}L)_{i,t}$。进一步加入不同产业的中间投入，使用里昂捷夫（Leontiff）生产函数得到中间投入 TOTInt$_{i,t}$：

$$\text{TOTInt}_{i,t}=\min\left(\frac{\text{Int}_{1,i,t}}{a_{1,i}},\frac{\text{Int}_{2,i,t}}{a_{2,i}},\cdots,\frac{\text{Int}_{n,i,t}}{a_{n,i}}\right) \quad (1\text{-}2)$$

式中，Int$_{j,i,t}$ $(j=1,2,3,\cdots,n)$ 表示在时间 t 内第 j 部门到第 i 部门的中间投入；$a_{j,i}$ 表示投入-产出系数。

第五层：运用 CES 生产函数，根据式（1-3）引入 TOTInt$_{i,t}$ 和 $(K\text{-}E\text{-}L)_{i,t}$，得到第 i 部门在时间 t 的产出 $X_{i,t}$：

$$X_{i,t}=(a_{\text{int},i}\text{TOTInt}_{i,t}^{\sigma_x}+a_{k\text{-}e\text{-}l,i}(\lambda_{k\text{-}e\text{-}l,i,t}(K\text{-}E\text{-}L)_{i,t})^{\rho_x})^{1/\rho_x} \quad (1\text{-}3)$$

这里 $\sigma_x =1/(1-\rho_x)$，表示 TOTInt$_{i,t}$ 和 $(K\text{-}E\text{-}L)_{i,t}$ 的替代弹性，$a_{\text{int},i}$ 和 $a_{k\text{-}e\text{-}l,i}$ 表示这两种投入的比例，$\lambda_{k\text{-}e\text{-}l,i,t}$ 表示 t 技术进步的全要素效率系数。

在本节的 CGE 模型中，各层生产函数中的要素替代弹性系数见表 1-2。

表 1-2 要素替代弹性系数

层次	要素替代弹性系数
化石能源	煤、石油、天然气（1.3）；石油加工、焦炭、电力、天然气（1.25）；其他服务业（包括旅游业）（1.6）；其他产业（1.5）
化石能源和电力	煤、石油、天然气（0.65）；石油加工、焦炭、电力、天然气（0.6）；其他服务业（包括旅游业）（0.9）；其他产业（0.7）
能源和资本	煤、石油、天然气（0.24）；石油加工、焦炭、电力、天然气（0.23）；其他服务业（包括旅游业）（0.28）；其他产业（0.23）
能源、资本和劳动力	农业（0.2）；各种能源和采矿行业（0.3）；食品和饮料行业（0.56）；交通运输业（0.84）；其他产业（0.63）

贸易模块反映了中国和国外之间的贸易关系。在添加产品时，通常假定不同国家或地区的商品之间存在不完全替代关系，进口商品也通过 CES 生产函数添加。此外，使用具有不变转换弹性（constant elasticity of transformation）的函数引入出口商品。国内总需求 $Q_{i,t}$ 包括国内生产商品 $D_{i,t}$ 和进口商品 $M_{i,t}$。总产出 $X_{i,t}$ 包括国内生产商品 $D_{i,t}$ 和出口商品 $E_{i,t}$ [式（1-4）和式（1-5）]。

$$Q_{i,t} = (a_{m,i} M_{i,t}^{\sigma_m} + a_{dm,i} D_{i,t}^{\rho_m})^{1/\rho_m} \tag{1-4}$$

$$X_{i,t} = (a_{e,i} E_{i,t}^{\sigma_e} + a_{de,i} D_{i,t}^{\rho_e})^{1/\rho_e} \tag{1-5}$$

式中，$a_{m,i}$ 和 $a_{e,i}$ 分别表示进口和出口商品的比例；$a_{dm,i}$ 和 $a_{de,i}$ 分别表示国内生产的商品内销和出口的比例；$a_{m,i} + a_{dm,i} = 1$，$a_{e,i} + a_{de,i} = 1$；$\sigma_m = 1/(1-\rho_m)$，表示国内和进口商品的阿明顿（Armington）弹性；$\sigma_e = 1/(1-\rho_e)$ 表示国内和出口商品的替代弹性。

最优进口策略可以通过最小化方程式（1-4）约束下的成本 $PM_{i,t} M_{i,t} + PD_{i,t} D_{i,t}$ 确定，最优出口策略可以通过最大化方程式（1-5）约束下的销售 $PE_{i,t} E_{i,t} + PD_{i,t} D_{i,t}$ 确定，这里 $PM_{i,t}$、$PE_{i,t}$ 和 $PD_{i,t}$ 分别表示进口价格、出口价格和商品 i 在时间 t 的国内价格。

碳税模块包括碳排放系数和适用的碳税政策。为了避免在 CGE 模型中重复计算碳排放量，本节只计算每个行业生产过程中产生的碳排放。根据政府间气候变化专门委员会（intergovernmental panel on climate change，IPCC）2006 年的建议，特定商品的单位碳排放系数可根据式（1-6）通过一系列碳排放转换系数计算（表 1-3）：

$$C_{e_{i,t}} = \frac{\sum_{f=1}^{6} a_f b_f c_f \text{Fossil}_{f,i,t}}{X_{i,t}} \tag{1-6}$$

式中，$C_{e_{i,t}}$ 表示产业 i 在时间 t 的单位碳排放系数；$\text{Fossil}_{f,i,t}$ 表示产业 i 在时间 t 对 f 能源的需求；f 表示 6 种化石能源产业（即煤炭开采和洗选行业、石油行业、天然气行业、石油和核燃料加工业、焦化行业以及电力生产和供应行业）；a_f、b_f 和 c_f 分别表示不同能源的转换因子、碳排放系数和氧化率。

表 1-3　不同能源的转换因子、碳排放系数和氧化率

能源类型	a_f /（MJ/kg）	b_f /（kg/GJ）	c_f /%
煤	20.79	26	0.92
石油	41.87	20	0.98
天然气	38.94	15	0.99
石油加工产物	43.33	20	0.98
焦炭	25.47	25	0.93
电力	3.51	0	—

注：$1\text{MJ}=10^6\text{J}$，$1\text{GJ}=10^9\text{J}$。

碳税政策导致的额外单位产出成本等于碳税率乘以碳排放系数，见式（1-7）：

$$\text{PXE}_{i,t} = \text{PX}_{i,t} + \frac{\text{ctax}_{i,t}\text{TCO}_{2_{i,t}}}{X_{i,t}} \quad (1\text{-}7)$$

式中，$\text{PXE}_{i,t}$ 和 $\text{PX}_{i,t}$ 分别表示产业 i 在时间 t 征收碳税前后的商品价格；$\text{ctax}_{i,t}$ 表示碳税税率；$\text{TCO}_{2_{i,t}}$ 表示产业 i 在时间 t 的二氧化碳排放量。

收入和支出模块描述了多个账户之间与收入和支出相关的关系，包括要素、企业、居民、政府和国外。要素收益由其对总产出的贡献来定义。此外，劳动力收入定义为劳动投入与工资的乘积，资本收入定义为资本投入与资本回报率的乘积。企业收入包括资本回报和政府转移支付。企业支出包括税收和向居民的转移支付。居民收入来源于劳动收入，而劳动报酬和转移支付来源于政府、企业和国外。居民支出包括个人所得税和消费。政府收入来源于税收（包括碳税收入）以及来自国外的转移支付。政府支出包括对居民和企业的转移支付，以及消费和出口退税。国外收入来源于中国的资本回报，包括中国的出口收入。对外支出包括从中国进口的支付和向中国居民和政府的转移支付。每个主体的收入和支出之间的差额构成各自的储蓄。

CGE 模型的动态过程是通过全要素技术进步、资本和劳动力形成的。技术进步表示为 $\lambda_{k\text{-}e\text{-}l,i,t}$，时间 t 的劳动由式（1-8）得到

$$L_t = L_{t-1}(1+\text{grl}_t) \quad (1\text{-}8)$$

式中，L_t 和 L_{t-1} 分别表示时间 t 和 $t-1$ 的劳动力；grl_t 表示时间 t 的劳动力增长率。

假设长期资本回报率取决于货币政策，则利用式（1-9）计算资本存量。

$$K_t = (1-\delta)K_{t-1} + I_t \quad (1\text{-}9)$$

式中，K_t 和 K_{t-1} 分别表示时间 t 和 $t-1$ 的资本存量；I_t 表示时间 t 的总投资；δ 表示资本折旧率。

CGE 模型的闭合包括三个方面：①国外储蓄是内生的，汇率是外生的；②财政盈余或赤字是内生的，税率是外生的；③总投资等于总储蓄。

3. 碳税设定

为了比较政策效果，本节设置了两个情形。第一种是基准情形，碳税为 0。基准情形代表了一种正常情况，不包括 CGE 建模中的碳税价格。在此情形下，本节计算了中国旅游业的二氧化碳排放量，包括全要素生产率的增加、劳动力的外生增加和内生资本积累的变化。第二种是碳税情形，对旅游业和其他行业征收碳税。在碳税税率方面，Dwyer 等（2013）假设碳税税率为 25 美元/t CO_2，而 Meng 和 Pham（2017）建议澳大利亚旅游业的碳税税率为 23 美元/t CO_2。需要注意的是，澳大利亚是一个发达国家，中国是一个发展中国家，澳大利亚的旅游业比中国旅游业更发达和成熟，这样的税率显然不适合中国的实践。已有研究也调查了中国的碳税税率，例如，Wang 等（2011）建议可以使用高税率（100 元/t CO_2）和低税率（10 元/t CO_2）。Fang 等（2013）认为，中国的最佳征税点应在 17.6～17.8 元/t CO_2。Qiao 和 Wang（2014）提出三种不同税率：20 元/t CO_2、50 元/t CO_2 和 80 元/t CO_2。Liu 和 Lu（2015）提出，税率在 10～30 元/t CO_2 比较现实，特别是考虑到中国公司普遍存在的碳税政策偏好。考虑到中国旅游业发展的实际程度，以及之前这些研究的结果，本节模型同样设定三种不同的碳税税率：10 元/t CO_2、50 元/t CO_2 和 90 元/t CO_2。这三种税率与三种不同的政策相匹配：经济偏好政策、温和政策和环境偏好政策。考虑到 2030 年是中国实现碳达峰的目标期限，本节将 2016～2030 年作为模型的模拟时间。

1.1.2　结果和讨论

1. 对旅游相关二氧化碳排放的影响

表 1-4 给出了中国旅游相关二氧化碳排放的基准预测值和政策模拟值。如表 1-4 所示，在模拟期间，旅游业的实际二氧化碳排放量相对于基准值有所减少。此外，随着碳税相应增加，减排程度也增加。表 1-4 表明，实施碳税政策将对中国旅游业减少二氧化碳排放产生积极影响。还应注意的是，即使在采用

相同税率的情况下,碳税政策对中国旅游业相关二氧化碳排放的影响在不同的时间点也会有小幅度的变化。这三种税率在2016～2030年早期产生的影响更大。当然,二氧化碳排放的绝对量会随着时间的推移而增加,这反映了中国旅游业对二氧化碳排放的贡献逐渐增加。

表 1-4 不同碳税税率对旅游碳排放的影响

项目	10 元/t CO_2		50 元/t CO_2		90 元/t CO_2	
	2020 年	2030 年	2020 年	2030 年	2020 年	2030 年
基准预测值/Mt	1025.468	1360.614	1025.468	1360.614	1025.468	1360.614
政策模拟值/Mt	1023.757	1358.596	1021.214	1355.657	1018.774	1352.691
偏差/Mt	1.711	2.018	4.254	4.957	6.694	7.923
偏差百分比/%	0.167	0.148	0.415	0.364	0.653	0.582

尽管实施碳税政策将减少中国旅游业相关的二氧化碳排放量,但碳税对表 1-1(SAM 中的旅游业相关行业)所列旅游业部门的影响差异很大。如图 1-2 所示,与基准值相比,中国大多数旅游相关行业的实际二氧化碳排放量都有所下降。受负面影响较大的旅游业包括运输设备制造、铁路运输、公路运输、航空运输和住宿。此外,不同税率对不同旅游业的影响也表现出较大的差异,特别是在税率较高的情况下。90 元/t CO_2 的税率对航空运输的影响最大,其次是公路运输、住宿、运输设备制造和铁路运输。其他部门的二氧化碳排放受碳税影响较小。

此外,与 90 元/t CO_2 不同,碳税税率为 50 元/t CO_2 与 10 元/t CO_2 对旅游业的影响差异较小。应该注意的是(图 1-2),虽然大多数旅游业的实际二氧化碳排放量相对于基准值至少有一小部分减少,但一些旅游业的实际二氧化碳排放量却有所增加(酒精和饮料制造以及其他食品制造)。总体而言,中国碳税政策对旅游住宿和交通的负面影响最大,而对休闲和体育产业的影响并不显著。相比之下,其他食品制造以及酒精和饮料制造行业的二氧化碳排放量都有所增加。已有的大量研究表明,旅游业的二氧化碳排放主要是由住宿和交通造成的。碳排放量的增加意味着,实施碳税政策将对交通和住宿征收更多的税收,为了降低运营成本,这些部门将越来越愿意采取措施减少碳排放。

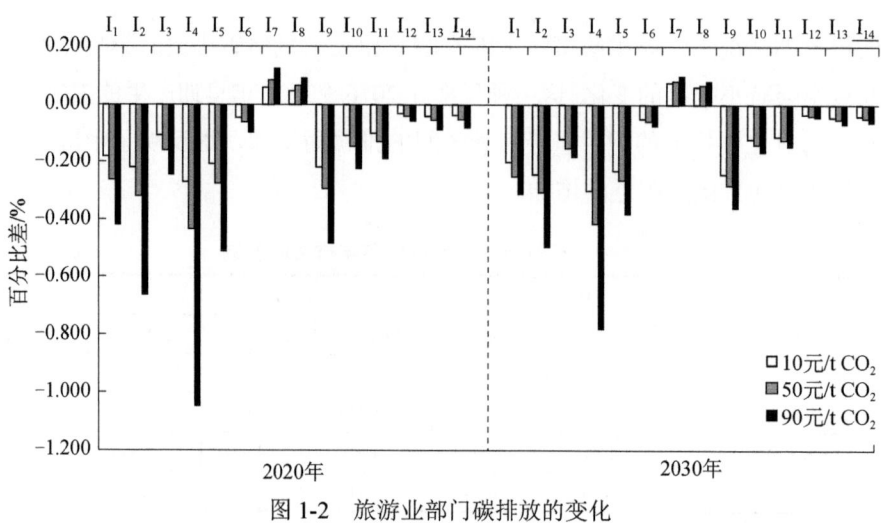

图 1-2 旅游业部门碳排放的变化
$I_1 \sim I_{14}$ 编号意义见表 1-1

与其他旅游部门相比,食品和饮料业的二氧化碳排放量较低。然而,由于碳税政策的实施和影响,这些行业倾向于使用价格较低的能源来抵消增加的运营成本。虽然煤炭价格的上涨将比石油或天然气价格的上涨更为显著,但单位热量煤炭的绝对价格仍然相对较低。不同能源之间的替代效应可能导致其他食品制造、酒精和饮料制造行业(在碳税情景下)从使用石油和天然气转向使用煤炭。然而,这样的选择会增加这些行业的二氧化碳排放量。与这两个行业相比,其他旅游业更倾向于通过技术创新减少二氧化碳排放,从而降低碳税带来的成本。在碳税情景下降低运营成本的不同方案对其他食品制造、酒精和饮料制造行业以及其他旅游业的二氧化碳排放产生不同的影响。

2. 对旅游相关碳强度的影响

碳强度衡量的是二氧化碳排放量与国内生产总值(GDP)之比。旅游业碳强度预计将反映单位旅游增加值的二氧化碳排放量。对于中国旅游业相关的二氧化碳排放,表 1-5 所示的结果表明,在碳税政策影响下,与旅游业相关的碳强度也将下降。更高的税率将导致更明显的下降,并且碳税对中国旅游业相关碳强度的负面影响将越来越显著。

表 1-5 不同碳税对旅游业相关碳强度的影响

项目	10 元/t CO$_2$ 2020 年	2030 年	50 元/t CO$_2$ 2020 年	2030 年	90 元/t CO$_2$ 2020 年	2030 年
基准值/（t/10 000 元）	0.872	0.738	0.872	0.738	0.872	0.738
政策模拟值/（t/10 000 元）	0.871	0.737	0.869	0.735	0.867	0.734
偏差*/（t/10 000 元）	0.001	0.001	0.003	0.003	0.005	0.004
偏差百分比/%	0.115	0.136	0.344	0.407	0.573	0.678

*此处的偏差是绝对值。

图 1-3 显示了 2020 年和 2030 年碳税对中国旅游相关产业碳强度的影响。模拟结果表明，在不同的碳税情景下，大多数旅游业的碳强度相对于基准值都有所下降。对于不同的旅游业，碳强度的这种影响存在显著差异。如上所述，受影响最大的旅游业包括酒精和饮料制造、其他食品制造、航空运输、商业服务和住宿行业。总的来说，税率越高，旅游相关产业的碳强度受影响越大。其他旅游相关行业也存在类似的百分比偏差。在固定税率下，不同时期不同旅游业的碳强度也会导致不同的变化。虽然大多数旅游业的碳强度（相对于基准值）至少略有下降，但一些旅游业的碳强度实际上有所上升。受到积极影响的旅游业是涉及运输设备制造和商业服务的行业。

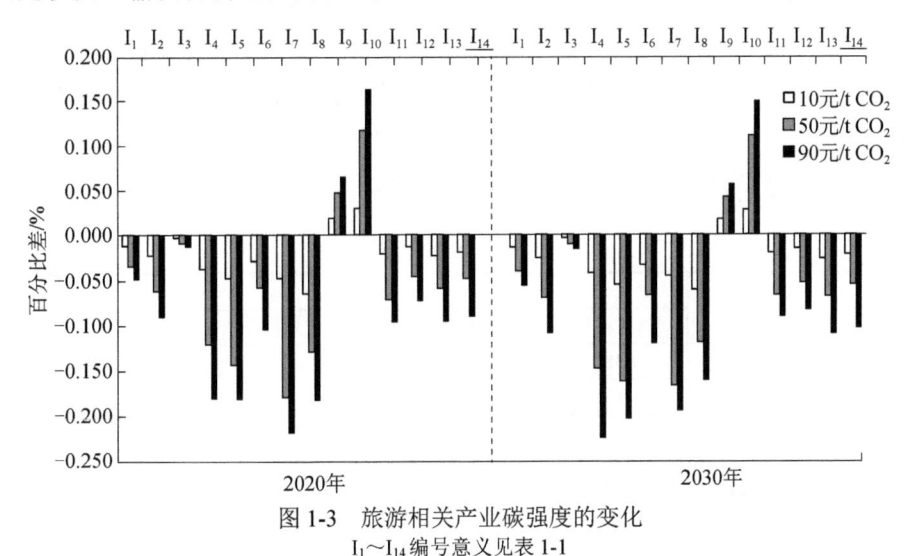

图 1-3 旅游相关产业碳强度的变化
I$_1$～I$_{14}$ 编号意义见表 1-1

碳税减少二氧化碳排放的效果主要取决于能源消耗的下降。实施碳税政策将导致所有部门的产量下降，这种现象在二氧化碳排放量特别高的旅游业（例如从事运输设备生产的旅游业）中尤为明显。由于这些行业始终具有粗放的发展模式，因此二氧化碳排放量的减少与附加值的减少并不同步，后者的比例高于前者。因此，运输设备制造行业的碳强度实际上将随着碳税实施而增加。然而，模拟结果表明，随着碳税税率的提高，二氧化碳排放量减少百分比与运输设备生产增加值减少百分比之间的差异将日益缩小。与运输设备制造行业类似，商业服务的碳强度也随着碳税的增加而增加，但其根本原因截然不同。商业服务是一个非能源密集型行业，二氧化碳排放量较低。但由于碳税情景下的能源替代效应，商业服务行业开始使用廉价能源（如煤炭），从而增加了该部门的二氧化碳排放量。然而，将二氧化碳排放量的增加与增加值的增加相比，前者的百分比高于后者，从而导致碳强度水平的积极变化。

3. 敏感性分析

CGE 模型的模拟结果对资本和能源之间以及不同类型能源输入之间的替代弹性非常敏感。因此，本节根据这些弹性的不同假设进行敏感性分析，以评估 CGE 模型的稳健性。本节假设表 1-2 中所示的替代弹性值为基准情景，而高于基准值 20% 的替代弹性值为高弹性情景，低于基准值 20% 的替代弹性值为低弹性情景。表 1-6 显示了 CGE 模型对 90 元/t CO_2 碳税率的敏感性测试。敏感性测试表明，随着替代弹性的增加，与旅游业相关的二氧化碳排放量和碳强度单调增加，就业单调减少，增加值不受影响。此外，这两个变量的所有变化都保持在 2.20% 以下。因此，模拟结果对 CGE 模型中的弹性值敏感性较弱，本节的 CGE 模型被认为是稳健的。

表 1-6　敏感性测试

项目	2020 年			2030 年		
	低弹性情形	基准情形	高弹性情形	低弹性情形	基准情形	高弹性情形
二氧化碳排放情景/Mt	997.380	1018.774	1041.187	1086.211	1352.691	1379.745
碳强度/（t/万元）	0.852	0.867	0.883	0.722	0.734	0.747

1.1.3　结论和政策启示

本节采用 CGE 模型，针对碳税对中国旅游业的影响进行了全面的模拟分析。该模型使用不同的碳税率 10 元/t CO_2、50 元/t CO_2 和 90 元/t CO_2 开展模拟。模拟结果表明，征收碳税可以有效降低旅游业相关的二氧化碳排放，特别是旅游业碳强度。实施碳税政策可以显著促进中国旅游业相关二氧化碳排放的减少。总体而言，较高的碳税对旅游业二氧化碳排放和经济的影响更大，而这些影响随着时间的推移逐渐减小。换言之，税收对旅游业的短期影响大于长期影响。此外，碳税对不同旅游部门的影响差异很大。该研究结果具有重要意义，它有助于理解碳税政策如何影响中国的低碳旅游发展，可以帮助决策者在中国实施碳税方面采取明智的措施。本节的分析特别强调了与中国旅游政策制定者相关的三项关键管理建议：

关于旅游企业，CGE 模型模拟结果表明，碳税政策将显著影响核心旅游业，如航空运输、公路运输和住宿。这些旅游相关产业以及二氧化碳排放量较高的部门和核心旅游产业的减排目标在很大程度上将影响中国旅游业二氧化碳减排的实现。因此，应该鼓励旅游业（特别是这些核心产业）通过使用清洁能源和大力引进、开发和应用低碳技术来减少二氧化碳排放。交通和住宿方面的一些具体对策可以有效减少二氧化碳排放，同时避免碳税给旅游业带来的高昂成本。这些对策包括在航空业发展生物能源和使用低碳材料、投资新能源汽车、推广低碳材料、节能节水以及其他可用于酒店业的低碳管理措施。为了进一步推广低碳技术，中国旅游业还应该提倡自愿二氧化碳减排，从而促使低碳态度成为旅游企业文化的一部分。

关于碳税价格，研究结果表明，在不同税率和不同时间，碳税对不同旅游业的影响存在很大差异。因此，在征收碳税时，建议政府实施综合性的碳税价格策略，结合中国旅游业的进一步发展，应考虑不同旅游业在不同时期的不同价格。此外，应考虑对不同的旅游业征收不同的碳税。高能耗行业（即高二氧化碳排放行业，如航空运输、住宿和运输设备生产）应缴纳更高的碳税，而低能耗行业（即低二氧化碳排放行业，如商业服务）可缴纳较低的碳税。如此一来，交通和住宿等高二氧化碳排放企业（至少在某种程度上）会被迫加速其低碳转型；一些低二氧化碳排放企业，如食品和饮料行业，会进一步主动从事能源替代行为。所有这些有利措施将使二氧化碳减排目标得以顺利实现。

关于碳税政策，第一个建议是实施碳税补偿政策。本节的研究结果表明，碳税政策的实施将对中国旅游业的经济增长产生负面影响，而中国旅游业是一个利润率相对较低的行业（Wei et al.，2016）。因此，本节建议为旅游业提供税收补偿。这对于运输和住宿部门尤为必要，这些补偿将减轻旅游企业在实施碳税的基础上面临的额外成本。第二个建议是结合税收循环计划。税收在不同部门之间的再分配将为经济发展创造一个新的有影响力的机制，以鼓励旅游业发展的方式回收碳税收入将减少对中国旅游业的负面经济影响。长期来看，这将产生双重红利：旅游业经济增长和二氧化碳减排。此外，碳税收入还可用于鼓励不同的旅游部门寻找和使用更清洁、更可持续的能源形式，以减少二氧化碳排放。

1.2 碳税与旅游能源消耗

旅游业作为全球经济的重要组成部分，与其相关的能源消费越来越突出。在旅游业快速增长的国家（如我国）尤其如此，我国旅游经济对GDP的综合贡献越来越大，相应地，我国的旅游能源消费也显著增加。据估计，2019年几个核心旅游部门（包括住宿、交通和餐饮服务）的能源消耗约为$7.81×10^{11}$MJ，同比增长3.01%。但是，如果将其他旅游相关行业包括在内，预计实际能耗将远远超过这一数值。如前文所述，碳税是减少二氧化碳排放最简单、最有效的手段之一。碳税政策被认为是实施全球低碳战略的重要工具。因此，探讨碳税政策下旅游能源消费的潜在变化对我国旅游业的可持续发展同样具有重要意义。

在21世纪初，Becken等（2001）、Gössling（2002）得出结论，在许多热门旅游目的地，旅游业可能是能源消费的重要贡献者，旅游业对全球能源消费的贡献将随着时间的推移而增加。因此，他们呼吁全球旅游业有意识地、科学地减少能源消耗，以帮助解决气候问题。后来研究证实，旅游发展与能源消费之间有着密切的关系（Gössling and Peeters，2015）。一方面，旅游业的发展增加了对能源的需求（Kuo and Chen，2009；Katircioglu，2014b），快速增长的休闲产品和服务消费导致了旅游业显著的能源密集型特征（Aall，2011）；另一方面，旅游业的发展依赖能源消耗（Tang and Abosedra，2014；Katircioglu et al.，2014）。上述研究表明，旅游业是一个能源消费水平较高或至少不断提高的行业，能源消费对旅游业可持续发展至关重要。

在全球节能减排的背景下，更多的学者开始关注如何减少旅游业的能源消耗。例如，Becken 和 Simmons（2002）比较了不同旅游部门的能源消耗，并探讨了影响旅游能源消耗的因素。Nepal（2008）指出了影响农村住房能源消费模式的因素。Becken（2013）探讨了旅游相关能源消费的构成和计量。此外，Dalton 等（2009）关注技术和经济、Sun（2016）关注技术和法规、Woods 等（2017）强调社会和行为问题以及技术等影响旅游能源消耗的因素。还有一些相关研究包括节能行为评估（Hu et al.，2013）、可再生能源的重要性（Fotis and Polemis，2018；Thimm，2017）和能源消费/节能认知（Wells et al.，2016）。然而，很少有研究关注气候政策，特别是碳税政策，如何以及在多大程度上影响旅游能源消费。还有一些研究探讨了国家或区域范围内的旅游能源消费，如 Katircioglu（2014a）、Katircioglu 等（2014）以及 Tang 和 Abosedra（2014）。随着经济的快速增长，我国的旅游能源消费显著增加。在此背景下，Wu 和 Shi（2011）以及袁宇杰（2013）分别计算了我国一些传统旅游部门的旅游能耗。然而，这些研究中的旅游业仅限于特定的几个"核心"部门，即住宿、交通和食品等。这显然低估了我国旅游业的实际能源消耗。随着我国能源消费的增加，许多学者研究了碳税对能源消耗的影响，如 Fang 等（2013）、Guo 等（2014）以及 Li 和 Lin（2013）。但是，很少有研究关注碳税和旅游能源消费之间的关系，即使是已经实施或打算实施碳税政策的旅游目的地也是如此。虽然 Tol（2007）估计了碳税对航空燃料的影响，但这项研究范围相对狭隘。基于这一背景，本节试图全面研究碳税对我国旅游能源消费的可能影响。

为此，本节同样构建了一个 CGE 模型，以模拟特定碳税政策下旅游业能源消费的变化。一般而言，能源消费主要包括化石能源消费和电力消费使用，此前的研究如 Alshehry 和 Belloumi（2015）、Golosov 等（2014）和 Menegaki（2014）已将重点放在了这两个方面。本节也从这两个方面（化石燃料和电力使用）调查碳税对我国旅游能源消费的潜在影响。本节的主要研究目的包括：①基于动态递归CGE模型探讨碳税对整体和特定旅游部门化石能源消耗和电力使用的影响；②量化不同碳税政策对整体和特定旅游部门能源强度的影响。

与前节相似，本节选择 14 个部门作为旅游相关部门，分别是酒精和饮料制造（I_1），其他食品制造（I_2），运输设备制造（I_3），铁路运输（I_4），公路运输（I_5），水路运输（I_6），航空运输（I_7），商业服务（I_8），住宿（I_9），餐饮服务（I_{10}），水利、环境和公共设施管理（I_{11}），文化、艺术和娱乐活动（I_{12}），体育活动（I_{13}），娱乐和休闲活动（I_{14}）。包括化石燃料和电力使用在内的所有能源消耗数据来自《中国能源统计年鉴》。CGE 模型和碳税税率的详细描述见前节内容，本节不再赘述。

1.2.1 对旅游能源消耗的影响

本节将旅游能源消费分为化石能源消费和电力消费。基准预测代表正常情况，即 CGE 模型中不包括碳价格。政策模拟情形表示 CGE 模型中包含碳价格的情况。表 1-7 表明，在不同的碳税情形下，如果碳税设定为 10 元/t CO_2、50 元/t CO_2 和 90 元/t CO_2，到 2020 年，我国旅游业的化石能源消费分别比基准值下降 0.14%、0.36% 和 0.67%。与此同时，碳税导致与旅游相关的电力消费相对于基准值分别下降 0.15%、0.40% 和 0.80%。到 2030 年，化石能源消费的模拟值分别下降 0.10%、0.25%、0.40%，电力消费的模拟值分别下降 0.07%、0.21%、0.36%。表 1-7 显示，无论是化石能源消费还是电力消费，与 2020 年相比，2030 年各项值的下降百分比（相对于基准值）更小，这意味着碳税对我国旅游能源消费的影响将随着时间的推移而减弱。此外，表 1-7 还表明，较高的碳税意味着对我国旅游能源消费的影响更为显著。

表 1-7　碳税对旅游能源消费的影响

项目	10 元/t CO_2 化石能源消费 2020 年	10 元/t CO_2 化石能源消费 2030 年	10 元/t CO_2 电力消费 2020 年	10 元/t CO_2 电力消费 2030 年	50 元/t CO_2 化石能源消费 2020 年	50 元/t CO_2 化石能源消费 2030 年	50 元/t CO_2 电力消费 2020 年	50 元/t CO_2 电力消费 2030 年	90 元/t CO_2 化石能源消费 2020 年	90 元/t CO_2 化石能源消费 2030 年	90 元/t CO_2 电力消费 2020 年	90 元/t CO_2 电力消费 2030 年
基准预测值/10^{11}MJ	13.766	17.265	2.745	6.114	13.766	17.265	2.745	6.114	13.766	17.265	2.745	6.114
政策模拟值/10^{11}MJ	13.747	17.248	2.741	6.110	13.716	17.222	2.734	6.101	13.674	17.196	2.723	6.092
偏差/10^9MJ	1.858	1.657	0.406	0.446	4.956	4.264	1.123	1.259	9.251	6.941	2.231	2.183
偏差百分比/%	0.135	0.096	0.148	0.073	0.360	0.247	0.409	0.206	0.672	0.402	0.813	0.357

图 1-4 表明，我国旅游能源消费占全国总能源消费的比例持续上升。碳税设定为 10 元/t CO_2 时，这一比例从 2020 年的 1.19% 上升到 2030 年的 1.67%；碳税设定为 50 元/t CO_2 时，这一比例从 2020 年的 1.22% 上升到 2030 年的 1.77%；碳税设定为 90 元/t CO_2 时，这一比例从 2020 年的 1.23% 上升到 2030 年的 1.95%。在基准情形下，2020 年和 2030 年这两个数值分别为 1.12% 和 1.47%。相对于基

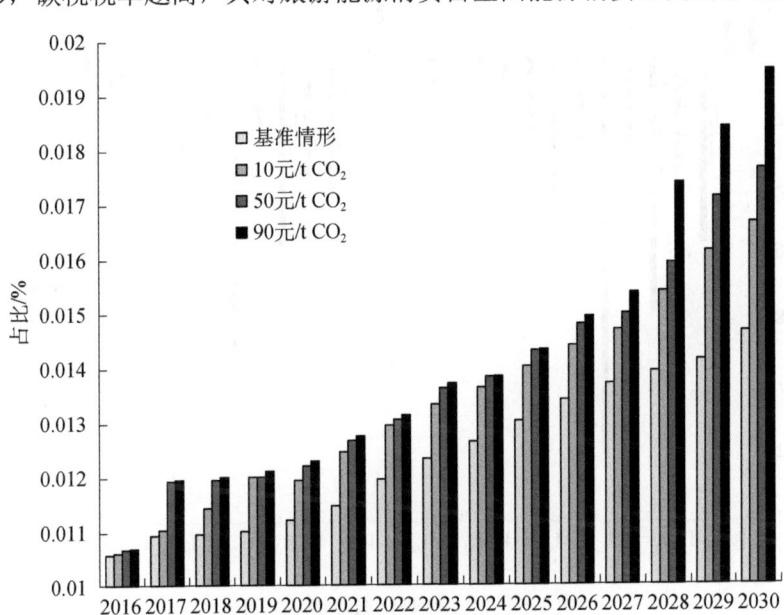

准情形，碳税税率越高，其对旅游能源消费占全国能源消费比例的影响越大。

图 1-4 旅游能源消费在我国总能源消费中的比例变化（2020～2030 年）

在碳税情形下，2020 年和 2030 年不同旅游相关行业的化石能源消费和电力消费的预期变化如图 1-5 和图 1-6 所示。图 1-5 显示，旅游行业将或多或少遭受化石能源消费的减少或增加带来的影响。受影响最大的行业是航空运输业，以 90 元/t CO_2 碳税税率为例，航空运输部门的模拟值分别从 2020 年的 1.204%下降到 2030 年的 0.913%；其次受影响最大的是公路运输业。结果还显示，虽然大多数旅游部门的化石能源消费量（相对于基准值）有所降低，但还有一些旅游相关部门的消耗量却略有增加，包括酒精和饮料制造以及其他食品制造两个部门。此外，图 1-5 还表明，碳税对我国旅游相关化石能源消费的影响在前期要大于后期。图 1-6 表明，所有旅游部门的实际用电量都呈下降趋势，这一发现与化石能源消费稍有不同。此外，碳税对电力使用的影响要大于对化石能源消费的影响。就用电量而言，受影响最大的行业是住宿业，其次是航空运输业，然后是公路运输和运输设备制造业。类似地，图 1-6 还表明，碳税对我国旅游相关电力消费的影响在时间上呈下降趋势。

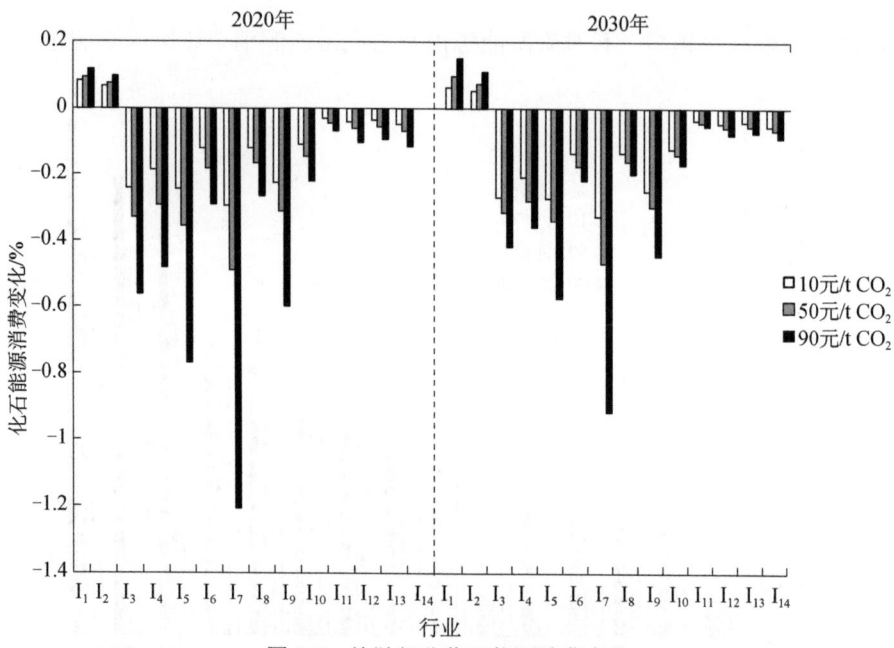

图 1-5　旅游行业化石能源消费变化

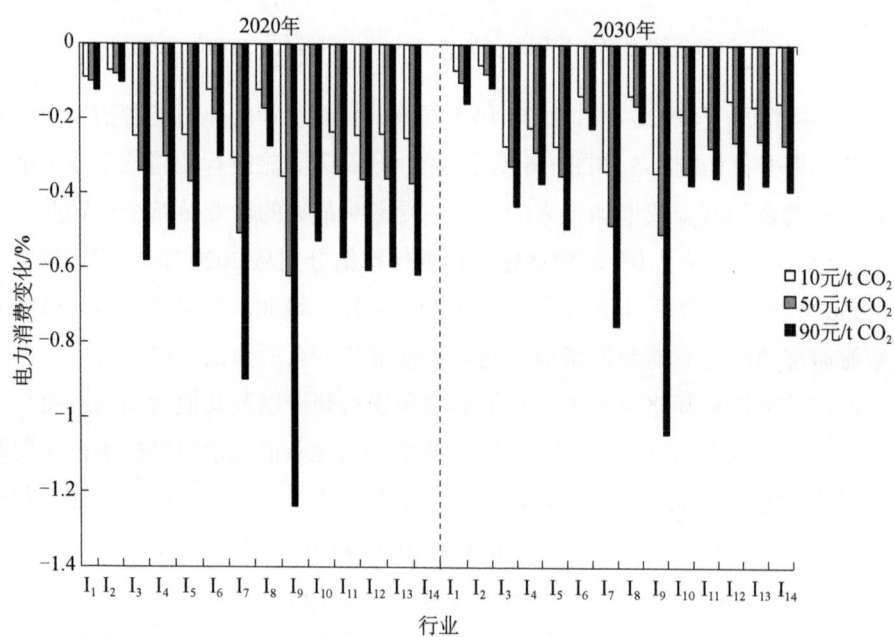

图 1-6　旅游部门电力消费变化

1.2.2 对旅游能源强度的影响

表 1-8 显示了不同碳税情景下（相对于 2020 年和 2030 年的基准情景）旅游能源强度的变化。如表 1-8 所示，碳税的实施将对我国的旅游能源强度产生积极影响。更高的碳税将导致旅游业能源强度的进一步降低。在 2020 年，旅游能源强度政策模拟值相对于其基准预测值分别下降了 8.798%、27.361%和 45.278%。2030 年也出现了类似的变化。随着时间的推移，我国旅游业能源强度下降的百分比将逐渐降低。图 1-7 更清晰地显示了这一结果。

表 1-8 碳税对旅游能源强度的影响

项目	10 元/t CO_2		50 元/t CO_2		90 元/t CO_2	
	2020 年	2030 年	2020 年	2030 年	2020 年	2030 年
基准值/（10³MJ/万元旅游产出）	8.991	7.381	8.991	7.381	8.991	7.381
政策模拟值/（10³MJ/万元旅游产出）	8.201	6.824	6.531	5.799	4.920	4.803
偏差/（10³MJ/万元旅游产出）	0.791	0.557	2.460	1.582	4.071	2.578
偏差百分比/%	8.798	7.546	27.361	21.433	45.278	34.928

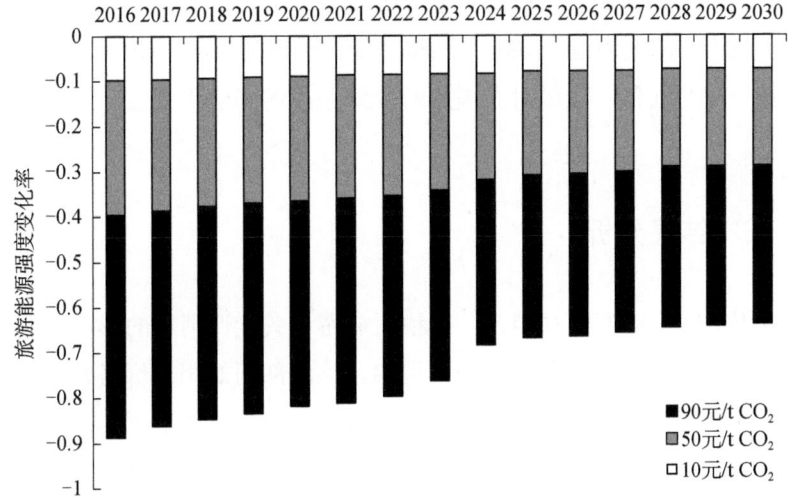

图 1-7 旅游能源强度变化

图 1-7 表明，碳税政策对我国旅游能源强度有显著影响。随着时间的推移，这些偏差将逐渐减少，无论碳税是高还是低。与此同时，更高的碳税意味着偏

离百分比的下降幅度更大。也就是说，提高碳税将有助于提高我国旅游业的能源利用效率。图 1-7 还显示，2023 年是碳税情景下我国旅游能源强度水平变化的重要时间节点，特别是在较高税率下。2023 年以后，旅游能源强度的百分比偏差（与基线值相比）比 2023 年之前小得多。以 90 元/t CO_2 碳税价格为例，2023 年之前旅游业能源强度下降的百分比都会超过 40%；然而，2023 年后的所有百分比偏差都没有超过 40%。

图 1-8 分别显示了 2020 年和 2030 年旅游业能源强度相对于基准值的百分比偏差。结果表明，碳税越高，对我国旅游业能源强度的影响越大。2020 年，大多数旅游部门的能源强度有所下降。其中受影响最大的是酒精和饮料制造业，其次是住宿业，然后是航空运输业和其他食品制造业。能源强度降低最小的是水路运输。有趣的是，运输设备制造业和商业服务业的能源强度在碳税情形下有所增加。

类似地，2030 年我国大部分旅游业也将受到碳税政策的负向影响。此时，受影响最大的旅游部门是航空运输业，其次是住宿业、酒精和饮料制造业以及其他食品制造业。尽管大多数旅游部门在 2030 年的实际能源强度出现了小幅度的降低，但运输设备制造业和商业服务业却在增加。与此同时，图 1-8 表明，对于大多数旅游部门而言，2030 年碳税对能源强度的影响要小于 2020 年。同样地，随着时间的推移，碳税对我国旅游能源强度的影响将变弱。这一结果与表 1-8 相似。

1.2.3 结果分析

与我国的国家能源消耗相比，碳税对旅游相关能源消耗的影响较小。出现上述情况的主要原因是，在本节的模型中，旅游部门的相对价格要低于其他部门，从而导致其他部门的相对产出下降。因此，在碳税情景下，国家能源消费要比旅游能源消费减少更多。此外，这种现象还在某种程度上与旅游业本身的特点有关。由于旅游业是一个能源消费相对较低的行业，它对碳税的敏感性不如其他行业，但是旅游业也是我国国民经济结构优化背景下的重点发展产业，未来旅游业将继续快速发展，这给节能提出了新的挑战。

图 1-8 旅游行业能源强度在 2020 年和 2030 年的变化

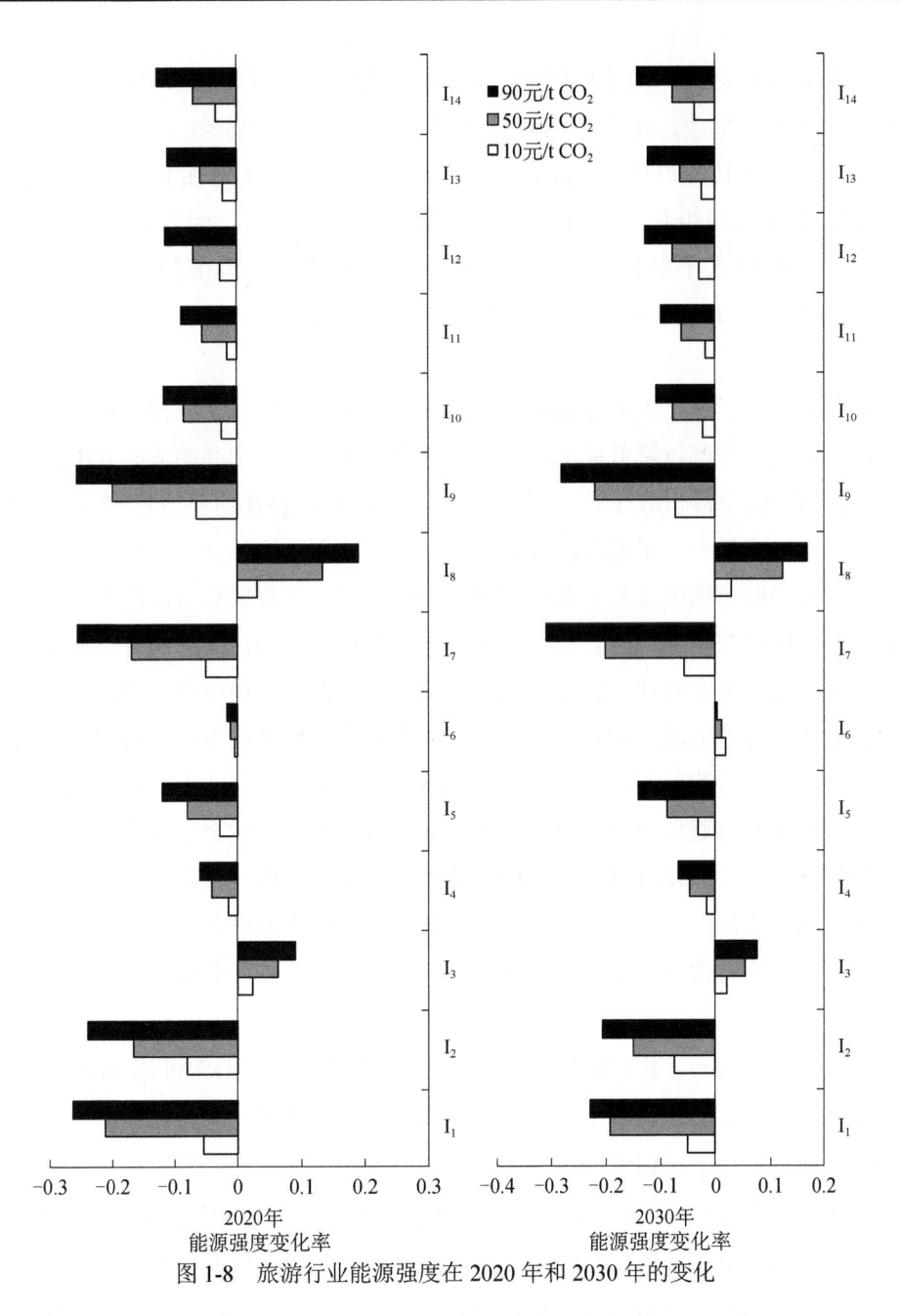

在旅游业中，占能源消耗和二氧化碳排放比例最大的是航空运输和公路运输部门（Wu and Shi，2011；Liu et al.，2011）。在 CGE 模型中，这两个部门也将被征收相对更多的碳税。不同能源对电力和化石能源的相对价格导致

碳税对旅游相关部门的不同影响。尽管征收碳税后化石能源的相对价格较低，但在本节的模型中，电力的相对价格将上升。在碳税情形下，电力消费将比化石能源消费减少得更多。此外，在实施碳税导致成本增加的背景下，通过节电要比通过减少化石能源消费更容易降低能源消耗。因此，碳税对电力使用的影响要大于对化石能源消费的影响。与其他旅游部门相比，住宿对电力的依赖更大。因此，在电力使用方面，住宿行业受到碳税政策的影响最大。

在碳税情形下，大多数旅游业的能源强度都将降低。实施碳税将导致所有部门选择减少生产以降低能源消费。这一现象在能耗特别高的旅游业中尤其明显，例如运输设备制造行业。然而，我国的这些行业存在明显的粗放发展模式。由于能耗的降低和产量的降低并非同步，后者的百分比往往大于前者。因此，这些行业的能源强度实际上却会增加。与此同时，征收碳税后，商业服务行业的能源强度也在增加，但其原因与运输设备制造业不同。商业服务行业显然是一个非能源密集型行业，由于能源替代效应，在本节的模型中，商业服务行业倾向于使用廉价能源（如煤炭）来弥补碳税带来的额外成本，从而增加了其能源强度。碳税对我国旅游能源强度的影响逐渐变弱的原因在于，在实施碳税之初，旅游业不可避免地面临新的额外成本，这些成本必然会导致旅游部门采取各种措施减少二氧化碳排放，以便降低碳税成本。然而，当碳税成为旅游企业的日常成本之后，大多数企业开始削弱其抵消碳税成本的努力，对碳税的习惯也会使他们不再像起初那样关注能源节约。因此，这些行业的能源强度会再次提高。

基于上述结果，本节提出了如下建议以促进我国旅游业的可持续能源利用。首先，实施动态的碳税税率。在一定的执行周期后，可以适当提升碳税价格，因为在固定税率下，旅游部门节能减排的动力会逐渐丧失。其次，本节研究表明，在碳税情形下，化石能源消费占旅游总能源消费的比例将越来越高。因此，应努力优化现有能源结构，减少目前对化石能源的过度依赖。从清洁生产的角度来看，我国旅游业也必须减少对化石能源的依赖，应鼓励更多的旅游部门使用太阳能、风能和地热能等更清洁、更可持续的能源。

1.3 碳税与旅游经济发展

作为全球增长最为迅速的经济部门之一，旅游业面对碳税冲击时的经济变化是一个重要的学术和实践问题。Tol（2007）认为对航空燃料征收碳税会对人们的旅行行为产生轻微的影响，而与碳排放相关的航空旅客关税则会显著影响旅游人次（Mayor and Tol，2007）。此后，作者又比较了不同气候政策对欧洲游客人次的影响（Mayor and Tol，2010a），上述研究主要是从旅游者的角度关注碳税及其相关的气候政策对航空业的影响，其影响的"经济"特征并不显著。在碳税的旅游经济影响方面，Dwyer 等（2013）、Meng 和 Pham（2017）对澳大利亚旅游经济的研究比较具有代表性。区别在于，前者的旅游部门划分立足于旅游卫星账户，而后者则立足于投入-产出表；前者关注的旅游经济变量包括增加值、产出和就业，后者则关注产出、就业和盈利能力。此外，由于二者数据来源不同，其研究结论也有一定的区别。需要指出的是，二者的研究都是基于静态的比较，在碳税的动态影响方面涉及较少，并且在经济变量的选择以及旅游业总体部门影响方面也不够全面和深入。

如前文所述，我国旅游业的二氧化碳排放呈现快速增长趋势（石培华和吴普，2011；袁宇杰，2013）。因此，认知碳税政策对我国旅游经济的影响及其带来的政策启示，具有重要的理论和实践意义。然而，当前鲜有学者关注这一问题。为弥补这一不足，与前两节内容不同，本节聚焦碳税政策对我国旅游业的经济影响。与已有研究相比，本节在两个方面有所创新：一是本节基于递归动态 CGE 模型来研究不同碳税情景下不同时期的旅游经济变化，兼顾税率的多样性和研究的动态性，从而有助于更加灵活地制定决策；二是本节同时考虑旅游业的整体和部门变化，并且探讨旅游经济涉及的四个主要变量，即增加值、产出、就业和生产价格，从而使得整个研究更加全面且深入。

本节旅游部门划分与前文相似，但是这里删除了酒精和饮料制造业、其他食品制造业和运输设备制造业三个与旅游不是非常相关的产业。本节确定如下 11 个行业作为我国旅游相关行业，见表 1-9。

表 1-9 旅游相关行业设定

编号	中国旅游相关部门
I_1	铁路运输
I_2	公路运输
I_3	水路运输
I_4	航空运输
I_5	商业服务
I_6	住宿
I_7	餐饮服务
I_8	水利、环境和公共设施管理
I_9	文化、艺术和娱乐活动
I_{10}	体育活动
I_{11}	娱乐和休闲活动

关于 CGE 模型的详细描述以及碳税税率的设置与前文相似，本节也不再赘述。

1.3.1 对旅游增加值的影响

在投入-产出表中，增加值包含劳动者报酬、生产税净额、固定资产折旧和营业盈余。运用构建的 CGE 模型，本节首先计算碳税对我国旅游业增加值（tourism value added，TVA）的影响，结果见表 1-10 和表 1-11。表 1-10 显示了不同碳税税率对 TVA 2020～2030 年的影响，其中第 2 列数据表示 TVA 在正常情形下的基准值。结果显示，碳税税率对 TVA 有显著的负面影响。一方面，随着碳税税率的增加，碳税政策对 TVA 的影响越来越大；另一方面，随着时间的推进，碳税对 TVA 的影响越来越小。在碳税分别为 10 元/t CO_2、50 元/t CO_2 和 90 元/t CO_2 时，与基准值相比，在 2020 年和 2030 年，TVA 分别下降 0.134%、0.400%、0.462% 和 0.110%、0.217%、0.252%。在 2030 年，对应的 TVA 损失分别约为 156.66 亿元、308.85 亿元、358.40 亿元。

表 1-10　碳税情形下旅游业增加值的变化

年份	基准值/亿元	10 元/t CO_2 模拟值/亿元	偏差/亿元	偏差百分比/%	50 元/t CO_2 模拟值/亿元	偏差/亿元	偏差百分比/%	90 元/t CO_2 模拟值/亿元	偏差/亿元	偏差百分比/%
2020	80 822.40	80 714.48	−107.92	−0.134	80 498.87	−323.53	−0.400	80 449.07	−373.33	−0.462
2021	86 607.98	86 494.79	−113.19	−0.131	86 284.34	−323.64	−0.374	86 245.95	−362.03	−0.418
2022	92 151.71	92 034.46	−117.25	−0.127	91 835.07	−316.64	−0.344	91 799.06	−352.65	−0.383
2023	97 431.81	97 311.21	−120.60	−0.124	97 123.30	−308.51	−0.317	97 092.60	−339.21	−0.348
2024	102 165.00	102 041.52	−123.48	−0.121	101 875.60	−289.40	−0.283	101 842.73	−322.27	−0.315
2025	107 243.50	107 117.03	−126.47	−0.118	106 966.68	−276.82	−0.258	106 930.30	−313.20	−0.292
2026	113 450.30	113 319.46	−130.84	−0.115	113 176.94	−273.36	−0.241	113 135.32	−314.98	−0.278
2027	119 703.20	119 567.65	−135.55	−0.113	119 426.85	−276.35	−0.231	119 386.79	−316.41	−0.264
2028	126 073.10	125 932.08	−141.02	−0.112	125 791.07	−282.03	−0.224	125 746.87	−326.23	−0.259
2029	134 157.30	134 008.94	−148.36	−0.111	133 862.84	−294.46	−0.219	133 814.69	−342.61	−0.255
2030	142 342.70	142 186.04	−156.66	−0.110	142 033.85	−308.85	−0.217	141 984.30	−358.40	−0.252

表 1-11 显示的是 2030 年碳税对我国旅游各部门增加值（tourism sectoral value added，TSVA）的影响，其中第 2 列数据表示 TSVA 在正常情形下的基准值。尽管碳税对 TVA 有显著的负面影响，但是在部门影响方面却呈现出不同的特征，表现为有些部门是负向影响，有些部门是正向影响，并且影响的程度也不尽相同。如表 1-11 所示，大部分部门的 TSVA 受碳税负面影响，其中影响最大的是水路运输，影响最小的是铁路运输。商业服务以及娱乐和休闲活动则受到碳税的正面影响，即征收碳税增加了这两个部门的增加值。

表 1-11　2030 年碳税情形下各旅游部门增加值的变化

旅游部门	基准值/亿元	10 元/t CO_2 模拟值/亿元	偏差/亿元	偏差百分比/%	50 元/t CO_2 模拟值/亿元	偏差/亿元	偏差百分比/%	90 元/t CO_2 模拟值/亿元	偏差/亿元	偏差百分比/%
I_1	6 239.42	6 238.17	−1.25	−0.020	6 236.24	−3.18	−0.051	6 235.58	−3.84	−0.062
I_2	38 377.20	38 239.81	−137.39	−0.358	38 088.22	−288.98	−0.753	38 007.07	−370.13	−0.964
I_3	8 157.89	8 110.17	−47.72	−0.585	8 039.27	−118.62	−1.454	8 047.76	−110.13	−1.350
I_4	5 877.19	5 871.55	−5.64	−0.096	5 858.62	−18.57	−0.316	5 855.04	−22.15	−0.377
I_5	38 791.90	38 834.18	42.28	0.109	38 946.29	154.39	0.398	38 970.37	178.47	0.460
I_6	4 780.70	4 769.85	−10.85	−0.227	4 759.43	−21.27	−0.445	4 759.07	−21.63	−0.453
I_7	24 561.40	24 540.28	−21.12	−0.086	24 522.35	−39.05	−0.159	24 518.43	−42.97	−0.175
I_8	8 245.61	8 238.68	−6.93	−0.084	8 227.14	−18.47	−0.224	8 216.40	−29.21	−0.354
I_9	2 412.28	2 414.40	2.12	0.088	2 415.10	2.82	0.117	2 416.19	3.91	0.162
I_{10}	1 197.37	1 196.59	−0.78	−0.065	1 196.29	−1.08	−0.090	1 195.77	−1.60	−0.134
I_{11}	3 701.72	3 732.33	30.61	0.827	3 744.88	43.16	1.166	3 762.61	60.89	1.645

1.3.2 对旅游产出的影响

对产出的影响是研究碳税经济影响的惯用指标之一。旅游产出（tourism output, TO）反映了旅游业在一定时期内生产的所有货物和服务的价值，代表着旅游生产活动的总规模。表 1-12 和表 1-13 呈现了不同碳税税率对 TO 的影响，表 1-12 的第 2 列显示的是 TO 在正常情形下的基准值。通过对比表 1-10 和表 1-12 可以发现，总体而言，碳税对 TO 的影响要小于对 TVA 的影响。同样地，随着碳税税率的增加，碳税政策对 TO 的影响越来越大，而这种影响随着时间的推移会逐渐变小。在税率分别为 10 元/t CO_2、50 元/t CO_2 和 90 元/t CO_2 时，与基准值相比，在 2020 年和 2030 年，TO 分别下降 0.107%、0.286%、0.419% 以及 0.075%、0.186%、0.262%。在 2030 年，对应的 TO 损失分别约为 284.41 亿元、700.31 亿元、987.33 亿元。

表 1-12 碳税情形下旅游产出的变化

年份	基准值/亿元	10 元/t CO_2 模拟值/亿元	偏差/亿元	偏差百分比/%	50 元/t CO_2 模拟值/亿元	偏差/亿元	偏差百分比/%	90 元/t CO_2 模拟值/亿元	偏差/亿元	偏差百分比/%
2020	219 145.32	218 911.91	233.41	−0.107	218 518.62	626.70	−0.286	218 228.12	917.20	−0.419
2021	231 401.92	231 164.95	236.97	−0.102	230 771.03	630.89	−0.273	230 469.30	932.62	−0.403
2022	244 860.12	244 614.04	246.08	−0.100	244 214.18	645.94	−0.264	243 938.34	921.78	−0.376
2023	258 357.11	258 109.43	247.68	−0.096	257 704.01	653.10	−0.253	257 472.91	884.20	−0.342
2024	273 503.78	273 254.27	249.51	−0.091	272 854.57	649.21	−0.237	272 644.08	859.70	−0.314
2025	289 066.92	288 806.35	260.57	−0.090	288 409.47	657.45	−0.227	288 212.69	854.23	−0.296
2026	305 476.99	305 205.66	271.33	−0.089	304 800.87	676.12	−0.221	304 580.85	896.14	−0.293
2027	322 552.95	322 278.28	274.67	−0.085	321 864.33	688.62	−0.213	321 618.05	934.90	−0.290
2028	340 879.79	340 606.67	273.12	−0.080	340 202.95	676.84	−0.199	339 910.13	969.66	−0.284
2029	360 242.89	359 967.80	275.09	−0.076	359 564.63	678.26	−0.188	359 252.93	989.96	−0.275
2030	377 368.40	377 083.99	284.41	−0.075	376 668.09	700.31	−0.186	376 381.07	987.33	−0.262

表 1-13 显示了碳税政策对我国旅游业各部门产出的影响，其中第 2 列显示的是各部门在正常情况下的基准值。结果显示，在产出方面，商业服务业，文化、艺术和娱乐活动业，娱乐和休闲活动业受到碳税的正面影响，其他部门则受到碳税的负面影响。在所有的 11 个部门中，娱乐和休闲活动业受到的影响最大，当税率分别为 10 元/t CO_2、50 元/t CO_2 和 90 元/t CO_2 时，娱乐和休闲活动业产出在 2030 年将会分别增长 0.398%、0.827%、1.523%。铁路运输业在产出方面受到的

影响最小。

表 1-13 2030 年碳税情形下各旅游行业产出的变化

旅游部门	基准值/亿元	10 元/t CO$_2$ 模拟值/亿元	偏差/亿元	偏差百分比/%	50 元/t CO$_2$ 模拟值/亿元	偏差/亿元	偏差百分比/%	90 元/t CO$_2$ 模拟值/亿元	偏差/亿元	偏差百分比/%
I$_1$	17 368.40	17 366.17	−2.234	−0.013	17 361.52	−6.878	−0.040	17 358.50	−9.900	−0.057
I$_2$	89 035.10	88 858.42	−176.681	−0.198	88 538.68	−496.424	−0.558	88 240.02	−795.083	−0.893
I$_3$	29 824.60	29 686.47	−138.125	−0.463	29 501.00	−323.598	−1.085	29 451.79	−372.808	−1.250
I$_4$	25 087.70	25 071.86	−15.843	−0.063	25 031.01	−56.693	−0.226	25 000.14	−87.556	−0.349
I$_5$	98 684.20	98 758.21	74.013	0.075	98 988.99	304.786	0.309	99 104.59	420.395	0.426
I$_6$	22 763.20	22 738.74	−24.464	−0.107	22 688.72	−74.481	−0.327	22 667.82	−95.378	−0.419
I$_7$	58 771.90	58 752.23	−19.665	−0.033	58 703.51	−68.393	−0.116	58 676.69	−95.210	−0.162
I$_8$	20 394.70	20 383.06	−11.639	−0.057	20 353.14	−41.560	−0.204	20 327.81	−66.895	−0.328
I$_9$	38 59.65	3 860.97	1.323	0.034	38 63.16	3.508	0.091	3 865.44	5.789	0.150
I$_{10}$	4 070.18	4 069.19	−0.994	−0.024	4 067.54	−2.642	−0.065	4 065.13	−5.047	−0.124
I$_{11}$	7 508.77	7 538.67	29.903	0.398	7 570.84	62.069	0.827	7 623.13	114.359	1.523

1.3.3 对旅游就业的影响

就业是衡量旅游经济影响的又一个重要指标。本书通过对《中国人口和就业统计年鉴 2018》中各行业数据的分析，对碳税情形下我国旅游就业（tourism employment，TE）的变化进行仿真，结果见表 1-14 和表 1-15。表 1-14 第 2 列显示的是 TE 在正常情况下的基准值。理论上碳税政策会增加企业的运营成本，从而降低其用人需求，这反映在表 1-14 中即为碳税对 TE 有显著的负面影响。与基准值相比，当税率为 90 元/t CO$_2$ 时，2020 年 TE 人数将会减少 0.724%，而当税率为 10 元/t CO$_2$ 时，2030 年 TE 人数将会减少 0.110%。

表 1-14 碳税情形下旅游就业的变化

年份	基准值/万人	10 元/t CO$_2$ 模拟值/万人	偏差/万人	偏差百分比/%	50 元/t CO$_2$ 模拟值/万人	偏差/万人	偏差百分比/%	90 元/t CO$_2$ 模拟值/万人	偏差/万人	偏差百分比/%
2020	2027.80	2023.36	−4.44	−0.219	2015.69	−12.11	−0.597	2013.12	−14.68	−0.724
2021	2084.34	2080.14	−4.20	−0.201	2072.79	−11.55	−0.554	2070.13	−14.21	−0.682
2022	2144.01	2140.05	−3.96	−0.185	2133.21	−10.80	−0.504	2130.19	−13.83	−0.645
2023	2197.74	2194.22	−3.52	−0.160	2187.76	−9.98	−0.454	2184.46	−13.28	−0.604
2024	2237.49	2234.32	−3.16	−0.141	2228.47	−9.01	−0.403	2224.89	−12.60	−0.563

续表

年份	基准值/万人	10 元/t CO_2 模拟值/万人	偏差/万人	偏差百分比/%	50 元/t CO_2 模拟值/万人	偏差/万人	偏差百分比/%	90 元/t CO_2 模拟值/万人	偏差/万人	偏差百分比/%
2025	2271.36	2268.45	−2.91	−0.128	2263.15	−8.22	−0.362	2259.26	−12.10	−0.533
2026	2314.05	2311.33	−2.72	−0.118	2306.28	−7.77	−0.336	2302.18	−11.87	−0.513
2027	2358.50	2355.81	−2.69	−0.114	2350.87	−7.62	−0.323	2346.74	−11.75	−0.498
2028	2399.71	2397.02	−2.69	−0.112	2392.12	−7.58	−0.316	2388.00	−11.71	−0.488
2029	2438.95	2436.24	−2.70	−0.111	2431.29	−7.65	−0.314	2427.16	−11.79	−0.483
2030	2479.20	2476.48	−2.72	−0.110	2471.43	−7.77	−0.313	2467.33	−11.87	−0.479

表 1-15 显示的是 2030 年我国旅游各部门在碳税情形下就业人数的变化情况，其中第 2 列是基准值。结果显示，在征收碳税后，餐饮服务就业人数受到的负面影响最大，其次是住宿。在 11 个旅游行业中，有 10 个行业的就业人数受碳税政策的负面影响，只有铁路运输受正面影响。当税率分别为 10 元/t CO_2、50 元/t CO_2 和 90 元/t CO_2 时，铁路运输的就业人数与基准值相比，分别增加了 0.091%、0.470%、0.760%。在所有的旅游部门中，基于就业指标，受碳税影响最小的是水利、环境和公共设施管理。碳税税率的增加同样会加大其对各旅游部门就业的正面或负面影响。

表 1-15　2030 年碳税情形下各旅游行业就业的变化

旅游部门	基准值/万人	10 元/t CO_2 模拟值/万人	偏差/万人	偏差百分比/%	50 元/t CO_2 模拟值/万人	偏差/万人	偏差百分比/%	90 元/t CO_2 模拟值/万人	偏差/万人	偏差百分比/%
I_1	91.67	91.75	0.08	0.091	92.10	0.43	0.470	92.37	0.70	0.760
I_2	574.56	573.54	−1.02	−0.177	571.17	−3.39	−0.591	569.47	−5.09	−0.886
I_3	87.06	87.01	−0.05	−0.055	86.92	−0.14	−0.166	86.87	−0.19	−0.210
I_4	79.61	79.60	−0.01	−0.012	79.52	−0.09	−0.107	79.42	−0.18	−0.232
I_5	648.03	647.74	−0.29	−0.045	647.24	−0.78	−0.121	646.97	−1.06	−0.163
I_6	85.75	85.52	−0.23	−0.261	85.19	−0.56	−0.653	84.87	−0.87	−1.017
I_7	329.56	328.78	−0.78	−0.236	327.39	−2.17	−0.658	325.87	−3.69	−1.119
I_8	384.21	384.08	−0.13	−0.033	383.98	−0.23	−0.060	383.83	−0.38	−0.098
I_9	70.26	70.14	−0.12	−0.174	69.95	−0.31	−0.445	69.85	−0.41	−0.581
I_{10}	24.81	24.79	−0.02	−0.095	24.73	−0.08	−0.322	24.71	−0.11	−0.441
I_{11}	103.68	103.52	−0.16	−0.156	103.25	−0.44	−0.420	103.09	−0.59	−0.568

1.3.4 对旅游生产价格的影响

价格是一个非常重要的宏观经济变量,然而在碳税的经济影响中,产品价格鲜有学者关注。对此,本节在增加值、产出和就业这三个传统的经济影响指标之外,考察碳税政策对旅游产品生产价格(tourism production price,TPP)的影响。不同于需求价格,商品的生产价格是由部门平均生产成本和社会平均利润构成的,是价值的转化形式,因此更能根据生产价格科学地从企业的角度去衡量政策变化对价格的影响。由于本节 CGE 模型的数据基础是 2017 年的中国投入-产出表,因此本节以 2017 年价格为基准情形。由于各部门的价格量级以及单位差异较大,本节采用相对价格的形式。2017 年所有的 TPP 设定为 1。表 1-16 和表 1-17 显示的是碳税政策对 TPP 的影响。如表 1-16 所示,与增加值、产出和就业不同,碳税政策对 TPP 的影响是正面的。同样地,该影响随着税率的增加而增大,随着时间的推移而减小。在 10 元/t CO_2、50 元/t CO_2 和 90 元/t CO_2 三种税率下,2020 年 TPP 相比于基准值将分别增加 0.184%、0.277%、0.461%,到 2030 年,则将分别增加 0.077%、0.077%、0.154%。

表 1-16 碳税情形下旅游生产价格的变化

年份	基准值/万人	10 元/t CO_2 模拟值/万人	偏差/万人	偏差百分比/%	50 元/t CO_2 模拟值/万人	偏差/万人	偏差百分比/%	90 元/t CO_2 模拟值/万人	偏差/万人	偏差百分比/%
2020	1.084	1.086	0.002	0.184	1.087	0.003	0.277	1.089	0.005	0.461
2021	1.109	1.111	0.002	0.180	1.112	0.003	0.270	1.113	0.004	0.361
2022	1.131	1.132	0.002	0.177	1.133	0.002	0.177	1.134	0.003	0.265
2023	1.153	1.154	0.001	0.087	1.155	0.002	0.173	1.156	0.003	0.260
2024	1.172	1.174	0.001	0.085	1.174	0.002	0.171	1.175	0.003	0.256
2025	1.190	1.190	0.001	0.084	1.192	0.002	0.168	1.192	0.002	0.168
2026	1.212	1.213	0.001	0.083	1.214	0.002	0.165	1.214	0.002	0.165
2027	1.233	1.233	0.001	0.081	1.234	0.001	0.081	1.235	0.002	0.162
2028	1.253	1.255	0.001	0.080	1.254	0.001	0.080	1.255	0.002	0.160
2029	1.275	1.276	0.001	0.078	1.276	0.001	0.078	1.277	0.002	0.157
2030	1.299	1.300	0.001	0.077	1.300	0.001	0.077	1.301	0.002	0.154

表 1-17 显示的是 2030 年碳税政策对不同旅游部门生产价格的影响。与增加值、产出和就业三个指标不同,碳税对旅游部门生产价格的影响呈现不同的特征。如表 1-17 所示,总体而言,碳税政策对旅游部门生产价格的影响相对温

和，所有部门生产价格在 2030 年的偏差都小于 1%。大多数旅游部门在碳税情形下价格呈上升现象。其中，航空运输的价格上升最大，其次是住宿和餐饮服务。商业服务，水利、环境和公共设施管理，体育活动以及娱乐和休闲活动 2030 年的生产价格相比于基准值有一定的下降。

表 1-17　2030 年碳税情形下各旅游部门生产价格的变化

旅游部门	基准值/万人	10 元/t CO_2 模拟值/万人	偏差/万人	偏差百分比/%	50 元/t CO_2 模拟值/万人	偏差/万人	偏差百分比/%	90 元/t CO_2 模拟值/万人	偏差/万人	偏差百分比/%
I_1	1.202	1.202	0.000	0.027	1.203	0.001	0.120	1.204	0.002	0.151
I_2	1.333	1.334	0.001	0.093	1.335	0.003	0.192	1.336	0.003	0.208
I_3	1.202	1.202	0.000	0.019	1.203	0.001	0.071	1.203	0.001	0.077
I_4	1.601	1.606	0.004	0.274	1.608	0.006	0.392	1.610	0.009	0.557
I_5	1.702	1.702	0.000	−0.005	1.701	−0.001	−0.078	1.701	−0.002	−0.092
I_6	1.647	1.650	0.003	0.206	1.652	0.005	0.274	1.653	0.006	0.378
I_7	2.539	2.542	0.002	0.082	2.542	0.003	0.110	2.545	0.005	0.208
I_8	1.908	1.908	0.000	−0.015	1.907	−0.001	−0.062	1.907	−0.001	−0.069
I_9	1.447	1.448	0.001	0.044	1.448	0.001	0.066	1.449	0.002	0.114
I_{10}	1.379	1.379	0.000	−0.025	1.378	−0.001	−0.094	1.377	−0.001	−0.106
I_{11}	1.398	1.398	0.000	−0.011	1.398	−0.001	−0.049	1.398	−0.001	−0.049

1.3.5　结论和讨论

本节运用动态 CGE 模型分析了不同税率情形下，碳税对我国旅游经济增加值、产出、就业和生产价格的总体和部门影响。本节的结论包括：①征收碳税会增加我国旅游业的运营成本。结果显示，其无论是对增加值、产出、就业的负面影响，还是对生产价格的正面影响，都不利于我国旅游经济的发展。这些影响包括降低了旅游业对国民经济的贡献（增加值的降低）、缩减了旅游业的经济规模（产出的降低）、降低了旅游业在就业方面的促进作用（对就业的负面影响）和降低了对旅游产品的需求（旅游生产价格的上升）。对于低利润率的中国旅游业而言（魏婕等，2016），这种不利影响是非常显著的。②碳税对不同经济变量的影响不尽相同。碳税政策对旅游就业的影响最大，对生产价格的影响最小。③不同的碳税税率对我国旅游经济的影响有显著的区别。总体上，税率越高，则影响越大。在时间效应上，碳税的影响随着时间推进越来越小，即碳税对我国旅游经济的短期影响要大于长期影响。这一结论与前文类似。④不同的旅游部门受到的碳税影响存在显著差异，甚至有的完全相反。在增加值、产出和就业三个方面，大多数旅游部门受到碳税的负面影响，在生产价格方面，大多数旅游部门受到正面影响。

很容易理解不同碳税税率对旅游经济的不同影响，而其时间的弱化效应及其在不同旅游部门之间的影响差异则有着更复杂的作用机制。在时间方面，之所以前期的影响要大于后期，是由于在前期，旅游业对碳税政策的适应性较弱，而随着时间的推移，后期碳税政策在整个行业的接受度则更高。这导致了企业在前后期不同的经营行为：前期主要通过降低产能来规避碳税征收，后期则主要倾向于通过提升发展的环境质量来降低二氧化碳排放。各旅游部门在不同旅游经济变量方面受到的影响差异则取决于各部门本身的碳强度、产品属性以及行业属性等要素。碳税征收无疑会使得一些高能耗旅游行业降低能源使用进而降低二氧化碳排放，从而导致产量的降低。碳税征收还会降低居民的收入，进而降低旅游需求，最终降低产品的需求价格。同时，碳税政策提高了旅游企业的生产成本，产生成本效应，增加了产品的生产价格，在需求价格和生产价格的综合效应下，产品的市场价格发生变化，进而影响部门产出。居民消费能力在碳税情形下的降低，会导致居民将有限的消费能力偏向更为必需的行业，而不是旅游这种非必需行业，这样就会降低对诸多旅游核心部门产品的需求，如交通、住宿、餐饮、公共管理、体育等，进而降低了这些部门的产出。当价格都上升时，碳密集型行业上升相对较多，会导致消费者偏好转移到碳密度小的行业，从而会增加其产出。商业服务业、文化艺术业和娱乐业等劳动密集型行业的经营成本，尤其是用人成本在碳税政策下会降低，从而增加了这些行业的产出。

1.4 碳税、经济不确定性和旅游

研究表明适当的气候政策可以减少区域旅游业相关的二氧化碳排放（例如，Moyle et al.，2018；Scott et al.，2019；Ritchie et al.，2019）。碳税作为全球重要的气候政策，可以显著减少二氧化碳排放（Calderón et al.，2016；Frey，

2017；Moz and Pereda，2021）以及旅游业相关的碳排放（Dwyer et al.，2013；Zhang and Zhang，2018；Meng and Pham，2017）。为了量化气候政策的影响，学者们采用了多样化的研究方法，如 Hamburg 旅游模型（Mayor and Tol，2010a）、双重差分（difference-in-differences）模型（Zhang and Zhang，2020b）和 CGE 模型。在这些方法中，CGE 模型的应用最为广泛（Frey，2017；Dwyer et al.，2013；Zhang and Zhang，2018；Meng and Pham，2017）。前文在探讨碳税对旅游的碳排放、能源消耗和经济的影响时，同样基于 CGE 模型。CGE 模型的主要优势在于它在各个经济部门之间建立了定量关系，从而有助于检查经济系统对其他系统的扰动影响。

尽管 CGE 模型在描述行业联系方面具有显著优势，但它在宏观经济环境的两个重要特征——随机性和动态性方面表现不佳，这可能导致政策模拟出现偏差。正如 Fischer 和 Springborn（2011）所说的，在实施气候政策的过程中，认识到预期的成本效益及其对突发事件的反应非常必要。因此，学者们使用动态随机一般均衡（dynamic stochastic general equilibrium，DSGE）模型来克服 CGE 模型在不确定和动态经济环境中的局限性。例如，Fischer 和 Springborn（2011）使用 DSGE 模型比较了不同气候政策引起的不同经济反应，并得出结论，碳税情形下所有经济变量和家庭效用的波动性都比其他气候政策下的波动性大。继这一工作之后，Dissou 和 Karnizova（2016）以及 Zhang 和 Zhang（2020c）还探讨了在多重宏观经济不确定性背景下，碳税和排放上限对减少二氧化碳排放的随机影响。此外，Holladay 等（2019）调查了三种排放政策工具对国际贸易的影响。

然而，尽管 DSGE 模型具有特定的优势，但迄今为止还没有学者应用 DSGE 来探讨气候政策的旅游影响。对此，本节拟在真实的宏观经济不确定性背景下，探讨碳税和其他外生冲击如何影响我国旅游业的经济和环境绩效。本节引入投入-产出思想构建了一个包含旅游相关行业的多行业 DSGE 模型，以分析在多种宏观经济不确定性来源的情况下，碳税在旅游业发展中的作用。需要注意的是，在本节的模型中，旅游业并非一个独立的部门，因为我国的投入-产出表中没有独立的旅游业。与前文研究不同，本节调查旅游相关行业而不是单一的旅游业。

除了严格遵守一般均衡理论外，DSGE 模型在处理经济动态和不确定性方面要优于 CGE 模型。首先，DSGE 模型是动态的，即任何决策都被认为是跨期的，因此经济主体可以在可用的信息集下为其当前和未来的行为决策做出合理的选择。其次，DSGE 模型是随机的。经济主体可以在不确定的经济环境中确定政策操作。此外，CGE 模型的过程依赖于复杂的数据处理，即构建社会核算矩阵，这使得 CGE 模型的应用非常复杂。CGE 模型还涉及大量基于隐含假设的方程，其可重复性较差。相反，DSGE 模型的再现性要优于 CGE 模型。DSGE 模型中的许多参数设置可参考现有研究。只要确定了模型结构，就基本建立了 DSGE 模型的稳态解。

本节的创新性体现在以下几个方面。首先，本节通过建立多部门 DSGE 模型，将旅游相关部门纳入宏观经济不确定性。本节基于由家庭、企业和政府组成的 DSGE 模型，考察包括碳税冲击在内的外部冲击对旅游业的影响。在 DSGE 模型统一的宏观和微观经济框架内探讨旅游问题。从方法论角度看，本节创新性地将环境质量和能源消耗引入家庭效用函数和企业生产函数，从而完善了本节的理论框架。其次，从实证角度来看，本节的研究结果可以模拟旅游业在宏观经济中的表现，对于观察碳税冲击对旅游业的影响、实现旅游可持续发展具有重要的参考价值。

1.4.1 研究方法

由于我国入境旅游在整个旅游经济中所占的比例一直很小，本节的 DSGE 模型由封闭经济系统中具有代表性的家庭、企业和政府组成。DSGE 模型是一个综合性宏观经济模型，其结构具有坚实的理论基础。这样一个强大的理论基础允许以一种清晰的方式概念化假设的洞察力，并将它们整合成一个组合模型，特别是凯恩斯理论、能源经济学理论和内生增长理论使其能够在碳税、旅游业和宏观经济与环境参数（如碳排放、税收、产出和能源消费）之间建立联系。根据凯恩斯理论，具有代表性的家庭提供劳动力以获得工资，向政府支付一次性税款，并从企业购买旅游商品以满足其效用。此外，企业从家庭雇佣劳动力，从资本市场租赁资本，为家庭提供产品。根据能源经济学理论，代表性家庭还要购买良好的生态环境，以满足其效用。此外，商品产出导致二氧化碳排放，因此企业向政府缴纳碳税。政府对家庭和企业征收消费税、所得税和碳税。能源消耗成为企业生产函数的一个关键投入因素。根据内生增长理论，内生技术进步是确保经济持续增长的决定性因素，特别是在环境保护压力日益增大的情况下。基于上述理论基础，DSGE 模型的结构如图 1-9 所示。

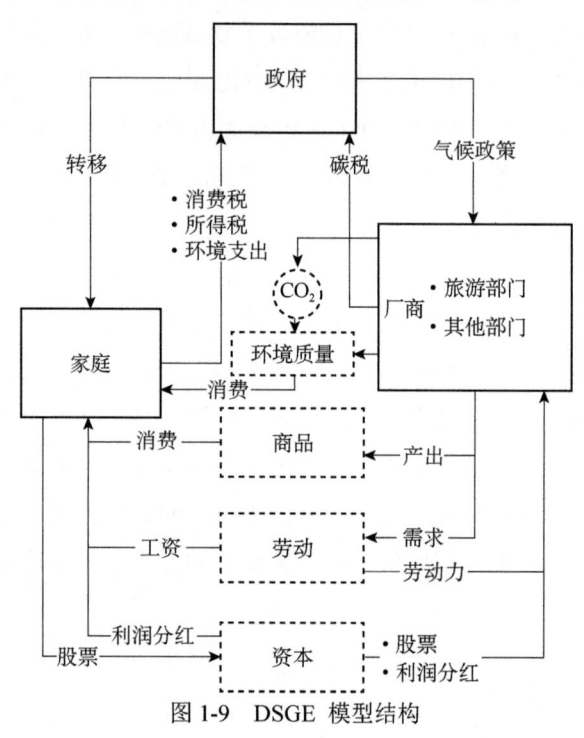

图 1-9 DSGE 模型结构

1. 家庭

假设存在大量的同质和无限家庭，一个代表性家庭通过消费商品、劳动和享受良好的生态环境来实现跨期效用最大化。消费和劳动是传统效用函数中最常见的自变量。本节还同时将二氧化碳排放对环境质量的影响作为家庭效用函数的一个影响因素。因此，参考 Dissou 和 Karnizova（2016）、Fischer 和 Springborn（2011）以及 Niu 等（2018）的研究，本节获得代表性家庭的效用函数：

$$U(C_t, L_t, Q_t) = \sum_{j=1}^{n} \theta_j \ln C_{jt} + \sum_{j=1}^{n} \varphi_j \ln(h_j - L_{jt}) + \gamma \ln Q_t \qquad (1\text{-}10)$$

假设一个代表性家庭在不同部门的劳动时间是 $\{L_{1t}, L_{2t}, \cdots, L_{jt}\}$，则其在不同部门的休闲时间就是 $\{h_1 - L_{1t}, h_2 - L_{2t}, \cdots, h_j - L_{jt}\}$，这里 h_j 是部门 j 的时间禀赋。φ_j 大于 0，表示休闲对家庭效应有正向影响。Q_t 表示代表性家庭享受的环境质量。C_t 表示家庭消费，θ_j、φ_j 和 γ 分别表示消费、休闲和享受优良环境的权重，

$\theta_j + \varphi_j + \gamma = 1$。

代表性家庭的效用最大化问题为

$$\max_{\{C_{jt}, L_{jt}, Q_t\}} E_0 \sum_{t=0}^{\infty} \beta^t [\sum_{j=1}^{n} \theta_j \ln C_{jt} + \sum_{j=1}^{n} \varphi_j \ln(h_j - L_{jt}) + \gamma \ln Q_t] \quad (1\text{-}11)$$

式中，E_0 为所有变量的未来期望值；β 为贴现因子。

代表性家庭的资本积累函数如下：

$$K_t = (1-\delta)K_{t-1} + I_t \quad (1\text{-}12)$$

式中，δ 为资本折旧率；I_t 为投资额。

时间 t 内代表性家庭的预算约束为

$$(1+\varepsilon^c)\sum_{j=1}^{n} C_{jt} + I_t + P_t Q_t = (1-\varepsilon^l)\sum_{j=1}^{n} W_{jt} L_{jt} + R_t K_{t-1} + G_t^H \quad (1\text{-}13)$$

式中，P_t 为购买高质量环境的单位价格；R_t 为资本租金；G_t^H 为政府对代表性家庭的转移支付；W_{jt} 为部门 j 的工资；ε^c 为消费税；ε^l 为所得税。

通过引入拉格朗日函数，获得代表性家庭效用最大化的一阶条件：

$$\frac{\theta_j}{C_{jt}} = \lambda_t (1+\varepsilon^c) \quad (1\text{-}14)$$

$$\frac{-\varphi_j}{1-L_{jt}} = \lambda_t (1-\varepsilon^l) W_{jt} \quad (1\text{-}15)$$

$$\beta^{t+1} \lambda_{t+1}(R_{t+1} - \delta + 1) = \beta^t \lambda_t \quad (1\text{-}16)$$

$$\frac{\gamma}{Q_t} = \lambda_t P_t \quad (1\text{-}17)$$

式中，λ_t 为代表性家庭预算约束的拉格朗日乘子。

根据式（1-14）和式（1-15），得到

$$\frac{1}{1-L_{jt}} = \frac{\theta_j}{-\varphi_j} \frac{1-\varepsilon^l}{1+\varepsilon^c} \frac{W_{jt}}{C_{jt}} \quad (1\text{-}18)$$

根据式（1-14）和式（1-16），得到

$$\frac{C_{jt+1}}{C_{jt}} = \beta(R_{t+1} - \delta + 1) \quad (1\text{-}19)$$

根据式（1-14）和式（1-17），得到

$$\frac{C_{jt}}{Q_t} = \frac{\theta_j P_t}{\gamma(1+\varepsilon^c)} \quad (1\text{-}20)$$

2. 厂商

考虑到在本节的 DSGE 模型中，国民经济被划分为不同的部门。因此，本节没有区分不同类型的企业。参考 Dissou 和 Karnizova（2016）以及 Fischer 和 Springborn（2011），本节假设所有企业都具有相同的生产函数，企业利用劳动力、资本和能源进行生产。根据 Cobb-Douglas 生产函数，企业的产出取决于生产率、资本和劳动力。同时，考虑到能源消耗是生产过程中二氧化碳排放的主要来源，本节还引入能源消耗作为企业生产函数的输入因子。因此，本节获得了以下 Cobb-Douglas 生产函数，以表示 j 部门在 t 期间生产的 Y_{jt} 单位商品 j：

$$Y_{jt} = F(K_{jt}, L_{jt}, \mathrm{EN}_{jt}) = A_{jt}^{\upsilon_j + \varpi_j} K_{jt-1}^{\upsilon_j} L_{jt}^{\varpi_j} \mathrm{EN}_{jt}^{\xi_j} \quad (1\text{-}21)$$

A_{jt} 为部门 j 的随机生产率，遵循 AR（1）过程。

$$\ln(A_{jt}) = \rho_A \ln A_{jt-1} + \mu_{jt}^A \quad \rho_A \in (0,1), \quad \mu_{jt}^A \sim B(0, \sigma_A^2) \quad (1\text{-}22)$$

式中，μ_{jt}^A 为外生部门生产率冲击，这也是 DSGE 模型中的惯用不确定性来源和基本冲击（Fischer and Springborn，2011；Heutel，2012；Annicchiarico and Di Dio，2015；Dissou and Karnizova，2016）；K_{jt} 为部门 j 在时间 t 的资本；EN_{jt} 为部门 j 在时间 t 的能源消耗；υ_j 为部门 j 的资本产出弹性；ϖ_j 为部门 j 的劳动产出弹性；ξ_j 为部门 j 的能源消耗产出弹性。$\upsilon_j > 0$，$\varpi_j > 0$，$\xi_j > 0$，式（1-22）假设规模报酬不变，即 $\upsilon_j + \varpi_j + \xi_j = 1$。当 ξ_j 增加时，生产率产出弹性 $\upsilon_j + \varpi_j$ 下降，反之亦然。当 $\xi_j = 0$ 时，能源消耗不再作为厂商的生产投入因子，此时能源消耗不再影响公司产出，式（1-21）变成标准的 Cobb-Douglas 生产函数。

$$CO_{2j} = \sum_{j=1}^{n}(1 - \chi_{jt} - V_t)\eta Y_{jt} \quad (1\text{-}23)$$

式中，χ_{jt} 为碳排放的降低率，$0 \leqslant \chi_{jt} \leqslant 1$，假设不征收碳税时，企业没有减排动力，此时 $\chi_{jt} = 0$；$(1-\chi_{jt}-V_t)\eta$ 表示碳强度，η 表示不征收碳税时的碳强度；V_t 表示政府推广的用于控制碳排放的，同样遵循 AR（1）过程：

$$\ln(V_t) = \rho_V \ln V_{t-1} + \mu_t^V \quad \rho_V \in (0,1), \quad \mu_t^V \sim B(0, \sigma_V^2) \quad (1\text{-}24)$$

式中，μ_t^V 表示外生的低碳技术冲击。假设所有的碳排放都来源于企业的生产环节。适当的环境规制会刺激低碳技术创新，同时企业需提供财务支持以应对碳减排率的上升。

研究表明，从生产过程中征税有利于碳税征收和碳源控制（Chen and Nie，2016；Haites，2018）。因此，本节与 Zhang 和 Zhang（2018）的研究一致，对生产征收碳税。本节假设时间 t 内的碳税为 X_t，同样服从 AR（1）过程。假设在同一时期，不同部门的碳税税率是相同的。

$$\ln(X_t) = \rho_X \ln X_{t-1} + \mu_t^X \qquad \rho_X \in (0,1)，\quad \mu_t^X \sim B(0, \sigma_X^2) \tag{1-25}$$

式中，μ_t^X 表示外生的碳税冲击。

在时间 t 内企业产出的最优化问题为

$$\max_{\{K_{jt}, L_{jt}, \mathrm{EN}_{jt}\}} E_t \prod_t = A_{jt}^{\upsilon_j + \varpi_j} K_{jt-1}^{\upsilon_j} L_{jt}^{\varpi_j} \mathrm{EN}_{jt}^{\xi_j} - R_t K_{jt-1} - W_{jt} L_{jt} - X_t \mathrm{CO}_{2jt} \tag{1-26}$$

公司利润最大化的一阶条件为

$$\upsilon_j A_{jt}^{\upsilon_j + \varpi_j} K_{jt-1}^{\upsilon_j - 1} L_{jt}^{\varpi_j} \mathrm{EN}_{jt}^{\xi_j} - R_t = 0 \tag{1-27}$$

$$\varpi_j A_{jt}^{\upsilon_j + \varpi_j} K_{jt-1}^{\upsilon_j} L_{jt}^{\varpi_j - 1} \mathrm{EN}_{jt}^{\xi_j} - W_{jt} = 0 \tag{1-28}$$

$$X_t (1 - \chi_{jt}) \eta - 1 = 0 \tag{1-29}$$

3. 环境质量

一般来说，当前环境质量 Q_t 取决于前一期环境质量 Q_{t-1} 和当前的碳排放量 CO_{2t}（Heutel，2012）。因此，参考 Annicchiarico 和 Di Dio（2015）的研究，本节得到

$$Q_t = \tau \overline{Q} + (1 - \tau) Q_{t-1} - \mathrm{CO}_{2t} \tag{1-30}$$

式中，$\mathrm{CO}_{2t} = \sum_{j=1}^{n} \mathrm{CO}_{2jt}$，表示时间 t 内累计的碳排放量，$0 \leqslant \tau \leqslant 1$，表示自然环境中二氧化碳的衰减率。没有碳排放时的环境质量 $\overline{Q}$ 设定为 1。

4. 政府

假设政府通过一次性转移支付将从经济实体征收的税收返还给家庭，碳税收入也会返还给家庭。在时间 t 内，政府的预算约束为

$$G_t = \varepsilon^c C_t + \varepsilon^l W_t L_t + X_t \mathrm{CO}_{2t} + P_t Q_t \tag{1-31}$$

式中，G_t 为政府支出；$\varepsilon^c C_t$ 为家庭消费税；$\varepsilon^l W_t L_t$ 为家庭所得税；$X_t \mathrm{CO}_{2t}$ 为企业的环境税（即缴纳的碳排放税）；$P_t Q_t$ 为家庭购买优质生态环境的支出。

最终，市场出清条件为

$$Y_t = C_t + I_t + G_t \tag{1-32}$$

在本节的 DSGE 模型中有三种外部冲击：部门生产率冲击 A_{jt}、低碳技术进步冲击 V_t 和碳税冲击 X_t。本节首先分析在无碳税、减少 20%的二氧化碳排放的碳税、减少 40%的二氧化碳排放的碳税三种情形下，部门生产率和低碳技术进步对国家和旅游部门产出、环境质量和二氧化碳排放的冲击，然后，本节比较在这三种碳税情景下，国家产出和环境质量以及旅游部门产出和二氧化碳排放的脉冲响应。

1.4.2 数据、模型求解以及参数校准

1. 旅游部门界定

本节通过合并 2017 年中国投入-产出表中的 42 个部门，在 DSGE 模型中选择了 12 个生产部门，如表 1-18 所示。使用 42 个部门或者细分更多的部门将增加许多与本节无关的结果，如制造业、金融业和矿业部门的产出。本节主要关注外生冲击对旅游业的影响，因此，调查外生冲击对所有部门的影响可能毫无意义。基于关注核心旅游部门的考虑，与前文有所不同，本节选择以下与旅游业密切相关的行业，包括：①批发和零售贸易；②运输、仓储和邮政；③住宿、餐饮服务；④租赁和商业服务；⑤水利、环境和住宿公共设施的管理；⑥文化、体育和娱乐。

由于旅游业本质上是一个综合性行业，建筑和房地产等其他行业也具有一定的旅游功能（Cazcarro et al., 2014），但这些部门的旅游功能无疑比本节确定的六个部门的功能要弱得多。有鉴于此，为了专注于旅游业，本节不报告这些行业的模拟结果。此外，考虑到 DSGE 模型中每个部门的参数校准，进一步分解这六个部门［如前文对交通、Cazcarro 等（2014）对住宿、Hara（2008）和 Munjal（2018）对娱乐部门的分解］可能不太合适，因为这些细分行业的数据无法支持自身相关参数的校准。

基于 DSGE 模型，本节模拟了碳税情况下这 6 个部门对外部冲击的脉冲响应。

表 1-18　多部门 DSGE 模型中的部门分类（根据 2017 年中国投入–产出表整理）

序号	部门	简称
1	批发和零售业*	WHRT
2	交通运输、仓储和邮政业*	TRSP
3	住宿和餐饮业*	AFBS
4	租赁和商业服务业*	RLBS
5	水利、环境和公共设施管理业*	MWEP
6	文化、体育和娱乐业*	CUSE
7	农、林、牧、渔业	FFAF
8	采矿业	MINI
9	制造业	MANU
10	电力、热力、燃气及水生产和供应业	PEGW
11	建筑业	CORE
12	其他服务业	OSER

*旅游相关部门。

2. 模型求解

由于 DSGE 模型的平衡条件是一个非线性差分方程组，本节采用对数线性化（log-linearization）方法对上述方程进行线性转换。对数线性化过程的详细信息如式（1-33）所示，假设为一个非线性方程组：

$$f(x(t), y(t)) = g(z(t)) \tag{1-33}$$

该公式在任何时间 t 内都成立，当然也在稳态水平上成立，即

$$f(\bar{x}, \bar{y}) = g(\bar{z}) \tag{1-34}$$

式中，$\bar{x}$ 表示 $x(t)$ 的稳态值，即变量没有外生冲击下的收敛均衡点。将 $x(t)=\exp(\log(x(t)))$、$y(t)=\exp(\log(y(t)))$ 和 $z(t)=\exp(\log(z(t)))$ 代入式（1-34）中，并对公式两边同时取对数，得到式（1-35）：

$$\log(f(e^{\log(x(t))}, e^{\log(y(t))})) = \log(g(e^{\log(z(t))})) \tag{1-35}$$

将式（1-35）在稳态值 $(\log\bar{x}, \log\bar{y}, \log\bar{z})$ 附近运用一阶泰勒公式展开，得到式（1-36）：

$$\frac{f_1(\bar{x}, \bar{y})}{f(\bar{x}, \bar{y})}\bar{x}(\log x(t) - \log \bar{x}) + \frac{f_2(\bar{x}, \bar{y})}{f(\bar{x}, \bar{y})}\bar{y}(\log y(t) - \log \bar{y}) = \frac{g'(\bar{z})}{g(\bar{z})}\bar{z}(\log z(t) - \log \bar{z})$$

$$\tag{1-36}$$

从而得到对数线性化的近似方程

$$f_1(\bar{x},\bar{y})\bar{x}\hat{x}(t) + f_2(\bar{x},\bar{y})\bar{y}\hat{y}(t) = g'(\bar{z})\bar{z}\hat{z}(t) \quad (1\text{-}37)$$

式中，$\hat{x}(t) = \log x(t) - \log \bar{x}$；$\hat{y}(t) = \log y(t) - \log \bar{y}$；$\hat{z}(t) = \log z(t) - \log \bar{z}$。$\hat{x}(t)$、$\hat{y}(t)$ 和 $\hat{z}(t)$ 分别近似反映了变量 $x(t)$、$y(t)$、$z(t)$ 偏离其稳态值的程度，即 $\hat{x}(t) \approx [x(t) - \bar{x}]/\bar{x}$，$\hat{y}(t) \approx [y(t) - \bar{y}]/\bar{y}$，$\hat{z}(t) \approx [z(t) - \bar{z}]/\bar{z}$。模型中的所有非线性方程都可以根据上述方法进行线性转换。

3. 数据收集和参数校准

DSGE 模型中有两类参数：①反映模型稳态特性的校准参数；②反映模型动态特性的参数。稳态参数的值可以通过校准来确定，而动态参数的值可以通过贝叶斯方法来估计。与大多数使用季度时间序列数据计算参数的研究不同，本节不仅基于时间序列数据，还基于投入-产出表数据，因为本节的 DSGE 模型是多部门的。本节的投入-产出表是我国 2017 年颁布的最新版，该表提供了计算家庭效用函数和企业生产函数参数的数据。基于相关的季度时间序列数据，本节采用贝叶斯方法估计模型的动态参数。静态参数则参考已有的研究进行校准。首先，根据已有的研究确定一些稳态参数值，包括 γ、β、δ、ε^c、ε^l、τ、χ_j 和 η。这些参数的描述、校准值以及数据来源见表 1-19。消费和休闲是家庭效用函数中最常见的两个独立变量，在许多情况下也是唯一的两个独立变量。因此，它们的份额在模型中要高于环境质量。在我国的实践中，尽管环境质量日渐重要，但其重要性比消费和休闲要相对弱些。综合来看，本节将环境质量在效用函数中的份额设定为 0.2，参考之前的研究，贴现系数基于季度数据的经验值设定为 0.99。

表 1-19　稳态参数校准

参数	值	参数描述	来源
γ	0.2	环境质量在效用函数中的份额	作者评估
β	0.99	贴现因子	Heutel（2012）：0.98627；Xiao 等（2018）：0.99；Ng（2015）：0.9321；Song 等（2019）：0.9782；Niu 等（2018）：0.97
δ	0.005	资本折旧率	Heutel（2012）：0.025；Xiao 等（2018）：0.025；Ng（2015）：0.11；Song 等（2019）：0.03；Niu 等（2018）：0.1
ε^c	0.06	消费税	根据实际税率确定
ε^l	0.09	所得税	根据实际税率确定
τ	0.005	自然环境中二氧化碳衰减率	Xiao 等（2018）：0.005；IPCC（2001）：0.003～0.129；Niu 等（2018）：0.002

续表

参数	值	参数描述	来源
χ_j	0.2 或 0.4	排放降低率	假设在碳税情形下碳排放分别下降20%或40%
η	0.75	无碳税情形下的每单位GDP排放量	Lin 和 Zhu（2017）：0.753

其次，根据投入-产出表计算效用函数和生产函数的相关参数。在规模收益不变的假设下，参数式（1-22）中的 υ_j、ϖ_j、ξ_j 根据投入-产出表得出。资本对每个部门产出的贡献通过从部门总增加值中减去雇员薪酬来计算。反映代表性家庭对各部门商品偏好的系数 θ_j 也根据投入-产出表进行校准，θ_j 的相对大小揭示了不同部门商品对家庭的重要性。对于 h_j，本节将批发零售业的时间禀赋视为 1，并将《中国劳动统计年鉴》中各部门与批发零售业就业的比值作为其他部门的时间禀赋。部门 j 劳动产出的稳态值等于这个部门的每周工作时长乘以该部门的时间禀赋，相关数据同样来源于《中国劳动统计年鉴》。不同部门不仅平均工作时间不同，而且员工数量也不同，因此将每周平均工作时间与员工数量的乘积作为权重，计算每个部门中劳动力对家庭的重要性，从而得到 φ_j。表 1-20 给出了这些参数的校准值。

表 1-20 生产和效用函数中的参数校准

参数	WHRT	TRSP	AFBS	RLBS	MWEP	CUSE	FFAF	MINI	MANU	PEGW	CORE	OSER
υ_j	0.5104	0.5822	0.4439	0.5017	0.6328	0.3581	0.5520	0.4011	0.4023	0.5003	0.4860	0.3618
ϖ_j	0.3148	0.1651	0.4506	0.3562	0.2485	0.6017	0.3964	0.2147	0.3519	0.2268	0.3941	0.5416
ξ_j	0.1748	0.2527	0.1055	0.1421	0.1187	0.0402	0.0516	0.3842	0.2458	0.2729	0.1199	0.0966
θ_j	1.0000	0.8495	0.9810	0.2325	0.0436	0.1998	1.4813	0.0076	6.6330	0.3501	2.0033	4.3070
φ_j	1.0000	0.9836	0.3246	0.5713	0.2876	0.1745	0.2344	0.5140	5.3783	0.3865	3.4893	6.6135
h_j	1.0000	1.0013	0.3155	0.6201	0.3186	0.1806	0.3030	0.5403	5.5001	0.4473	3.6640	7.0439

最后，本节收集 2000~2017 年的季度数据作为样本数据，估计动态参数。消费、产出、投资和劳动力分别用社会消费品零售总额、实际 GDP、固定资产投资和就业表示（Xiao et al.，2018；Song et al.，2019）。这些相关季度数据来自中国国家数据库。财政支出季度数据来自财政部。运用 Eviews 中的 Census X12 方法对变量进行去季节化，运用 Eviews 中的 Hodrick-Prescott 滤波方法对变量进行去趋势化，从而获得平稳的时间序列数据。由于动态参数包括所有外部冲击的持续性和波动性参数，因此无法直接获取它们的值，但可以使用样本数据进

行估计。根据 Niu 等（2018）、Song 等（2019）和 Xiao 等（2018）的研究，持续性和波动性动力学参数的先验分布分别确定为贝塔分布和逆伽马分布。然后利用贝叶斯估计（Bayesian estimation）方法估计 AR（1）过程的持续性和波动性。表 1-21 报告了贝叶斯估计结果，其中，ρ_A、ρ_X 和 ρ_V 表示冲击的持续性；σ_A、σ_X 和 σ_V 表示冲击的波动性。

表 1-21 贝叶斯估计结果

参数	参数描述	分布类型	先验值	无碳税 后验值 [90% 置信区间]	有碳税（降低20%碳排放）后验值 [90% 置信区间]	有碳税（降低40%碳排放）后验值 [90% 置信区间]
ρ_A	随机生产率冲击	贝塔	0.5	0.4582 [0.4111, 0.5067]	0.4442 [0.4043, 0.4814]	0.4487 [0.4085, 0.4874]
σ_A	随机生产率冲击标准差	逆伽马分布	0.1	0.1053 [0.0945, 0.1164]	0.1014 [0.0923, 0.1099]	0.1107 [0.1008, 0.1202]
ρ_X	碳税冲击	贝塔	0.7	0.6831 [0.6128, 0.7554]	0.6614 [0.6020, 0.7167]	0.6723 [0.6121, 0.7303]
σ_X	碳税冲击标准差	逆伽马分布	0.1	0.1281 [0.1149, 0.1417]	0.1214 [0.1105, 0.1316]	0.1316 [0.1198, 0.1429]
ρ_V	低碳技术进步冲击	贝塔	0.8	0.8342 [0.7484, 0.9225]	0.8851 [0.8057, 0.9591]	0.8820 [0.8030, 0.9580]
σ_V	低碳技术进步冲击标准差	逆伽马分布	0.1	0.0817 [0.0733, 0.0903]	0.0786 [0.0715, 0.0852]	0.0820 [0.0747, 0.0891]

关于先验分布，参考 Xiao 等（2018）和 Song 等（2019）设置参数的平均值。如表 1-21 所示，生产率冲击的参数假设服从贝塔分布，标准差为 0.1，平均值为 0.5。碳税冲击和低碳技术进步冲击的参数假设具有类似的分布，标准差均为 0.1，平均值分别为 0.7 及 0.8。基于贝叶斯估计的后验分布结果表明，碳税冲击比其他冲击波动更大，因为其估计值远远大于 0.1。此外，当减排目标从 20%增加到 40%时，标准差从 0.1214 增大到 0.1316，碳税冲击的影响波动更大。

1.4.3 实证结果和讨论

本节考察三种碳税政策情景下部门随机生产率冲击、低碳技术进步冲击和碳税冲击的影响，并给出了基于上述静态参数标定和动态参数贝叶斯估计结果的脉冲响应结果。DSGE 模型由 MATLAB 2018b 中的 Dynare 工具箱处理。不同碳税情形下，1%正冲击的脉冲响应函数如图 1-10～图 1-13 所示。横轴和纵轴分别代表外部冲击的 60 个季度滞后期和变量稳态的百分比偏差（即模型的均衡值）。需要注意的是，脉冲响应的输出结果较多，还包括消费、工资和能源消耗等。但是本节仅关注产出、环境质量和二氧化碳排放等经济和环境变量的外部冲击。

1. 动态结果

环境质量是一个整体，因此难以按部门划分。而由于模型中的二氧化碳是在生产环节排放的，其很容易按部门划分。因此，本节介绍了在三种碳税情形以及外部冲击的情况下，总产出、环境质量和碳排放以及旅游部门产出和碳排放的动态响应。

1）总体经济与环境的脉冲响应

图 1-10 显示了不同碳税情景下部门生产率冲击、低碳技术进步冲击和碳税冲击对我国总产出、环境质量和二氧化碳排放的影响。如图 1-10 所示，在积极的部门生产率冲击之后，所有产出、环境质量和二氧化碳排放都会产生波动，然后逐渐达到稳定状态。特别是，二氧化碳排放量先期迅速增加，然后迅速减少，最终达到稳定状态。由此，环境质量急剧下降，然后迅速改善，最后达到稳定状态。相比之下，部门生产率冲击下产出的波动较为温和。此外，20%减排目标下部门生产率冲击的影响基本上介于无碳税和 40%减排目标的影响之间。

图 1-10 还表明，碳税抵消了部门生产率对总产出和二氧化碳排放的正面冲击以及对环境质量的负面冲击。随着减排目标的提高，这种抵消将越来越显著。在积极的低碳技术进步冲击之后，我国的产出迅速下降，但很快达到稳定状态。与部门生产率冲击不同，低碳技术在早期阶段对环境质量产生快速正向冲击，然后急剧下降到稳定状态。此外，低碳技术对二氧化碳减排有正面影响。与部门生产率类似，低碳技术对总产出的冲击在某种程度上被碳税政策所抵消。同时，碳税扩大了低碳技术冲击对环境质量的积极影响以及低碳技术冲击对早期二氧化碳排放的不利影响。在减排目标达到 40%的情况下，这些影响最为显著。在积极的碳税冲击之后，总产出和二氧化碳排放量都有所下降，环境质量也有所改善。随着减排目标的提高，碳税冲击的这些影响收敛得更快。

图 1-10 外生冲击的脉冲响应

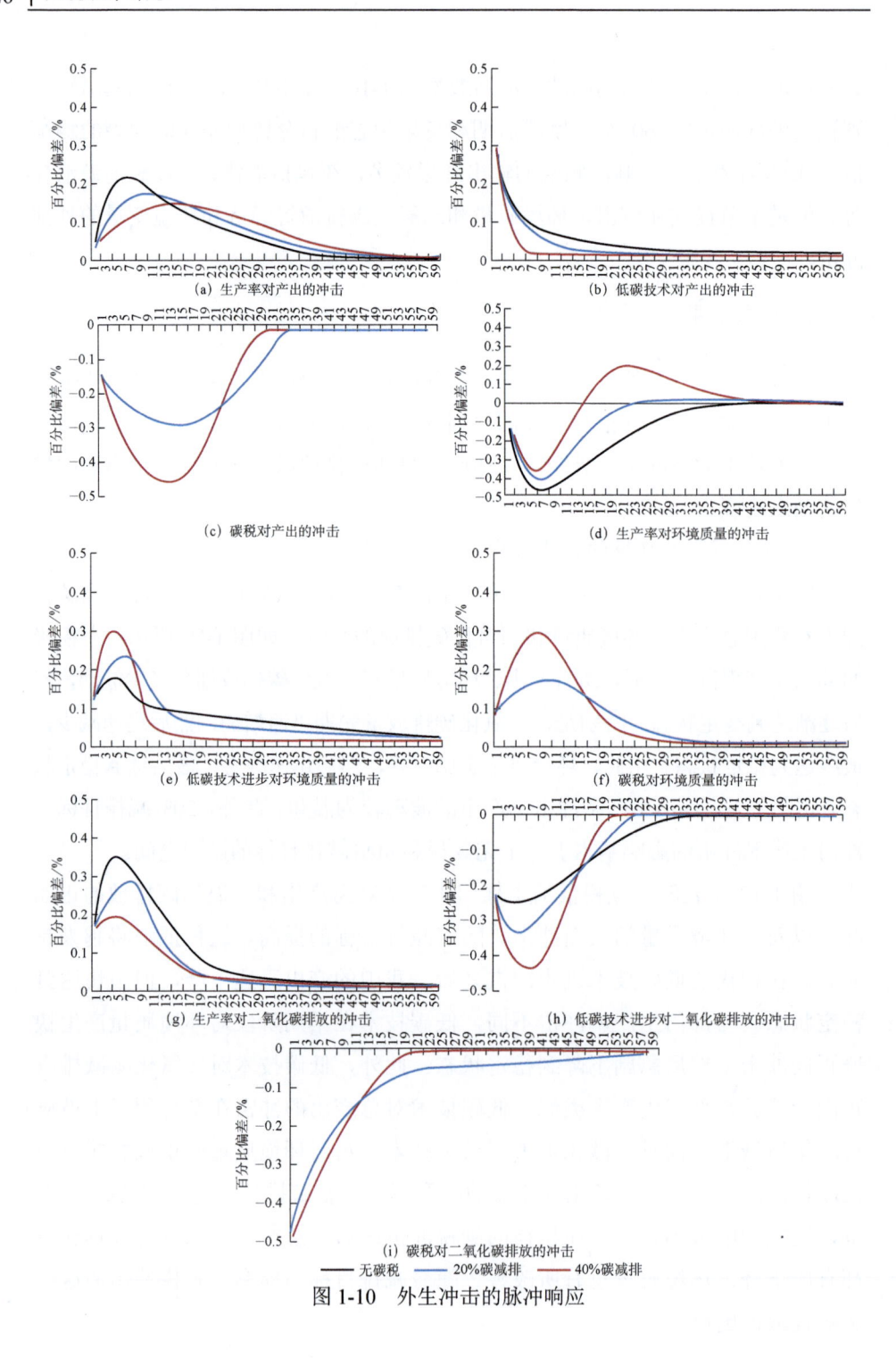

2）部门经济与环境的脉冲响应

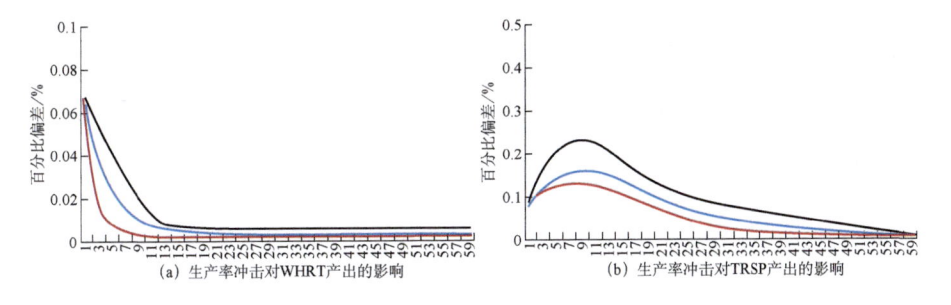

图 1-11 描绘了不同碳税情景下部门生产率冲击对旅游部门产出和二氧化碳排放的影响。图 1-11 表明，几乎所有的旅游部门都受到部门生产率的积极冲击，但不包括租赁和商业服务。在没有碳税的情况下，受影响最大的行业是文化、体育和娱乐业。生产率冲击很快导致文化、体育和娱乐业的产出增加 0.37%，然后在急剧下降后恢复到稳定状态。文化、体育和娱乐业之后是交通运输、仓储和邮政业，在应对部门生产率冲击时，其产出增长率最高，约为 0.24%。受影响最小的是水利、环境和公共设施管理，在应对部门生产率冲击时，其产出增长率最高，约为 0.02%。图 1-11 还显示，征收碳税显著抑制了部门生产率对旅游部门产出的积极冲击。随着减排目标的提高，这种抑制效应将越来越显著。在 40%减排目标下，旅游部门产出最快达到稳定状态。就二氧化碳排放而言，图 1-11 显示了部门生产率冲击对旅游部门的积极影响。这意味着积极的部门生产率冲击会导致与旅游业相关的二氧化碳排放量增加。交通运输、仓储和邮政业以及租赁和商业服务业的脉冲响应曲线呈波浪形，而其他四个旅游部门的脉冲响应曲线则以类似的负幂函数形式移动。在这六个行业中，交通运输、仓储和邮政业受部门生产率冲击的影响最大，其次是批发和零售业。相比之下，文化、体育和娱乐业受到的影响最小。此外，碳税大大抵消了部门生产率对旅游部门的积极冲击。随着减排目标的提高，这种抵消效应将增大，部门生产率的这种积极冲击将面临进一步的趋同。例如，交通运输、仓储和邮政业的产出迅速增长 0.25%，但随后却出现了急剧下降。

(a) 生产率冲击对WHRT产出的影响

(b) 生产率冲击对TRSP产出的影响

(c) 生产率冲击对AFBS产出的影响   (d) 生产率冲击对RLBS产出的影响

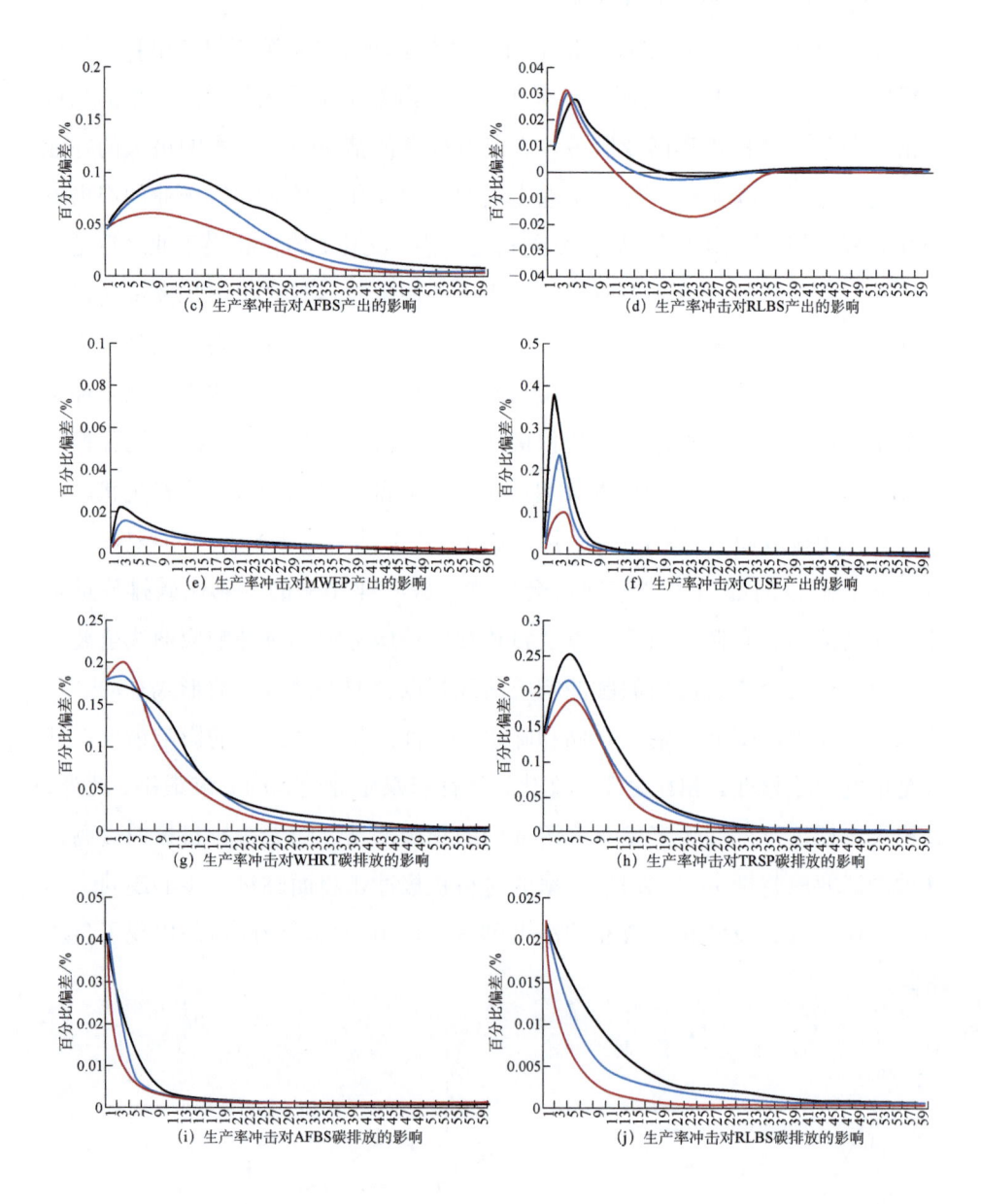

(e) 生产率冲击对MWEP产出的影响   (f) 生产率冲击对CUSE产出的影响

(g) 生产率冲击对WHRT碳排放的影响   (h) 生产率冲击对TRSP碳排放的影响

(i) 生产率冲击对AFBS碳排放的影响   (j) 生产率冲击对RLBS碳排放的影响

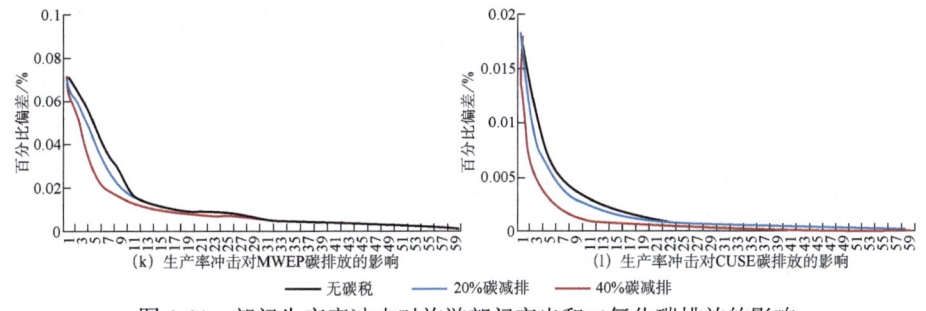

图 1-11　部门生产率冲击对旅游部门产出和二氧化碳排放的影响

图 1-12 描述了三种碳税情形下低碳技术进步冲击对旅游部门产出和二氧化碳排放的影响。图 1-12 说明交通运输、仓储和邮政业以及水利、环境和公共设施管理业的产出随着低碳技术进步冲击而增加，而其他旅游部门的产出下降。在积极的低碳技术进步冲击之后，交通运输、仓储和邮政业的产出增长最快。在没有碳税的情况下，它以类似的负幂函数形式收敛到稳定状态。同时，住宿和餐饮业的产出迅速下降，下降幅度最低约为 0.17%，然后这个数字急剧上升，达到稳定状态。在所有旅游部门中，文化、体育和娱乐业的产出受低碳技术进步冲击的影响最小。与部门生产率冲击的情况类似，碳税抵消了低碳技术的正面冲击，同时也增加了低碳技术进步的负面冲击。类似地，在不同的碳税情形下，低碳技术进步冲击对旅游产出的影响在不同时期收敛。图 1-12 还显示，在积极的低碳技术进步冲击之后，所有旅游部门的二氧化碳排放量都有所下降。由于碳税的增加，旅游部门二氧化碳排放量的下降增加。交通运输、仓储和邮政业的二氧化碳排放受影响最大，而租赁和商业服务业的二氧化碳排放量受低碳技术进步冲击的影响最小，特别是在不征收碳税的情况下，交通运输、仓储和邮政业的二氧化碳排放量稳步下降，然后逐渐增加，二氧化碳排放量最终在第 30 个季度左右达到稳定状态，最大的降幅从无碳税的 0.21%增加到 40%碳减排目标的 0.32%。

图 1-13 显示了不同碳税情景下碳税冲击对旅游部门产出和二氧化碳排放量的影响。在 1%的正碳税冲击后，租赁和商业服务业以及文化、体育和娱乐业的产出上升，而其他部门的产出下降。交通运输、仓储和邮政业产出受碳税冲击的影响最大，而文化、体育和娱乐业受影响最小。在 20%碳减排目标情况下，碳税冲击导致交通运输、仓储和邮政业产出最大下降 0.63%，而在 40%碳减排

目标情况下，这一数字增加到约 0.85%。图 1-13 还显示了碳税冲击对旅游业二氧化碳排放量的影响，受影响最大的仍然是交通运输、仓储和邮政业，其次是住宿和餐饮业及批发和零售业。

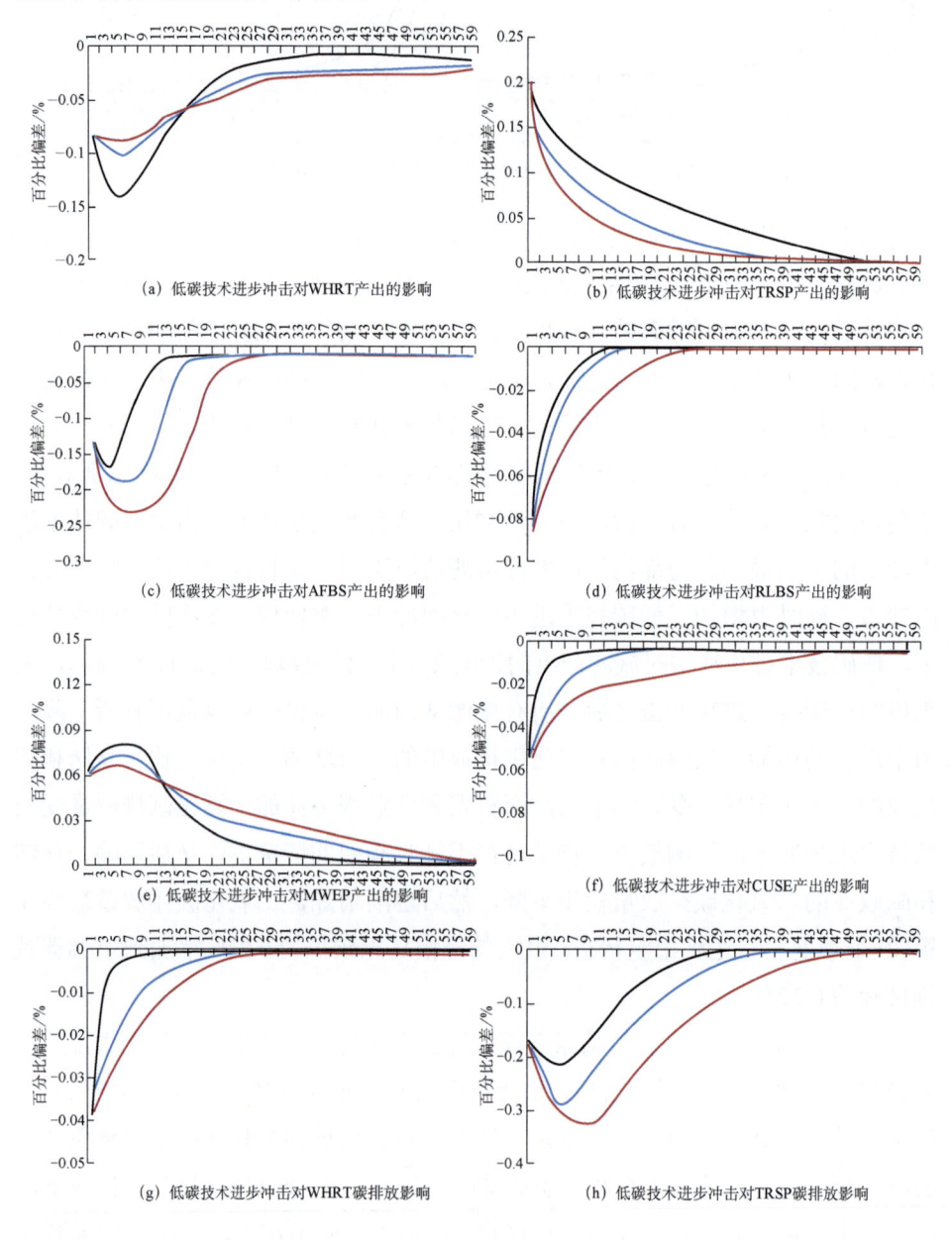

(a) 低碳技术进步冲击对WHRT产出的影响

(b) 低碳技术进步冲击对TRSP产出的影响

(c) 低碳技术进步冲击对AFBS产出的影响

(d) 低碳技术进步冲击对RLBS产出的影响

(e) 低碳技术进步冲击对MWEP产出的影响

(f) 低碳技术进步冲击对CUSE产出的影响

(g) 低碳技术进步冲击对WHRT碳排放影响

(h) 低碳技术进步冲击对TRSP碳排放影响

(i) 低碳技术进步冲击对AFBS碳排放影响　　(j) 低碳技术进步冲击对RLBS碳排放影响

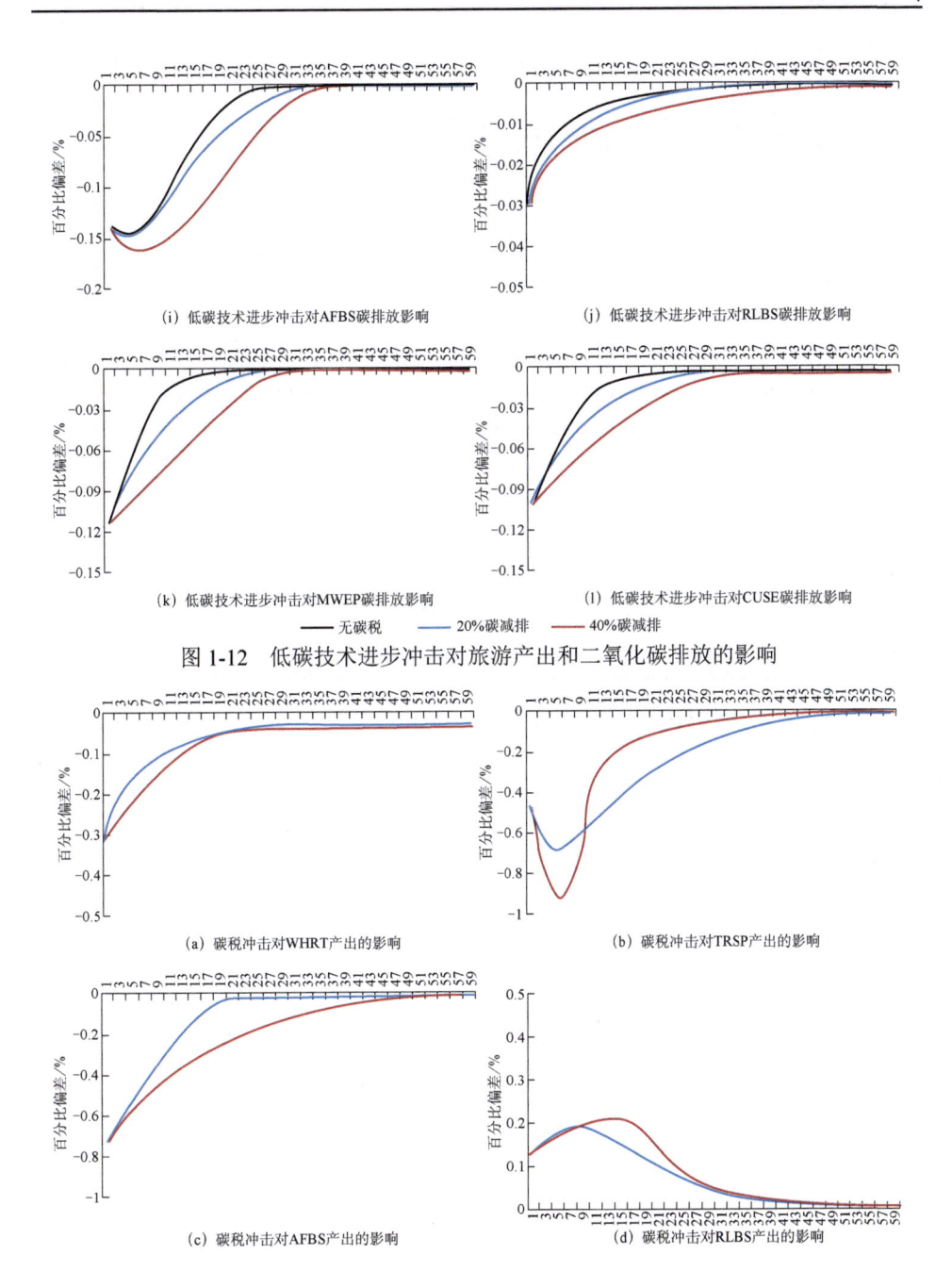

(k) 低碳技术进步冲击对MWEP碳排放影响　　(l) 低碳技术进步冲击对CUSE碳排放影响

—— 无碳税　　—— 20%碳减排　　—— 40%碳减排

图1-12　低碳技术进步冲击对旅游产出和二氧化碳排放的影响

(a) 碳税冲击对WHRT产出的影响　　(b) 碳税冲击对TRSP产出的影响

(c) 碳税冲击对AFBS产出的影响　　(d) 碳税冲击对RLBS产出的影响

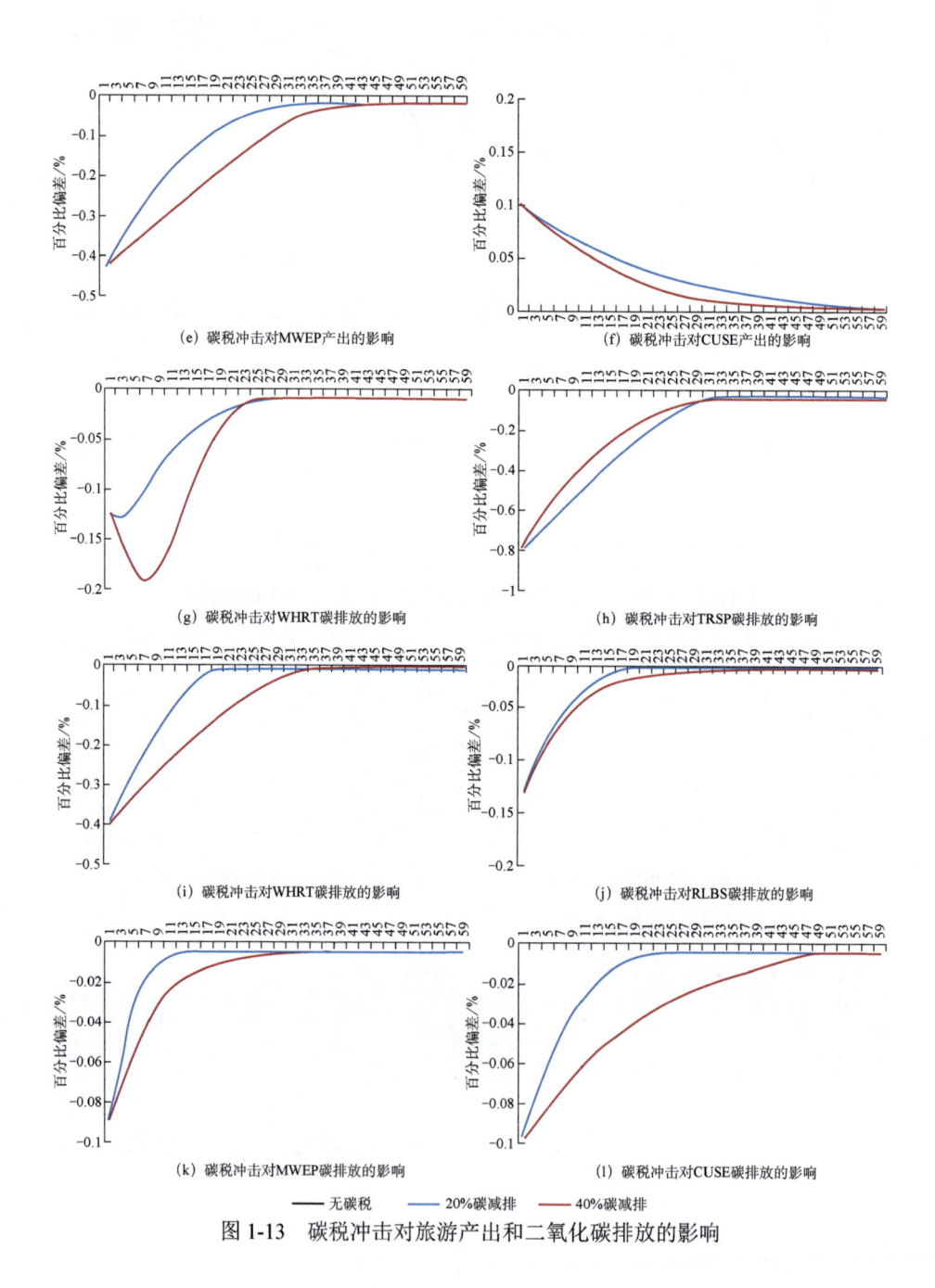

(e) 碳税冲击对MWEP产出的影响
(f) 碳税冲击对CUSE产出的影响
(g) 碳税冲击对WHRT碳排放的影响
(h) 碳税冲击对TRSP碳排放的影响
(i) 碳税冲击对WHRT碳排放的影响
(j) 碳税冲击对RLBS碳排放的影响
(k) 碳税冲击对MWEP碳排放的影响
(l) 碳税冲击对CUSE碳排放的影响

—— 无碳税   —— 20%碳减排   —— 40%碳减排

图 1-13　碳税冲击对旅游产出和二氧化碳排放的影响

2. 结果分析

总的来说，碳税政策可以减少产出，抑制二氧化碳排放，进而改善环境质量，这在总量效应和旅游部门效应中得到了很好的体现。这一结果与 Guo 等（2014）的研究结果一致。Guo 等（2014）发现碳税降低了我国的产出和二氧化碳排放量。此外，Zhang 和 Zhang（2018）发现碳税降低了我国旅游业相关的二氧化碳排放量，Zhang 和 Zhang（2020d）、Dwyer 等（2013）以及 Meng 和 Pham（2017）发现，碳税降低了中国和澳大利亚的旅游产出。碳税税率的提高导致旅游部门边际成本上升，从而抑制了旅游部门的生产，进而降低了产出。在征收碳税的情况下，旅游业更愿意通过提高减排率来降低二氧化碳排放成本，从而减少二氧化碳排放量。减排率的提高提高了旅游业的边际成本。与此同时，产量的下降也将导致二氧化碳排放量减少。征收碳税将直接促进旅游业减少二氧化碳排放，从而降低税收成本。对于表 1-18 中与旅游业无关的部门，也可以得出类似的结论。因此，总体环境质量得到改善。

然而，就碳税对二氧化碳排放和产出的部门影响而言，本节的结果与先前的研究结果有所区别。本节发现租赁和商业服务业以及文化、体育和娱乐业的产出增加，而 Dwyer 等（2013）发现澳大利亚的铁路运输，Meng 和 Pham（2017）发现澳大利亚的零售业，Zhang 和 Zhang（2020）发现商业服务和文化、艺术和娱乐活动产出增加。在澳大利亚，受碳税负面影响最大的旅游部门是住宿业（Dwyer et al.，2013）或租车行业（Meng and Pham，2017）。本节发现，交通运输、仓储和邮政业受到碳税的负面影响最大，这一结果与 Zhang 和 Zhang（2020）的发现相似。此外，征收碳税后，所有旅游部门的二氧化碳排放量都有所下降，而 Zhang 和 Zhang（2018）得出的结论是，食品和饮料行业的二氧化碳排放量有所增加。出现上述差异的可能原因在于不同的部门分类、分析方法和数据来源。例如，本节识别了 6 个旅游部门，而 Zhang 和 Zhang（2018）是 14 个，Zhang 和 Zhang（2020）是 11 个，Meng 和 Pham（2017）是 13 个，Dwyer 等（2013）是 21 个。本节依赖 DSGE 模型，而已有的研究主要是根据 CGE 模型。本节数据集是我国的季度数据，而其他研究则是年度数据。

经历外生冲击之后，我国旅游业在产出和二氧化碳排放方面的百分比偏差总体上小于总经济的百分比偏差。唯一的例外是交通运输、仓储和邮政业。

碳税的征收对象是二氧化碳排放，而我国的二氧化碳排放主要来自制造业和电力等传统能源密集型行业。相比之下，旅游业的排放量相对较小。根据 Meng 等（2016）的数据，2010 年旅游业二氧化碳排放量占全国总排放量的比例仅约为 2.447%。尽管与 Meng 等（2016）的研究相比，本节旅游部门的范围更广（这意味着这一贡献可能更大），但毫无疑问，总体而言，旅游部门在二氧化碳排放方面相对清洁。因此，碳税对旅游业的影响理论上小于对全国的影响。

在征收碳税的情况下，我国各旅游部门受到的外部冲击的影响存在显著差异。无论外部冲击的类型如何，无论是对产出的影响还是二氧化碳排放的影响，本节结果都证实了一个经验性事实，即交通运输、仓储和邮政业是受影响最大的部门。旅游部门之间经济和环境绩效差异的主要原因在于二氧化碳排放本身。大量的已有研究［如 Meng 等（2016）和 Lenzen 等（2018）］都表明，交通是旅游业二氧化碳排放的最大贡献者，其次是住宿。也就是说，与其他旅游部门相比，交通和住宿的碳密集程度更高。因此，排放二氧化碳更多的部门将更多地受到碳税的影响。因而，与其他旅游相关部门相比，交通运输、仓储和邮政业以及住宿和餐饮业受到的影响最大。这一结果同样支持 Dwyer 等（2013）、Meng 和 Pham（2017）、Zhang 和 Zhang（2018）以及前文的实证结果。

外生冲击的总体效应和旅游业部门效应在不同的碳税政策中存在显著差异。更高的碳税税率（即减排目标的增加）会导致产出、环境质量和二氧化碳排放出现更大的百分比偏差。较高的碳税税率会导致更大的经济衰退和更好的环境质量，这一结果与 Guo 等（2014）的研究结果一致。如上所述，较高的税率增加了企业的边际成本，从而抑制生产、减少二氧化碳排放。研究结果表明，在二氧化碳减排目标达到 40% 的情况下，我国旅游产出和二氧化碳排放量对部门生产率冲击的响应与稳定状态的偏离百分比最早收敛。相反，低碳技术和碳税冲击下的百分比偏差在二氧化碳减排目标最低的情况下最早收敛。这意味着，一方面，我国较高的碳税税率缩短了部门生产率冲击对旅游业的积极影响周期；另一方面，它延长了低碳技术和碳税冲击对旅游业的负面影响周期。因此，我们建议充分认识高碳税率对我国旅游业的负面影响。总之，碳税本身是把双刃剑，特别是对于目前利润率较低的我国旅游业而言。在征收碳税的情况下，应该在经济增长和环境保护之间进行权衡。考虑到旅游对中国经济发展的重要性，决策者需要关注碳税对旅游业的负面影响，从而谨慎地实施碳税和设定税率。

不同的外部冲击对我国旅游业的影响存在显著差异。一般来说，积极的部门生产率冲击会导致旅游部门产出和二氧化碳排放量的增加。相反，积极的低碳技术冲击和碳税冲击通常会导致旅游部门产出和二氧化碳排放量的下降。显然，低碳技术进步可以提高能源效率，优化能源结构，从而减少二氧化碳排放，最终改善环境质量。部门生产率的提高则会导致产出和二氧化碳排放量的增加，从而降低环境质量。正如 Heutel（2012）以及 Annicchiarico 和 Di Dio（2015）指出的那样，实现特定的低排放目标需要更多的努力，特别是在部门生产率提高导致经济扩张的情况下。这些"努力"之一可能就是碳税，它可以抵消部门生产率冲击对环境质量的负面影响。此外，低碳技术进步冲击的影响远小于碳税冲击的影响。这表明，在减少产出和改善环境质量方面，技术进步是相对温和的，而碳税则比较"激进"。

3. 敏感性分析

前文给出的脉冲响应由经过校准的参数获得。在 DSGE 模型中，通过确定不同的参数值，可以得到不同的脉冲响应结果。因此，可以通过改变参数的值并检查随后的模拟结果来进行敏感性分析。考虑本节的研究重点是碳税的经济和环境影响，选择两个参数进行敏感性测试。首先对代表能源消耗输出弹性的参数 ξ_i 进行敏感性分析，其次是 τ，即直接影响环境质量的自然环境中二氧化碳的衰减率。由于篇幅有限，本书仅提供了 40%碳减排情景下总产出和环境质量的敏感性分析结果，如图 1-14 所示。图 1-14 描绘了 ξ_i 的取值变化对输出的影响，当 ξ_i 降低或增加 5%时，在所有部门生产率冲击、低碳技术进步冲击和碳税冲击之后，对产出的影响在一定程度上相对于基本情况有所上升或下降。然而，如图 1-14 所示，脉冲响应曲线的方向和趋势没有显著变化。就环境质量而言，当二氧化碳的衰减率在 0.005~0.01 或 0.005~0.001 变化时，图 1-14（d）~（f）中的脉冲响应曲线在方向和趋势上仍然没有显著变化。在各旅游部门的敏感性分析中也观察到了类似的现象，这里不再重复。

图 1-14　40%碳减排目标下 ξ_j 和 τ 对产出和环境质量的影响

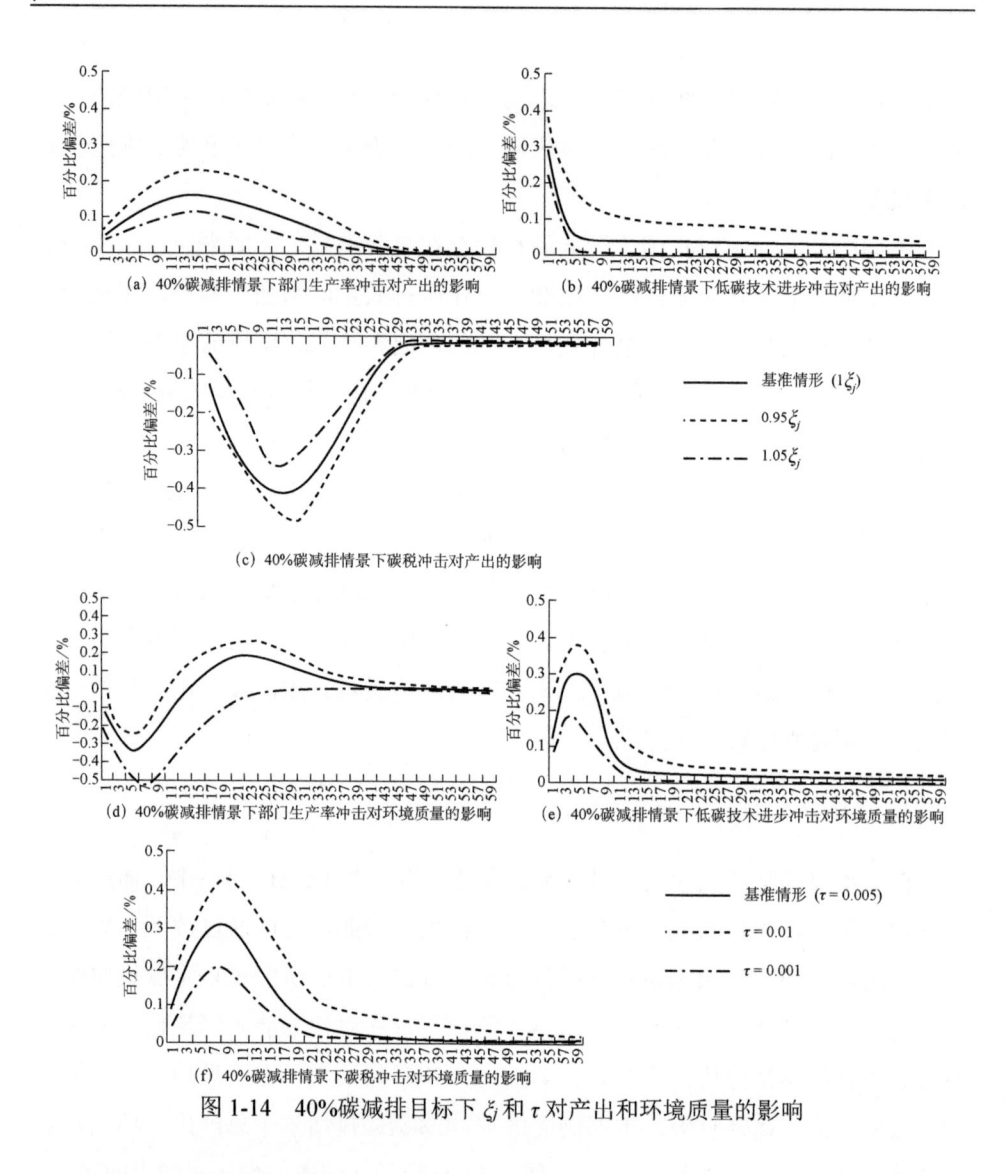

1.4.4　结论和启示

在宏观经济不确定性背景下,本章有助于从更广泛的旅游业角度讨论碳税对部门产出和二氧化碳排放的影响。与以往的研究不同,本节采用多部门 DSGE 模型研究碳税情景下的旅游波动。通过脉冲响应分析,本节聚焦部门生产率冲击、低碳技术进步冲击和碳税冲击对旅游部门产出和二氧化碳排放的动态影响。本章首次研究了在真实宏观经济不确定性背景下,碳税政策如何影响旅游业部门经济和二氧化碳排放的变化，包括动态变化、随机冲击和一般均衡。本节研究有如下几个重要发现和启示。

第一，低碳技术进步对旅游经济的负面影响要比碳税小。因此，将"温和"的低碳技术进步与"激进"的碳税相结合，可能是实现旅游业低碳转型的有效途径。应用低碳技术提高能源效率，发展清洁能源，因地制宜使用新能源，提高旅游业特别是交通、住宿等高排放行业清洁能源的比重，对减少旅游相关的二氧化碳排放具有重要意义。这样做也意味着从生产环节征收的碳税给旅游企业带来的额外运营成本将大大减少，从而降低碳税的负面经济影响。

第二，碳税将抵消生产率对产出和二氧化碳排放的积极影响。相反，生产率的提高在抵消征收碳税的负面影响方面同样有效。因此，建议提高旅游部门的全要素生产率。建议提升企业技术，改进管理模式，提高产品质量，优化企业结构，实现资源再分配，从而提高旅游部门的全要素生产率。总之，管理、产品和技术创新对于旅游业应对碳税政策至关重要。

第三，碳税税率取决于减排目标。当前减排目标在各个国家和地区仍然是一项灵活的决策。研究结果表明，所有碳税政策只在特定的商业周期内有效，其影响最终将达到稳定状态。因此，理解和适应商业周期对于管理碳税政策非常重要。如果需要持续发挥碳税政策效应，则应对碳税进行动态设定，以延长其影响周期。有鉴于此，旅游政策制定者应该意识到高减排目标和低减排目标在经济和环境影响方面的显著差异，从而在政策制定和实施中采取主动。这要求旅游业在减少碳排放的过程中要有动态的管理理念和灵活的应对方式，积极适应碳税政策的变化。

第四，在 DSGE 模型中，旅游部门的二氧化碳总排放量和产出的百分比偏差的增加或减少取决于不同参数的值。众所周知，二氧化碳在自然环境中日益增长的方式不可持续。除碳税外，二氧化碳的衰减率对环境质量非常重要。这种衰减率主要取决于碳汇的数量，即自然界对二氧化碳的储存和吸收能力。因此，增加碳汇对于减少碳税政策的负面影响同样重要。旅游部门在增加碳汇方面应该有更好的表现。当减排在技术或自愿上存在困难时，旅游业也可以通过购买碳汇来抵消碳排放，特别是我国目前的林业碳汇。碳汇市场成熟后，旅游部门还可以将获得的碳汇指标转移，从而获得更多的利润。持续购买碳汇也有利于形成旅游业的绿色经营理念和绿色营销形象。

当然，本节研究还可以在以下方面继续提升。首先，研究假设政府通过一次性转移支付将税款返还给家庭。因此，碳税可能对居民消费产生有利影响，这需要进一步探讨。其次，本节的 DSGE 模型没有考虑外生的货币、成本和价格政策。在实践中，这些政策对经济运行同样非常重要，并且这些政策本身也是动态调整的。本节 DSGE 模型中的消费税和所得税为常数，但是实际上，其税率也是动态的。此外，政府还可以分为银行和政府，银行又可以分为金融部门和中央银行；企业可分为最终产品生产商和中间产品生产商，以及资本市场和资本价格的形成等。模型还可以引入外生货币政策冲击。未来可以充分考虑上述种种问题以提升模型的精确性。

1.5 碳强度目标政策下的旅游经济动态变迁

考虑到碳税政策的效率和便利性，前文从多个角度分析了碳税对我国旅游业的影响。但是，正如 Fischer 和 Springborn（2011）所认为的，尽管碳税政策在减排方面非常有效，但实际上很少有国家和地区将其作为减少二氧化碳排放的基本政策工具。为了应对气候变迁，不同国家和地区正在实施或正在制定各种减少二氧化碳排放的政策。这些政策包括碳税、碳排放交易体系（emissions trading scheme，ETS）、碳排放上限和碳强度目标等（Haites，2018）。由于需要稳定的经济增长，降低碳强度在所有经济体尤其是发展中国家更受欢迎（Herzog et al.，2006）。加拿大、中国和印度等一些国家已经宣布了各种减排计划，以实现其碳强度降低的目标。因此，与绝对的减排相比，碳强度的控制一直都是政府重点考虑的方向。我国在哥本哈根和巴黎气候大会上的一个重要承诺就是到 2030 年我国单位国内生产总值二氧化碳排放要比 2005 年下降 60%～65%。在这样的背景下，本节同样运用 DSGE 模型检验碳强度目标政策下的旅游经济动态。

实际上，无论是实施碳税、ETS 还是环境税政策都是为了通过降低碳强度减少二氧化碳排放。作为发展中国家，我国目前也将碳强度作为衡量低碳转型的一个关键参考指标，并随着时间的推移逐渐从碳强度控制转向二氧化碳排放控制（Li and Ouyang，2020）。基于我国严格的碳强度控制目标，已经有大量的研究关注我国碳强度目标的影响。例如，Cui 等（2014）和 Zhou 等（2019）的研究。此外，Xu 等（2017）以及 Yuan 等（2012）声称，当前的碳强度目标与我国的总体发展战略一致。目前的排放政策足以实现已经承诺的碳强度目标，但是它们不足以达到 450ppm①的全球目标。因此，仍需要加大对产业结构和能源结构的优化调整力度。Zhu 等（2015）、Zhao 等（2020）和 Zhou 等（2020）进一步强调我国特别是我国中西部地区能源结构的调整，将加速实现我国的碳强度目标。需要注意的是，碳强度目标与碳排放目标并不完全一致（Cui et al.，2019）。根据排放目标设定碳强度降低目标比碳强度的绝对降低更为重要且具有可行性。

由此可见，碳强度目标对于全球和区域低碳转型至关重要。然而，迄今为止仍没有关于旅游业如何应对这一基本目标的研究。相对于前文对碳税政策的模拟，探索碳强度目标下的旅游经济动态无疑具有更强的现实意义。考虑到我国的国家低碳战略，参考 Cui 等（2019）的研究，本节设定三个碳强度目标政策：无碳强度目标、减少 20%二氧化碳排放量的碳强度目标和减少 40%二氧化碳排放量的碳强度目标。关于宏观经济变量的选择，考虑到中国投入-产出表的数据，并参考 Zhang 和 Zhang（2018，2020d）的研究，本节选择产出、就业和消费作为宏观经济变量。

1.5.1　DSGE 模型设定

与上节的 DSGE 模型一样，鉴于入境旅游对我国旅游业的贡献相对较小，本节假设一个由代表性家庭、异质生产企业和政府组成的封闭经济系统，但是模型与上节有显著区别。具体经济主体的行为假设如下。

1. 家庭

假设经济系统存在大量同质且无限存在的家庭，本节参考 Dissou 和 Karnizova（2016）、Fischer 和 Springborn（2011）得出以下对数效用函数：

$$U(C_t, L_t) = \ln C_t + \gamma \ln(1 - L_t) \tag{1-38}$$

---

① 1ppm=10⁻⁶。

式中，C_t 表示总消费；L_t 表示总工作时间。代表性家庭的休闲时间是 $1-L_t$，反映了代表性家庭在休闲和工作之间的时间分配。式（1-38）表明，每个家庭都选择消费和休闲来最大化其跨期效用。

代表性家庭的效用最大化为

$$\max_{\{C_t,L_t\}} E_0 \sum_{t=0}^{\infty} \beta^t [\ln C_t + \gamma \ln(1-L_t)] \quad (1-39)$$

式中，E_0 为所有变量未来的期望值；β 为贴现因子，$\beta \in (0, 1)$。

代表性家庭资本的累积方程为

$$K_{t+1} = (1-\delta)K_t + I_t \qquad t \geq 0 \quad (1-40)$$

式中，δ 表示资本折旧率，$\delta \in (0,1)$；I_t 表示投资。

代表性家庭的预算约束为

$$(1+\varepsilon^c)\sum_{j=1}^{n} P_{jt}C_{jt} + \sum_{j=1}^{n} Q_{jt}I_{jt} = (1-\varepsilon^l)\sum_{j=1}^{n} W_{jt}L_{jt} + (1-\varepsilon^k)R_t K_t + G_t^H \quad (1-41)$$

式中，P_{jt} 和 Q_{jt} 分别表示代表性家庭为消费或投资目的购买的商品 j 所支付的价格；R_t 表示资本租金；G_t^H 表示政府对代表性家庭的一次性转移支付；W_{jt} 表示部门 j 的工资；ε^c、ε^l 和 ε^k 分别是消费税、劳动所得税和资本所得税。

本节通过拉格朗日函数来描述代表性家庭效用的最优化问题：

$$\begin{aligned}F(C_t,L_t) = E_0\{\sum_{t=0}^{\infty} \beta^t[\ln C_t + \gamma\ln(1-L_t) + \lambda_t(1+\varepsilon^c)P_t C_t \\ + \lambda_t Q_t I_t - \lambda_t(1-\varepsilon^l)W_t L_t - \lambda_t(1-\varepsilon^k)R_t K_t - \lambda_t G_t^H]\}\end{aligned} \quad (1-42)$$

式中，λ_t 表示拉格朗日乘子。效用最大化的一阶条件是

$$\frac{-\gamma C_t(1+\varepsilon^c)}{1-L_t} = (1-\varepsilon^l)\frac{W_t}{P_t} \quad (1-43)$$

$$\frac{C_{t+1}}{C_t} = \beta E_t \frac{[(1-\varepsilon^k)R_{t+1} + (1-\delta)Q_{t+1}]P_t}{Q_t P_{t+1}} \quad (1-44)$$

这里，$P_t C_t = \sum_{j=1}^{n} P_{jt}C_{jt}$；$Q_t I_t = \sum_{j=1}^{n} Q_{jt}I_{jt}$；$W_t L_t = \sum_{j=1}^{n} W_{jt}L_{jt}$。

2. 生产部门

部门划分与 1.4 节设定一致。本节选择批发和零售业（WHRT），交通运输、仓储和邮政业（TRSP），住宿和餐饮业（AFBS），租赁和商业服务业（RLBS），

水利、环境和公共设施管理业（MWEP），文化、体育和娱乐业（CUSE）作为旅游相关部门。在传统的生产函数中，生产部门利用劳动力和资本进行生产。此外，考虑到本书的重点是碳强度降低目标对旅游业的影响，鉴于能源消费与碳排放之间的密切关系，以及能源消费在企业生产中的关键作用，本节同样将能源消耗作为生产函数的第三个输入因素。这样，企业的产出将对不同的外部冲击，特别是碳强度冲击做出显著反应。

$$CO_2 = \sum_{j=1}^{n}(1-X_{jt})\eta Y_{jt} \qquad (1\text{-}45)$$

式中，X_{jt} 表示部门碳强度的降低率，$0 \leq X_{jt} \leq 1$。当没有碳强度目标时，$X_{jt}=0$，表示企业不降低碳排放。$(1-X_{jt})\eta$ 表示部门碳强度，η 表示没有碳强度政策时的部门碳强度。尽管确定了二氧化碳减排目标，但碳强度的实际变化是未知的。本节假设不同部门在碳强度目标下的减排率在时间 t 内相同。这表明各旅游部门按照国家碳强度降低战略统一进行低碳转型。X_t 同样遵循 AR（1）过程。

$$\ln(X_t) = (1-\rho_X)\ln X_t + \rho_X \ln X_{t-1} + \mu_t^X \quad \rho_X \in (0,1), \quad \mu_t^X \sim B(0,\sigma_X^2) \qquad (1\text{-}46)$$

式中，μ_t^X 表示外生的碳强度目标冲击。

企业在时间 t 内的产出最优化问题为

$$\max_{\{K_{jt},L_{jt},EN_{jt}\}} E_t \prod_t = A_{jt}^{\upsilon_j+\varpi_j} K_{jt-1}^{\upsilon_j} L_{jt}^{\varpi_j} EN_{jt}^{\xi_j} - R_t K_{jt-1} - W_{jt} L_{jt} - P_t^C CO_{2jt} \qquad (1\text{-}47)$$

式中，P_t^C 是固定的碳价格。

企业利润最大化的一阶条件为

$$\upsilon_j A_{jt}^{\upsilon_j+\varpi_j} K_{jt-1}^{\upsilon_j-1} L_{jt}^{\varpi_j} EN_{jt}^{\xi_j} - R_t = 0 \qquad (1\text{-}48)$$

$$\varpi_j A_{jt}^{\upsilon_j+\varpi_j} K_{jt-1}^{\upsilon_j} L_{jt}^{\varpi_j-1} EN_{jt}^{\xi_j} - W_{jt} = 0 \qquad (1\text{-}49)$$

$$P_t^C(1-X_{jt})\eta - 1 = 0 \qquad (1\text{-}50)$$

3. 政府部门

假设所有税收通过一次性转移支付返还给家庭，碳税收入也返还给家庭。通过这种方式，碳强度目标将家庭、企业和政府有机地联系起来。政府在时间 t 内的预算约束为

$$G_t = \varepsilon^c C_t + \varepsilon^l W_t L_t + \varepsilon^k R_t K_t + P_t^C CO_{2t} \qquad (1\text{-}51)$$

式中，G_t 表示政府支出；$\varepsilon^c C_t$ 表示家庭消费税；$\varepsilon^l W_t L_t$ 表示家庭劳动所得税；$\varepsilon^k R_t K_t$

表示家庭资本所得税；$P_t^C CO_{2t}$ 表示生产部门的碳税。

最终，市场出清条件为

$$Y_t = C_t + I_t + G_t \qquad (1\text{-}52)$$

式（1-52）意味着企业总产出等于家庭总消费和总收入与政府总预算之和。在本节的 DSGE 模型中存在两种外部冲击：部门生产率冲击 A_{jt} 和碳强度目标冲击 χ_t。本节分析了在三种碳强度目标政策的情况下，部门生产率冲击和碳强度目标冲击对旅游总量和部门经济在产出、就业和消费方面的影响。

1.5.2 模型求解和参数校准

与 1.4 节一样，本节的 DSGE 模型的求解采用对数线性化方法，使用的工具是 Matlab 2018b 中的 Dynare 工具箱。校准参数包括三部分：①参考现有相关研究估算的稳态参数，包括 γ、β、δ、ε^c、ε^l、ε^k 和 η；②根据投入-产出表确定的生产函数中的弹性系数 υ_j、ϖ_j 和 ξ_j；③动态参数包括 ρ_A、σ_A、ρ_X 和 σ_X，根据实际经济数据使用贝叶斯方法估计这些参数。最后，根据校准的参数对 DSGE 模型进行仿真。表 1-22 报告了各稳态参数值及其来源。

表 1-22　稳态参数校准

参数	值	描述	来源
γ	0.3	效用函数中的休闲弹性系数	Niu 等（2018）：0.667；Fischer 和 Springborn（2011）：0.2；Dissou 和 Karnizova（2016）：0.2
β	0.99	贴现因子	Heutel（2012）：0.98627；Xiao 等（2018）：0.99；Niu 等（2018）：0.97
δ	0.005	资本折旧率	Heutel（2012）：0.025；Xiao 等（2018）：0.025；Niu 等（2018）：0.1
ε^c	0.06	消费税	根据实际税率确定
ε^l	0.09	劳动所得税	根据实际税率确定
ε^k	0.35	资本所得税	根据实际税率确定
η	0.753	没有碳强度目标下的单位 GDP 碳排放量	Lin 和 Zhu（2017）：0.753
P^C	23.18	每吨碳排放的价格（元）	根据我国的碳市场情况确定

部门生产函数中的校准与前节一致，此处不再赘述。本节同样采用贝叶斯估计方法对动态参数进行校准，结果见表 1-23。结果表明碳强度目标冲击具有很强的持续性和高波动性，随着碳减排目标的增加，波动性将增大。

表 1-23　贝叶斯估计结果

参数	参数描述	分布类型	先验值	没有碳强度目标 后验值 [90% 置信区间]	碳强度目标（降低20% 碳排放量） 后验值 [90% 置信区间]	碳强度目标（降低40% 碳排放量） 后验值 [90% 置信区间]
ρ_A	部门随机生产率冲击	Beta	0.5	0.4582 [0.4111, 0.5067]	0.4442 [0.4043, 0.4814]	0.4487 [0.4085, 0.4874]
σ_A	部门随机生产率冲击的标准误	Inv-gamma	0.1	0.1053 [0.0945, 0.1164]	0.1014 [0.0923, 0.1099]	0.1107 [0.1008, 0.1202]
ρ_X	碳强度目标冲击	Beta	0.8	0.8342 [0.7724, 0.8985]	0.8857 [0.8324, 0.9411]	0.9021 [0.8591, 0.9647]
σ_X	碳强度目标冲击的标准误	Inv-gamma	0.1	0.1311 [0.0817, 0.1815]	0.1476 [0.0941, 0.2107]	0.1583 [0.1062, 0.2338]

1.5.3　脉冲响应分析

本节首先探讨在不同的碳强度目标政策下，旅游总体经济在引入生产率不确定性（即生产率冲击）和碳强度目标不确定性（即碳强度目标冲击）下的脉冲响应。然后，本节考察旅游各部门的经济变迁。图 1-15～图 1-21 表示 1%正向生产率冲击和负向碳强度目标冲击下的所有脉冲响应函数。横坐标轴表示外部冲击的 60 个季度滞后期，纵坐标轴表示宏观经济变量与稳态值的百分比偏差。

1. 旅游总体经济变化

图 1-15 显示了生产率不确定性和碳强度目标不确定性的结果。在积极的生产率冲击之后，所有旅游业总产出、就业和消费都会上升，然后逐渐达到稳定状态。此外，这种积极冲击导致就业比产出和消费的相对反应更大。此外，当就业率下降时，产出和消费先上升后下降，并逐渐收敛于稳态值。请注意，旅游总消费将遵循"驼峰型"动态。大约在第 12 季度之前，旅游消费急剧增长。随着时间的推移，消费增长将放缓。在不同碳减排目标的情况下，脉冲响应曲线在偏差幅度上存在显著差异。总体而言，更大的碳减排目标将更显著地抵消生产率冲击对旅游业总体经济的积极影响。图 1-15 还显示，负向碳强度目标冲击会使旅游业总产出下降，而旅游业总就业和消费先下降，然后上升。作为对碳强度目标冲击的响应，旅游产出的下降先急剧上升，然后迅速下降，并收敛于稳态值。旅游就业先是急剧下降，然后上升并达到峰值。旅游消费对碳强度目标冲击的响应趋势与就业趋势相似。此外，随着碳减排目标的提高，碳强度目标冲击对旅游总体经济的影响将变得更加显著。

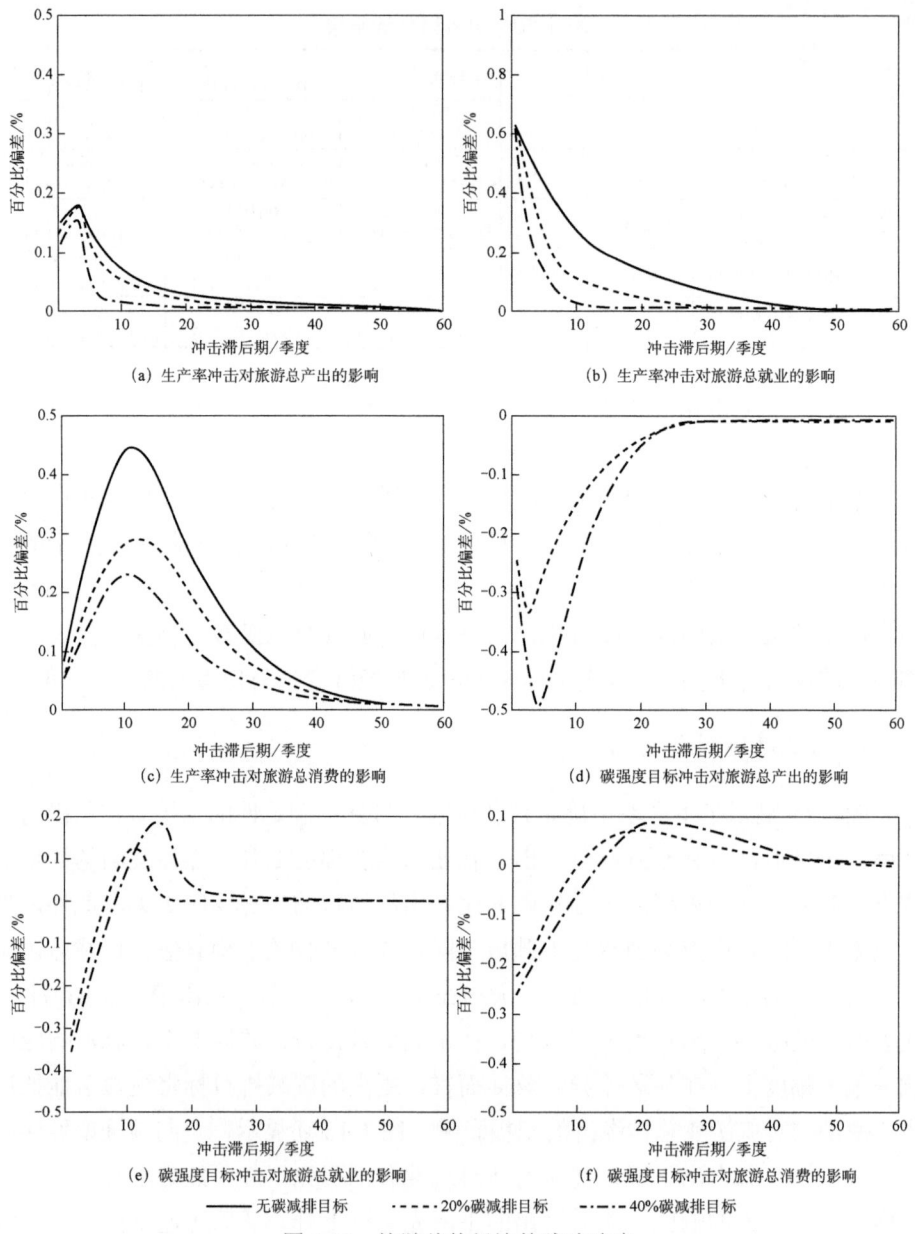

图 1-15　旅游总体经济的脉冲响应

2. 生产率冲击下的旅游部门经济变化

图 1-16 表明，在积极的生产率冲击之后，6 个旅游部门的产出将大幅上升。不同旅游部门的百分比偏差曲线在形状和大小上存在显著差异。随着时间的推

移，生产率冲击对批发和零售业产出的影响迅速减少。交通运输、仓储和邮政业以及住宿和餐饮业的脉冲响应曲线趋势基本相同。图 1-16 显示，生产率冲击对租赁和商业服务业的影响从正到负波动。此外，对批发和零售业的影响具有

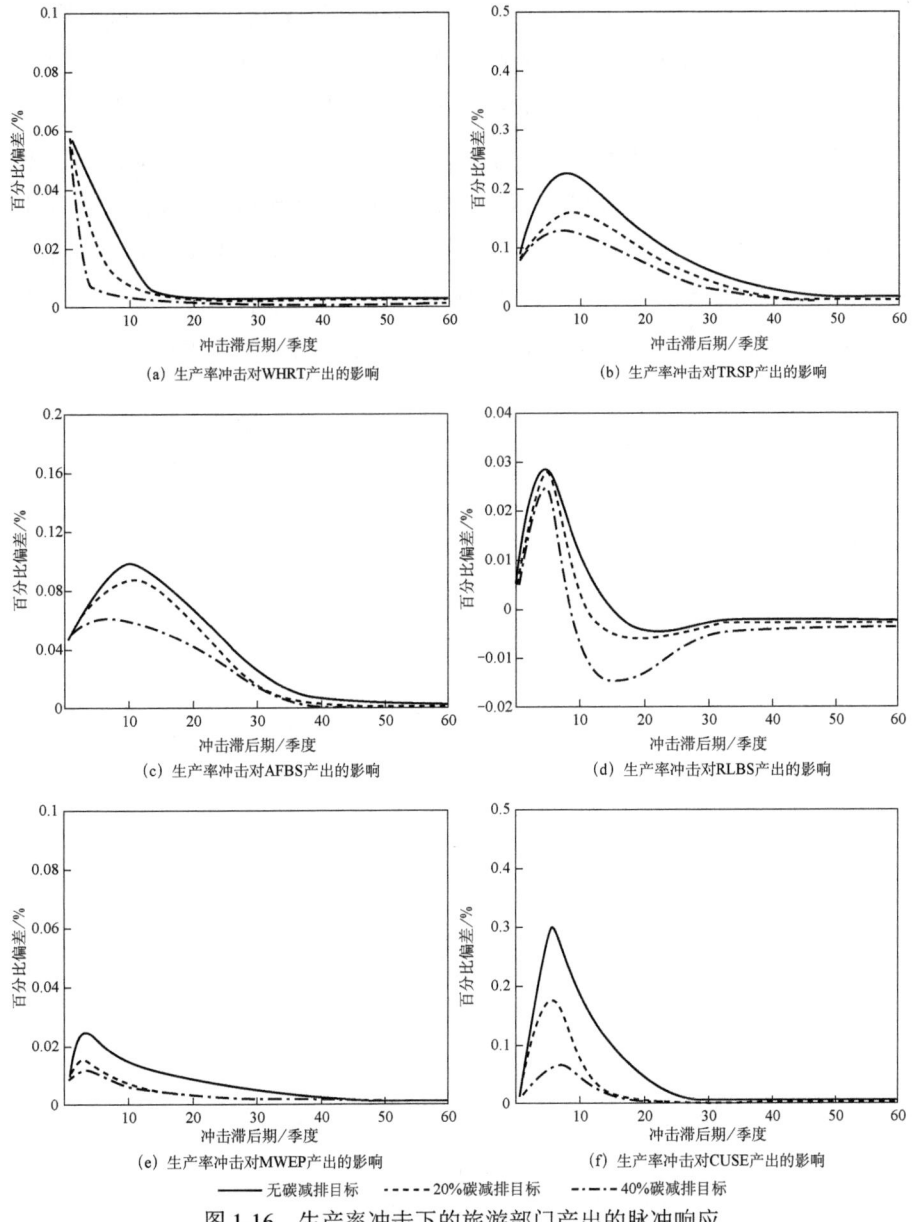

图 1-16　生产率冲击下的旅游部门产出的脉冲响应

短期可持续性。积极影响的最大值从文化、体育和娱乐业的 0.3%到租赁和商业服务业的 0.028%不等。与大多数 DSGE 模型的结果一样，生产率的提高将在短期内刺激产量。然而，由于产出与碳排放之间存在正相关关系，产出的增加直接导致企业碳排放成本上升，从而抑制了企业的生产意愿，导致产量下降。

图 1-17 显示了旅游部门就业对生产率冲击的响应。图 1-17 显示，受生产率冲击影响，除批发和零售业以及水利、环境和公共设施管理业外，其他部门的就业人数将增加。租赁和商业服务业的就业呈"驼峰"状，而其他部门的就业则单调增加或减少。图 1-17 还表明，交通运输、仓储和邮政业（最大百分比偏差为 0.78%）受生产率冲击的影响最大，其次是住宿和餐饮业（最大百分比偏差为 0.70%），然后是租赁和商业服务业（最大百分比偏差为 0.23%）。与对旅游产出的影响类似，碳减排目标的提高将抵消积极影响，同时加剧对旅游部门就业的负面影响。

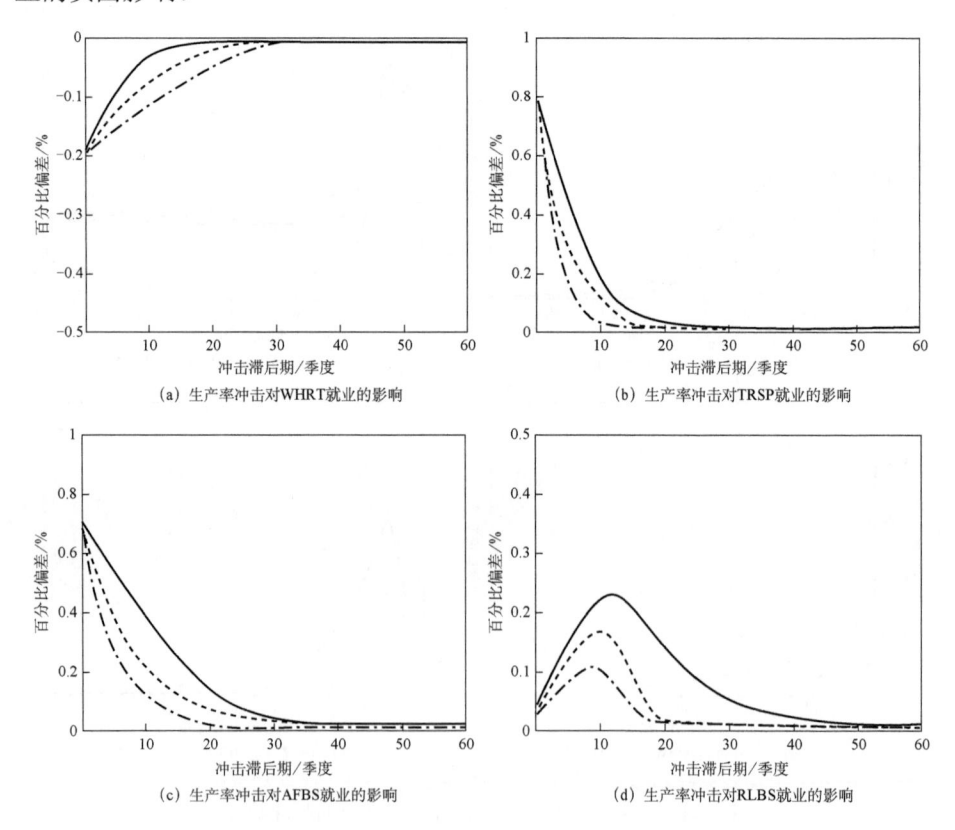

(a) 生产率冲击对WHRT就业的影响

(b) 生产率冲击对TRSP就业的影响

(c) 生产率冲击对AFBS就业的影响

(d) 生产率冲击对RLBS就业的影响

(e) 生产率冲击对MWEP就业的影响　　　　(f) 生产率冲击对CUSE就业的影响

―――― 无碳减排目标　　- - - - 20%碳减排目标　　-·-·- 40%碳减排目标

图 1-17　生产率冲击下的旅游部门就业的脉冲响应

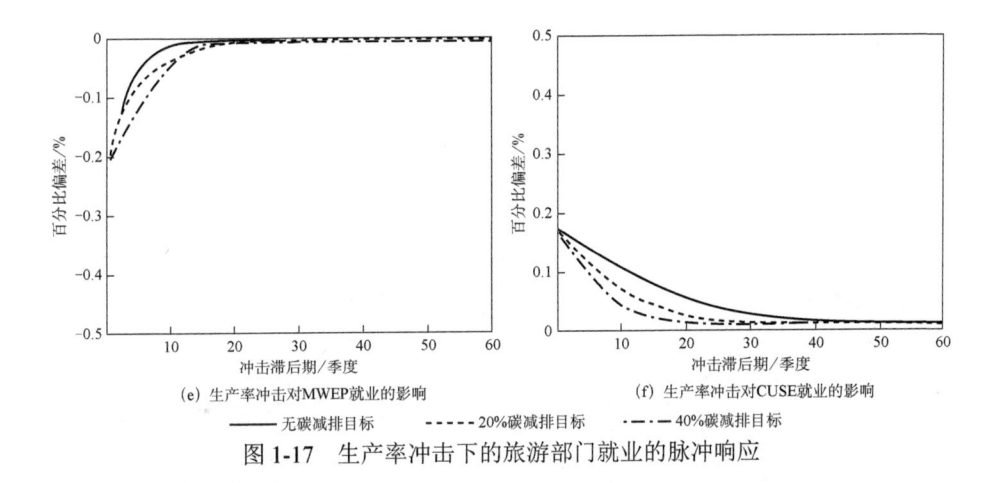

图 1-18 显示，在积极的生产率冲击之后，所有旅游部门的消费都将上升。水利、环境和公共设施管理业以及租赁和商业服务业的脉冲响应曲线呈单调下降趋势，其他的呈驼峰状变化。在消费方面，受生产率冲击影响最大的旅游部门是交通运输、仓储和邮政业，其次是住宿和餐饮业。生产率的不确定性将使交通运输、仓储和邮政业的消费增加 0.83%，然后，这种消费将急剧恢复到稳定状态。受影响最小的旅游部门是水利、环境和公共设施管理业，这一部门面临 0.03%的最大百分比偏差。同时，水利、环境和公共设施管理业的消费可持续性最低。

3. 碳强度目标冲击下的旅游部门经济变迁

图 1-19 显示，增加的碳强度目标总体上导致旅游部门的产出下降，但租赁和商业服务业以及文化、体育和娱乐业除外。批发和零售业，住宿和餐饮业，水利、环境和公共设施管理业，文化、体育和娱乐业的产出将单调增加或减少，而其他旅游部门的产出则出现波动。受影响最大的部门是交通运输、仓储和邮政业，其次是住宿和餐饮业。负向碳强度目标冲击导致交通运输、仓储和邮政业产出至少下降 0.69%，住宿和餐饮业的这一数字为 0.59%。图 1-19 还显示，交通运输、仓储和邮政业产出的下降将先增加，然后迅速下降，最后达到稳定状态。碳减排目标的提高将加剧负面影响，并抵消对旅游部门产出的积极影响。

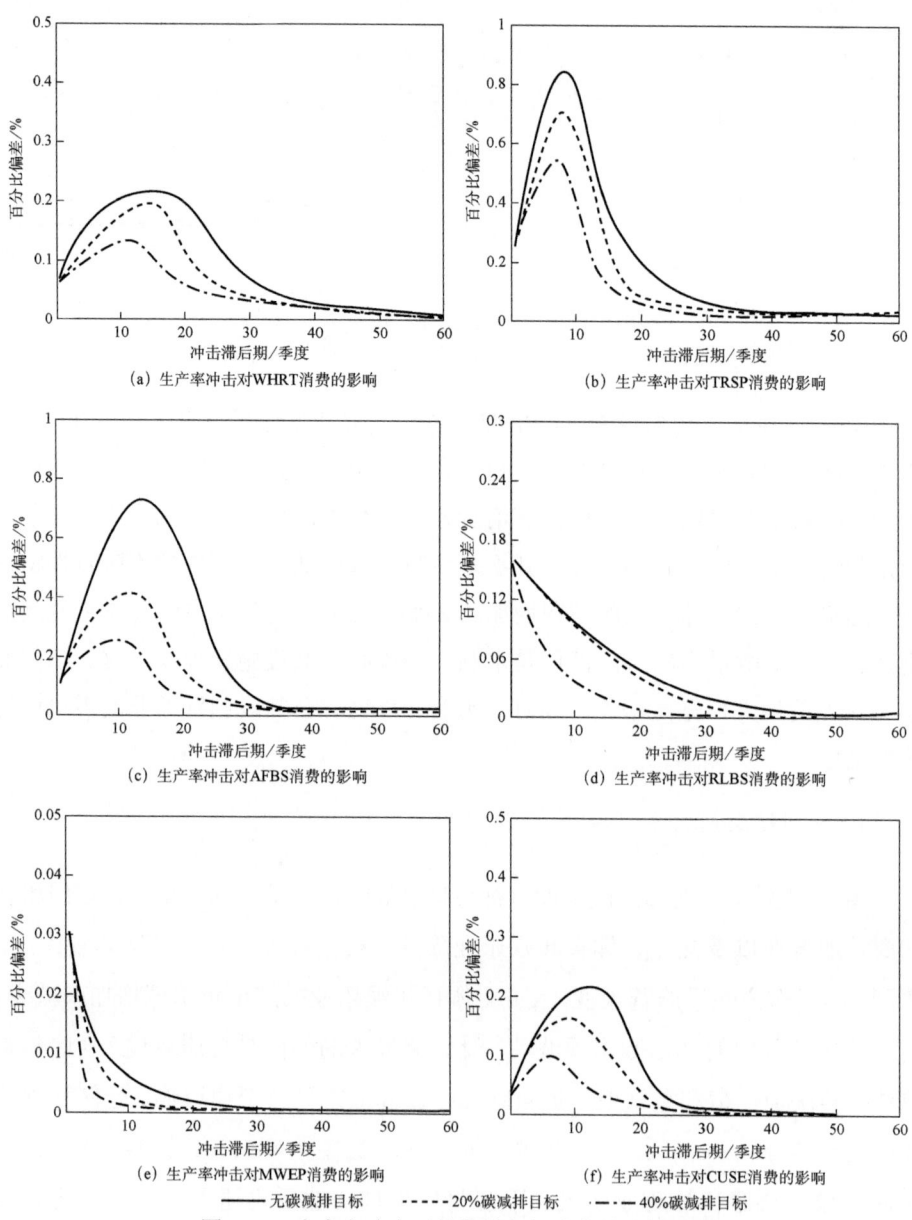

图 1-18 生产率冲击下的旅游部门消费的脉冲响应

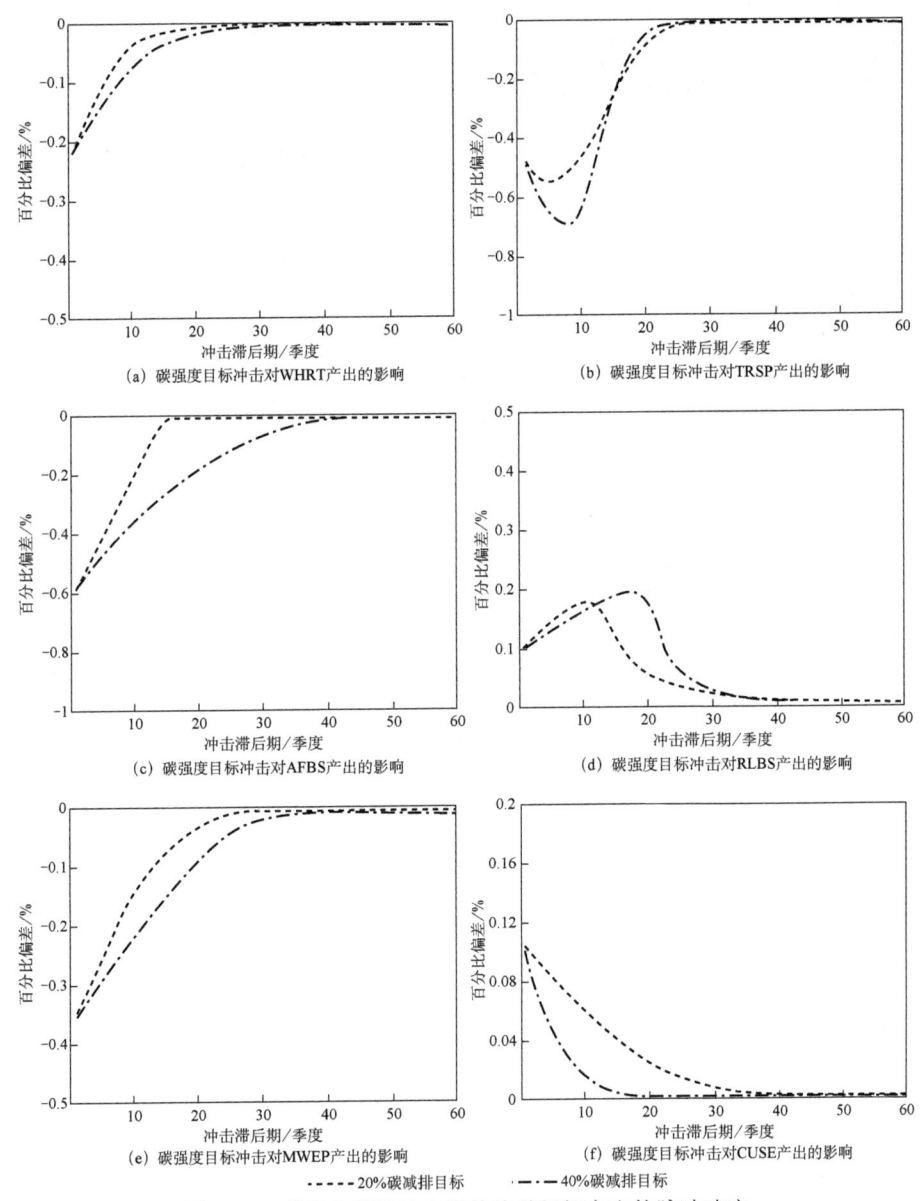

图 1-19 碳强度目标冲击下的旅游部门产出的脉冲响应

图 1-20 描绘了旅游部门就业对碳强度目标冲击的响应。总体上，批发和零售业、租赁和商业服务业以及水利、环境和公共设施管理业三个旅游部门的就业率将上升，而其他三个旅游部门的就业率将下降。除交通运输、仓储和邮政业外，其他旅游部门的脉冲响应曲线单调变化。受影响最大的是住宿和餐饮业，

百分比偏差绝对值最大为 0.80%，其次是交通运输、仓储和邮政业，相应数值为−0.67%。受影响最小的是租赁和商业服务业。

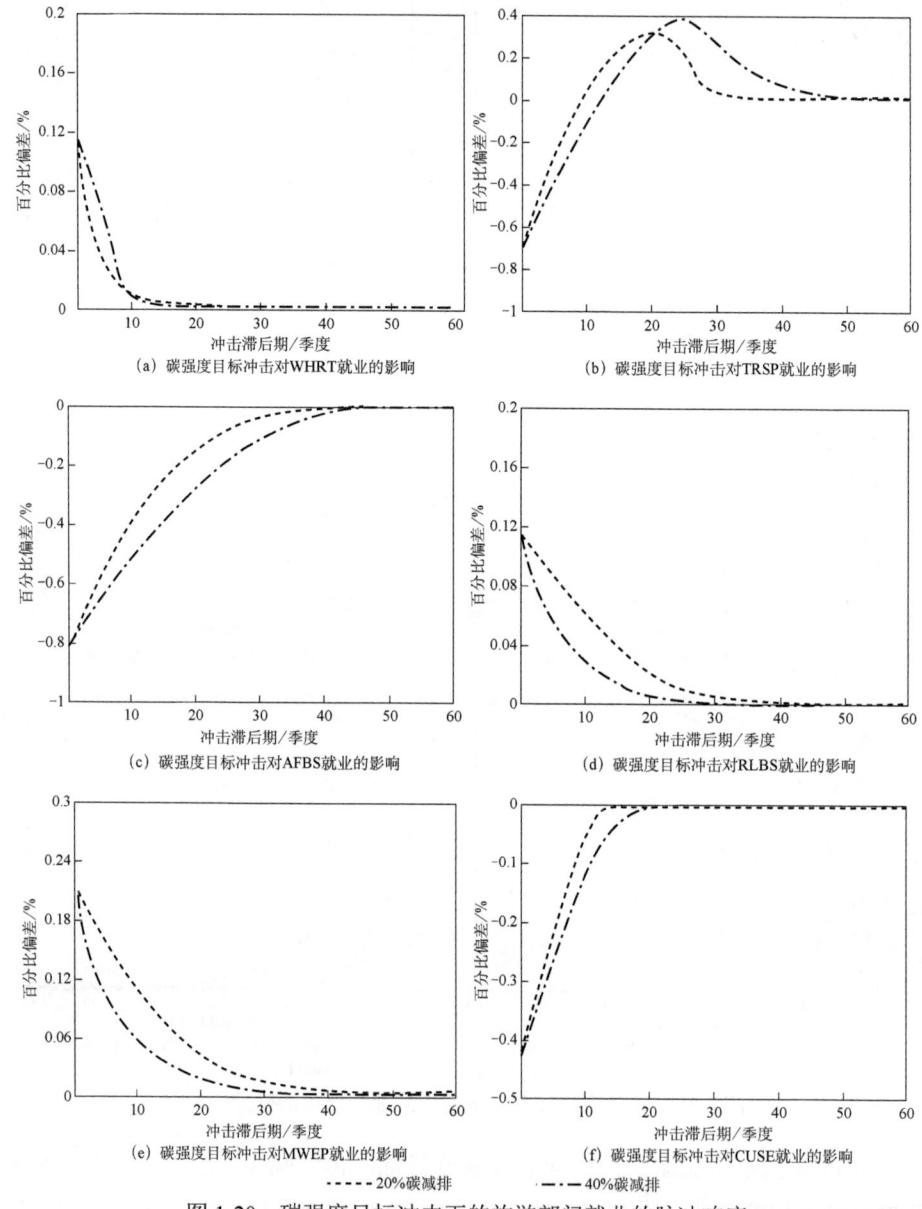

图 1-20　碳强度目标冲击下的旅游部门就业的脉冲响应

图 1-21 说明了旅游部门消费对碳强度目标冲击的响应。租赁和商业服务业以及文化、体育和娱乐业的消费将上升，而其他旅游业的消费将下降。旅游部

门消费基本上单调变化。具体来说，租赁和商业服务业以及文化、体育和娱乐业的消费将上升，并且这种上升将逐渐趋同。其他四个旅游部门的消费将下降，这种下降也将逐步趋同。受影响最大的旅游部门是交通运输、仓储和邮政业，其与稳定状态的最小百分比偏差为-0.33%。其次是住宿和餐饮业，受影响最小的是文化、体育和娱乐业。

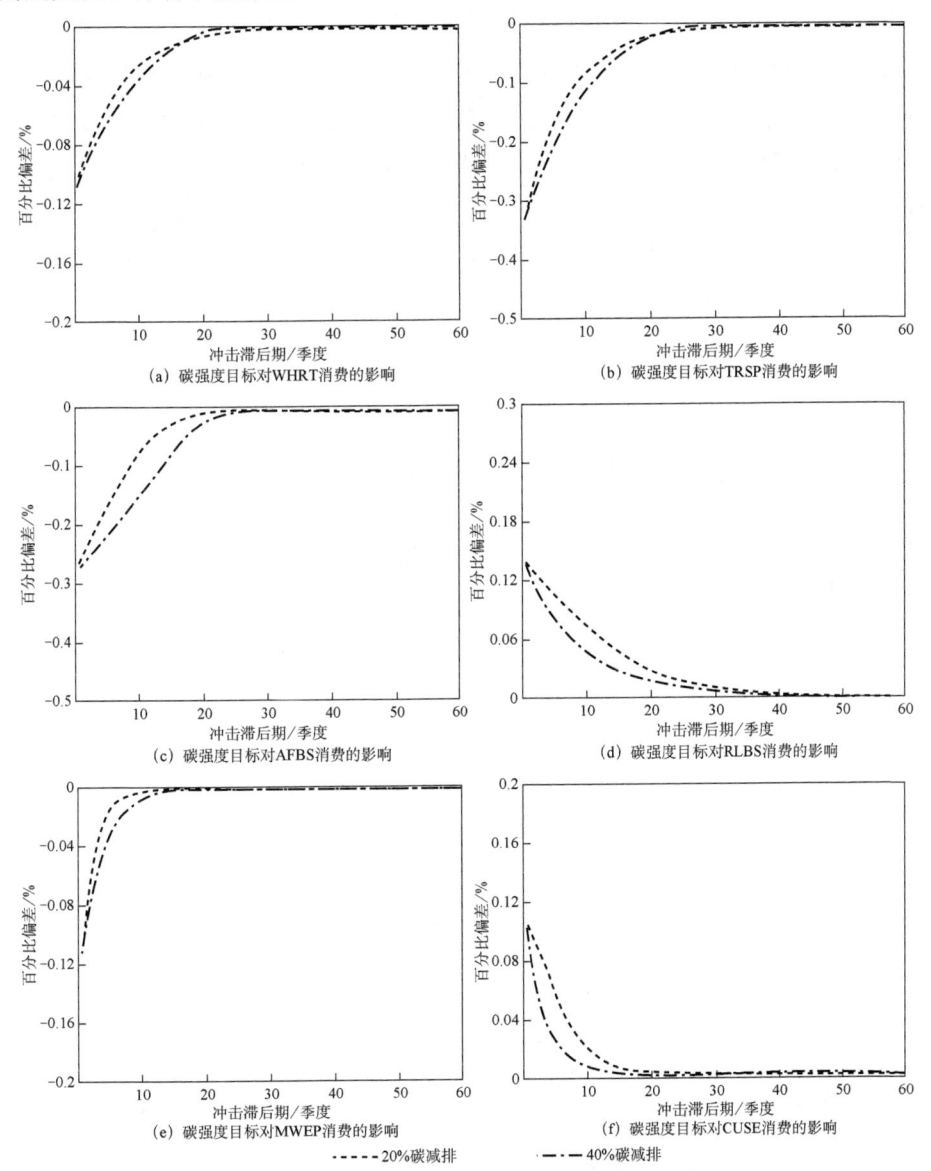

图 1-21　碳强度目标冲击下的旅游部门消费的脉冲响应

4. 敏感性分析

同样地，本节对一些关键参数进行敏感性检验。在不失一般性的前提下，假设在 40%的二氧化碳减排目标下，本节观察旅游业总体经济在产出、就业和消费方面的脉冲响应曲线。本节对 ζ 进行敏感性分析，ζ 是定义能源消耗的产出弹性系数。本节假定 ζ 变化范围为 $0.95\zeta \sim 1.05\zeta$。图 1-22 显示了在 ζ 值不同的情况下，在 1%的正向生产率冲击和负向碳强度目标冲击下，旅游业总体经济偏离稳态的百分比。图 1-22 表明，ζ 值越高，旅游总体经济对生产率冲击响应的正百分比偏差越大，旅游总体经济对碳强度目标冲击响应的负百分比偏差越小。但是在三个 ζ 值下模拟的冲击响应曲线的趋势基本相同。在不同情景下，旅游行业变量的变化、二氧化碳减排目标甚至其他参数值的设置，都可以找到类似的结果，本节不再赘述。

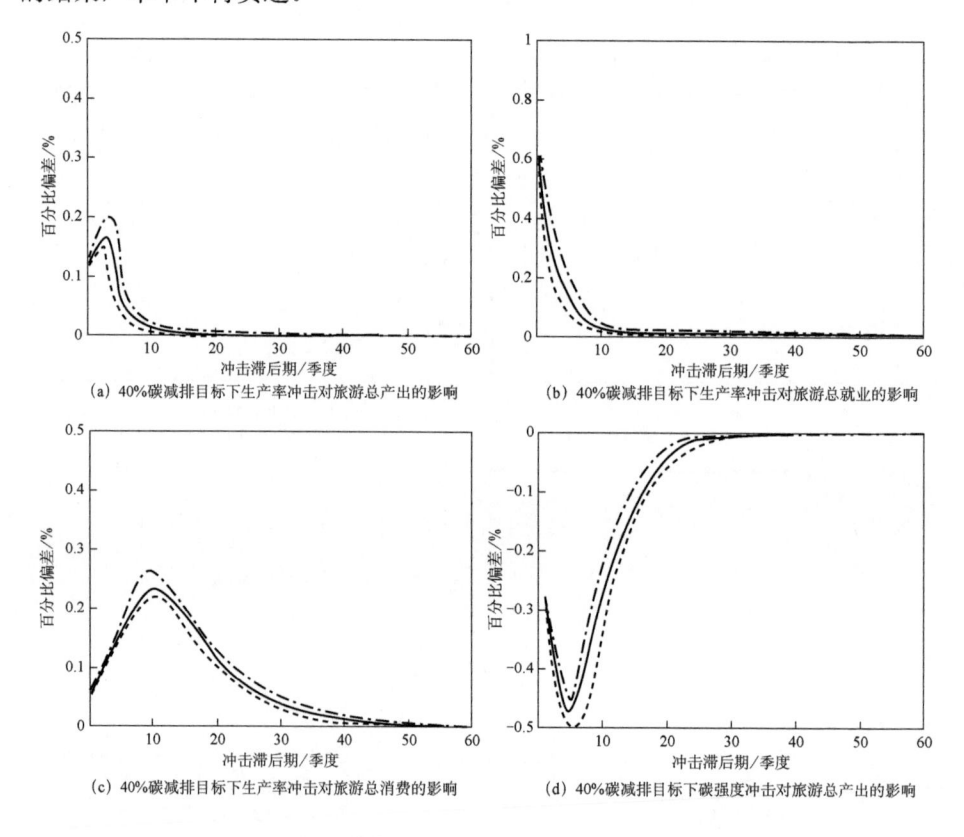

(a) 40%碳减排目标下生产率冲击对旅游总产出的影响

(b) 40%碳减排目标下生产率冲击对旅游总就业的影响

(c) 40%碳减排目标下生产率冲击对旅游总消费的影响

(d) 40%碳减排目标下碳强度冲击对旅游总产出的影响

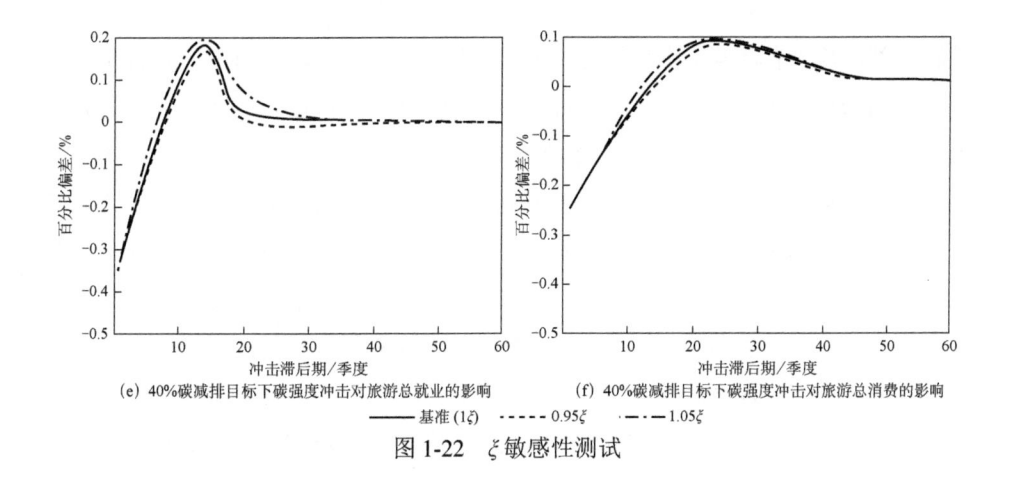

(e) 40%碳减排目标下碳强度冲击对旅游总就业的影响　　(f) 40%碳减排目标下碳强度冲击对旅游总消费的影响

—— 基准 (1ξ)　　----- 0.95ξ　　-·-· 1.05ξ

图 1-22　ξ 敏感性测试

1.5.4　结果分析、讨论和结论

由于生产率的提高，所有实际经济变量都有不同程度的增长。该结果与 Heutel（2012）以及 Dissou 和 Karnizova（2016）的研究结果一致。如预期的那样，如果要减少我国的相对二氧化碳排放量，一个基本的方法就是降低碳强度或直接减少产量。为了降低碳强度，旅游业有几种选择，包括发展低碳技术、减少化石能源消费（生产中的主要碳源）的份额，以及寻求可持续和可再生能源的使用等。然而，每一种选择都会显著增加旅游部门的运营成本，进而抑制其生产意愿并降低产出。产出的下降往往伴随着企业利润的下降，这将导致旅游部门的裁员和员工招聘热情的下降，从而减少就业。与此同时，居民家庭的旅游消费也将下降。企业利润下降可能导致的价格上涨也将导致消费下降。脉冲响应函数很好地反映了不同经济变量之间的联系机制。

由于缺乏相关的旅游文献，这一结果似乎难以与现有的研究结果进行直接比较。考虑到碳税的主要目的也是降低碳强度，本节试图将研究结果与碳税对旅游业影响的研究进行比较。从这个意义上说，研究结果在一定程度上证实了碳税对旅游经济的负面影响（Dwyer et al.，2013；Meng and Pham，2017；Zhang and Zhang，2018，2020d）。这一结果也与 Guo 等（2014）、Calderón 等（2016）、Mardones 和 Flores（2018）以及 Zou 等（2018）的实证结果一致，他们发现碳税将损害更广泛的经济利益。然而，碳强度目标的影响要比碳税的影响小。例如，本节中旅游就业偏差的程度远远小于 Zhang 和 Zhang（2020d）发现的碳税对旅游部门就业的影响。除了方法差异导致的不同之外，还有一个可能的原因是碳税的约束力要强于碳强度目标。碳税对旅游业经营行为的影响是直接而显著的。相比之下，碳强度目标的影响相对较小。

本节结果还显示，生产率冲击和碳强度目标冲击的经济效应在六个旅游部门之间存在显著差异。传统旅游业的核心部门，即交通运输、仓储和邮政业以及住宿和餐饮业，受生产率不确定性和碳强度目标不确定性的影响最大。具体而言，生产率的提高在产出、就业和消费方面对这两个部门的经济增长的贡献要大于其他旅游部门。生产率的提高通常意味着投资的增加（Fischer and Springborn，2011）。根据 2017 年中国投入-产出表，在这六个旅游部门中，交通运输、仓储和邮政业的投入-产出效率最高。因此，增加投资将在短期内迅速增加该部门的产出。此外，交通运输、仓储和邮政业的劳动密集型性质也导致了就业和消费的增加，同时产出也在增加。与其他旅游部门相比，这两个部门的能源消耗也更高；因此，碳强度的降低又会阻碍它们的经济增长。与前文结论相似，每个旅游部门的排放特征决定了其在碳强度减排目标中的经济表现。降低碳强度以减少碳排放通常意味着降低能源消耗。由于其最高的能源消耗的产出弹性，交通运输、仓储和邮政业受到碳强度目标冲击的负面影响最大。这一实证结果与 Zhang 和 Zhang（2018，2020d）的结果相似。

另一个有趣的发现是，生产率冲击与碳强度目标冲击对旅游经济的影响存在显著差异。就旅游业总量和部门经济而言，这些差异主要体现在不同的影响方向上，即生产率冲击的积极影响以及碳强度目标冲击的消极影响。特别是，交通运输、仓储和邮政业以及住宿和餐饮业的产出对碳强度目标比生产率更敏感。这意味着，为了应对生产率和碳强度降低目标的同时冲击，这两个核心旅游部门仍将面临经济衰退。但是一定程度上，生产率冲击可以抵消二氧化碳减排目标增加所带来的负面经济影响。这表明，在碳强度降低的情况下，理论上可以通过大幅提高旅游部门的生产率来增加旅游部门的产出、就业和消费。

排放政策已经成为学术界和决策者都非常关心的概念。像中国这样的新兴经济体，包括旅游业在内，必须关注、研究这些政策的经济效应。本节基于一般均衡理论，探讨了碳强度目标不确定性背景下的旅游经济变化。在我国等众多发展中国家，降低碳强度是减少二氧化碳相对排放量的主要手段。实证结果支持旅游经济增长将受到二氧化碳排放政策负面影响的观点。然而，外生生产率冲击可以抵消这些不利影响。两个旅游业核心部门，即交通运输、仓储和邮政业以及住宿和餐饮业，将受到生产率冲击和碳强度目标冲击的最大影响。此外，较低的碳强度目标将更多地阻碍旅游经济发展。本章有助于更好地理解旅游经济如何应对外部排放政策的冲击。

第 2 章　碳市场与旅游发展

与前文不同，本章探讨了我国的碳市场（ETS）对旅游业的影响，以说明为什么旅游业必须重视我国 ETS，这一世界领先的气候政策的建立和发展。为此，本章首先估计了 ETS 对我国旅游业的经济和环境影响以及潜在的影响机制。本章的主要研究方法是多期双重差分模型（time-varying difference-in-differences）和倾向得分匹配（propensity score matching，PSM）技术。主要数据为 2005～2019 年的中国省级面板数据。结果表明，我国 ETS 政策显著降低了与旅游相关的碳排放和碳强度，并遏制了旅游经济增长。此外，自 2013 年 ETS 政策实施以来，ETS 对我国旅游业的影响逐渐增大。价格是 ETS 对我国旅游经济影响的重要中介机制，能源消费结构是 ETS 对旅游碳排放影响的重要中介机制。本章还发现，ETS 对区域旅游业的影响也因经济、旅游、能源和工业水平的不同而存在很大差异。

2.1　引　　言

在全球气候变迁的背景下，学者们越来越关注提高旅游业对气候变化的适应性（Michailidou et al.，2016）。也有一些学者认为，旅游业对气候政策的适应性对于提高旅游业的可持续性至关重要（Dwyer et al.，2013；Meng and Pham，2017；Zhang and Zhang 2018）。因此，探讨气候政策对旅游业的各种影响也非常重要。目前，全球最具有影响力的气候政策是排放交易计划（emissions trading scheme，ETS）和碳税（Haites，2018）。在第 1 章，本书从多个角度系统探讨了碳税对我国旅游经济和碳排放的影响。但是正如前文指出的，当前我国的碳税政策并没有正式实施。与碳税相比，全球范围内 ETS 的影响力要更大，其涵盖主要的能源密集型行业，包括能源、电力和工业企业等（Lin and Jia，2017）。一个客观的事实是，旅游业高度依赖大量参与 ETS 的行业（Zhang and Zhang，2020b）。因此，ETS 对旅游业的影响在理论上是客观存在的（Zhang，2021）。理论上，ETS 有四种机制来约束企业并迫使企业改变经营策略从而影响其低碳转型，这四种机制分别是部门覆盖、配额分配、碳价格和排放上限（Leining et al.，2020）。目前几乎全球的所有 ETS 都在上述四个机制的范围内不断地变革以达到经济与环境的双重红利。正是由于上述机制在综合性地发挥作用，ETS 才能够有效降低区域碳排放水平。

然而，一个令人惊讶的现象是，正如 Zhang（2021）指出的，学术界一直在忽视 ETS 对旅游业的影响。旅游业的发展严重依赖诸多碳密集型产业，包括电力、石油加工、钢铁和建筑业等。无论是自然或文化旅游景点的建设，还是旅游交通的发展，都需要这些产业的相关产品。此前的大量研究也表明，ETS 对这些旅游依赖的部门有显著的直接影响。而在当前的宏观经济框架下，各经济部门之间互相联系，很少有哪个部门能够独立存在。因此，旅游业与其相关产业之间存在密切的相互依存关系，这实际上表明相关产业的变化会影响旅游业的经济和环境绩效（Zhang，2021）。基于上述分析，本章考察 ETS 对旅游业的潜在影响，以呼吁学术界和旅游经营管理者能够正视 ETS 这一日益流行的全球气候政策。

本章同样以中国为例展开实证。2020 年 9 月 22 日，习近平总书记向全世界宣布中国二氧化碳排放力争于 2030 年前达到峰值，努力争取 2060 年前实现碳中和。为了实现这一目标，2021 年 7 月 16 日针对所有电力部门的国家层面的 ETS 正式上线。与国家 ETS 不同，我国各省很早之前就开始试点 ETS 政策。我国第一个 ETS 首先在深圳试点，然后在北京、天津、上海、广东、湖北、重庆和福建相继建立。ETS 政策在其试点地区的各个碳密集部门的碳减排过程中发挥了非常重要的作用（Lin and Jia，2017；Yang et al.，2018a；Zhang et al.，2015b），并对这些区域的经济发展产生了显著的影响（Li and Jia，2016；Zhang and Zhang，2021）。而由于旅游业与其他部门的依存关系，ETS 对我国旅游发展的制约也越来越明显。对此，Zhang 和 Zhang（2020b）以及 Meng 等（2021）分别研究了我国 ETS 对旅游业的影响。不同的是前者侧重环境影响，后者侧重旅游业各部门的经济效应。

与之前的研究尤其是 Zhang 和 Zhang（2020b）以及 Meng 等（2021）的研究不同，本章在三个方面有显著的创新。第一，本章首次尝试系统调查 ETS 在其实施周期内对旅游业可能产生的经济和环境影响，并总结这些影响的动态变化，这对于考察 ETS 情形下的旅游业绩效具有重要的现实意义。本章首次量化了 ETS 对旅游业影响的潜在机制，从而有助于解释 ETS 如何显著影响旅游业的关键理论问题，有助于确定旅游业与气候政策之间的内在关系。此外，本章还考察了 ETS 对旅游业影响的区域异质性，从而加深了对各种经济变量情形下 ETS 对旅游业影响的理解。

第二，在方法上，与 Meng 等（2021 年）采用 CGE 模型来检验 ETS 政策的未来长期效应不同，本章使用 DID 方法，可以通过对过去发展经验的分析来探索政策的驱动作用（Zhang, 2021）。在 2021 年之前，我国只有七个省级地区建立了碳交易市场。这种准自然实验模式非常适合 DID 方法的应用。当然，本章的 DID 方法与 Zhang 和 Zhang（2020）的应用有很大不同。首先，本章考虑了 ETS 本身的时间变化，因此更符合政策实践。其次，鉴于我国各省（自治区、直辖市）之间存在显著的区域差异，本章还使用 PSM 技术来确定对照组，从而改进了估计结果。再次，本章进行了一系列严格的稳健性测试以支持本章的研究结果。最后，本章建立了一个基于 DID 方法的中介效应模型，该模型允许探索 ETS 对旅游业影响的中介机制。

第三，本章还更新和扩展了 Zhang 和 Zhang（2020b）的研究周期，形成了一个新的数据集。目前的面板数据集是 2005~2019 年，与 Zhang 和 Zhang（2020b）2011~2018 年的分析周期相比有显著的提升。更长期的面板数据有助于更准确地量化 ETS 对旅游业的影响。

2.2　ETS 的工作机制

不同的 ETS 在行业覆盖方面有显著的区别，即使同一个 ETS 在不同的时间段，其覆盖也存在区别（Haites, 2018）。不同的部门覆盖导致 ETS 的经济和环境影响也有显著的不同。Qian 等（2018）认为在设计中国的国家排放交易体系时，部门覆盖率非常重要，需要考虑的问题包括对碳减排的影响、经济和社会福利的变化以及未覆盖部门的碳泄漏。Lin 和 Jia（2020）发现，如果覆盖更多的行业，碳价格会更低，从而会降低每个覆盖企业的碳减排动机。这样，碳排放限额的资源属性将逐渐显现。总的来说，作者发现部门覆盖率的变化会导致 ETS 市场中两个效应的变化：碳价格效应和分配效应。这两种效应的相互作用使得低覆盖率和高覆盖率对减排和提高能源效率都产生了积极的影响。作者进一步提出，只要覆盖水泥、化工、电力这三个易于监测、报告、核查的企业，就足以实现减排目标。如此既可以达到较高的减排效率，又可以有效降低监管成本。Lin 和 Jia（2017）、Lin 和 Jia（2020）还模拟了不同的覆盖范围，探讨 ETS 对中国的影响以及最适合我国的覆盖行业情形。当 ETS 覆盖更多的行业时，总体上会导致较高的 GDP 绩效和较低的 ETS 价格。由于交易价格与企业的边际减排成本有关，对减排成本较低的企业进行覆盖，可以带来较低的价格。然而，碳价格与减排之间并没有直接的关系。因此，作者建议在覆盖发电行业之后，碳市场应该覆盖其他一次能源生产企业，从而带来更多的减排效益。Mu 等（2018）也做了相似的工作。他们认为在中国 ETS 的不同部门覆盖计划下，决策者在随着时间的推移分阶段进入其他行业方面需具有一定程度的短期灵活性。Wang 等（2018）则探讨了覆盖范围和交易成本的关系，作者认为覆盖范围的增加会导致交易成本的增加，而如果覆盖企业的市场集中度较高，则可以降低交易成本。

与覆盖率类似，ETS 中的碳排放配额分配同样是一个研究热点。碳排放配额的分配是建立 ETS 以完成减排目标的关键（Kong et al., 2019）。即使总排放目标固定，不同的分配机制对电力市场的影响也会非常不同（Golombek et al., 2013）。因此不同的学者探讨了多样的 ETS 配额分配机制。其中有代表性的有祖父法、标杆法、拍卖法和线性因子降低法（Zhang et al., 2015b; Loisel, 2010）。在配额管理中，免费分配会导致碳泄漏进而影响企业行为，且容易降低分配效率（Verde et al., 2019）。对此，Bruninx 等（2020）分析了配额管理中的免费配额的线性折减系数方法，即按照一定系数逐年降低碳排放配额。增加折减系数可以有效降低二氧化碳排放，但同时提高了碳价格。对于中国的电力行业 ETS 而言，Zhang 和 Zhang（2018）认为采用基于历史排放强度的方案（即祖父法）

进行配额分配是最佳选择。Golombek 等（2013）与 Lin 和 Jia（2020）同样认为祖父法适合当前的中国 ETS 配额管理，而标杆法会使得企业在给定的配额（或补贴）价格下减少碳排放的动力较小（Rosendahl，2008）。但是，Ye 等（2019）指出了祖父法的不足，他认为祖父法未能有效体现污染者付费以及避免余配额带来的暴利情形。拍卖法是学者们又一热论的方法，并认为其是未来最合适的 ETS 配额管理方法（Zhang and Zhang，2021）。在欧盟排放交易体系（EU ETS）的第三阶段，欧盟也采用了基于拍卖的碳排放配额分配方法。Loisel（2010）认为拍卖引入了一个强烈的碳价格信号，尽管降低了排放强度，但容易造成贸易方面的扭曲，并恶化对能源的依赖。Carratù 等（2020）认为即使 EU ETS 引入了拍卖法，但是其对企业利润没有显著影响，可能也无法提高企业改进生产效率或增加投资以减少二氧化碳排放的突破性技术的动机。

在 ETS 中，碳价格同样决定了企业的排放成本。因此，Tang 等（2020）认为碳价格是决定碳减排目标能否实现的关键因素，最优碳价格是指能够达到减排目标的最小边际减排成本。但是从目前来看，中国碳市场并不活跃，市场体系的建设尚不完善，表现为长期低迷的碳价（Lyu et al.，2020）。针对我国的 ETS 市场，Lin 和 Jia（2019）发现部门覆盖率、折减系数以及免费配额率都会影响碳价格。Wu 和 Li（2020）与 Guo 等（2020）同样证实了配额对碳价的显著影响。在 ETS 之外，Lin 和 Jia（2019）模拟了不同碳价的影响，并且发现高碳价将导致更大的经济衰退，能源行业的产出对于碳价最为敏感，但是低碳价又会削弱 ETS 的减排能力。在欧洲也一样，Gugler 等（2021）认为低碳价会影响 ETS 的减排能力。在 ETS 外部，区域能源价格通过总碳排放需求效应和能源燃料转换效应对碳价产生非对称和负面影响（Duan et al.，2021）。Anke 等（2020）、Li 和 Ouyang（2020）发现化石能源消耗和新能源开发对 ETS 的碳价影响显著。总之，ETS 中碳价不仅受 ETS 自身还受国家能源政策的影响，而碳价的变化又表现出不同的经济和环境影响。

最后一个重要机制是排放上限。如 Stoerk 等（2019）所述，ETS 中最关键的是排放上限的设定，因为 ETS 建立的最终目标是能够降低更多的碳排放。但当前大多数研究和实践仍然立足碳强度的降低。更重要的是，在 ETS 中排放上限仍然是通过部门覆盖、配额分配和碳价来实现的，因此对 ETS 中排放上限的研究并不如上述三种机制丰富。

2.3 文 献 综 述

学者们更多地关注气候政策对一般经济的影响。目前，最具影响力的国家和区域气候政策是 EU ETS。有大量的研究集中于 EU ETS 对经济和环境的影响，这些研究包括对能源密集型行业的利润和市场价格（Smale et al.，2006）、碳排放（Sandoff and Schaad，2009）和企业创新、价值和投资（Löfgren et al.，2014；Westner and Madlener，2012）等的影响。此后，欧盟以外的 ETS 政策也逐渐引起关注。例如，Choi 等（2017）、Wakabayashi 和 Kimura（2018）分别调查了 ETS 对韩国经济和东京都（日本）碳减排的影响。

尽管起步比 EU ETS 晚，但由于我国 ETS 的逐步普及以及我国碳排放量巨大，中国 ETS 越来越受到学者的关注。代表性的研究有中国 ETS 的配额分配对产品价格和减排（Zhang et al.，2015b）、排放和经济增长（Li and Jia，2016，Li et al.，2017；Lin and Jia，2018），以及清洁能源投资（Mo et al.，2016）等的影响。ETS 的不同覆盖范围也会对中国的碳排放产生不同的影响（Lin and Jia，2017）。ETS 的碳价格对碳排放和经济增长的影响也非常重要（Yang et al.，2018a）。由于 CGE 模型能够描述不同部门之间的经济联系（如第 1 章所述），CGE 模型在上述研究中占据主导地位。通过 CGE 建模，ETS 未来可能产生的经济和环境影响得到了广泛讨论。与之不同，Zhang 和 Zhang（2021）使用 DID 方法识别了 ETS 对中国经济增长的显著影响。另一项重要的气候政策是碳税。已经在第 1 章对碳税及其与旅游发展关系的相关研究进行了详细的讨论，本章不再赘述。

与碳税相比，ETS 与旅游业的联系很少被学者关注。Meng 等（2021）以及 Zhang 和 Zhang（2020b）的工作是两个例外。前者使用 CGE 模型模拟了在碳强度降低 5%的情况下，中国 ETS 对旅游业的影响。作者发现了 ETS 对旅游需求和部门碳排放的负面影响，然而 ETS 对旅游业的实际影响仍然不够清楚。换句话说，ETS 与旅游业之间的因果关系仍然未知。基于实际经验的自然实验方法较少受到关注，尽管这样的研究有助于理解 ETS 情形下的旅游实践（Zhang，2021）。针对此，Zhang 和 Zhang（2020b）采用 DID 方法探索了 ETS 政策对中国旅游业碳排放的影响,并发现 ETS 显著降低了旅游业碳排放和碳强度。

与 CGE 模型的预测功能不同,DID 方法可以评估政策的实际效果。因此,与 CGE 和其他模型相比,使用 DID 方法更容易从因果上解决 ETS 是否影响旅游业这一重要的理论和实践问题。需要指出的是,Zhang 和 Zhang(2020b)采用的 DID 方法仍存在一定的局限性。

首先,从方法论的角度来看,Zhang 和 Zhang(2020b)的 DID 模型没有考虑我国 ETS 的动态性质。我国 ETS 试点地区的数量是动态变化的。在实践中,我国的 ETS 于 2013 年 6 月首先在深圳市实施,然后在北京市(2013 年 12 月)、天津市(2013 年 12 月)、上海市(2013 年 12 月)、广东省(2013 年 12 月)、湖北省(2014 年 4 月)、重庆市(2014 年 6 月)和福建省(2017 年 1 月)相继建立。然而,Zhang 和 Zhang(2020b)的模型假设 ETS 的实施时间统一在 2013 年,这可能会高估 ETS 的影响。因此,有必要创建一个多期 DID 模型,以更好地适应中国的实践。此外,Zhang 和 Zhang(2020b)假设的对照组包括试点地区外的所有区域,这忽略了我国国内区域发展水平的差异性。这在某种程度上导致了 DID 方法的应用前提——平行趋势假设不成立。因此,需要额外方法来更准确地选择 DID 模型中的对照组,如 PSM 技术。

其次,现有的研究未能检验 ETS 对旅游业的经济影响。以往的研究主要集中在碳排放量和碳强度上,然而,Zhang 和 Zhang(2020b)指出的 ETS 对旅游经济的可能影响仍然未知。更重要的是,以前的工作并不关注 ETS 如何影响旅游业,换句话说,没有探讨 ETS 对旅游业的影响机制,这又局限了对 ETS 的理论认识。此外,区域差异可能引发的 ETS 对旅游业影响的区域异质性也是一个值得关注的问题,而现有研究也忽略了这一点。总之,本章试图通过以下工作来填补已有研究的不足:①选择合适的对照组;②构建多期 DID 模型;③考察 ETS 对旅游业的经济和环境影响;④探索潜在的影响机制;⑤调查 ETS 对旅游业影响的区域异质性。

2.4 研究方法

2.4.1 多期 DID 方法

为了进一步控制可能存在的不可观测变量,本章应用固定效应模型,在面板数据基础上，通过加入固定效应，控制不随时间变化的不可观测变量的影响。本章得到如下 DID 模型：

$$y_{i,t} = \beta_0 + \beta_1 \text{ETS}_i \times T_{i,t} + \beta_2 \text{Control}_{i,t} + \gamma_t + \mu_i + \varepsilon_{i,t} \qquad (2\text{-}1)$$

式中，$y_{i,t}$ 表示因变量旅游经济和环境，i（$i=1$，2，…，N）表示个体区域，t（$t=1$，2，…，T）表示时间虚拟变量；γ_t 表示时间固定效应；μ_i 表示个体固定效应；$\varepsilon_{i,t}$ 表示随机扰动项；ETS_i 表示政策虚拟变量。参考 Dong 等（2019）、Zhang 和 Zhang（2021）的研究，本章在 DID 模型中使用［0，1］虚拟变量来衡量 ETS 政策。如果该区域运行 ETS，则 ETS_i 为 1，否则，则为 0。与传统的 DID 模型相比，T_t 改为 $T_{i,t}$ 意味着 ETS 的实施时间因地区而异。在政策实施之前，实验组中的个体不会受到政策的影响。如果个体 i 进入实验期，则 T 值为 1，否则，该值为 0。$\text{Control}_{i,t}$ 表示控制变量。交互项的系数 β_1 表示总体政策效应。需要注意的是，没有必要将虚拟变量 ETS_i 添加到 DID 模型中，因为添加的个体固定效应 μ_i 已经包含比前者更多的信息。μ_i 控制个体层面的特征，而 ETS_i 仅控制群体层面的特征。如果这两个变量同时进入模型，就可能会出现多重共线性问题。同样，DID 模型中也不应有虚拟变量 $T_{i,t}$。相对于 $T_{i,t}$，γ_t 包含更多信息并控制每个周期的时间效应，但是 $T_{i,t}$ 仅在实施时间前后保持时间效应。

2.4.2　PSM 技术

DID 估计的本质是比较两组同质性的样本（如理想的双胞胎样本）。当出现外生冲击时，由于两组样本其他方面特征相同，DID 系数能够完美地反映出研究者所要寻求的处理效应。但在经济实践中，很难找出完全同质的样本。我国 ETS 试点的七个省份与其他地区可能在诸多方面存在先天差异，从而导致 DID 估计有可能与某些潜在不可观测因素有关，即 DID 系数估计值产生偏差，无法真正反映 ETS 对试点区域旅游发展的真正因果效应。因此，在模型（1）中将所有非 ETS 试点区域设置为控制组可能会导致模型估计偏差。为尽可能减少这样的误差，使估计结果更为稳健，本章引入 PSM 方法来重新匹配控制组，力求使实验组和控制组样本在各方面尽可能保持同质性。在匹配后再进行 DID 检验，以求获得真正的处理效应。PSM 方法的基本步骤如下。

首先，选择匹配变量。由于本章讨论了 ETS 对旅游业的经济和环境影响，控制组和实验组应具有相似的经济和环境特征。因此，本章确定以下匹配变量：人均 GDP（GDPpc）、人口密度（Pop）、碳强度（Car）、人均旅游收入（Tr）、以第二产业增加值占 GDP 的比例衡量的产业结构（IND）、GDP 增长率（GDPg）和以煤炭消耗量与总能源消耗量之比衡量的能源消费结构（ENE）。

其次，估计倾向得分。本章使用 logistic 回归来评估实验组和对照组的倾向得分。在 logistic 回归模型中，因变量为 ETS［见式（2-2）］。本章控制时间固定效应 γ_t 和区域固定效应 μ_i：

$$\begin{aligned}\text{Logistic}(\text{ETS}_i) = &\beta_0 + \beta_1\text{GDPpc}_{i,t} + \beta_2\text{Pop}_{i,t} + \beta_3\text{Car}_{i,t} + \beta_4\text{Tr}_{i,t} \\ &+ \beta_5\text{IND}_{i,t} + \beta_6\text{GDP}g_{i,t} + \beta_7\text{ENE}_{i,t} + \gamma_t + \mu_i + \varepsilon_{i,t}\end{aligned} \quad (2\text{-}2)$$

最后，本章采用 1∶1 的最近邻匹配法来寻找得分相似的区域。PSM 结果如表 2-1 所示。表 2-1 显示，除产业结构和经济增长率外，两组的特征变量存在显著差异。然而，匹配后每个变量的标准化偏差显著降低。表 2-1 表明，通过 PSM 技术进行匹配后，实验组和对照组的数据在很大程度上达到了平衡。这很好地解决了两组个体特征差异的问题，从而可以更好地进行 DID 分析。

表 2-1 协变量的平衡检验

变量	样本	均值 实验组	均值 对照组	标准偏差/%
GDPpc	匹配前	51 257	25 908	91.14
	匹配后	51 257	38 400	15.23
Pop	匹配前	1 074	258	80.02
	匹配后	1 074	432	14.58
Car	匹配前	6.45	8.01	−30.97
	匹配后	6.45	7.21	−14.63
Tr	匹配前	9 597.54	4 992.49	62.84
	匹配后	9 597.54	5 736.40	6.37
IND	匹配前	0.413	0.431	−19.53
	匹配后	0.413	0.427	−6.17
GDPg	匹配前	0.1069	0.095 1	18.12
	匹配后	0.1069	0.103 5	5.19
ENE	匹配前	0.484	0.758	−32.11
	匹配后	0.484	0.637	−14.06

2.4.3 变量选择

首先,与大多数计量经济学文献类似,本章使用传统上用于衡量旅游经济发展的旅游收入(TR)和旅游人数(TN)作为两个因变量。需要强调的是,本章的 TR 和 TN 包括国内和入境旅游。在环境影响方面,参考 Zhang 和 Zhang(2020b)的研究,本章同时选择旅游相关的碳排放量(TCE)和旅游相关的碳强度(TCI)作为因变量。旅游碳强度表示的是单位旅游增加值的二氧化碳排放量。需要注意的是,我国现有统计系统中不存在关于 TCE 和 TCI 的数据。本章根据《中国统计年鉴》、省级《投入产出表》和《中国能源统计年鉴》,使用排放系数法分别计算 TCE 和 TCI。

关于旅游增加值,如果一些省份(如上海等)有官方数据,则直接使用统计数据。对于没有统计数据的行业,本章参考 Zeng 和 Cai(2012)的研究,选择中国投入-产出表中的批发和零售业,交通运输、仓储和邮政业,住宿和餐饮业作为旅游相关行业。接下来,本章得出各省这四个部门的旅游增加值,以获得最终的省级旅游增加值。其中,部门旅游增加值等于部门旅游收入乘以部门增加值率,该比率由投入-产出表得出。部门旅游收入的计算方法是将旅游总收入乘以省级投入-产出表中的部门消费比例。

根据 IPCC(2006),本章使用排放系数法计算省级旅游相关的二氧化碳排放量。鉴于中国旅游业主要分布在批发和零售业,交通运输、仓储和邮政业,住宿和餐饮业(Wang et al.,2018;Zeng et al.,2017),这与计算旅游增加值所选择的行业完全一致,本章根据一定的旅游消费系数(即部门旅游增加值占部门总增加值的比例),利用省级统计年鉴中的上述四个部门的能源消费数据,获得一次能源和电力消费数据。然后,采用排放系数法计算与旅游业相关的二氧化碳排放量。根据综合能耗计算的一般原则,1tce 和 1kW·h 电力分别对应 2.66t 和 0.9kg CO_2 排放量。

通常我国的投入-产出表每 5 年编制一次,三年后还有一个扩展表。由于面板数据跨度为 2005～2019 年,本章收集 2005 年、2007 年、2010 年、2012 年、2015 年和 2017 年的投入-产出表。本章参考 Zeng 和 Cai(2012)的研究,假设 2006 年的部门增加值率等于 2005 年和 2007 年的平均值、2008 年和 2009 年的部门增加值率等于 2007 年和 2010 年的平均值,2011 年的部门增加值率等于 2010

年和 2012 年的平均值，2013 年和 2014 年的部门增加值率等于 2012 年和 2015 年的平均值，2016 年部门增加值率等于 2015 年和 2017 年的平均值。

模型中的自变量为 ETS×T。

为了避免遗漏变量偏差，本章在 DID 模型中引入了七个控制变量，包括以 5A 级旅游景点数量衡量的旅游景点丰度（ATR）、以人次×公里衡量的交通运输（TRANS）、产业结构、以授予的国内专利数量衡量的技术创新能力（TECH）、以每 10 万人口中的大学生人数衡量的教育水平（EDU）、以人均 GDP 衡量的经济水平以及以商品进出口总值与 GDP 之比衡量的对外开放水平（OPEN）。

旅游资源的禀赋及其开发利用程度决定了一个国家或地区发展旅游业的可能性，同时也对该国家或地区旅游经济的增长产生重大影响。这里采用 5A 级旅游景点的数量来反映旅游景点的丰富程度。5A 级旅游景区是我国旅游景区级别的最高水平，也是一个地方旅游吸引力的重要标度。交通水平在很大程度上反映了旅游目的地的可达性，进而影响旅游经济的发展（Kanwal et al., 2020）。同时，交通运输也是旅游碳排放的重要贡献者（Lenzen et al., 2018）。此外，Dong 等（2020）的研究显示，产业结构，特别是第二产业的比例，与碳排放和经济增长密切相关。我国目前的旅游市场仍然完全由国内旅游主导，国内旅游在很大程度上依赖于以客源地为中心的短途旅游。因此，本章选择区域经济水平作为影响旅游业的另一个重要控制变量。考虑到技术进步对提高旅游服务水平的重要性（Kumar and Kumar, 2012；Gössling, 2016）、优质人力资本对旅游经济发展的重要性（Baum, 2018），以及旅游业本身的外向型经济特征（Feriedouni and Almulali, 2014），本章额外选择技术水平、教育水平和开放水平作为控制变量。

2.4.4　数据来源

本章的样本周期为 2005～2019 年。旅游经济数据来自各省的统计年鉴。有关旅游景点丰富程度的数据来自文化和旅游部。GDP、交通、第二产业增加值、国内专利申请数量、每 10 万人口中的大学生人数以及商品进出口总额等所有其他省级数据均来自国家数据（https://data.stats.gov.cn/）。煤炭消费数据来源于《中国能源统计年鉴》（2006—2020）。所有货币变量均为 2005 年不变价格的实际值。由于不同变量的量级存在巨大差异，在本章的 DID 模型中，旅游收入、人均 GDP、交通、技术创新能力、教育水平取自然对数。表 2-2 显示了实验组和对照组中所有数据的描述性统计结果。

表 2-2 数据的描述性统计结果（30 个省级行政区域，2005～2019 年）

变量	单位	均值	中位数	最大值	最小值	标准误
TR	10^8 元	2 196.51	1 570.67	10 673.03	17.78	2 108.73
TN	10^8 人次	2.676 5	2.006 6	11.341 2	0.077 4	2.265 4
TCE	10^6 t CO_2	10.37	8.35	43.75	0.36	7.67
TCI	t CO_2/万元	1.14	0.89	5.76	0.18	0.90
ETS×T	—	0.100 7	0.0000	1.0000	0.0000	0.301 3
GDPpc	元	31 823	27 037	113 237	5 218	19 504.89
IND	—	0.432	0.441	0.620	0.154	0.082
ENE	—	0.692	0.654	1.731	0.024	0.267
EDU	人数	2 487	2 313	6 750	462	925.41
Car	t CO_2/万元	7.42	6.17	30.98	1.96	4.81
OPEN	—	0.293 8	0.151 3	1.711 4	0.011 6	0.336 5
PRICE		1.241	1.256	1.680	1.000	0.150
ATR		4.98	3.00	24.00	0.00	3.95
TECH		36 142	12 398	527 390	79	63 483.98
TRANS	10^8 人次×公里	739.42	594.52	2 998.23	43.35	516.81

2.5 实证结果

表 2-3 报告了基于模型（1）的回归结果。第 1 列、3 列、5 列和 7 列显示了整个样本的结果，其他列则显示了使用 PSM 技术匹配后的结果。结果表明，在全样本情形下，ETS 在 10%显著水平上对旅游经济产生了显著的负效应。而经过 PSM 技术匹配后，这些影响变得更为显著。ETS 导致的旅游收入和旅游人数的下降分别达到 0.078 和 0.080，显著性水平为 5%。同样，ETS 也会对旅游相关的碳排放和碳强度产生负面影响，且 PSM 样本存在 1%水平上的显著影响。简言之，ETS 对整个样本的旅游业具有显著的负面经济和正向环境影响，PSM 技术的应用增加了这种影响的强度和显著性，从而有力地证实了 ETS 对旅游业的显著影响。

表 2-3　ETS 政策对旅游的平均影响

变量	lnTR 匹配前	lnTR 匹配后	TN 匹配前	TN 匹配后	TCE 匹配前	TCE 匹配后	TCI 匹配前	TCI 匹配后
ETS×T	−0.041*	−0.078**	−0.011*	−0.080**	−0.145**	−0.179***	−0.022**	−0.070***
	(0.050)	(0.056)	(0.231)	(0.193)	(0.710)	(0.117)	(0.075)	(0.073)
Constant	−1.738***	4.545***	−52.933***	−10.933***	95.529***	146.899***	1.204***	−4.352***
	(2.218)	(4.499)	(10.323)	(15.566)	(31.620)	(50.520)	(3.359)	(5.886)
Control	Yes	Yes	Yes	Yes	Yes	Yes	Yes	Yes
Individual fixed effects	Yes	Yes	Yes	Yes	Yes	Yes	Yes	Yes
Time fixed effects	Yes	Yes	Yes	Yes	Yes	Yes	Yes	Yes
Adjusted R^2	0.987	0.964	0.926	0.951	0.939	0.974	0.937	0.948

注：括号里是标准误。***、**和*分别表示 1%、5%和 10%的显著性。

　　本章的结果与 Zhang 和 Zhang（2020b）以及 Meng 等（2021）的研究结果一致，他们也发现了 ETS 对旅游业碳排放的负面影响。不同于 Zhang 和 Zhang（2020b），本章建立了一个扩展的 DID 模型，即多期 PSM-DID 方法。理论上，本章的结果更准确地反映了 ETS 对旅游业的环境影响。与 Meng 等（2021）的研究不同，本章的研究识别了从 ETS 到旅游业的因果关系。特别是，本章的研究结果针对过去与旅游业相关的总体碳排放量，而 Meng 等（2021）则关注未来的部门排放量。Zhang 和 Zhang（2021）总结了 ETS 对中国国民经济的负面影响，Meng 等（2021）发现了 ETS 对旅游需求和部门产出的负面影响，这些是完全不同的经济变量。但 ETS 对（旅游）经济的负面影响，本章与已有的研究达成了共识。因此，无论 ETS 中是否包含旅游部门或有多少旅游部门，旅游管理者和经营者都必须关注 ETS 的显著旅游影响，从而促进旅游业的可持续低碳发展。本章的结果也证实了 Zhang（2021）提出的气候政策和旅游业之间的密切联系。需要指出的是，在 ETS 背景下，旅游业似乎难以实现经济和环境双重红利，因此需要在 ETS 政策的设计以及旅游业的运营和管理方面进行更重大的改革。

　　值得注意的是，由于 ETS 政策本身的动态性质，上述负面影响并非一蹴而就。在旅游实践中，人们更倾向于关注政策的动态效应，这也更有利于决策制定（Tseng and Huang，2017）。因此，本章进一步研究了 ETS 对旅游业的动态影响。为此，本章将式（2-1）的基准模型扩展到以下动态效应回归模型：

$$y_{i,t} = \beta_0 + \sum_{t=2013}^{t=2019} \beta_{1,t} \text{ETS}_i \times T_{i,t} \times \text{year}_t + \beta_2 \text{Control}_{i,t} + \gamma_t + \mu_i + \varepsilon_{i,t} \quad (2\text{-}3)$$

式中，year_t 表示年度虚拟变量；$\beta_{1,t}$ 表示 ETS 对旅游的动态影响。与式（2-1）相似，式（2-3）同样控制了诸多变量对旅游的影响以及时间和区域固定效应。动态回归结果如表 2-4 所示。

表 2-4 ETS 政策对中国旅游的动态影响

变量	lnTR	TN	TCE	TCI
ETS×T×year₂₀₁₃	−0.028*	0.032*	0.534*	0.023*
	(0.042)	(0.146)	(0.558)	(0.058)
ETS×T×year₂₀₁₄	−0.081*	−0.053**	−0.114**	−0.065*
	(0.046)	(0.158)	(0.600)	(0.063)
ETS×T×year₂₀₁₅	−0.148***	0.047**	−0.786**	−0.117***
	(0.055)	(0.192)	(0.732)	(0.077)
ETS×T×year₂₀₁₆	−0.222***	−0.124**	−0.778***	−0.178***
	(0.061)	(0.213)	(0.809)	(0.085)
ETS×T×year₂₀₁₇	−0.286***	−0.522***	−1.203***	−0.272***
	(0.067)	(0.230)	(0.874)	(0.092)
ETS×T×year₂₀₁₈	−0.463***	−1.403***	−1.642***	−0.428***
	(0.077)	(0.266)	(1.011)	(0.106)
ETS×T×year₂₀₁₉	−0.509***	−1.684***	−1.888***	−0.467***
	(0.088)	(0.314)	(1.112)	(0.125)
Constant	5.111***	−6.849***	142.493***	−4.830***
	(2.961)	(10.193)	(38.718)	(4.077)
Control	Yes	Yes	Yes	Yes
Individual fixed effects	Yes	Yes	Yes	Yes
Time fixed effects	Yes	Yes	Yes	Yes
Adjusted R^2	0.975	0.986	0.974	0.972

注：括号里是标准误。***、**和*分别表示 1%、5% 和 10% 的显著性。本章下同。

表 2-4 显示，在实施 ETS 政策的第一年，其对旅游业的影响并不显著，甚至轻微地增加了游客数量、旅游相关碳排放量和碳强度。然而，2015～2019 年，ETS 对旅游业的影响都是负面且显著的，显著性至少为 5%。自 2017 年以来，这些影响在 1%的水平上变得显著。此外，相关影响随着时间的推移逐渐增大。

这一结果与 Zhang 和 Zhang（2018，2020d）调查的碳税对旅游业的影响逐渐减弱不一致。上述发现和区别的第一个可能原因是 ETS 政策在不同试点地区的实施时间不同。此外，由于该政策有一个传导机制，因此 ETS 需要时间才能产生影响。随着政府各项配套政策的逐步完善，ETS 政策的效果也逐渐显现。另外，越来越多的旅游业及其相关和依赖部门被纳入 ETS，从而会对旅游业产生越来越大的影响。相比之下，碳税政策在已有研究中是固定的。

2.6　稳健性检验

2.6.1　平行趋势假设

本章使用 DID 方法估计了 ETS 对区域旅游变化的影响。在此部分，本章将进行稳健性测试，以检查估计结果的可信度。DID 方法的前提是，如果没有外部冲击，试点地区解释变量的发展趋势与非试点地区是平行的。因此，本章比较了 2007~2019 年实施 ETS 政策前后实验组和对照组不同旅游经济和环境变量的平均值。图 2-1 显示，2007~2013 年，实验组和对照组的发展趋势与不同旅游变量的平行趋势假设一致。然而，2013 年之后，不同群体的这些旅游变量差异显著。因此，图 2-1 说明了 ETS 政策对试点地区的区域旅游发展具有显著影响，同时表明 ETS 政策对非试点地区的旅游业没有重大影响。换句话说，ETS 与旅游业的关系主要发生在试点地区。

2.6.2　反事实检验

接着，本章使用反事实检验进一步证实上述发现。具体而言，本章假定新的实验组和对照组重新估计方程式（2-1），以测试表 2-3 中估计结果的稳健性。如果 β_1 在假定的情况下不显著，试点地区和非试点地区之间的旅游业则不存在系统性差异，从而反过来证实了 ETS 对旅游业的显著影响。一般来说，我国的发达省份可能更关注经济与环境的协调发展（Zhang and Zhang，2021），因此，发达省份更倾向于建立碳交易市场（Zhang and Zhang，2020b）。由此，本章创建了虚拟的实验组和对照组。具体而言，发达省份构成实验组，而欠发达省份构成对照组。考虑到我国的实际经济情况，根据人均 1 万美元 GDP 区分发达地区和发展中地区。除 ETS 政策外，其他因素也可能影响旅游业，从而导致之前的调查结果无效。为了消除这些因素的影响，本章进一步假设每个 ETS 试点地区的 ETS 政策提前一年实施。如果交互项的系数在统计上不显著，则可以认为旅游业的变化是由 ETS 的实施造成的。表 2-5 报告了反事实检验的结果，结果表明，对于不同的旅游变量，ETS×treated 和 ETS×time-advance 的估计系数不显著，因此，无论 ETS 政策如何，实验组和对照组之间的旅游经济和环境变量没有系统性差异。这反过来证明了表 2-3 所示的回归结果是稳健的。

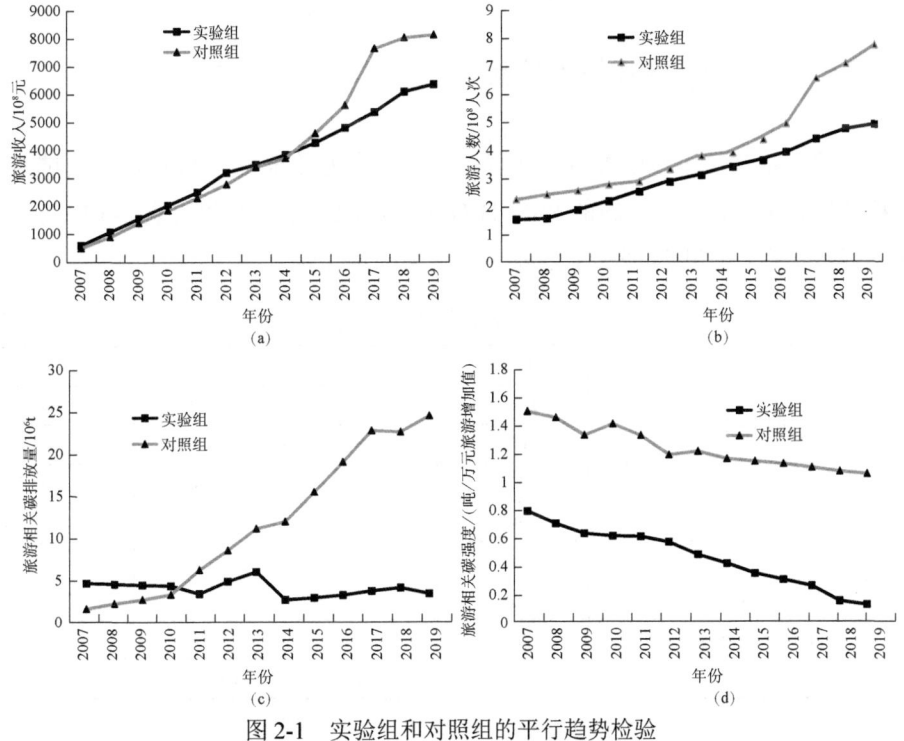

图 2-1 实验组和对照组的平行趋势检验

表 2-5 ETS 对旅游影响的反事实检验

	lnTR	TN	TCE	TCI	lnTR	TN	TCE	TCI
ETS× time-advance	−0.012 (0.058)	−0.184 (0.196)	−0.557 (0.639)	0.044 (0.075)				

续表

	lnTR	TN	TCE	TCI	lnTR	TN	TCE	TCI
ETS×treated					−0.152	−0.424	0.844	0.173
					(0.069)	(0.240)	(0.791)	(0.091)
Constant	4.641***	−9.919***	145.134***	−4.106***	7.415***	−3.099***	132.719***	−7.601***
	(4.203)	(14.351)	(46.567)	(5.463)	(4.293)	(14.865)	(48.745)	(5.626)
Control	Yes	Yes	Yes	Yes	Yes	Yes	Yes	Yes
Individual fixed effects	Yes	Yes	Yes	Yes	Yes	Yes	Yes	Yes
Time fixed effects	Yes	Yes	Yes	Yes	Yes	Yes	Yes	Yes
Adjusted R^2	0.935	0.924	0.943	0.918	0.937	0.925	0.943	0.920

注：括号里是标准误。***、**和*分别表示 1%、5%和 10% 的显著性。

2.6.3 不同 PSM 技术检验

最后，本章使用核匹配方法代替最近邻匹配方法来执行 PSM，以测试结果的鲁棒性。表 2-6 报告了新的 PSM-DID 估计结果。最新结果与表 2-3 中的结果同样基本一致，这再次证实了之前研究结果的可靠性。

表 2-6　核匹配方法的回归结果

	lnTR	TN	TCE	TCI
ETS×T	−0.067***	−0.047**	−0.197***	−0.049***
	(0.065)	(0.203)	(0.576)	(0.068)
Constant	7.574***	−2.210***	208.553***	−12.941***
	(5.303)	(16.312)	(46.199)	(5.480)
Control	Yes	Yes	Yes	Yes
Individual fixed effects	Yes	Yes	Yes	Yes
Time fixed effects	Yes	Yes	Yes	Yes
Adjusted R^2	0.957	0.950	0.973	0.976

注：括号里是标准误。***、**和*分别表示 1%、5% 和 10% 的显著性。

2.7　机制分析

如前所述，碳定价、配额分配和部门覆盖率是 ETS 的三个主要工作机制。

这三个机制最终都会增加企业的运营成本，从而影响企业的经营行为。此外，运营成本的增加通常会导致生产价格的上涨（Lin and Jia，2017，2018a）。因此，本章假设 ETS 通过价格来影响旅游收入和游客数量。为了降低 ETS 的运营成本，运营商有动机主要通过优化能源消费结构和减少煤炭使用比例来减少碳排放（Gawlik et al.，2015）。因此，本章还假设 ETS 通过其对能源消费结构的影响来改变与旅游相关的碳排放量和碳强度。基于这样的考虑，本章建立了如下中介效应模型来研究价格和能源消费结构在 ETS 影响旅游业过程中的可能中介机制。

$$\text{PRICE}_{i,t} = \beta_0 + \beta'_1 \text{ETS}_i \times T_{i,t} + \beta_2 \text{Control}_{i,t} + \gamma_t + \mu_i + \varepsilon_{i,t} \quad (2\text{-}4)$$

$$y_{i,t} = \beta_0 + \beta''_1 \text{ETS}_i \times T_{i,t} + \delta \text{PRICE}_{i,t} + \beta_2 \text{Control}_{i,t} + \gamma_t + \mu_i + \varepsilon_{i,t} \quad (2\text{-}5)$$

$$\text{ENE}_{i,t} = \beta_0 + \beta'_1 \text{ETS}_i \times T_{i,t} + \beta_2 \text{Control}_{i,t} + \gamma_t + \mu_i + \varepsilon_{i,t} \quad (2\text{-}6)$$

$$y_{i,t} = \beta_0 + \beta''_1 \text{ETS}_i \times T_{i,t} + \delta \text{ENE}_{i,t} + \beta_2 \text{Control}_{i,t} + \gamma_t + \mu_i + \varepsilon_{i,t} \quad (2\text{-}7)$$

式（2-4）和式（2-5）以及式（2-6）和式（2-7）分别构成了两组中介效应模型。前者测量了价格的中介效应，后者测量了能源消费结构的中介效应。这里 ENE 表示能源消费结构。假定 β'_1 和 δ 都是显著的，如果 β''_1 也是显著的，则存在部分中介效应；否则，则为完全中介效应。本章使用传统的逐步因果回归方法考察潜在的中介效应，结果见表 2-7。

表 2-7　ETS 政策对旅游影响的中介效应

	价格	lnTR	TN	能源消费结构	TCE	TCI
ETS×T	0.003***	−0.068**	−0.066**	−0.051***	−0.087***	−0.050**
	(0.007)	(0.059)	(0.192)	(0.067)	(0.431)	(0.084)
PRICE		3.216**	4.664***			
		(2.732)	(3.617)			
ENE					1.799***	−0.393**
					(1.367)	(0.159)
Constant	1.123***	2.978***	−17.470***	0.176***	155.581***	−4.503***
	(0.189)	(4.622)	(16.019)	(0.972)	(55.680)	(5.126)
Control	Yes	Yes	Yes	Yes	Yes	Yes
Mediating effects		12.37%	17.49%		51.26%	28.63%
Individual fixed effects	Yes	Yes	Yes	Yes	Yes	Yes
Time fixed effects	Yes	Yes	Yes	Yes	Yes	Yes
Adjusted R^2	0.923	0.954	0.951	0.942	0.978	0.917

注：括号里是标准误。***、**和*分别表示 1%、5%和 10% 的显著性。

表 2-7 显示,交互项 ETS×T 对价格和能源消费结构的影响系数具有统计显著性。此外,价格显著影响旅游收入和旅游人数;能源消费结构对旅游相关碳排放和碳强度有显著影响。在引进价格和能源消费结构后,第 3、4 列和第 6、7 列显示,ETS×T 仍然显著影响旅游业。根据上述结果和表 2-3,价格构成 ETS 对旅游经济影响的中介变量,能源消费结构构成 ETS 对旅游环境影响的中介变量。此外,价格解释了 ETS 对旅游收入和旅游人数影响的 12.37%和 17.49%;能源消费结构解释了 ETS 对旅游相关碳排放和碳强度影响的 51.26%和 28.63%。综上所述,存在从 ETS 到价格再到旅游经济以及 ETS 到能源消费结构再到旅游环境的影响链。

需要注意的是,试点地区实施的 ETS 政策差异很大,这反映在覆盖范围、碳价格和配额分配上。因此,ETS 对不同地区旅游业的影响可能不同。鉴于此,本章通过分组回归的方法,从经济、旅游、能源消费结构和产业结构四个方面讨论 ETS 对旅游业影响的区域异质性。本章按照以下方式对样本进行分组:人均 GDP、人均旅游收入、能源消费结构和产业结构中位数以上的样本构成高经济发展水平、高旅游发展水平、高煤炭消费水平和高工业发展水平的子样本;中位数以下的样本构成低水平的子样本。分组回归结果如表 2-8 所示。

表 2-8 异质性检验

	lnTR	TN	TCE	TCI	lnTR	TN	TCE	TCI
版块 A	高经济发展水平				低经济发展水平			
ETS×T	0.128**	0.524**	0.961**	−0.024**	−0.195**	−0.457**	−0.753**	0.200**
	(0.078)	(0.194)	(0.804)	(0.025)	(0.078)	(0.362)	(1.235)	(0.127)
Constant	4.368***	−72.003***	−355.282***	4.654***	13.254***	26.617***	249.425***	−25.548***
	(7.540)	(18.661)	(76.847)	(2.492)	(6.504)	(30.075)	(102.268)	(10.494)
Control	Yes	Yes	Yes	Yes	Yes	Yes	Yes	Yes
Individual fixed effects	Yes	Yes	Yes	Yes	Yes	Yes	Yes	Yes
Time fixed effects	Yes	Yes	Yes	Yes	Yes	Yes	Yes	Yes
Adjusted R^2	0.946	0.961	0.964	0.931	0.943	0.905	0.921	0.919
版块 B	高旅游发展水平				低旅游发展水平			
ETS×T	0.015	−0.242**	0.832	0.091	−0.262**	−0.525***	−2.121**	−0.407**
	(0.079)	(0.329)	(0.846)	(0.096)	(0.105)	(0.336)	(1.923)	(0.245)

续表

	lnTR	TN	TCE	TCI	lnTR	TN	TCE	TCI
版块 B	高旅游发展水平				低旅游发展水平			
Constant	11.700***	−44.979***	−379.533***	−1.849***	−4.848***	17.236***	−4.381***	5.366***
	(7.389)	(30.647)	(78.868)	(8.963)	(5.102)	(16.221)	(92.755)	(11.835)
Control	Yes	Yes	Yes	Yes	Yes	Yes	Yes	Yes
Individual fixed effects	Yes	Yes	Yes	Yes	Yes	Yes	Yes	Yes
Time fixed effects	Yes	Yes	Yes	Yes	Yes	Yes	Yes	Yes
Adjusted R^2	0.952	0.948	0.969	0.860	0.914	0.894	0.808	0.777
版块 C	高煤炭消费水平				低煤炭消费水平			
ETS×T	−0.230**	−0.496**	−5.293***	−0.176**	−0.089**	−0.262**	−3.368***	−0.031**
	(0.121)	(0.569)	(1.807)	(0.182)	(0.072)	(0.183)	(0.961)	(0.023)
Constant	0.086***	−22.010***	−91.527***	−10.511***	1.831***	−23.734***	−275.060***	2.581***
	(6.886)	(32.212)	(102.368)	(10.297)	(4.870)	(12.353)	(64.964)	(1.586)
Control	Yes	Yes	Yes	Yes	Yes	Yes	Yes	Yes
Individual fixed effects	Yes	Yes	Yes	Yes	Yes	Yes	Yes	Yes
Time fixed effects	Yes	Yes	Yes	Yes	Yes	Yes	Yes	Yes
Adjusted R^2	0.960	0.923	0.951	0.937	0.957	0.967	0.950	0.967
版块 D	高工业发展水平				低工业发展水平			
ETS×T	−0.197***	−0.748***	−8.681***	−0.088**	−0.024**	−0.186***	−0.462**	−0.088**
	(0.129)	(0.638)	(3.292)	(0.160)	(0.081)	(0.252)	(1.421)	(0.096)
Constant	6.387***	49.057***	83.898***	17.471***	−6.297***	−36.427***	−17.507***	−1.074***
	(4.156)	(20.527)	(105.767)	(5.145)	(5.154)	(15.969)	(89.908)	(6.058)
Control	Yes	Yes	Yes	Yes	Yes	Yes	Yes	Yes
Individual fixed effects	Yes	Yes	Yes	Yes	Yes	Yes	Yes	Yes
Time fixed effects	Yes	Yes	Yes	Yes	Yes	Yes	Yes	Yes
Adjusted R^2	0.933	0.900	0.890	0.843	0.959	0.946	0.905	0.965

注：括号里是标准误。***、**和*分别表示 1%、5%和 10% 的显著性。

表 2-8 中的版块 A 显示，在低经济发展水平区域，ETS 政策显著降低了旅游经济和旅游相关碳排放，同时提高了旅游相关碳强度。然而，在经济发展水平较高的地区，对旅游业的影响却完全相反。这些结果表明，ETS 对相对欠发

达地区的旅游经济影响更为负面。因此，对于有旅游业经济雄心的欠发达地区，必须充分考虑并认真实施 ETS 政策（这也是我国一个显著的经济现象）。版块 B 显示，ETS 对低水平旅游开发区的旅游经济和环境产生了负面影响。然而，在旅游业发展水平较高的地区，这种影响通常是积极的，但统计上并不显著。在我国，旅游业发达的地区往往拥有较高的经济发展水平。从这个意义上讲，版块 B 的结果重申了 ETS 对欠发达地区旅游业的负面经济影响，尽管这一政策也促进了环境质量的改善。对于欠发达地区来说，平衡低碳战略和旅游经济增长仍然是一个严峻的挑战。版块 C 显示，与煤炭消费水平低的地区相比，ETS 对煤炭消费水平高的地区的旅游业的影响更为负面。同样，ETS 对高工业发展水平地区的旅游业的负面影响大于低工业发展水平地区。此外，ETS 对高煤炭消费水平和高工业发展水平地区旅游相关碳排放的不利影响远远大于其他地区。这一结果突出了 ETS 的环境效益。这也意味着，与低能耗地区相比，高能耗地区与旅游业相关的排放更为显著。总之，旅游业相关碳排放的减少伴随着旅游经济的下滑。

2.8　结论、讨论和对策分析

　　碳排放交易计划是全球领先的气候政策。大量研究表明，实施 ETS 政策将对经济和环境产生重大影响。各种 ETS 政策的影响力（如欧盟 ETS 和中国 ETS）也在不断扩大，因此，其对经济和环境的影响越来越大。然而，截至目前，很少有研究关注 ETS 与旅游业的关系。因此探讨 ETS 政策对旅游业的影响及其影响机制具有重要的理论和实践意义。为此，本章基于 2005～2019 年我国 30 个省级地区的面板数据，采用多期 PSM-DID 方法探讨了这一重要问题。与 Dwyer 等（2013）、Meng 和 Pham（2017）、Zhang 和 Zhang（2018）以及 Zhang 和 Zhang（2020d）研究的另一项主要气候政策——碳税类似，ETS 也对旅游业产生了显著影响。本章结果清楚地表明，ETS 政策阻碍了我国旅游经济增长，但同时也有助于生态改善。ETS 政策通过提高价格影响旅游经济，并通过减少煤炭消费改善环境。虽然目前的 ETS 政策似乎与旅游业的关系不太密切，但实际上它已经对旅游业产生了显著的不利影响。值得注意的是，随着全国 ETS 的逐渐普及，旅游业无疑将面临 ETS 带来的更为严重的负面影响。此外，ETS 政策对旅游业的影响因经济、旅游业、能源消费结构和产业结构发展水平的不同而存在显著差异。已有文献认为 ETS 政策会对更广泛的经济部门产生重大影响，本章得出了针对旅游业的类似结论。本章的结论充分证实，旅游业并没有排除在 ETS 之外。本章的结论同时积极回应了 Zhang（2021）强调的气候政策与旅游业的关系。

ETS 对旅游业的影响理论上包括直接和间接两个方面。此前的研究已经证明 ETS 政策对碳密集型行业具有显著的负面影响（Lin and Jia，2019；Zhang and Zhang，2021）。我国的投入-产出表显示，旅游运输和住宿行业对碳密集型行业（如能源、电力和工业企业）的依赖程度非常高。因此，ETS 对能源、电力和工业企业的直接影响将间接影响旅游运营，特别是碳密集型旅游运输和住宿行业。虽然一些以旅游业为特征的部门，如商业服务业，对能源部门的依赖程度不高，但它们同样严重依赖于工业企业和运输部门，而这些部门对能源部门的依赖程度也很大。这就导致 ETS 对旅游业产生了相当大的间接影响。先前的研究还证实了旅游业日益显著的能源密集型特征（Gössling，2013；Lenzen et al.，2018），旅游业正在消耗越来越多的能源和工业产品。因此，许多大型旅游相关企业，如酒店已经被纳入 ETS 市场，从而引发了 ETS 对旅游业的直接影响。

总之，本章相对于已有文献有显著的新的贡献。首先，基于 DID 方法，本章调查了 ETS 与旅游业之间的因果关系，这与传统 CGE 模型所反映的 ETS 或碳税与旅游业之间的相关性明显不同。更重要的是，本章讨论了 ETS 对旅游业影响的机制。结果表明，价格和能源消费结构是 ETS 影响旅游经济和环境的重要机制。此外，ETS 对旅游业的影响存在显著的区域异质性。所有这些发现构成了本书的主要理论贡献。其次，在方法论方面，本书首次尝试设计一个严格而详细的方法框架，以探讨 ETS 对旅游业的影响及其稳健性。当前研究中开发的时变 PSM-DID 模型和中介效应模型使人们能够准确、客观地量化 ETS 对旅游业的实际影响。各种稳健性测试构成了一种极其严格的经济学风格。从实证的角度来看，本章的研究框架可以扩展到更多的地区，以探索 ETS 和其他气候政策甚至更广泛的旅游政策的影响。最后，本章的研究结果也具有以下政策启示。一方面越来越多的旅游相关部门被纳入 ETS 的配额管理，另一方面旅游对其他碳密集型部门的依赖越来越大，因此我国旅游业必须直面 ETS 政策的影响。特别是针对电力部门的全国性 ETS 于 2021 年 7 月 16 日正式运行。需要注意的是，按照计划，我国的 ETS 未来将覆盖更多的行业。因此，有必要充分认识 ETS 对旅游业的直接和间接影响。旅游业应尽可能减少碳排放，以避免 ETS 造成的严重的旅游经济衰退。旅游企业，特别是高排放强度的交通、住宿和景区，应积极研究和适应 ETS 的管理机制，包括配额管理、行业覆盖规则以及国家和地区 ETS 规划，从而服务于自身和国家的低碳转型。本章建议通过增加可再生能源的比例、发展低碳技术和形成低碳企业文化，促进旅游业的低碳转型。此外，旅游业本身相对于一般经济部门而言是低碳的，因此，我国 ETS 目前相对宽松的配额管理在一定程度上反而有利于旅游业发展。那些已经或即将被纳入 ETS 的旅游部门也可以通过出售超额排放分配获得更多利润。总之，我国旅游业必须积极融入碳交易市场，坚决实施低碳发展，从而实现减排和经济增长的双重红利。

在以后的研究中，本章内容可以从以下几个方面进行提升。本章仅考察 ETS 政策对旅游业的时间动态影响，没有考虑其空间溢出效应。ETS 试点地区和非试点地区之间的替代效应非常显著（Zhang and Zhang, 2021）。ETS 试点地区可能将碳排放转移到其他地区，以避免碳交易造成的额外经济支出。也就是说，ETS 政策可能对周边省份产生溢出效应，这需要进一步研究。为此，未来可采用空间 DID 模型来探讨 ETS 对旅游的空间影响。此外，新冠疫情严重影响了旅游业，特别是旅游经济发展。本章研究依赖于本次疫情之前的数据，因此，研究结果在后疫情时期需谨慎对待。结合疫情的影响，进一步全面探讨气候政策下的旅游业变化同样具有重要意义。

第 3 章　气候政策与旅游研究

前文讨论了碳税和碳交易市场对旅游的经济和环境影响。本章基于现有的关于气候政策影响的相关文献，全面、深入地讨论气候政策对旅游可能的影响维度以及未来学术研究需要关注的重要方向。本章试图提供一个分析框架，以指导全球主要排放政策（即碳税和排放交易计划及其组合）背景下的未来旅游业变化研究。在政策设置方面，本章建议在排放交易计划或碳税范围内关注政策的多元化，并对其进行综合研究。关于研究主题，本章认为需要考虑对不同旅游经济和环境变量的整体或部门影响。此外，未来的研究工作不应仅致力于对政策情境的模拟，还应该根据现有数据量化气候政策对旅游业的实际影响。在方法论方面，本章推荐四种常用的政策分析工具以评估和量化排放政策对旅游业的影响，这些工具包括可计算一般均衡模型、动态随机一般均衡模型、双重差分和断点回归分析法。

3.1 引　　言

可持续性一直是最重要的旅游研究领域之一（Liu，2003）。此前的大量研究集中于旅游业的经济、环境和社会影响（Hall，2019；Harris et al.，2012；Sharpley，2020；Xiao et al.，2021；Zhang et al.，2015a）。同时，也有大量研究探讨了经济、环境和社会因素对旅游业的影响，如 Tang 和 Jang（2009）、Buckley（2011）和 Churchill 等（2020）的研究。气候变化已成为阻碍全球可持续发展的首要因素（Nordhaus，2015；Cole，2015；Bäckstrand and Lövbrand，2016）。

旅游业是全球经济增长、包容性发展和可持续性的关键驱动力，也日益受到气候变化的影响（Buzinde et al., 2010；Hoogendoorn and Fitchett, 2018；Kaján and Saarinen, 2013；Kaján et al., 2015；Scott, 2011；Steiger et al., 2019）。因此，在过去十多年中，许多研究探讨了气候变化对旅游业的影响（Amelung and Nicholls, 2014；Becken and Hay, 2012；Dogru et al., 2019；Goh, 2012；Liu et al., 2019a；Michailidou et al., 2016；Moyle et al., 2018；Seetanah and Fauzel, 2019；Scott et al., 2019）。

为了缓解气候变化，各个国家和地区正在实施或计划实施多样化的减排政策。然而，尽管旅游业的发展不可避免地会受到减排政策的影响（Dwyer et al., 2013；Zhang and Zhang, 2020b），却很少有研究关注这些影响。前文已经在碳税和ETS方面做了初步的探讨，而本章则旨在借鉴更广泛经济部门的经验，系统、全面地分析气候减排政策下的旅游变化。与一些侧重于气候变化和旅游业的评论性文章或其他相关研究不同，本章聚焦遏制气候变化的排放政策。与气候变化在环境层面上对旅游业的影响不同，排放政策通过法律、治理层面上的直接监管和定价来监管旅游业，从而直接或者间接影响旅游业的经济和环境利益。因此，尽管气候政策是由气候变化产生的，但其对旅游业的影响与气候变化完全不同。

当前突出的问题是，不同的气候政策如何影响旅游业发展？在这些气候政策的影响下，各旅游业将面临哪些经济和环境变化？只有认识和澄清上述问题，旅游业才能积极融入全球低碳发展战略，且在保持自身可持续发展的同时，促进全球、区域和地方低碳转型的实现。因此，研究气候政策和旅游业具有较高的理论和现实意义。然而，如之前所述，学者们很大程度上忽视了这一主题，造成这一现象的可能原因在于：首先，气候政策在许多时候并非直接针对旅游业，这降低了学术界对其对旅游业影响的关注度。例如，碳交易计划主要关注能源密集型行业，包括电力、石油和钢铁等（Lin and Jia, 2017；Villoria-Sáez et al., 2016）。其次，对气候政策影响的分析具有很强的技术依赖性，特别是依赖于一些计量经济分析方法，这与当前的气候变化影响旅游的研究范式（如问卷调查）有较大的差异（Bujosa et al., 2015；Gössling et al., 2012）。

全球性气候政策框架源自1992年制定的《联合国气候变化框架公约》（UNFCCC），这是第一个全面控制温室气体排放和应对全球变暖的国际公约，也是全球气候变化问题国际合作的基本框架。UNFCCC 于 1994 年 3 月 21 日正式生效。《京都议定书》作为 UNFCCC 的补充，于 1997 年通过，这也是全球排放政策的里程碑。随后，历次联合国气候变化会议提出的"巴厘路线图"、《哥本哈根协议》《〈京都议定书〉多哈修正案》和《巴黎协定》等都反映了国际社会在应对全球变暖方面的努力。然而，这些政府间政策文件实际上只是一些具有有限约束力的框架准则，在很多国家和地区并没有得到很好的执行。由于气候政策的重要性，一大批研究人员致力于研究如何提升其有效性。Nordhaus（2015）主张成立一个国际气候俱乐部以实现全球气候目标，在该俱乐部中，应建立一个制度，对非参与者实施小额贸易惩罚。同样，Cole（2015）以及 Bäckstrand 和 Lövbrand（2016）论述了多中心气候治理的重要性，并建议加强不同国家之间的合作。Rabe（2008）、Falkner 等（2010）主张制定一项有力的国际协调排放政策，该政策要在国际政治框架内逐步达成政府间协议。此外，Klein 等（2005）认为，气候政策应促进作为政府政策一部分的具体缓解和适应方案的制定和实施。

与多边气候政策相比，单边排放政策的影响成为近年来研究热点。当前，全球代表性的单边气候政策包括碳税和 ETS，它们也是目前全球最为有效的减排政策（Haites，2018）。碳税和 ETS 在减少二氧化碳排放和遏制气候变化方面发挥着最为重要的作用。此外，它们都是完全的国家或地方政府行动，从而具有高度约束力。因此，碳税和 ETS 的影响得到了广泛研究（Calderón et al.，2016；Chen and Nie，2016；Dong et al.，2017；Sandoff and Schaad，2009；Scheelhaase et al.，2018；Moore et al.，2019；Wakabayashi and Kimura，2018）。调查这些影响已成为气候政策研究的主流方向之一，因此本章对旅游业影响的气候政策也限定在碳税和 ETS。

碳税是指对二氧化碳排放征收的税。而 ETS 是一个交易系统，其根据限额和配额分配管理，管理者制定并分配排放配额给参与者，并通过基于市场的交易方式将环境绩效与政策灵活性结合起来。ETS 致力于降低参与者的经济成本和碳排放，详细的 ETS 工作机制见第 2 章。碳税和 ETS 的实施方式截然不同。前者是一种税收形式，后者是一个市场体系。因此，它们的影响机制差异较大。具体而言，碳税的有效性体现在不同的税收价格上，且几乎涵盖所有行业。然而，一般来说，只有被涵盖的行业才会受到 ETS 的直接影响。碳定价和配额分配是 ETS 的两个基本特征，这二者决定了 ETS 的有效性（Zhang and Zhang，2021）。

前文提及，碳税是减少二氧化碳排放和实现低碳转型的最方便、最有效的工具（Calderón et al.，2016；Pereira et al.，2016；Zou et al.，2016）。早在 1990 年，芬兰就成为第一个在世界范围内征收碳税的国家，随后波兰（1990 年）、挪威（1991 年）和丹麦（1992 年）也开始征收。近年来，征收碳税的国家逐渐增多，包括日本（2012 年）、澳大利亚（2012 年）、英国（2013 年）、法国（2014 年）、葡萄牙（2015 年）和南非（2019 年）。ETS 于 2002 年在澳大利亚新南威尔士州首次实施，但是 2012 年之后，该 ETS 被澳大利亚的碳定价方案所取代。最早建立且仍在运行的 ETS 是 EU ETS，也是迄今为止全球最大的碳排放控制和交易系统。迄今为止，ETS 已在欧盟以外的多个国家和地区成立，包括加拿大的阿尔伯塔省和魁北克省，新西兰，瑞士，日本的东京，美国的加利福尼亚州，韩国，澳大利亚，以及我国的北京、广东、上海、深圳、天津、重庆、湖北和福建。

3.2　文　献　检　索

本章首先检索有关碳税或 ETS 一般性影响的文献，然后考察碳税或 ETS 与旅游业的相关研究。Mongeon 和 Paul（2016）指出，大多数文献分析研究都应该有共同的数据来源，Clarivate 的 Web of Science 和 Elsevier 的 Scopus。因此，本章也选择这两个数据库来检索相关文献。由于对碳税和/或 ETS 已经有了大量研究，本章将搜索词限定为碳税（carbon tax）和影响（impact 或 effects）以及排放交易计划（emissions trading scheme 或 ETS）和影响（impact 或 effects）来搜索文章，从而紧密契合研究主题。文献检索截至日期为 2020 年 12 月，样本中仅包含期刊文章，不包括书评、信件、研究笔记和简短通信等。如果搜索词限定于标题中的碳税和 ETS，则分别找到 343 篇论文和 480 篇论文。在气候政策对旅游业的影响方面，到 2020 年 12 月，当搜索词仅限于标题中的碳税（carbon tax）和旅游（tourism 或 travel 或 tourist）时，只找到了 9 篇论文；当搜索词仅限于排放交易计划（emissions trading scheme 或 ETS）和旅游（tourism 或 travel

或 tourist）时，则只能找到一篇论文。表 3-1 列出了这 10 篇论文。

表 3-1 碳税和/或 ETS 对旅游影响的研究

作者	出版年份	政策类型	旅游变量
Tol	2007	碳税	国际旅游者（international tourist）
Mayor 和 Tol	2010a	碳税	国际旅游者（international tourist）
Van Cranenburgh 等	2014	碳税	国际旅游者（international tourist）
Dwyer 等	2012	碳税	竞争力、利润和就业（competitiveness, profitability and employment）
Dwyer 等	2013	碳税	增加值、产出和就业（added value, output and employment）
Meng 和 Pham	2017	碳税	产出、就业和利润（output, employment and profitability）
Zhang 和 Zhang	2018	碳税	碳排放和碳强度（carbon emissions, carbon intensity）
Zhang 和 Zhang	2019a	碳税	能源消耗和能源强度（energy consumption, energy intensity）
Zhang 和 Zhang	2020d	碳税	产出、就业、生产价格和需求（output, employment, production price, demand）
Zhang 和 Zhang	2020b	ETS	碳排放和碳强度（carbon emissions, carbon intensity）

有限的搜索结果表明，碳税和 ETS 的旅游影响，这一可持续旅游业的重要方面，在很大程度上被学术界忽视了。正因如此，本章不能遵循一般综述性文章的研究范式，如使用系统评论、元分析或其他方法。相反，本章采用描述性分析方法。此外，由于航空运输是旅游研究的一个重要领域（Duval，2013；Seetanah et al.，2019；Spasojevic et al.，2019），本章还检索了关于 ETS 和航空运输的文献。搜索词仅限于标题中的 ETS 或 emissions trading scheme 和航空（aviation 或 air 或 airline）。这样共找到了 87 篇论文。本章简要分析了这些相关研究以弥补 ETS 影响旅游相关文献的不足。

图 3-1 显示了每年发表的关于碳税和 ETS 对更广泛经济的一般影响以及对旅游业的具体影响的文章数量，从中可以得出两个重要结论。一方面，总体而言，1991~2020 年，对碳税影响的研究日益增多。随着近年来日益严重的气候问题以及多个国家和地区各种气候政策的制定和实施，相关研究的增长非常迅速。尽管 ETS 的执行时间要晚于碳税，但是其相关研究显示出类似的增长趋势。另一方面，关于碳税（特别是 ETS）和旅游业的研究仍处于起步阶段，这反映在其研究历史更短（2007 年才开始）和论文数量更少（总共 10 篇）中。从 2007年初到 2020 年，有一些零星的研究，增长趋势并不明显。因此，本章期望对这

一重要但被忽视的可持续旅游领域起到启发作用。相反，长期以来 ETS 对航空运输的影响一直受到学者们的关注，这可能与航空运输的高排放直接相关。

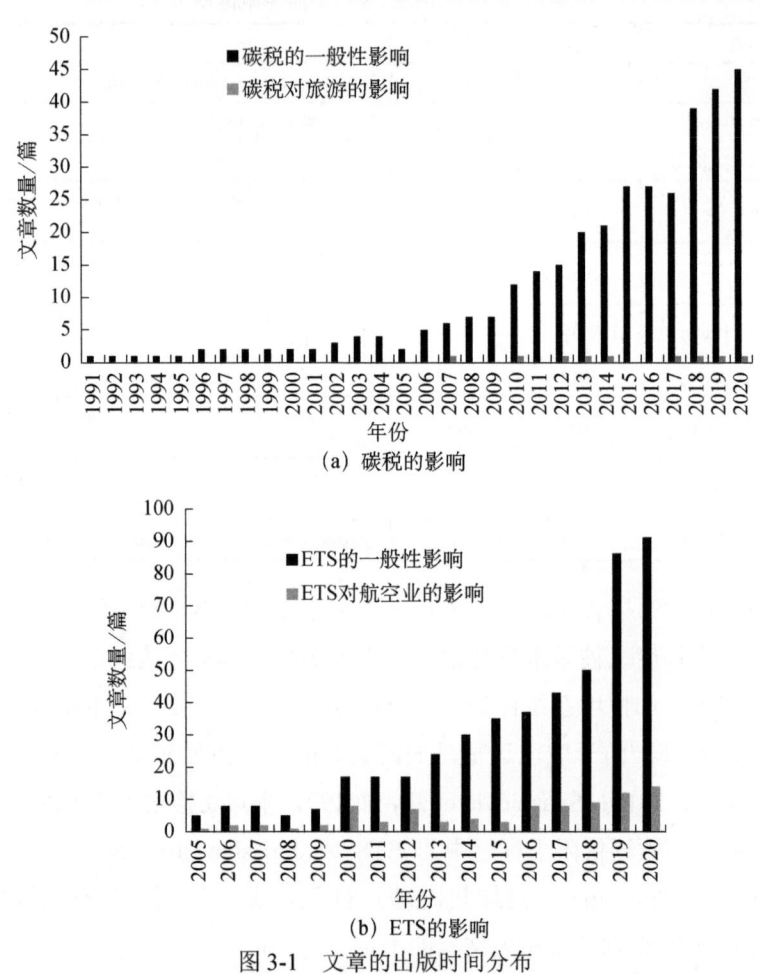

(a) 碳税的影响

(b) ETS的影响

图 3-1　文章的出版时间分布

3.3　相关文献梳理

文献检索表明大量的研究关注了碳税或 ETS 的影响。本章先简要总结这些研究，然后详细回顾碳税或 ETS 对旅游业的影响。

3.3.1 碳税和 ETS 的一般性影响

1. 碳税的影响

无论是在全球、国家还是地区尺度，征收碳税都会提高油价，同时减少二氧化碳排放，从而抑制经济增长（Pearce, 1991）。后来的相关研究，例如 Calderón 等（2016）、Chen 和 Nie（2016）、Dong 等（2017）、Frey（2017）、Guo 等（2014）、Lin 和 Jia（2018a）、Li 等（2018）、Liu 等（2018）、Liu 和 Lu（2015）、Mardones 和 Flores（2018）以及 Zhang（2017），在不同的情况下都得出了类似的结论。Sen 和 Vollebergh（2018）也认为，从长远来看，增加税收将减少化石燃料消费产生的碳排放。Duan 和 Wang（2018）认为，碳税政策有利于降低能源强度、能源支出和人均能源消耗。鉴于减少能源消耗和提高能源效率对于可持续发展的重要性（Golpîra et al., 2019；Golpîra and Khan, 2019；Li et al., 2019b），碳税的环境保护效应极其重要。Yamazaki（2017）研究了碳税对不同行业的就业影响，并指出碳密集度最高和贸易敏感的行业将出现就业下降，而清洁服务行业将出现就业上升。除了这些国家层面的研究外，其他一些学者还探讨了碳税对特定行业或群体的影响。例如，Floros 和 Vlachou（2005）发现征收碳税可以显著减少希腊制造业的二氧化碳排放量；Renner 等（2018）发现，碳税是家庭层面二氧化碳排放的首选缓解工具。鉴于碳税政策的经济和环境影响之间的矛盾，进行碳税改革以实现经济和环境绩效的双重红利也引起了学者们的关注。Meng 等（2013a）提出了一项新的碳税补偿计划，以缓解碳税对澳大利亚经济增长的负面影响。还有的学者指出碳税收入的再分配有助于实现二氧化碳减排和经济增长（Allan et al., 2014；Pereira et al., 2016；Rivera et al., 2016）。

2. ETS 的影响

EU ETS 由于实施时间早、影响力更大，有大量研究探讨了这一碳市场体系。这些研究包括 EU ETS 对产出、市场份额和公司利润（Smale et al., 2006）、二氧化碳排放（Sandoff and Schaad, 2009；Scheelhaase et al., 2018）、创新能力（Rogge et al., 2011；Löfgren et al., 2014）、公司价值（Mo et al., 2012）和投资吸引力（Westner and Madlener, 2012；Löfgren et al., 2014）等的影响。EU ETS 还将导致被处理公司固定资产的增加，并导致投资优先级的改变（Moore et al., 2019）。

除欧盟外，Choi 等（2017）还研究了韩国 ETS 的经济影响；Wakabayashi 和 Kimura（2018）量化了东京都的 ETS 对温室气体排放的影响；Zhang 等（2015b）、Li 和 Jia（2016）、Mo 等（2016）、Li 等（2017）、Lin 和 Jia（2017）以及 Lin 和 Jia（2018a）分别调查了中国 ETS 的经济或环境影响。当然上述研究都侧重于气候政策模拟的研究，最近有一些研究通过准自然实验方法，如双重差分方法，探讨了 ETS 的实际净影响。例如，Wang 等（2019a）评估了 ETS 对我国二氧化碳排放量和碳强度的影响；Zhang 和 Zhang（2019b）调查了 ETS 对我国二氧化碳排放、碳强度、能源消耗和能源强度的影响。此外，Zhang 等（2017a）量化了 ETS 对人均二氧化碳排放量的影响，Wang 等（2019b）探讨了 ETS 对碳生产率的影响。

与碳税政策的多样性类似，ETS 政策也在不断进化中。如表 3-2 所示，不同国家和地区的 ETS 在涵盖的行业方面表现出了显著的差异。尽管几乎每个 ETS 市场都涵盖了所有能源密集型行业，如电力、煤炭、钢铁和运输，但在不同的区域，具体涵盖的行业往往不同。作为全球最具有影响力的 ETS，EU ETS 从 2012 年开始几乎覆盖所有行业，而其他国家和地区的 ETS 大多只局限于能源密集型行业。因此，相对于碳税，ETS 对旅游业的影响更为间接。也就是说，ETS 更多地通过对旅游相关产业或旅游依赖产业的影响来影响旅游业。这也可以解释为什么关注 ETS 旅游影响的研究远远少于关注其一般影响的研究。与 ETS 相比，碳税对旅游业的直接影响更大，因为它覆盖的行业更广。随着旅游业对全球二氧化碳排放的贡献越来越大，这些客观存在的直接和间接影响将变得越来越突出。

表 3-2　全球主要 ETS 的部门覆盖情况

国家或地区	覆盖部门
欧盟	2005~2012 年：电力、石油、钢材、水泥、玻璃、造纸等。2012 年至今：新增航空业和几乎所有行业
英国	自愿
美国	电力、钢铁、水泥、商业
澳大利亚	能源部门和交通
日本	自愿
印度	水泥、化肥、钢材、造纸、铁路、铝
中国	2013~2021 年：七个试点省份的碳密集型行业。2021 年 7 月以后：全国电力部门
新西兰	林业、运输燃料、电力生产、工业加工、合成气体、农业和废物处理

注：根据 Lin 和 Jia（2017）、Villoria-Sáez 等（2016）的研究整理。

3.3.2　碳税或 ETS 对旅游的影响

前文已经指出，旅游业在很大程度上依赖于能源密集型产业，包括电力、石油加工、钢铁和建筑业等，上述行业的变化在理论上当然会影响旅游业在价格、技术、二氧化碳排放和能源消费方面的发展。尽管碳税和/或 ETS 对旅游业的影响是客观存在的，然而，除了侧重于气候政策全球影响的研究外，迄今为止很少有研究侧重于需要进一步调查的其对旅游业的影响。唯一的例外还主要集中在碳税对旅游业的影响方面。关于 ETS，除了与旅游业相关的航空部门外，学者们几乎没有关注其对旅游业的影响。

1. 碳税和旅游

Tol（2007）认为，碳税对国际旅游的负面影响很小，对依赖长途航班或短途航班的旅游目的地的负面影响大于依赖中程航班的旅游目的地。Mayor 和 Tol（2010a）还发现，所有气候政策都会减少欧洲的游客数量。Van Cranenburgh 等（2014）还探讨了飞行碳税对游客行为的影响。作者发现，这项碳税将减少与旅游相关的碳排放，同时增加附近目的地和短期度假的选择概率。这些研究主要从游客的角度关注碳税和其他排放政策的影响，这与前一节总结的气候政策的经济或环境影响研究有很大不同。随后，学者们分别以澳大利亚和中国为例，探讨了碳税对旅游业特别是旅游经济的影响。

Dwyer 等（2012，2013）调查了澳大利亚碳税对旅游竞争力、盈利能力和就业以及增值、产出和就业的影响。作者发现，在征收碳税的情况下，大多数旅游业的产出将会减少。Meng 和 Pham（2017）也支持类似的结论。他们同时发现，相对于碳税，碳税加补偿措施对旅游业更有利。在中国，Zhang 和 Zhang（2018）调查了碳税对二氧化碳排放、碳强度、附加值和就业的影响；Zhang 和 Zhang（2020d）调查了碳税对产出、就业、生产价格和需求的影响；Zhang 和 Zhang（2019a）调查了碳税对能源消耗和能源强度的影响。作者发现，中国的碳税有助于减少与旅游业相关的碳排放和能源消耗，同时也阻碍了旅游业的经济增长。无论是在澳大利亚还是中国，碳密集型旅游部门，如住宿和交通，都将受到碳税更大的不利影响。根据上述研究，一方面，人们应该认识到碳税对旅游业的负面经济影响；另一方面，人们应该认识到碳税带来的环境改善对可持续旅游业发展的重要性。总之，碳税与旅游的相关研究正成为新的热点。因此，本书在第 1 章对碳税的旅游影响做了大量研究工作。

2. ETS 和旅游

与碳税政策相比，ETS 对旅游业的影响几乎没有吸引学者参与。例外的是，Zhang 和 Zhang（2020b）发现 ETS 有助于减少与旅游相关的碳排放和碳强度，并且这些影响会随着时间的推移而增加。当然，本章前面检索了 ETS 对航空运输的影响的研究，航空运输被认为是一个重要的旅游特色产业部门。需要注意的是，几乎所有这些相关研究都限于 EU ETS。如表 3-2 所示，自 2012 年以来，由于航空业的快速增长及其日益增长的二氧化碳排放，航空运输已被纳入 EU ETS 体系。

在欧盟内部，ETS 可能会改变旅行行为，并导致航空部门的运营和技术变化，但是，这些变化很小（Anger and Köhler，2010；Malina et al.，2012；Preston et al.，2012；Cui et al.，2016；Nava et al.，2018；Scheelhaase et al.，2018）。特别地，Anger 和 Köhler（2010）指出，ETS 对机票、航空旅行需求、航空服务供应和竞争力的潜在影响非常小。但是从减排来看，EU ETS 的作用较为显著。例如，Preston 等（2012）指出，将航空部门纳入 EU ETS 将显著减少全球航空二氧化碳排放量，是制定政策解决部门气候影响的关键一步。Scheelhaase 等（2018）指出，欧盟应调整和优化 ETS 对航空业的管理。Nava 等（2018）也发现了 EU ETS 对意大利航空业的产量、利润和碳减排的负面影响。在空间溢出方面，Malina 等（2012）发现，将航空部门纳入 EU ETS 对美国航空公司的经济和碳排放影响较小，但是他们证实了在增加配额拍卖的情况下，航空公司的利润会下降。Cui 等（2016）表示，从长远来看，航空公司可以自行调整以满足 EU ETS 的要求。

3.4　文献分析和讨论

碳税或 ETS 一般影响方面的丰富成果主要涉及多维政策（如碳税和 ETS）、

不同的空间尺度（如欧盟、单个国家甚至一个州/省）、不同的时间尺度（如一个自然年和动态模拟）和不同的影响维度（例如经济增长和/或环境质量）。具体到旅游业，本章仅发现了几项研究且主要集中在碳税方面。本章继续详细探讨已有研究中气候政策影响研究的几个关键方面：政策体系、影响变量和研究方法。

3.4.1 政策体系

目前对气候政策影响进行的研究大多集中在单一政策上。就碳税而言，学者们倾向于固定或不同的税率（Calderón et al., 2016；Li et al., 2018）、税收循环（Liu and Lu, 2015）以及在生产和消费的不同环节征税（Pereira et al., 2016）。至于ETS，主要设置是不同的配额分配（Westner and Madlener, 2012；Lin and Jia, 2018a）、碳定价（Baranzini et al., 2017；Yang et al., 2018a）和行业覆盖率（Lin and Jia, 2017）。但是本章注意到这些研究很少关注碳税和ETS的比较或复合政策设置。正如Haites（2018）所言，将碳税和ETS视为气候政策组合的组成部分，而不是最佳替代政策，在不同的区域发展中可能更为合适。此外，当前的气候政策设置，更多的是静态研究，较少涉及动态变化。但事实上，碳税和ETS在实践中都在改变，这体现在税率和ETS覆盖的部门和地区的变化。因此，未来研究应充分考虑动态政策的模拟。

与碳税相比，仍然缺乏ETS对旅游业影响的实证检验。尽管碳税迄今尚未实施，但我国学者已经调查了可能的碳税对旅游相关经济增长、二氧化碳排放和能源消费的影响（Zhang and Zhang, 2018, 2019a, 2020d）。相比之下，很少有研究关注2013年以来实施的ETS对我国旅游业的影响。同样，ETS对旅游业的影响在另一个旅游大国澳大利亚也是空白，该国的ETS于2015年7月1日启动。在全球诸多旅游目的地同样存在类似的问题。此外，碳税和ETS哪个具有更好的经济或环境绩效仍然存在争议。Lontzek等（2015）、Markandya等（2015）认为碳税在延缓气候变化方面优于ETS。相反，Shinkuma和Sugeta（2016）则质疑碳税对于ETS的优越性，他们认为ETS要优于碳税政策，尤其是在市场规模巨大的区域。因此，非常有必要全面比较这两项气候政策对旅游业的影响。

3.4.2 影响变量

在影响变量方面,经济影响得到的关注更多。例如,Dwyer 等(2012,2013)、Meng 和 Pham(2017)分别调查了碳税对澳大利亚旅游经济的影响;Zhang 和 Zhang(2020d)调查了碳税对中国旅游经济的影响。除了经济变量外,很少有研究关注排放政策对旅游业的环境影响。只有 Zhang 和 Zhang(2018)以及 Zhang 和 Zhang(2019a)分别量化了碳税对二氧化碳排放和能源消耗的影响。无论是经济还是环境影响,也仍有诸多方面需要完善和解决。

首先,应对旅游经济的影响进行综合评估。之前的研究大多选择了一些特定的经济变量,例如,Dwyer 等(2013)的增加值、产出和就业;Meng 和 Pham(2017)的产出、就业和盈利能力;Zhang 和 Zhang(2020d)的产出、就业、生产价格和需求。但是,对气候政策影响的更全面的理解需要人们尽可能多地考虑经济变量。其次,气候政策对旅游业的环境影响也需要更多的实证研究。对旅游环境的影响,特别是中国以外地区的能源消耗和二氧化碳排放的影响,需要进一步研究。这将有助于从更广泛的空间角度认识排放政策下旅游业的环境变化。最后,还应调查气候政策实施过程中对旅游业的实际影响。以往的实证研究往往关注未来的旅游经济或环境变迁,而不是政策实施的实际影响。研究非模拟但实际的影响对理解政策绩效具有更大的现实意义,也更有助于制定和实施气候政策。

3.4.3 方法

在研究方法方面,Dwyer(2015)强调了 CGE 模型在旅游相关政策评估中的适用性。作为政策分析的有力工具,CGE 模型得到了广泛的应用,并逐渐发展成为应用经济学的一个重要分支。CGE 模型的主要优势在于它建立了各个经济部门之间的量化关系,从而有助于检查经济系统的一部分对其他部分的扰动影响。因此,排放政策的一般性影响以及针对旅游业的具体影响的研究主要采用 CGE 模型。

这些研究包括气候政策的比较分析(Markandya et al.,2015)、碳税的影响(Allan et al.,2014;Frey,2017;Lin and Jia,2018b)、ETS 的影响(Choi et al.,

2017；Li and Jia，2016；Lin and Jia，2018a)、对泛工业的影响(Liu and Lu，2015；Liu et al.，2018；Lu et al.，2010)、对单一旅游业的影响（Dwyer et al.，2012，2013；Meng and Pham，2017；Zhang and Zhang，2020d，2018，2019a)等；还包括不同的案例如澳大利亚（Meng et al.，2013a)、葡萄牙（Pereira et al.，2016)、墨西哥（Rivera et al.，2016）和中国（Dong et al.，2017；Guo et al.，2014；Lin and Jia，2017；Li et al.，2018；Zou et al.，2018）等的研究。CGE 的广泛应用充分证明了其在气候政策影响评估中的适用性和优势。

然而，Moore 和 Diaz（2015）指出，由于其损害函数缺乏可靠的经验基础，各种气候模型的评估结果受到广泛批评。CGE 模型尤其反映了这一点，这也使得 CGE 仿真结果的可比性较差。这种不可比性出现在相同或不同的案例中，如 Dwyer 等（2013）、Meng 和 Pham（2017）以及 Zhang 和 Zhang（2018）的结论的不一致。考虑到这一点，迫切需要一个多区域 CGE 模型来更好地捕捉空间差异。此外，CGE 模型的过程依赖于大量方程式和复杂的数据处理，这使得 CGE 模型的应用非常困难。基于上述认知，本章建议应用另一种均衡模型，即动态随机一般均衡（dynamic stochastic general equilibrium，DSGE）模型。本书在第 1 章 1.4 和 1.5 节已经对 DSGE 模型做了初步的应用。通常，DSGE 模型具有更好的可重复性（Iacoviello and Neri，2010；Stähler and Thomas，2012）。只要确定了模型结构，DSGE 模型的稳态解就基本确定。与 CGE 模型相比，DSGE 模型能够更好地处理排放政策的不确定性和动态性。因此，DSGE 模型可以作为 CGE 模型的一个很好的补充工具。

还有一些学者使用准自然实验方法，如双重差分模型（difference-in-differences，DID），探索 ETS 的实际影响，如 Wang 等（2019a）以及 Zhang 和 Zhang（2019b）。通过对实验组和对照组的对比分析，实验方法对于研究政策实施的净影响具有重要意义。然而，这些研究有两个共同的不足，限制了结论的稳健性。首先，这些研究中差异模型的稳健性检验是不足的或不完整的。所有这些研究都没有涉及共同趋势假设的检验，而这是使用 DID 方法的基本前提。其次，这些研究都没有考虑影响的动态变化，因此实验方法的实用价值。即便如此，截至目前，还是很少有运用 DID 及类似方法来探讨气候政策对旅游业的影响。

3.5 未来研究方向

尽管气候变化对可持续旅游业的影响能够更早地引起学术界的注意，但是气候政策作为一种法律和治理工具更应该引起旅游研究的关注。在排放政策下探索旅游业的变化应该是学者和实践者的重要工作。在前文的基础上，本章从制定政策、扩大研究主题和发展分析技术的角度探讨了排放政策对旅游业影响的未来方向，以为未来的研究提供指导（图 3-2）。

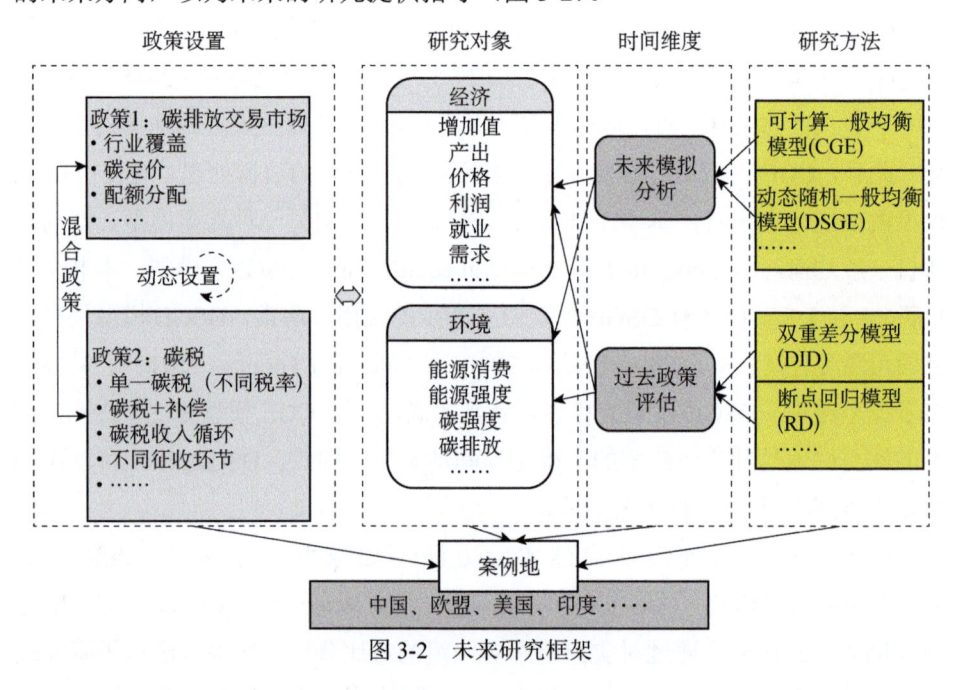

图 3-2 未来研究框架

3.5.1 政策设置

从前文的文献分析可以看出，学者们已经分析了旅游研究中理论上应该充分考虑的各种排放政策。然而，这些多样化的排放政策基本上局限于孤立的静态环境，缺乏整体性和动态性设定。正如 Meckling 等（2015）所言，当前气候政策研究仍然薄弱。在未来研究中，既要考虑现有的政策框架，也要考虑模拟的政策组合框架。因此，人们需要关注 ETS 或碳税自身的政策多样化以及 ETS 和碳税的混合研究。具体来说，碳税政策应包含不同税率、不同征收环节、税收循环和碳税补偿计划等多个方面（图 3-2）。ETS 应涉及不同行业的覆盖范围、碳定价和配额分配等多个机制（图 3-2）。在此基础上，本章建议进一步探讨不同气候政策组合对旅游业的影响，并比较不同政策情景下的旅游业变化。此外，Ocko 等（2017）指出，气候政策制定的时间尺度选择对于实现具体目标至关重要。因此，气候政策设置还应考虑税率的动态设置、ETS 覆盖的行业和地区的动态变化以及模拟区间内的动态碳价格等。

3.5.2 研究对象

本章还建议在气候政策下对旅游业变化进行综合性调查。未来的研究应首先关注对旅游部门的总体影响，即检查与特定经济或环境变量有关的旅游业总体变化。其次，在气候政策下调查旅游业的部门变化。如图 3-2 所示，受影响的变量需要包括旅游经济中的增加值、产出、价格、利润、就业和需求，以及旅游环境中的能源消费（包括化石能源消费、电力使用和新能源消费）、能源强度、碳强度和二氧化碳排放量等。然后，研究不同的气候政策对不同旅游相关部门的不同旅游经济和环境变量的影响。此外，对不同旅游经济及环境变量的总体和部门影响而言，未来的工作不仅限于根据一般均衡理论（如 CGE 和 DSGE 模型）模拟当前主流范式下的未来变化，还应根据现有数据量化气候政策执行过程中对旅游业的实际影响，即排放政策的实施是否改变了旅游业，而后者目前在很大程度上被忽视了。上述研究同时需要应用多样化的分析技术来探讨气候政策对旅游业的未来和过去影响，即下一部分要探讨的内容。

3.5.3 研究方法

如图 3-2 所示，本章推荐四种政策评估方法来分析气候政策对旅游业的影响，包括扩展的 CGE 模型、DSGE 模型、DID 模型和断点回归（regression discontinuity，RD）模型。CGE 模型是评估未来趋势的代表性方法，在气候政策的经济和环境评估中占主导地位。CGE 模型通常由各种供给和需求函数以及各种行为参数组成。针对前文所述的 CGE 模型的不足，能源系统优化模型可以对传统 CGE 模型进行扩展和补充。在区域比较中，建立多区域模型（包括多国和多省 CGE 模型）必不可少。为此，应广泛、彻底地收集经济（旅游）发展、能源消耗和二氧化碳排放等经济和技术数据，然后进行分类、输入和校正，以编制社会核算矩阵。由 Kydland 和 Prescott（1982）以及 Plosser 和 Long（1983）提出的 DSGE 模型已成为全球宏观经济调控和经济分析的重要工具。同样基于一般均衡理论的 DSGE 模型在不确定和动态的宏观经济环境中比 CGE 模型表现得更好，DSGE 模型的动态分析功能更为强大，经济主体可以在可用信息集下理性地为其当前和未来的行为决策做出最佳选择。作为对 Dwyer（2015）倡导的 CGE 模型的补充，本章建议广泛使用 DSGE 模型来调查复杂的动态气候政策对旅游业的影响。

气候政策对旅游业实际影响的评估与未来的模拟不同。作为决策者，往往期望通过对现有数据的分析来获得真实的信息。这依赖于几种经济分析方法，如 DID 和 RD 方法。DID 方法通过比较实验组和对照组结果保留的平均变化来计算外生政策冲击对经济或环境结果的影响。鉴于 DID 方法的原理，其在 ETS 政策评估中的应用应更加广泛，因为 ETS 覆盖的区域或部门在一定时间内相对固定，从而有助于确定 DID 模型中的实验组和控制组。欧盟、美国和中国等大部分 ETS 都很好地满足了这一点。因此，未来研究应继续关注应用 DID 方法来比较和分析气候政策的实际旅游影响。特别指出的是，应充分通过多样性的稳健检验，如共同趋势假设和工具变量检验来论证模型的稳健性。

RD 方法是评估各种政策的另一种流行的准实验性前测后测技术。它通过指定高于或低于外生政策的临界值来探索外生政策的因果影响。通过比较临界值两侧的观测值，可以估计政策的平均影响。具体而言，断点回归的前提在于变量：如果变量大于临界值，则个体接受处理；如果变量小于临界值，则个体拒绝处理。大多数 ETS 也符合这一方法的应用条件。对于旅游企业而言，如果二氧化碳排放量或能源消耗达到一定值，则将其纳入 ETS。否则，它们将被排除在 ETS 之外。对于碳税，断点回归也具有一定的适用性，但这取决于碳税的征收方式。

当然，研究方法的选择取决于研究需要。然而，无论是 CGE、DSGE、DID、RD，还是它们的扩展模型，在评估各种排放政策方面都非常成熟，这无疑可以为评估气候政策对旅游业的影响提供丰富的方法体系。

3.6 小　　结

  本章综合性探讨了一个具有重要理论意义和实践价值的研究课题，即碳税和 ETS 对旅游业的影响，讨论了未来如何探索这两大气候政策对旅游业的影响。本章的理论贡献在于建立一个将气候政策与旅游业相结合的研究框架，该研究框架包括气候政策的制定（包括 ETS 和碳税及其政策组合和动态设置）、旅游变量的选择（包括旅游价格、增加值、产出、就业、需求、能源消费、二氧化碳排放等方面）和研究方法（包括 CGE、DSGE、DID 和 RD 等）。因此，本章可以为未来的研究提供有益参考。除上述理论贡献外，未来还有一些值得关注的地方，例如，除了碳税和 ETS 之外，还有许多减少二氧化碳排放的适应性政策措施，如技术进步、能源政策和低碳教育等，也需要关注。除经济和环境影响之外，气候政策的社会影响也同样重要。但因为社会影响难以量化，目前几乎很少有研究涉及碳税或 ETS 的社会影响。即便如此，排放政策对旅游业的社会影响理论上是客观存在的，值得人们未来去探索。

第4章　低碳旅游系统与评价

本章从系统论的角度探讨低碳旅游的两个重要理论问题。其中，第一节运用系统动力学方法分析城市低碳旅游系统的演化，模拟不同情景下的城市低碳旅游系统的发展特征。第二节综合运用模糊德尔菲法和网络层次分析法构建旅游依赖型城市旅游地低碳发展水平评价模型，并以拉萨和桂林作为案例做了实证分析。

现有的孤立或还原论研究不能系统地解释低碳旅游目的地的发展。第一节以高海拔旅游城市拉萨为个案，试图建立一个系统动力学模型，探讨不同情景下城市低碳旅游系统的演化特征。研究结果表明，一些决策参数（如低碳投资比例、每位游客的二氧化碳排放量、其他行业的碳强度、每位居民的二氧化碳排放量和出行时间）对低碳旅游系统的绩效有最显著的影响。在经济优先情景下，低碳旅游系统的环境风险长期可控。旅游业发展对污染水平的贡献不断增加。本节提出的研究框架和过程可应用于其他低碳旅游城市甚至更大规模目的地的系统管理。

第二节构建了城市旅游目的地低碳旅游发展的评价指标体系。首先，采用模糊德尔菲法确定了33个指标。然后，利用网络层次分析法确定这些指标的权重。该评价模型能够将低碳旅游的主观定性特征和众多指标之间隐含的相互影响、发展需求转化为综合定量值，从而指导城市旅游地的低碳旅游发展。本节的研究过程和结果可为全球范围内不同旅游目的地的低碳决策制定提供参考。

4.1　城市低碳旅游系统仿真研究

Scott 等（2008）发布的气候变化与旅游业公告中详细介绍了与旅游业相关

的二氧化碳排放数据，该数据首次为学术界和实践界提供了与旅游业相关的二氧化碳排放的直观理解。当前的主流观点是，作为世界上增长最快、规模最大的行业，旅游业是二氧化碳排放的重要生产者，并且未来该行业将产生更多的二氧化碳排放（Scott et al.，2010；Mayor and Tol，2010b；Gössling，2013；Higham et al.，2016；Azam et al.，2018）。鉴于这种情况，旅游业也正在参与制定和实施二氧化碳减排的相关政策。低碳旅游已经发展成为一个新兴的学术领域，目前正集中学术界诸多学者的思想和努力。但是现有的文献更广泛的关注点是与旅游业相关的二氧化碳排放量的测量（Gössling，2013；Sharif et al.，2017；Sun，2014；Lenzen et al.，2018）、二氧化碳减排行为（Scott et al.，2010；Higham et al.，2016；McLennan et al.，2014）、二氧化碳减排政策（Dwyer et al.，2013；Meng and Pham，2017；Zhang and Zhang，2018；Zhang，2021）和低碳旅游认知（Teng et al.，2014；Becken，2013）。这些研究对深入了解旅游业对气候变化的贡献，并为理解和管理低碳旅游提供了有价值的参考。

然而，鉴于旅游现象日益复杂，上述研究仅从某个方面对低碳旅游进行了探讨。这些研究只探索了低碳旅游问题的部分情况，或者它们只抓住了这一现象的一个（或一小部分）方面。因此，这些研究在管理区域低碳旅游系统方面存在一定的局限性。基于这样的认知，本节认为整体论或系统论在低碳旅游研究中的应用更具指导意义。这些研究侧重于低碳旅游系统中各种要素之间的联系及其动态变化（Luo et al.，2014；He et al.，2018b）。并且，对低碳旅游系统的研究也有助于实现 Becken（2017）提出的更好的气候变化适应。

本节基于系统论思想，试图利用系统动力学（system dynamics，SD）方法研究城市低碳旅游系统（urban low-carbon tourism system，ULCTS）的发展和演变。本节以二氧化碳排放为中心主题，并辅之以其他低碳环境因素，如污水、固体废物（同时仍突出旅游特色）和相关治理等。系统动力学方法的创始人是麻省理工学院的 J.W.Forrester 教授，它是一门认识和解决系统问题的跨学科方法，特别侧重于分析信息系统反馈问题。系统动力学分析基于系统行为和内部机制之间的密切依赖关系，以及复杂数学模型的建立和运行，然后逐步发现导致系统演化的因果关系和主要参数，从而可以有效探讨低碳旅游系统运行中的若干重要问题。

因此，与大部分研究不同，本节旨在为理解 ULCTS 做出以下独特贡献。首先，本节创建一种明确而严格的方法，用于执行和模拟 ULCTS 的系统动力学模型。其次，本节使用二氧化碳排放量（特别是与旅游业相关的二氧化碳排放量）作为整个低碳系统的核心变量。再次，本节的方法侧重于变量的影响因素、模型的建立、数据的收集和情景的设置等多个方面。总而言之，本节的研究工作可以复制到其他案例地，从而为广泛地探索低碳旅游系统提供可操作的分析框架。本节的主要工作包括：①确定以低碳和旅游业为核心的城市可持续发展系统的关键变量；②确定系统积累变量、速率变量、辅助变量以及这些变量之间的数学逻辑关系；③设置 SD 模型的关键决策参数，通过这些参数的不同设置，研究和讨论 ULCTS 在不同情景下的演化特征。

4.1.1 文献述评

在低碳旅游系统方面，已经有一些学者做出了努力。例如，Luo 等（2014）探讨了旅游景区的低碳发展系统，He 等（2018b）模拟了城市目的地的低碳生态旅游系统。需要注意的是，前一个研究只限于风景区尺度，对于大尺度目的地管理，特别是低碳旅游城市管理的参考价值有限。因为在城市旅游系统中，除了与旅游相关的二氧化碳排放外，居民和其他行业产生的二氧化碳排放量更大，这些排放也应纳入区域低碳系统管理（Shan et al.，2017；Wang et al.，2012）。但是在风景区低碳旅游系统中，几乎所有的二氧化碳排放行为都与旅游密切相关。后一个研究则探索了一个低碳生态旅游目的地，但是作者更为关注的不是二氧化碳排放，而是传统的环境因素，如固体废物、污水和生态（供水和绿地）等。因此，He 等（2018b）的研究本质上是对典型生态旅游系统的模拟，没有十分显著的低碳特征。

此外，Xu 等（2011）对乐山市市区低碳旅游系统进行了探索。同样，这个研究忽略了碳排放量的测量，也没有在与旅游业相关的二氧化碳排放量和总排放量之间建立任何联系。因此，此研究不是以旅游为中心。在对更大规模的城市低碳旅游系统的研究中，重点应放在旅游业引起的二氧化碳排放变化上（Bulkeley et al.，2010；Yung and Chan，2012；Whittlesea and Owen，2012）。在方法论上，Luo 等（2014）、He 等（2018b）和 Xu 等（2011）建立的所有低碳旅游系统均采用 SD 模型进行了调查。Xu 等（2011）的微分动态系统模型本质上也是基于 SD 思想，因为 SD 模型本身就是由一组微分方程组成的。由此可见，被誉为"战略决策实验室"的可持续分析工具，系统动力学方法在研究低碳旅游系统方面具有很大的适用性。需要注意的是，在这些研究中，SD 模型的建立无论是在景观还是在城市层面上都是一个"黑箱"，作者没有详细说明模型的构建过程，因此在一定程度上降低了上述研究的说服力。

在低碳旅游系统的变量选择中，Luo 等（2014）和 Xu 等（2011）主要采用逻辑分析方法，He 等（2018b）采用了文献分析法。在文献分析的基础上，Zhang（2017）采用德尔菲法建立了低碳旅游发展评价指标。参考上述研究，本章综合逻辑分析法、文献分析法和德尔菲法来确定 ULCTS 的关键变量。第一，污水和固体废物是影响低碳旅游系统的常见变量（Luo et al.，2014；He et al.，2018b）。因此，环境保护投资应该是一个重要变量。第二，在 ULCTS 中，不能忽视当地居民，尤其是其他行业对污染包括二氧化碳排放的贡献（Wiedenhofer et al.，2017；Bereitschaft and Debbage，2013）。因此，人口和其他行业的变量也非常重要。第三，二氧化碳减排所需的投资和环境投资都取决于当地的经济发展水平（Tang et al.，2017）。第四，在吸收和降低二氧化碳方面，碳汇的作用非常突出（Nabuurs et al.，2013；Pan et al.，2011）。第五，人们需要探讨旅游系统的变化。因此，还必须包括与旅游经济规模相关的变量。基于上述分析，本节开发了一组初始系统变量，并使用德尔菲法确定最终的关键变量。

4.1.2 研究方法

本节研究包含多个部分，包括关键变量设定、SD 模型建立、关键（决策）参数确定和 SD 模型仿真。因此，本节方法设计包括以下多个方面。

1. 低碳旅游系统关键变量的确定

为了确保研究结果的有效性，本节选择了与低碳旅游管理相关的多位专家参与低碳旅游系统关键变量的确定的研究领域。一共有 11 位专家参与这一环节，并回答如下问题："哪些是影响城市低碳旅游发展目标实现的关键变量（从给定的初始变量列表中选择）？"每个关键变量通过三轮调查确定。具体操作步骤如下：

第一步：将初始变量列表发送给 11 位专家。每一位专家被要求选择（或补充）ULCTS 的关键变量。第一轮调查的选项完全开放。

第二步：向每位专家提供上一轮专家判断的匿名总结。然后，他们被要求提供新的判断和选择。在这一轮调查中，要求每位专家对关键变量按照变量的重要性进行 1~10 的赋分。

第三步：总结评价结果。本节选择平均得分 6 分及以上的变量，然后将新的结果发送给所有专家，并再次鼓励他们修改之前的答案。

第四步：根据最新一轮的调查，本节最终确定 10 个关键变量，如表 4-1 所示。

表 4-1　城市低碳旅游系统中的关键变量

变量	单位
碳汇①	立方米（m³）
CO_2 含量	吨（t）
污水数量	吨（t）
固体垃圾数量	吨（t）
游客数量	10000 人次
人口	10000 人
环保投资	10000 元
GDP	10000 元
环境质量	Dmnl（无量纲）
旅游收入	10000 元

注：①在 ULCTS 中，碳汇是降低 CO_2 浓度的重要驱动力。尽管研究表明海洋、土壤、草地等也具有碳汇功能，但森林仍然是陆地碳汇的最主要组成部分。因此，在低碳旅游系统中，本节将碳汇限制在森林。本节用现存树木的存量来表示碳汇，单位是立方米。

2. 流率变量基本入树模型

在以往的研究中，SD 结构模型的建立往往是一个相对模糊的过程。为了弥补这一不足，基于表 4-1 所示的关键变量，本节基于贾仁安等（2001）提出的基本入树模型（Jia et al.，2001）来构建 ULCTS。假设一个动态有向图 $T(t)=(V(t),X(t))$ （$t \in T$），存在一个节点 $v(t) \in V(t)$，对于其他任何一个节点 $u(t) \in V(t)$，只有一条从 $u(t)$ 到 $v(t)$ 的有向路径。$T(t)$ 称为入树，$v(t)$ 是树根，

$u(t)$ 满足 $d^-(u(t)) = 0$，是树梢，$u(t)$ 到 $v(t)$ 的有向路径是树枝。

在 SD 模型中，系统的动态变化取决于流率变量对积累变量的控制程度。流率变量的连续变化导致系统的动态变化。根据这一原理，一个 SD 流图（无论简单还是复杂）由多个基本单元（子图）组成。在这些单元中，积累变量通过辅助变量直接或间接地控制流率变量。这些基本单元就是入树模型中的基本单元。因此，SD 模型的复杂流程图可以从实用且可理解的多个基本单元中生成。流率变量的基本树形模型的程序如下。

步骤 I. SD 模型的积累变量 $[L_n(t)]$（即树梢）和流率变量 $[R_n(t)]$（即树根）通过综合分析系统的结构和因果关系确定：

$$\{(L_1(t), R_1(t)), (L_2(t), R_2(t)), \cdots, (L_n(t), R_n(t))\}$$

步骤 II. 建立不同流率变量的基本入树模型。在这些模型中，积累变量 $L_i(t)(i=1,2,\cdots,n)$ 通过辅助变量直接或者间接地控制流率变量 $R_i(t)(i=1,2,\cdots,n)$（图 4-1）。在图 4-1 中，$A_{ij}(t)$ 和 $B_{ij}(t)$（$i,j=1,2,\cdots,n$）表示由多个辅助变量组成的有向链；$L_n(t)$ 到 $R_n(t)$ 的有向路径是树枝。

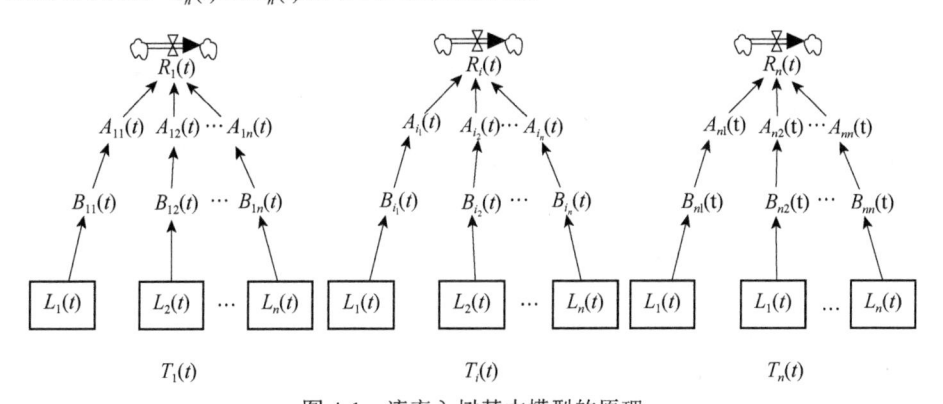

图 4-1 流率入树基本模型的原理

步骤 III. 基本入树模型中的入树通过嵌运算进行计算。也就是说，有向图 $T_i(t)$ 的所有顶点和弧都是连接的。然后，使用流程图符号连接相应的流率变量和积累变量。最终可以得到相应的 SD 流图。

在表 4-1 中，环境保护投资是 GDP 的一个组成部分。环境质量取决于 CO_2、污水和固体废物等物质的污染存量。旅游收入在很大程度上取决于游客数量。因此，在 ULCTS 的 SD 模型中，本节确定了六个积累变量，包括碳汇、CO_2 含量、污水数量、固体垃圾数量、游客数量和人口。其他的关键变量，如环境保护投资、GDP 总量、环境质量和旅游收入都会作为辅助变量影响 SD 模型。每个积累变量对应各自的流入或流出率变量，即在特定时间范围内的增加或减少。特别地，碳汇、CO_2 含量、污水数量和固体垃圾数量的积累变量分别对应两个流率变量。游客数量和人口的积累变量分别对应一个流率变量。包含速率变量的所有基本入树模型，如图 4-2 所示，且解释如下：

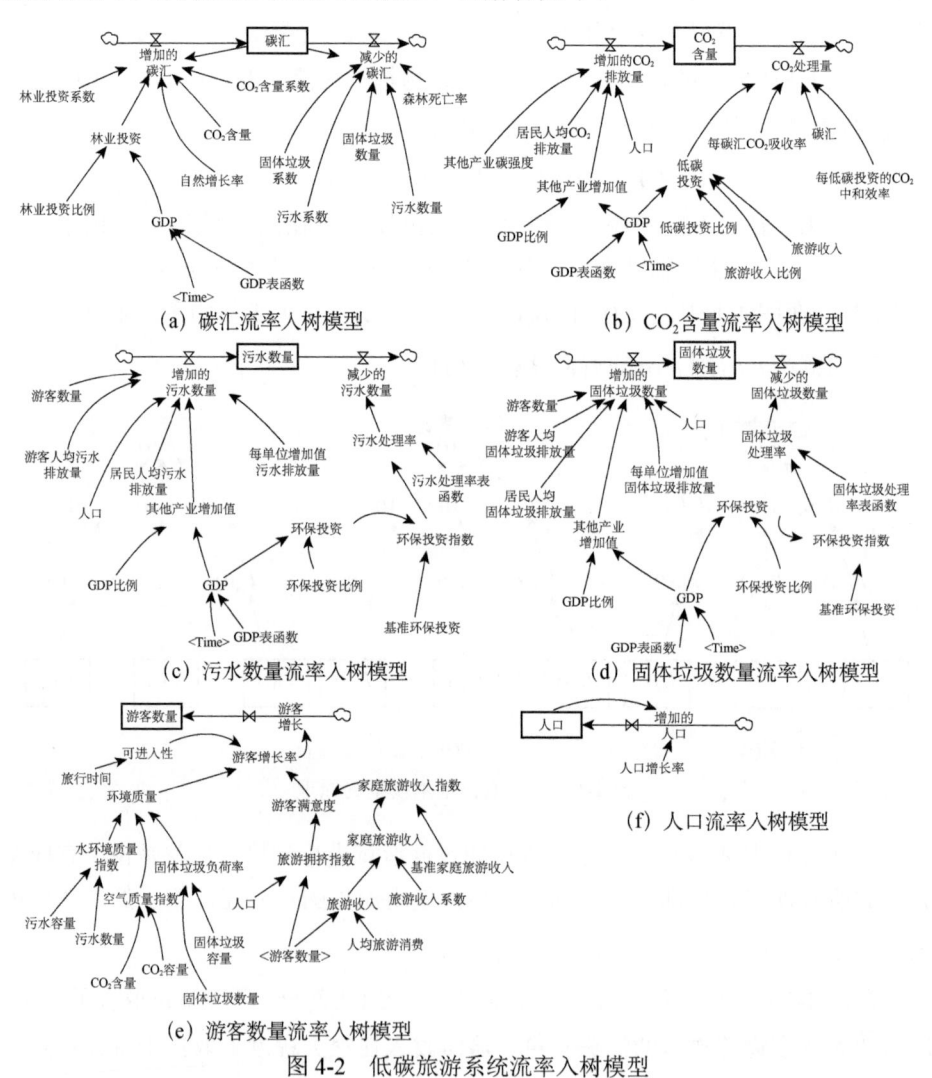

(a) 碳汇流率入树模型

(b) CO_2 含量流率入树模型

(c) 污水数量流率入树模型

(d) 固体垃圾数量流率入树模型

(e) 游客数量流率入树模型

(f) 人口流率入树模型

图 4-2　低碳旅游系统流率入树模型

测量碳汇的任何变化取决于比较碳汇的增加和减少。在 ULCTS 中，增量碳汇由三个因素决定,即林业投资、CO_2含量和自然增长率。理论上,林业投资越高,用于造林的资金就越多。这将增加旅游目的地的碳汇。CO_2含量的增加将给决策者带来越来越大的压力,迫使他们以最简单的方式增加碳汇,从而减少排放。林业投资是 GDP 的一个组成部分。林业在 GDP 中的份额将决定投资额。关于 GDP 的变化,本节将 GDP 设置为基于时间的表函数。碳汇的减少主要取决于环境变化和森林的自然死亡率。此外,固体垃圾和污水将对森林覆盖区域产生负面影响(Luo et al., 2014)。

在旅游地,CO_2含量由旅游 CO_2 排放、家庭 CO_2 排放和其他行业产生的 CO_2 排放组成。其他行业的碳强度通过每单位增加值的二氧化碳排放量来衡量,且在本节的 SD 模型中设置为常量。其他行业的增加值是 GDP 的一个组成部分。GDP 的份额决定了增加值规模的大小。在本节的 SD 模型中,每个居民的 CO_2 排放量和每个游客的 CO_2 排放量也假设为常数。减少的 CO_2 含量取决于碳汇和低碳投资。碳汇的吸收导致 CO_2 含量降低。降低的含量通过每个碳汇的 CO_2 吸收率来测量。低碳投资(包括技术进步、设施建设等)将减少 CO_2 排放。本节使用 CO_2 中和效率来衡量低碳投资对 CO_2 含量的影响。低碳投资有两个来源,即 GDP 和旅游收入。前者以低碳投资的比例来衡量,后者以旅游收入的比例来衡量,这反过来反映了旅游企业投资低碳发展的意愿。旅游收入简单地表示为旅游数量和人均旅游消费的乘积。

污水和固体垃圾是影响游客决策的两个重要环境变量(Lee, 2016; Cucculelli and Goffi, 2016)。与 CO_2 一样,污水和固体垃圾也是决定旅游目的地环境质量的基本因素。如图 4-2 所示,新增污水主要来源于游客、居民和其他行业的生产和生活行为。在本节的 SD 模型中,每个游客的污水排放量、每个居民的污水排放量以及每个增加值的污水排放量都是常数。污水量的减少取决于污水处理率,而污水处理率又取决于环保投资。环境保护投资对污水处理率的影响通过表函数来衡量。环境保护投资是 GDP 的一个组成部分。同样,GDP 的份额决定了投资的规模。模型中用于确定固体垃圾数量的机制与用于确定污水数量的机制相同。固体垃圾增量的树状模型中的常数为每个游客的垃圾排放量、每个居民的固体垃圾排放量和每个增加值的固体垃圾排放量。在减少固体垃圾数量的树状模型中,与污水处理率相对应的是固体垃圾处理率。

如图 4-2 所示，可变游客数量水平仅对应一个流率变量（即游客增长），这取决于游客增长率。本节假设可进入性、环境质量和游客满意度都会影响游客增长率。环境质量包括水环境质量、固体废物负荷率和空气质量，分别对应污水、固体垃圾和 CO_2（Luo et al.，2014）。水的环境质量指数取决于污水容量和污水数量。空气质量指数取决于 CO_2 容量和 CO_2 含量。固体垃圾负荷率取决于固体垃圾容量和固体垃圾数量。在本节的 SD 模型中，游客满意度取决于旅游拥挤指数（从游客感知的角度）和家庭旅游收入（从居民支持的角度）。旅游拥挤指数是游客数量与人口的比值（Zhang et al.，2015a）。家庭旅游收入取决于收入占旅游总收入的比例（旅游收入系数）。人口的变化是由一个常数决定的，即人口增长率。

图 4-2 所示的所有入树模型均使用嵌运算进行计算，从而获得 SD 模型的常规流程图（图 4-3）。

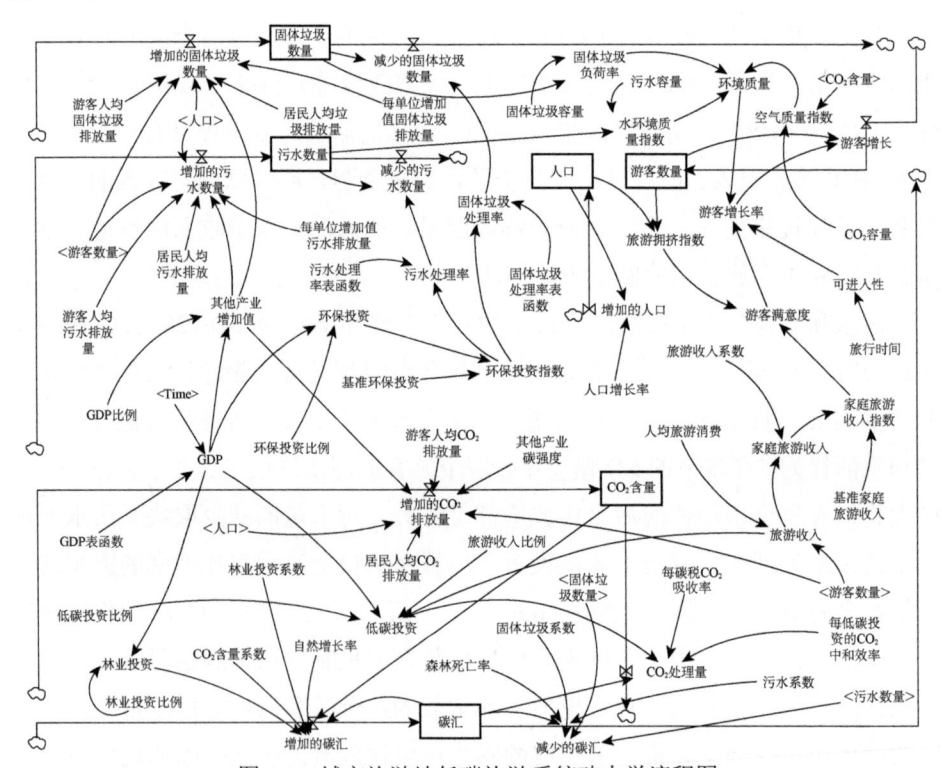

图 4-3 城市旅游地低碳旅游系统动力学流程图

3. 决策参数的灵敏度分析

SD 模型中的参数通常指仿真中不变的常数（Barlas，1996）。在灵敏度分析中，传统的方法是在每次模拟中改变一个参数。然后，将仿真结果与基准情形进行比较。最后，通过对比结果的变化程度来确定模型的关键参数。用于灵敏度分析的方程如下：

$$S = \frac{[M(p+\Delta p) - M(p)]/M(p)}{\Delta p / p} \tag{4-1}$$

式中，S 表示 SD 模型的灵敏度；M 表示 SD 模型的绩效；p 表示决策参数；Δp 表示参数的变化。因此，S 就是参数 p 的弹性系数并表达为模型绩效百分比变化与参数百分比变化的比值。一个相对比较大的 S 表示模型对参数 p 比较敏感，所对应的参数就可以被认定为关键参数。需要指出的是，怎样的结果可以被认为是敏感的，并没有统一的观点。综合分析模型本身并考虑研究需求，本节将敏感性的阈值设置为 0.01。也就是说，当 $S \geqslant 0.01$ 时，本节选择对应的参数作为 SD 模型的决策参数。由于本节的模型服务于低碳旅游系统，因此选择 2030 年的 CO_2 含量作为衡量每个参数敏感性的指标。

4.1.3 实证区域和数据收集

本节以拉萨城区为实证对象。拉萨一直志在打造一个重要的旅游中心（Zhang，2017）。作为我国首批国家历史文化名城之一，拉萨以其优美的风景、悠久的历史、独特的风俗和浓郁的宗教色彩闻名世界。这些特色吸引了大量来自世界各地的游客，拉萨也具备成为一个成功的旅游城市的所有特征。本节选择拉萨作为案例地区，主要原因在于：①拉萨的旅游业在过去保持了高速的发展趋势。据官方统计数据，2010~2019 年，拉萨游客人次和旅游收入分别保持 18.91%和 23.51%的年均增长率。大量旅游者的涌入带来了大量的 CO_2 排放。需要指出的是，由于西藏自治区独特的旅游环境，入拉萨的自驾游的人数快速增加，这更是显著增加了拉萨旅游相关的 CO_2 排放。因此，CO_2 排放已成为拉萨旅游业可持续发展的重大障碍，尤其在当前我国低碳战略转型的重要时期。②拉萨已成为典型的旅游依赖型城市。2019 年，拉萨 GDP 为 617.88 亿元，其中旅游收入高达 348.68 亿元，旅游业在拉萨整体经济中的地位日益突出。

本节的 SD 模型的碳汇数据来自拉萨市林业和草原局。使用 CO_2 监测仪计算了其海拔 3650～6000m 的 CO_2 含量(其中空气中的 CO_2 浓度约为 0.33 mg/L)。因此，本节确认存在约 251 万 t CO_2。有关污水和固体垃圾数量以及环保投资的数据取自《中国环境统计年鉴》。游客数量、旅游收入、人均旅游消费、人口、人口增长率和 GDP 数据取自《西藏统计年鉴》。参考 Luo 等（2014）和拉萨旅游开发的实践，本节确定每位游客固体废物排放量（0.006361t）、每位游客污水排放量（0.04t）和每位游客 CO_2 排放量（0.036t）的数据。每个居民的固体垃圾排放量（0.009048t）、每个居民的污水排放量（5t）、每增加值的固体垃圾排放量（0.04187t）和每增加值的污水排放量（2.18t）的数据来自《中国环境统计年鉴》和《西藏统计年鉴》。通过参考 Wei 等（2007）和调查拉萨居民的实际生活方式，得出了每个居民的 CO_2 排放量约 0.648t。其他行业的碳强度约为 0.238t，是参考我国的平均碳强度数据得出的（Su and Ang, 2015）。考虑到拉萨欠发达的工业水平，该数值略小。

根据历史数据，采用自回归综合移动平均模型（ARIMA），本节获得拉萨 GDP 数据的表函数。低碳投资比例（0.05%）、环保投资比例（2.1%）、林业投资系数（0.01）和每低碳投资 CO_2 中和效率（2.857t/10000）数据摘自《中国环境统计年鉴》。自然生长率（3%）和森林死亡率（1.5%）的数据来自拉萨林业和草原局。关于 CO_2 含量系数（1×10^{-5}）、固体垃圾系数（1×10^{-5} m³/t）和污水系数（1.41×10^{-5} m³/t）的数据可参考 Luo 等（2014）获得。参考 Corbera 和 Brown（2010）得出每个碳汇的 CO_2 吸收率（2.43t/m³）。旅游收入系数来自拉萨市旅游局。固体垃圾处理率和污水处理率的表函数取自《中国环境统计年鉴》。通过调查 100 名以不同方式（包括火车、航空和公路）前往拉萨的游客，计算出旅行时间为 25h。

本章 SD 模型的主要方程见附录 1。本节的模型用 VENSIM 软件编写，时间步长为一年。使用的时间跨度为 2010～2030 年。

4.1.4　结果和讨论

1. SD 模型的有效性检验

为了验证 SD 模型的有效性，本节将仿真数据与 2010～2016 年积累变量的统计数据进行了比较（表 4-2）。表 4-2 表明每个积累变量的误差范围的最大值为 6.11%，这表明本节的模型与历史趋势具有良好的一致性。

表 4-2 统计数据和 SD 模型的仿真数据

年份	碳汇/万 m³			CO₂ 含量/10⁶t			污水数量/万 t			固体垃圾数量/万 t			游客数量/万人次			人口/万人		
	StD	SiD	D/%	StD	SiD	D/%	StD	SiD	D/%	StD	SiD	D/%	StD	SiD	D/%	StD	SiD	D/%
2010	40.00	40.00	0.00	2.51	2.51	0.00	2011.05	2011.05	0.00	248.00	248.00	0.00	413.42	413.42	0.00	55.9	55.9	0.00
2011	40.00	40.59	1.48	2.82	2.69	−4.54	1092.08	1125.72	3.08	113.86	108.40	−4.79	514.43	502.29	−2.36	57.61	57.21	−0.69
2012	40.01	41.21	3.00	2.97	2.85	−3.94	957.18	995.09	3.96	51.03	53.14	4.14	650.83	628.92	−3.37	57.92	58.56	1.10
2013	40.01	41.84	4.57	3.15	2.99	−5.11	993.90	1045.68	5.21	35.38	33.54	−5.21	798.94	757.29	−5.21	60.12	59.95	−0.28
2014	40.93	42.49	3.81	3.26	3.11	−4.60	1084.76	1136.18	4.74	29.79	28.29	−5.06	925.74	892.03	−3.64	60.2	61.36	1.93
2015	41.20	43.15	4.73	3.30	3.14	−4.73	1164.21	1223.93	5.13	30.12	28.41	−5.68	1179.03	1128.73	−4.27	61.25	62.81	2.55
2016	41.50	43.83	5.61	3.35	3.53	5.50	1241.24	1310.38	5.57	32.79	30.79	−6.11	1366.63	1304.13	−4.57	63.55	64.29	1.16

注："StD"表示统计数据,"SiD"表示仿真数据,"D"表示偏差。

2. 关键参数选择和政策方案

灵敏度测试结果见表 4-3。

表 4-3 灵敏度测试结果

参数	$M(p)$	$M(p+\Delta p)$	p	Δp	S
环保比例	50 896 900	50 888 200	0.021	0.002 1	−0.001 71
低碳投资比例	50 896 900	28 503 700	0.05	0.005	−4.393 0*
林业投资比例	50 896 900	50 895 900	0.041	0.004 1	−0.000 2
游客人均 CO₂ 排放量	50 896 900	54 151 600	0.036	0.003 6	0.639 5*
其他产业碳强度	50 896 900	54 266 100	0.238	0.023 8	0.662 0*
居民人均 CO₂ 排放量	50 896 900	51 842 100	0.648	0.064 8	0.185 7*
游客人均固体垃圾排放量	50 896 900	50 899 500	0.006 361	0.000 636 1	0.000 5
居民人均固体垃圾排放量	50 896 900	50 897 000	0.009 048	0.000 904 8	0.000 0
每增加值固体垃圾排放量	50 896 900	50 900 000	0.04 187	0.004 187	0.000 6
游客人均污水排放量	50 896 900	50 905 500	0.04	0.004	0.001 7
居民人均污水排放量	50 896 900	50 919 400	5	0.5	0.004 4
每增加值污水排放量	50 896 900	50 984 500	2.18	0.218	0.017 2*
人口增长率	50 896 900	51 125 400	0.0 236	0.002 36	0.044 9*
人均旅游消费	50 896 900	50 702 600	0.085	0.008 5	−0.038 2*
旅行时间	50 896 900	35 723 500	25	−2.5	−1.682 4*
旅游收入系数	50 896 900	50 811 900	0.1	0.11	−0.016 7*
旅游收入比例	50 896 900	50 787 300	0.005	0.000 5	−0.021 5*

* 表示 S 值大于 0.01。

根据表 4-3,本节最终确定 10 个参数作为 SD 模型的关键决策参数(表 4-4)。

表 4-4　不同发展情形下的参数设置

参数	基准情形	经济优先情形/%	环境优先情形/%
低碳投资	0.05	−10	10
游客人均 CO_2 排放量	0.036	10	−10
其他产业碳强度	0.238	10	−10
居民人均 CO_2 排放量	0.648	10	−10
每增加值污水排放数量	2.18	10	−10
人口增长率	2.36	10	−10
人均旅游消费/万元	0.085	10	−10
旅行时间	25	−10	−10
旅游收入系数	0.1	−10	10
旅游收入比例	0.005	−10	10

根据发展实践和影响 ULCTS 的方向，本节将参数值的变化设置为增加或减少 10%。基于这 10 个参数的变化，本节设置了三个场景来模拟和比较拉萨 ULCTS 的演变特征：①基准情形；②经济优先情形；③环境优先情形。在基准方案下，所有参数保持不变。在经济优先情形下，系统以旅游经济发展为核心，有利于旅游业经济增长的参数适当提升，而对旅游业经济增长产生负面影响的参数适当降低。为了突出经济和环境之间的对比，本节将经济优先权和环境优先权设置为两种相互对立的情景。参数值设置的最终结果如表 4-4 所示。需要注意的是，如果很难明确参数是环境友好型还是经济友好型（例如旅行时间），则根据有利 ULCTS 发展的原则设置参数。

3. 仿真结果

本节将介绍与经济和环境密切相关的一些变量的模拟结果。这些变量包括 CO_2 含量、旅游收入、污水数量、固体垃圾数量、碳汇和环境质量（图 4-4）。

在基准情况下，CO_2 含量和旅游收入均呈指数增长趋势，图 4-4 显示，2010～2030 年，这两个变量将分别从 250.763 万 t 和 316266 万元增加到 5089.69 万 t 和 12302700 万元。这些数字分别对应 1929.68% 和 3789.99% 的百分比增长。这一结果意味着，一方面，拉萨将面临旅游业的快速发展；另一方面，旅游业的增长也将带来 CO_2 排放量的快速增长。在经历了快速下降之后，污水和固体废物的数量将分别从 2013 年和 2016 年开始增加。到 2030 年，污水量将超过 2010

年的数字。尽管固体垃圾不断增加，但其数量仍将低于 2010 年的数字。即便如此，根据图 4-4 显示的变化趋势，预计 2030 年后拉萨的固体垃圾数量将稳步增长。如图 4-4 所示，碳汇水平呈线性增长趋势且增长率相对平稳。2010～2030年，每年的碳汇增长率约为 2%。CO_2 含量、污水数量和固体垃圾数量的增加毫无疑问会导致 ULCTS 环境质量的下降（图 4-4）。环境质量的最大值在 2012 年约为 0.8457，在模型中，2030 年为最小值，约 0.4505。这表明环境问题将在拉萨的 ULCTS 中变得越来越突出。

无论拉萨旅游业的发展如何强调环境保护的重要性，经济增长都是所有利益相关者尤其是旅游从业人员关注的重要问题（Zhang, 2017）。图 4-4 表明，经济优先情形将见证最高的旅游经济增长。到 2030 年，拉萨旅游收入将达到 16 948 400 万元，分别比基准情形和环境优先情形增长 37.76%和 76.44%。在本节的模型中，经济优先情形下的旅游收入年增长率约为 21.39%（2010～2030年）。然而，与其他情形相比，旅游经济的最快速增长将伴随着最高水平的 CO_2 含量、污水数量和固体垃圾数量（图 4-4）。因此，在经济优先情形下，环境质量将达到最低值。需要强调的是，在经济优先情形下，碳汇的增长大于其他情形。可以得出结论，在拉萨的 ULCTS 中，碳汇行为（或植树造林）更多的是经济动机，而不是环境动机。

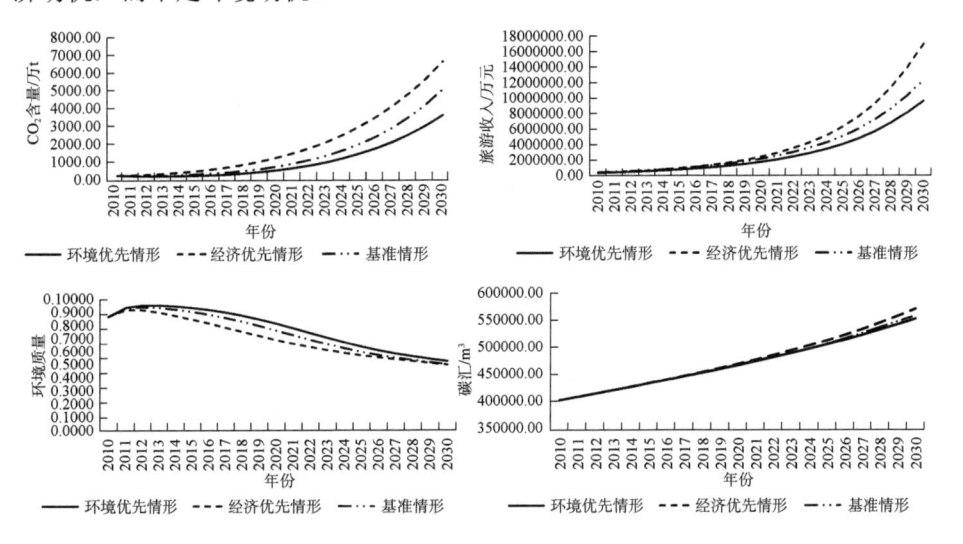

图 4-4 SD 模型仿真结果

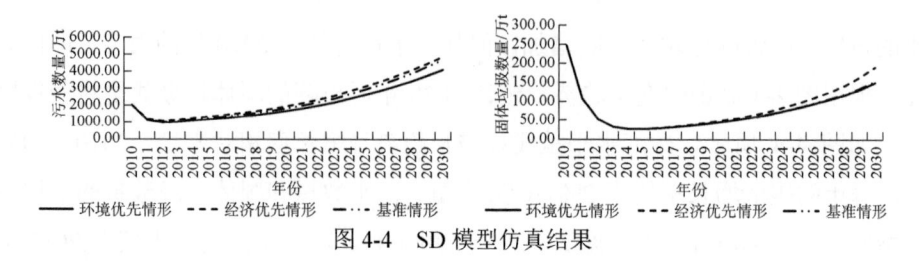

在环境优先情形下,拉萨的 ULCTS 在环境污染方面的增长水平最低。这包括三种情况下的最低 CO_2 含量、最低污水数量和最低固体垃圾数量,这也因此产生了最高的环境质量值。然而,在这种情况下,旅游收入水平是最低的。到 2030 年,与基准情形和经济优先情形相比,本节模型中的旅游收入分别下降 21.92%和 43.32%。由于设定了固定的人均旅游消费,在模型中,旅游相关收入的变化主要是由游客数量的变化引起的。环境优先情形下的碳汇值最低。此外,图 4-4 说明在三种不同情形下,环境质量在仿真期间随时间的推移呈现趋同。本节 SD 模型在基准情形、经济优先情形和环境优先情形下 2030 年的值分别为 0.4505、0.4485 和 0.4726。可能原因是,随着经济增长,越来越多的资金可以用于环境治理,可见污染(如污水和固体垃圾)治理尤其如此,而增加的投资将缩小经济优先情形和其他两种情形下环境质量水平之间的差距。

图 4-4 显示了不同情形下拉萨 ULCTS 的不同发展特征。然而,除了旅游收入之外,这些数值并未反映其他显著的"旅游"特征。在图 4-4 中,看不到旅游发展对低碳系统(尤其是低碳环境)的影响。而构建低碳旅游系统的初衷就在于了解旅游在整个城市旅游地低碳系统中的作用。因此,图 4-5 补充说明了三种情形下与旅游业相关的污染排放(特别是 CO_2、污水和固体垃圾)比例的变化。图 4-5 将有助于更好地理解旅游在拉萨 ULCTS 中的作用。

图 4-5 显示,拉萨 ULCTS 中与旅游相关的污染排放比例将继续增加。与污水和固体垃圾相比,旅游业相关的 CO_2 排放的比例最高。到 2030 年,在基准情形下,旅游业相关的 CO_2 排放量占 CO_2 总排放量的比例预计约为 50.36%。在经济优先的情形下,这一数字上升到 60.45%。这一现象反映了两个问题。一方面,拉萨治理 CO_2 排放(特别是与旅游业相关的 CO_2 排放)的努力是不够的。目前,低碳投资在 GDP 和旅游收入中的比例分别仅为 0.05%和 0.5%,但是拉萨在污水和固体垃圾处理方面的投资却显著增加(约占 GDP 的 2.1%)。尽管在增加低碳

投资的背景下，这种情况将发生重大变化（例如，在环境优先情形下，分别将低碳投资比例和旅游收入比例提高10%），但是与旅游业相关的CO_2排放量的增长仍然高于与旅游业相关的污水和固体垃圾排放量的增长。

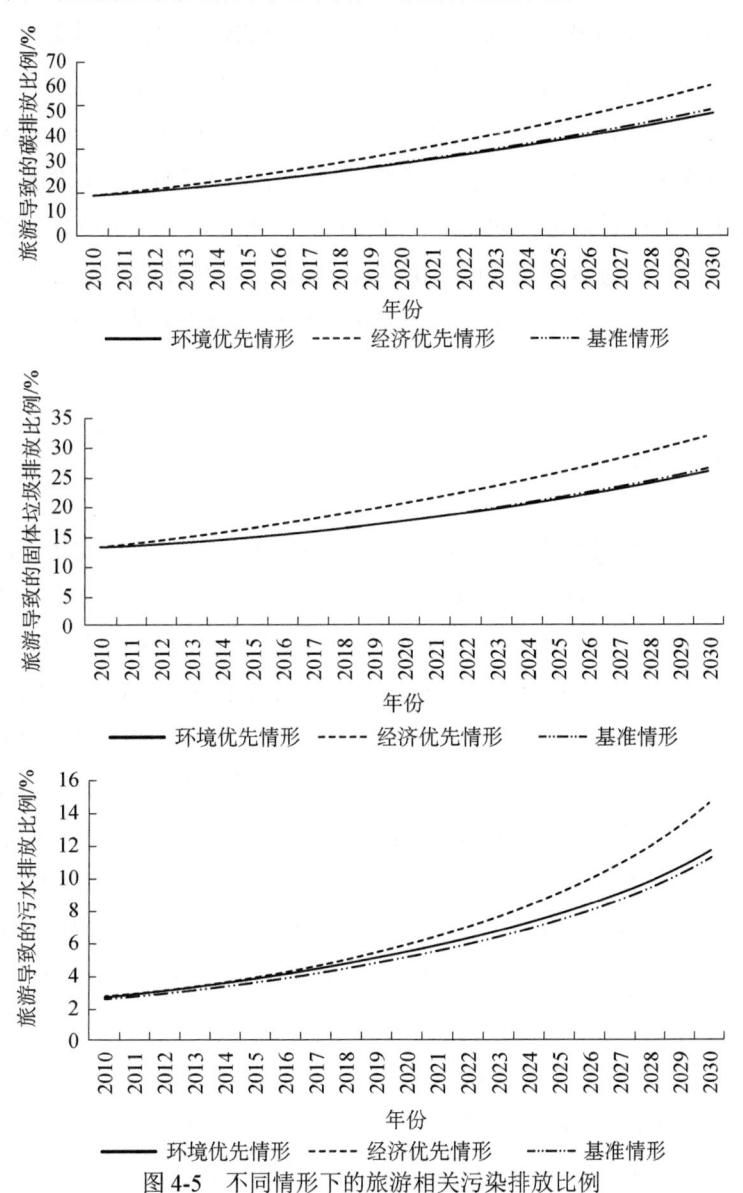

图 4-5　不同情形下的旅游相关污染排放比例

这一现象表明，旅游业对拉萨的经济发展做出了重大贡献，并且，这一贡献将继续增加,反映出旅游业作为典型旅游城市核心的经济特征。例如,图 4-4 显示,到 2030 年,拉萨的 GDP 将达到 1889.2 亿元,而在基准情形下,仅旅游收入就将达到 1230.3 亿元。另一方面,图 4-5 还显示,与旅游业有关的污水排放将占污水总排放的最低比例。尽管随着旅游业的快速发展,旅游业产生的污水量不断增加,但拉萨的旅游业在节水方面有着良好的纪录,尤其是与其他行业相比,这可能与拉萨独特的高原气候条件有关,在此条件下,与旅游相关的水消耗相对较少。此外,经济优先情形下与旅游业相关的排放比例最高,实际上远远高于其他两种情形下的比例。环境优先情形下,与旅游业相关的 CO_2 和固体垃圾排放比例将达到最低值。就旅游相关的污水排放而言,在基准情形下,其比例具有最低值。从数值上看,在基准情形和环境优先情形下,旅游相关的所有污染排放比例(包括 CO_2、污水和固体垃圾)几乎相同。

4.1.5 结论

低碳旅游开发是许多旅游依赖型城市必须考虑的一项高度优先的系统工程。除了旅游业带来的低碳环境变化,决策者还面临居民和其他行业的排放。这些排放对 ULCTS 可持续发展的影响机制与旅游相关排放相同。已有的研究重点集中在低碳旅游管理的某一方面,这包括与旅游相关的 CO_2 排放量、CO_2 减排行为、CO_2 减排政策和低碳旅游认知的测量等。但是这些管理或多或少与其他影响因素互相隔离,当涉及 ULCTS 的系统管理时,这种孤立或简化的研究就有很大的缺陷。因此,需要对 ULCTS 进行系统和动态的基于旅游业的综合调查。本节探讨了 ULCTS 中的系统要素,这些要素的演化特征以及旅游的作用机制。本节的研究可以为研究低碳旅游系统提供一个分析框架。本节提出的研究过程同样可应用于其他低碳旅游城市的系统化管理,也适用于规模较大的目的地。

总的来说,本节以拉萨为例,考察了以碳汇、CO_2 含量、污水、固体垃圾、游客数量、人口、环境保护、GDP、环境质量和旅游收入为核心要素的 ULCTS。然后建立了一个包含六个积累变量(即碳汇、CO_2 含量、污水数量、固体垃圾数量、游客数量和人口)的 SD 模型。通过灵敏度分析,本节确定影响系统性能的 10 个关键因素。基于此,本节设置了三种不同的系统发展场景。最后,本节对 SD 模型进行了模拟。

本章的研究结果表明，许多决策参数对 ULCTS 的性能具有显著的影响。最重要的参数是低碳投资的比例（$S = -4.3930$），其次是每位游客的 CO_2 排放量（$S = 0.6395$）、其他行业的碳强度（$S = 0.6620$）、每位居民的 CO_2 排放量（$S = 0.1857$）和旅行时间（$S = -1.6824$）(表 4-3)。很容易理解低碳投资在 ULCTS 发展中的重要性，投资可以用于低碳技术的开发、低碳交通基础设施的建设以及相关低碳公共设施的建设。这些投资可以有效减少拉萨旅游业和其他行业的 CO_2 排放。然而，在拉萨目前的 ULCTS 发展中，低碳解决方案的投资率极为不足（例如，低碳投资仅占 GDP 的 0.05%）。

旅行时间通过影响旅游目的地的可进入性影响 ULCTS 的碳绩效。表 4-3 表明了可进入性（即交通）对拉萨 ULCTS 的重要性，这一结果证实了之前 Zhang 等（2015a）的研究发现。然而，值得注意的是，以前的研究强调了可进入性对旅游业发展的积极影响，这样的积极影响之一就是能够大大增加游客数量。但是必须明白可进入性的增加是一把双刃剑，它同时也将带来与旅游业有关的 CO_2、污水和固体垃圾排放量的增加。因此，尽管交通建设项目的增长已成为拉萨旅游业发展不可逆转的趋势，但在此背景下，必须特别关注旅游业快速增长所造成的 CO_2 和其他污染物排放的增加。也因此，必须控制每位游客在拉萨的 CO_2 排放量，这就需要在旅游产品的供应以及游客的低碳素养提升方面继续努力。此外，还应该将这些改进推广到所有利益相关者，如拉萨 ULCTS 的企业和居民。污水和固体废物的处理也需要密切关注。当然，这更需要旅游以外行业的努力。

本章的研究结果还表明，在环境优先情形和基准情形中，ULCTS 的演变差异不太显著，尤其在与经济优先情形比较的情况下（图 4-4 和图 4-5）。基准情形下拉萨 ULCTS 的演化更接近本书设定的环境优先情形。这可能意味着拉萨 ULCTS 目前的发展模式是可取的，至少在某种程度上是可取的。在经济优先情形下，拉萨 ULCTS 的环境风险在长期内也是可控的。到 2030 年，经济优先情形下的环境质量也接近其他两种情形下的环境质量（图 4-4）。

需要指出的是，现有的环境治理投资无法充分应对拉萨 ULCTS 未来增加的污染排放。在本书提出的三种情形下，所有类型的污染存量都将增加，污水和固体垃圾尤其如此。在经历了最初的数量减少之后，污水和固体垃圾的数量将在研究所覆盖的后期迅速增加。因此，在污染控制方面加强努力仍然是今后的拉萨治理的优先事项。当然，本节研究中的任何发展场景都是基于 ULCTS 是一个封闭系统的假设。实际上，低碳系统之外的财政补贴会很容易规避经济优先战略带来的环境风险。换言之，经济优先战略是拉萨 ULCTS 可接受的一种发展模式，这一发现与 Zhang（2017）关于拉萨低碳旅游发展战略评估的研究结论一致。

本章的研究结果还具有如下政策启示：第一，增加低碳和环境保护方面的投资；第二，加强基础设施建设，特别是交通基础设施建设；第三，在各旅游利益相关者中培育低碳理念；第四，规范低碳商业和生活行为。本节研究的主要局限性在于 SD 模型没有涉及一些外生变量。尽管可进入性是一个重要的外生变量，但在本章中，ULCTS 仍然主要是一个内生系统。区域旅游系统，包括 ULCTS，实际上是一个复杂的开放系统。因此，相关的外部变量（如政策实施）将有助于更系统、更深入地了解 ULCTS 的演变，这些变量应在未来予以关注。此外，也应关注旅游动机对 ULCTS 的影响。

4.2　城市低碳旅游地评价研究

在气候变迁背景下，低碳经济是实现可持续发展的必然选择（Yang and Li, 2018）。作为对这一认识的回应，旨在推动旅游业向"低碳旅游"转变的理论和政策层出不穷。尤其在城市旅游目的地，旅游的低碳转型显得更加迫切。许多城市旅游目的地受到 CO_2 排放和由此产生的气候政策的显著影响（Cho et al., 2016；Dwyer et al., 2013；Seetaram et al., 2018；Zhang and Zhang, 2018）。因此，城市旅游目的地的低碳发展——低碳旅游战略的一个关键挑战和重要方面——被认为是提升城市目的地可持续性、宜居性、竞争力和品牌形象的基本模式（Shen et al., 2015；Xu et al., 2011）。

考虑到城市在缓解未来能源消耗和碳排放方面的重要性，2010 年我国政府选择五个低碳试点省份和八个试点城市来推动低碳城市建设（Khanna et al., 2014）。随后，我国城市的低碳建设蓬勃发展（Su et al., 2013；Shen et al., 2018）。目前，几乎所有城市旅游目的地都设定了低碳发展目标。如 Hodson 和 Marvin（2010）、Liu 和 Qin（2016）以及 Tan 等（2017）所述，建设低碳旅游城市需要全面了解城市发展的各个方面,而不仅仅只关注旅游目的地的碳排放和能源减排目标。除了碳排放和能源消费,低碳城市的建设还必须涉及经济、环境和社会的各个方面,如经济增长、水资源、垃圾处理、技术和政策等(Liu and Qin, 2016;Zhou et al., 2015a;Tan et al., 2017)。因此,开发一个合理的指标框架来评估旅游城市的低碳发展水平显得非常重要。在评估框架无法确定发展状况的前提下,任何目标制定的合理性和可行性都值得商榷。但是,截至目前,很少有研究探讨这一关键的理论和实践问题。在此背景下,本节聚焦城市旅游目的地的低碳发展评价。

本节试图建立一个旅游依赖型城市目的地(tourism-based urban destination, TBUD)的低碳发展评价模型,希望这一模型有助于指导城市旅游目的地的低碳乃至可持续发展管理。尽管许多学者已经对低碳城市的评估框架进行了广泛的研究(见文献综述部分),但是这些框架很大程度上并不适合评估 TBUD 的低碳发展。鉴于几乎所有城市都有一定程度的旅游吸引力,从这个意义上说,所有城市都可以被视为旅游目的地。因此,一般城市旅游目的地的概念变得更加广泛,这也意味着难以区分城市旅游目的地与一般城市之间的低碳评估。然而,在 TBUD 的概念下,旅游业在经济中应该占有显著的比重,这些城市的大部分资源将围绕旅游业进行分配。因此,TBUD 的低碳发展应该包含这些独特的旅游特征,从而使其区别于一般的城市目的地。总之,如何更好地评估 TBUD 的低碳发展是一项新的工作,并能体现显著的"旅游"特征。

基于本节的研究问题,本节旨在完成以下具体的研究目标:①确定 TBUD 的低碳发展水平评价指标体系;②确定这些评价指标权重;③评价旅游地的低碳旅游发展水平。本节的主要贡献在于采用定性和定量的模糊德尔菲法(fuzzy Delphi method,FDM)和网络层次分析(analytic network process,ANP)相结合的方法,构建一套完整的评价指标和权重体系,以评估 TBUD 的低碳发展水平,从而满足 TBUD 评价指标的多层次、多目标特征。

4.2.1 文献综述

正如许多研究所强调的,低碳旅游与低碳经济、可持续性和旅游发展高度相关(Gössling et al., 2007;Lee and Brahmasrene, 2013;He et al., 2018a)。低碳城市一直与可持续发展的最终目标联系在一起(Tan et al., 2017)。因此,本节的文献回顾部分分别评述城市可持续性评价、低碳城市评价和城市旅游可持续性评价三个方面的研究成果，另外，还回顾低碳旅游评价的研究。上述四个方向的研究构成 TBUD 低碳评价指标的理论基础。

1. 城市可持续性评价

Camagni 等（1998）和 Whitehead（2003）认为，城市可持续发展的目标就是经济、社会和物理环境（即生态环境）的协调发展。Mori 和 Christodoulou（2012）也指出，可持续城市是一个同步的社会、经济和政治结构。关于可持续城市的评价，指标构建一直是主导范式。Gagliardi 等（2007）根据经济、环境、能源和城市规划的四个标准构建了影响城市可持续发展的指标。Chang 和 Dong（2016）评估了资源型城市的可持续发展水平，构建了经济和社会因素、资源和环境方面的指标。除了常见的经济和环境指标外，Zinatizadeh 等（2017）还增加了通过公共设施人均占有率衡量的众多社会指标。作者同样认为，城市可持续发展最终在于经济、环境和社会问题之间的平衡。

Braulio 等（2015）、Ghalib 等（2017）、Oregi 等（2016）以及 Shen 等（2015）分别构建了环境、经济和社会发展方面的多样性评估指标，以评估城市可持续发展水平。此外，Hara 等（2016）建立了基于可持续性的智能评估指标体系。后一项研究强调了信息技术在经济、环境和社会发展中的重要性。Theodoridou 等（2012）指出了能源消耗/规划和节能措施在建设可持续城市中的重要性；Tian 等（2018）和 Yang 等（2018c）强调了二氧化碳排放在城市可持续发展中的重要性。已有的研究表明，城市可持续发展的评价指标在经济、环境和社会框架中有明确的分类。同时，低碳环境（即 CO_2 减排和节能）建设已成为城市可持续发展的重要构成。

2. 低碳城市评价

与可持续发展城市相比，"低碳城市"这一概念出现得相对较迟。低碳城市的同义或近义词，如生态城市、零碳城市等随后被广泛使用（Tan et al., 2017）。Hodson 和 Marvin（2010）对低碳城市的概念进行了很好的定义：低碳城市是一个具有资源和能源安全约束的系统，决策者从实现低碳的角度设定目标。同样，

Liu 和 Qin（2016）认为，建设低碳城市的目标是减少碳排放和改善环境，这两者都需要众多社会和政府部门的合作。因此，与可持续性评估类似，对低碳城市的评估也涉及经济、环境和社会指标。

由全国低碳经济媒体联盟发布的《中国低碳城市评价体系》中涉及规划、传播、产品、新能源利用、绿色覆盖率、低碳出行、建筑、空气质量、二氧化碳减排行为以及公众态度等众多指标。这为中国低碳城市提供了一个相对系统的解释，并成为许多城市低碳发展的标准。随后，劳伦斯伯克利国家实验室（Lawrence Berkeley National Laboratory，LBNL）通过在低碳城市的概念中加入生态学的概念，构建了低碳生态城市的评价指标（Zhou et al.，2012）。该指标体系由 33 个指标构成。随后，Zhou 等（2015a）提供了 LBNL 指标的标杆值以及该指标体系应用的详细指南。

其他的研究包括：Yang 和 Li（2018）设定了 14 个指标来评估低碳城市经济发展水平；Zhou 等（2015b）使用驱动力-压力-状态-影响-响应的因果效应框架调查低碳城市，特别强调了技术和政策响应对降低排放压力的重要性；Tan 等（2017）从经济、环境（包括能源模式、碳排放和生态环境、固体垃圾和水）和社会（包括与城市生活和流动性相关的因素）的角度构建了指标。学者们还从经济、环境和社会三维度评估了低碳城市规划（Khanna et al.，2014）、低碳城市管理（Wang et al.，2015）和低碳城市竞争力（Guo et al.，2018）。除了这些综合性评价外，还有研究分别侧重能源政策制定（Phdungsilp, 2010；Chen and Zhu, 2013）、政策执行（Lo, 2014）、低碳规划（Liu and Qin, 2016）、交通政策（Trappey et al., 2012）、技术和气候立法（Tsai and Chang, 2015），以及发展低碳城市背景下的低碳工业园区建设（Fang et al., 2017）等。

3. 城市旅游可持续性评价

评估旅游目的地的可持续性一直是可持续旅游研究的一个重要议题（Tseng et al., 2018）。鉴于城市旅游目的地是旅游目的地的主要类型，对城市旅游目的地的评估也引起了学术界的广泛关注。例如，Savage 等（2004）认为，整体视角有助于衡量城市旅游发展的可持续性，且该可持续性应该包括环境、经济、社会和文化四个维度。Lee 等（2010）指出，实现长期可持续需要确保生态环境的可持续利用，提高目的地走廊的可靠性，并提高旅游服务的质量。Pérez 等（2016）构建了一套指标（包括 11 项社会指标、14 项经济指标和 14 项环境指标）来衡量城市旅游的可持续性。与传统的静态评估不同，Blancas 等（2016）通过目标规划方法构建了一个动态评估指标，共包括 85 个指标，其中有 29 个社会指标、36 个经济指标和 20 个环境指标。此外，Ben 等（2013）评估了城市的旅游产品和相关的宏观环境，Zamfir 和 Corbos（2015）则揭示了实现城市地区可持续旅游发展的一些关键因素。

4. 低碳旅游评价

Cheng 等（2013）建立了一套评估旅游景区低碳发展的指标体系。尽管旅游景区和城市旅游目的地之间存在显著差异，但 Cheng 等（2013）利用生态环境、旅游设施、管理系统和参与者态度的维度仍然可以为评估 TBUD 的低碳发展提供极具参考价值的指标框架。在城市旅游目的地方面，Yao 等（2014）评估了城市低碳工业化的程度。需要注意的是，作者提出的指标并非侧重于二氧化碳排放和能源消耗，而是侧重于固体废物、废气和污水等传统环境指标。Cho 等（2016）构建了 53 个指标，从 6 个角度评价县域低碳旅游发展水平。Zhang（2017）则评估了区域低碳旅游发展战略，这一研究的局限性在于，与低碳或者可持续旅游城市评价相比，其指标体系不够全面。Juvan 和 Dolnicar（2016）强调了交通相关温室气体排放对于衡量环境可持续旅游行为的重要性。此外，Hsiao（2016）调查了旅行社产品的低碳评价指数。还有一些学者讨论了低碳旅游系统，如低碳旅游景区系统（Luo et al.，2014）和低碳城市旅游系统（He et al.，2018b；Xu et al.，2011）。这些低碳旅游系统基本上包括经济、环境和社会三个子系统。当然这些研究只是模拟而非评估，但是这些低碳旅游系统都包含影响低碳旅游发展的关键要素或变量，这些要素或变量可以转化为相应的低碳旅游评价指标。

4.2.2 低碳旅游评价的理论框架

本节提出的 TBUD 的评价框架包括四个部分（图 4-6），分别是评价维度、评价指标、评价指标之间的相关性和评价指标的权重。

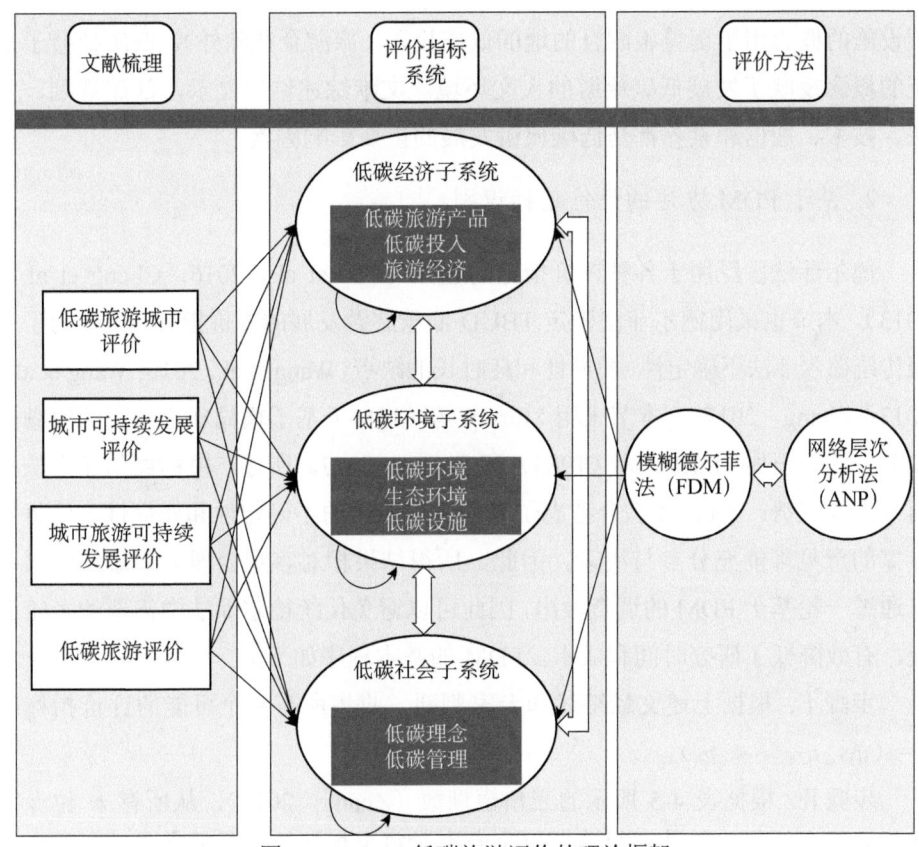

图 4-6 TBUD 低碳旅游评价的理论框架

1. 城市旅游目的地低碳旅游评价维度

前文的文献梳理表明，几乎所有低碳发展的评价指标都包括经济、环境和社会三个方面。因此，本节同样以 TBUD 低碳评价指标由三个子系统构成（即低碳经济子系统、低碳环境子系统和低碳社会子系统）为出发点（图 4-6）。

在低碳经济子系统下，本节首先测量了低碳旅游产品，包括餐饮、住宿、交通、观光和购物。低碳投入衡量低碳背景下旅游企业的经营理念。CO_2 排放和能源消耗的增长以及旅游业的快速增长则被视为不利于低碳旅游目的地的建设（Zhang，2017）。就旅游发展而言，评价指标需要包括静态的旅游规模和动态的旅游变化。图 4-6 还表明低碳环境子系统包括低碳环境、生态环境和低碳设施三个方面。低碳环境中涉及的指标应与低碳本身密切相关，如 CO_2 排放、能源消耗和碳汇。生态环境一直是评估低碳发展或可持续发展的关键因素。低碳设施的概念用于衡量旅游目的地的低碳投入（旅游企业除外）。低碳社会子系统的概念反映了发展低碳旅游的人文环境。文献综述结果显示，低碳规划、立法、技术、通信和素养都是低碳旅游发展的重要影响因素。

2. 基于FDM方法的评价指标识别

德尔菲法广泛用于各种评价指标的选择（Cho et al., 2016; Cheng et al., 2013）。本节也采用德尔菲法确定TBUD低碳旅游发展的评价指标。但是为了克服传统德尔菲法不确定性、模糊性和耗时长的缺点（Wang et al., 2010; Wang et al., 2013; Zhang, 2017），本节采用Murray等（1985）基于模糊理论开发的模糊德尔菲方法。正如Murray等（1985）和Zhang（2017）所述，模糊德尔菲方法有两个主要优势：①FDM综合考虑了专家主观思维的不确定性和模糊性，使每位专家的意见都能充分参与决策。因此，所得结果相对客观合理。②最终结果可以通过一轮基于FDM的调查做出，因此可以避免传统德尔菲法中需要的多轮调查，有效降低了研究时间和成本。FDM的基本程序如下。

步骤Ⅰ. 根据上述文献综述和专家判断，收集所有n个可能的评价指标：$U=(u_1, u_2, \cdots, u_n)$。

步骤Ⅱ. 根据表4-5所示的三角模糊数（Zhang, 2017），从所有m位专家处收集每个指标u_n的估计得分。每个专家对每个指标的判断都是通过问卷中的语义变量得出的。第i位专家给出的指标u_n的分数表示为$\omega_{in}=(a_{in}, b_{in}, c_{in})$，$i=1,2,\cdots,m$。具体来说，每个专家在每个指标上的得分是一组数字，因此每个专家的决策具有更好的容错性。例如，如果一位专家判断某一指标非常重要，则可以将其赋分（5、7和9），而不是传统德尔菲法中的简单赋分7、8或9。第n个指标的模糊权重定义为

$$\omega_n = (\alpha_n, \beta_n, \gamma_n) \qquad (4\text{-}2)$$

这里$\alpha_n = \min(a_{in})$，$\beta_n = \dfrac{1}{m}\sum_{i=1}^{m} b_{in}$，$\gamma_n = \max(c_{in})$。

表4-5 模糊评价量表

模糊量表	评价模糊集	三角模糊数（a, b, c）
$\tilde{9}$	极其重要	(7, 9, 9)
$\tilde{7}$	非常重要	(5, 7, 9)

续表

模糊量表	评价模糊集	三角模糊数 (a, b, c)
$\tilde{5}$	重要	(3, 5, 7)
$\tilde{3}$	有点重要	(1, 3, 5)
$\tilde{1}$	不重要	(1, 1, 3)

步骤Ⅲ. 最终指标 u_n 的模糊权重 S_n 由一个简单的算术平均法［式（4-3）］去模糊化确定。

$$S_n = \frac{\alpha_n + \beta_n + \gamma_n}{3} \quad (4\text{-}3)$$

步骤Ⅳ. 从 U 中提取关键的评价指标。设定阈值 ρ；如果 $S_n \geqslant \rho$，则保留指标 n；如果 $S_n < \rho$，则删除指标 n。一般来说，研究者可以根据需要主观地确定阈值（Kuo and Chen, 2008）。如果需要较少的指标，则确定为较大的 ρ 值；反之，则选择较小的 ρ 值（Zhang, 2017）。

共邀请了 11 位低碳旅游管理领域的专家参加。为了确保 FDM 结果的可信性和权威性，所有选择的专家都在低碳城市（三名专家）、低碳旅游（五名专家）和可持续发展（三名专家）研究领域拥有丰富的积累。此外，专家小组具有国际化背景，其中有五名中国人、两名澳大利亚人和四名欧洲人。最终，通过 FDM 方法获得 TBUD 评价指标。

3. 基于网络层次分析法的指标权重确定

网络层次分析法（analytic network process, ANP）由 Saaty（1996）提出。ANP 方法允许各指标在网络系统中实现其相互依赖或反馈，并用网络取代层次结构，比层次分析法更具一般性。客观上，大多评价指标之间存在着大量的相互依存关系（Zhang, 2017）。因此，应用传统的层次分析法在确定各指标权重时存在一定的局限性。本节通过 ANP 方法获得评价指标的权重。详细的 ANP 过程可在 Saaty（1996）或众多相关研究中找到，如 Wang 等（2010）、Zhang（2016）和 Zhang（2017），本节不再介绍其详细的方法原理，只给出简单的解释。ANP 过程包括：建立 ANP 网络模型；建立所有两两比较矩阵；确定未加权超矩阵；计算加权超矩阵；获得极限超矩阵。在确定评价指标后，本节进一步收集专家对这些指标相对重要性的判断。选定的专家被要求使用 Saaty 的 9 点量表来比较任何一对有关联的指标。最后，通过计算每个专家决定的平均值，得到所有两两比较矩阵。

4.2.3 结果

1. 评价指标

通过参考已有的研究，获得可能的所有评价指标（见附录表 A1）。然后应用 FDM 确定最终指标（见附录表 A1）。需要注意的是，专家组有权在提供的指标之外设定新指标。但是实际执行过程中，专家组都同意提供的初步指标，并在这些指标范围内作出了选择。为了获得足够多的指标，本节主观上将阈值 ρ 设置为 5。如附录表 A1 所示，5 是一个良好的阈值，同时保证了这些指标的重要性，因为 5 在附录表 A1 中表示"重要"。表 4-6 显示了通过 FDM 得出的 33 个评价指标及其量化单位和指标的参考文献来源。

表 4-6 城市低碳旅游评价指标

维度（权重）	二级指标（权重）	三级指标	参考文献	单位	综合权重 权重	综合权重 排名
低碳旅游经济（A1）（0.2725）	低碳旅游产品（B1）（0.1697）	绿色酒店比例（C1）	Zhang（2017）	%	0.0349	11
		绿色餐饮比例（C2）	Zhang（2017）	%	0.0121	25
		绿色建筑比例（C3）	全国低碳经济媒体联盟（2011）	%	0.0200	20
		低碳购物（C4）	专家访谈	%（简单包装和可降解包装的应用）	0.0106	28
		低碳交通比例（C5）	全国低碳经济媒体联盟（2011），Zhang（2017）	%	0.0632	4
		低碳旅游景区比例（C6）	专家访谈	%	0.0289	14
	低碳投入（B2）（0.0633）	旅游企业低碳投资比例（C7）	Cheng 等（2013）	%	0.0426	10
		低碳营销（C8）	专家访谈	%（网络营销支出比例）	0.0207	18
	旅游发展（B3）（0.0395）	游客增长率（C9）	专家访谈	%	0.0317	12
		旅游拥挤指数（C10）	专家访谈	游客数量与居民人口比重	0.0078	30
低碳旅游环境（A2）（0.6086）	低碳环境（B4）（0.1929）	旅游碳强度（C11）	Xu 等（2011），Zhou 等（2015a），Zhang（2017）	t CO_2/1000 美元旅游收入	0.0620	5
		旅游碳足迹（C12）	专家访谈	t CO_2/（千游客·天）	0.0448	7

续表

维度（权重）	二级指标（权重）	三级指标	参考文献	单位	综合权重 权重	综合权重 排名
低碳旅游环境（A2）（0.6086）	低碳环境（B4）（0.1929）	可再生能源利用（C13）	全国低碳经济媒体联盟（2011），Cheng等（2013），Chen和Zhu（2013），Zhou等（2015a），Tan等（2017）	%（可再生能源利用比例）	0.0437	9
		旅游能源强度（C14）	Guo等（2018），Chen和Zhu（2013）	10^3MJ/1000美元旅游收入	0.0243	17
		绿地空间比例（C15）	全国低碳经济媒体联盟（2011），Cheng等（2013），Guo等（2018），He等（2018a），Yao等（2014）	%	0.0181	21
	生态环境（B5）（0.3310）	空气污染指数（C16）	Zhou等（2015a），全国低碳经济媒体联盟（2011），Zhang（2017）	%（每年空气质量优秀*的总天数百分比）	0.0781	2
		地表水质量（C17）	Cheng等（2013），Zhou等（2015a），Zhang（2017）	%（达到我国三级或以上地表水的百分比）	0.0666	3
		噪声污染（C18）	Guo等（2018）	平均噪声值符合我国二级标准的比率	0.0150	22
		固体垃圾处理（C19）	Yao等（2014），Chang和Dong（2016），He等（2018b），Zhang（2017），Tan等（2017）	%（固体垃圾处理率）	0.0280	15
		污水处理（C20）	Zhou等（2015a），Yao等（2014），Chang和Dong（2016），Zhang（2017），Tan等（2017）	%（污水处理率）	0.0465	6
		环境监测系统（C21）	Cheng等（2013），Gagliardi等（2007）	每年环境监测站工作的百分比	0.0968	1
	低碳设施（B6）（0.0847）	低碳公共设施建设（C22）	Luo等（2014），Zinatizadeh等（2017）	%（GDP投资百分比）	0.0444	8
		节水技术应用（C23）	Zhou等（2015a），Zhang（2017）	%（循环用水）	0.0207	19
		低碳标识（C24）	Cheng等（2013）	%（目的地低碳表示覆盖率）	0.0077	31
		低碳材料使用（C25）	Cheng等（2013）	%（节能环保材料比例）	0.0119	26
低碳旅游社会（A3）（0.1192）	低碳理念（B7）（0.0662）	低碳环境教育（C26）	Cheng等（2013），Zhang（2017）	0～100分	0.0272	16
		低碳理念传播（C27）	全国低碳经济媒体联盟（2011）	0～100分	0.0144	23

续表

维度 （权重）	二级指标 （权重）	三级指标	参考文献	单位	综合权重 权重	综合权重 排名
低碳旅游社会(A3) (0.1192)	低碳理念 (B7) (0.0662)	居民低碳素养（C28）	Cheng 等（2013），专家访谈	0～100 分	0.0052	33
		游客低碳素养（C29）	Cheng 等（2013），专家访谈	0～100 分	0.0075	32
		旅游企业员工低碳素养（C30）	Cheng 等（2013），Horng 等（2013）	0～100 分	0.0119	27
	低碳管理 (B8) (0.0530)	低碳政策&法规（C31）	Wang 等（2015），Zhang（2017），Lo（2014），Liu 和 Qin（2016）	0～100 分	0.0316	13
		低碳旅游规划（C32）	全国低碳经济媒体联盟（2011），Cheng 等（2013），Zhou 等（2015），Zhang（2017）	0～100 分	0.0131	24
		低碳科技进步（C33）	Tsai 和 Chang（2015）	0～100 分	0.0083	29

* "优秀"表示当日 $PM_{2.5}$ 指数小于 50。

为了确保评估结果的稳健性，本节另外对阈值 ρ 进行了敏感性测试，将其分别设置为 3 和 2。阈值为 2 时，将包括所有初始指标。然后使用 ANP 方法分别计算这两种情况下指标的权重，结果见附录表 A2。附录表 A2 显示，新增指标的权重非常小，其对 TBUD 低碳旅游评价的影响可以忽略。因此，当前选定的指标及其相应的权重是稳健的。

2. 评价指标之间的相互依赖性

FDM 方法只是确定了评估指标。在对 ANP 过程中的评价指标进行加权之前，必须考虑 Zhang（2017）所述的不同指标之间的相互依赖关系。例如，低碳投资比例（C7）会对旅游碳强度（C11）和旅游碳足迹（C12）产生负面影响，对节水技术应用（C23）和低碳标识（C24）产生积极影响（Cheng et al., 2013）。此外，低碳政策和法规（C31）与低碳旅游规划（C32）在理论上也相互影响（Zhang, 2017）。因此，表 4-6 中所有 33 个评价指标之间存在大量的错综复杂的相互依存关系。本节使用附录表 A3 的内容来调查指标之间的相互依存关系。要求专家组根据指标含义确定不同评价指标之间的相互依存关系。例如，绿色酒店建设有助于减少与旅游业相关的 CO_2 排放（Zhang, 2017），那么可以确定 C1 和 C12 之间的相互依赖关系。同样，C1 和 C11 之间也存在相互依赖关系。

附录表 A3 显示了所有指标之间的相互依赖关系。

3. ANP 过程

图 4-7 呈现了根据附录表 A3 评估 TBUD 低碳旅游发展水平的 ANP 网络模型。箭头表示不同指标之间的相互依存关系。ANP 模型由决策工具 SuperDecisions 编写。图 4-7 实际刻画了附录表 A3 的结果。本节构建的 ANP 模型中有 299 个两两比较矩阵，所有矩阵都通过了一致性测试（不一致性<0.1）。所有两两比较矩阵的最大不一致性为 0.0909。然后，本节计算了所有 33 个指标以及低碳旅游经济、低碳旅游环境和低碳旅游社会的优先级，并形成初始超级矩阵（未加权超级矩阵），如附录表 A4 所示。在此基础上，将初始超级矩阵转化为加权超级矩阵，并对加权超级矩阵进行极限幂运算，从而得到所有指标权重收敛的极限超矩阵。通过这个过程，本节最终得出了所有评价指标的综合权重，结果见表 4-6。

表 4-6 第 6 列和第 7 列分别显示了所有评价指标的综合权重及其排名，其中，环境监测系统（C21）权重最高（0.0968），其次是空气污染指数（C16）（0.0781）、地表水质量（C17）（0.0666）和低碳交通比例（C5）（0.0632）。指标排名显示，在 TBUD 低碳旅游开发中，预防（环境监测）比治理［如固体垃圾处理（C19）（0.0280）和污水处理（C20）（0.0465）］更为重要。这突出了在问题发生之前预防问题的重要性，而不是在污染已经发生之后再进行治理（Zhang，2017）。空气质量指数的相对较高权重突出了专家对空气质量的重视。同样，地表水质量也被赋予较高的权重。分配给固体垃圾处理（0.0280）和污水处理（0.0465）的权重高于大多数指标的权重。所有这些权重表明，专家小组关注 TBUD 的自然环境在低碳旅游开发过程中可能受到的威胁。一般来说，交通是旅游目的地 CO_2 排放的主要影响因素，因此也拥有较高的权重。

表 4-6 同时表明，低碳社会所涉及指标的平均权重要低于低碳经济和低碳环境涉及的指标。从经济和环境指标相对较高的权重可以看出，低碳旅游的发展应该更多地由政府推动。在这种情况下，社会指标无法发挥较大作用。也就是说，大多数社会指标不是 TBUD 低碳旅游发展的优先事项。然而，考虑到社会指标本身的作用机制（无论是普及教育、传播思想还是提高素养都是一个长期过程），从长远来看，这些社会指标预计将对 TBUD 的低碳旅游发展产生更积极的影响。在低碳理念的 5 项指标中，低碳环境教育（C26）（0.0272）权重最

高，在 33 项评价指标中排名第 16 位，居民低碳素养（C28）（0.0052）和游客低碳素养（C29）（0.0075）排名为最后。因此，就目前发展低碳旅游的人文环境而言，咨询专家倾向于承认低碳教育的作用。

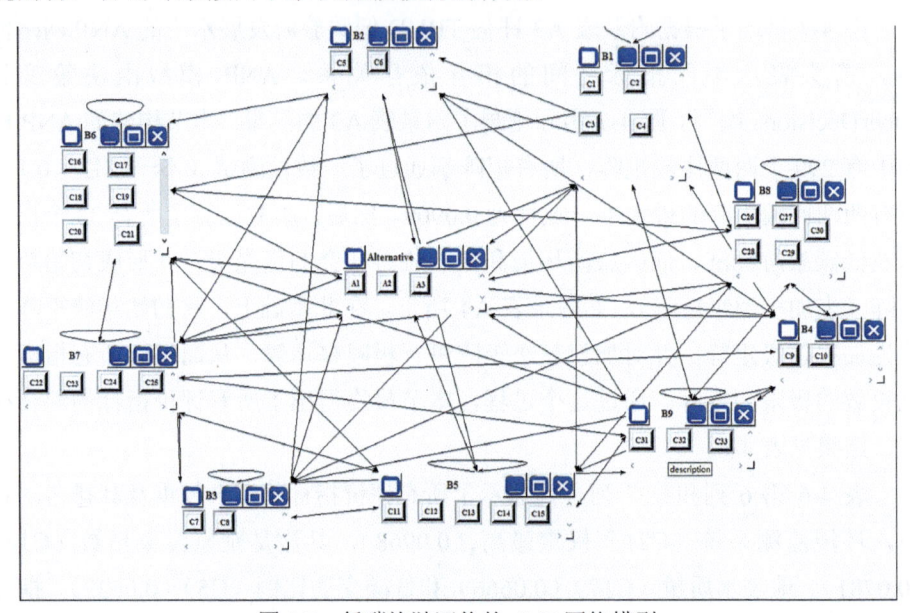

图 4-7　低碳旅游评价的 ANP 网络模型

4.2.4　实证研究

1. 研究区域

本节以拉萨和桂林为研究对象。前一节已经提及，拉萨志在成为世界重要的旅游中心城市（Zhang，2017），同时也在大力提升清洁能源示范的城市形象。桂林是我国可持续发展议程创新示范区、国家旅游创新与发展先锋区、世界级旅游目的地示范区，也是联合国世界旅游组织（UNWTO）/亚太旅游协会（APTA）的旅游业趋势和前景国际论坛永久举办地。拉萨和桂林都是有代表性的旅游依赖型城市旅游目的地。鉴于拉萨的旅游活动以及由此产生的 CO_2 排放和能源消费都集中在城市地区，根据拉萨市旅游发展局的数据，拉萨城区游客接待量占拉萨总接待量的 90%以上。因此本节选择了拉萨市区，即城关区、堆龙德庆区和达孜区，以及桂林，探讨典型 TBUD 的低碳发展评价。

2. 评价结果和政策启示

为了直接对表 4-6 中的每个评价指标打分，本节对选定的 33 个最终指标设定标杆值；见表 4-7 第 2、3、5 和 6 列。第 2 列和第 5 列表示标杆值，第 3 列和第 6 列表示数值来源。标杆值意味着各指标在低碳发展中的方向值。在所有 33 项指标中，游客增长率（C9）、旅游拥挤指数（C10）、旅游碳强度（C11）、旅游碳足迹（C12）和旅游能源强度（C14）的指标属性均为负。11 位专家的额外意见被用于评估拉萨和桂林在每个指标上的进展，以计算每个指标的标准化得分。每个指标分为四个层次：较差的低碳旅游发展、中等低碳旅游发展、好的低碳旅游发展、优秀的低碳旅游发展。参考选定的基准值，与各等级相关的专家给出的标准化得分如下：[0, 0.25)，[0.25, 0.5)，[0.5, 0.75)，[0.75, 1]。每个指标的最终标准化得分为 11 位专家判断的平均值。33 个评价指标的所有原始分数、标准化得分和数据来源见附录表 A5。

表 4-7 评价指标标杆值和评价结果

指标	拉萨 标杆值 数值	拉萨 标杆值 数据来源	拉萨 最终得分	桂林 标杆值 数值	桂林 标杆值 数据来源	桂林 最终得分	指标属性
绿色酒店比例（C1）	100%	专家组决策	0.0098	100%	专家组决策	0.0171	正
绿色餐饮比例（C2）	100%	专家组决策	0.0016	100%	专家组决策	0.0042	正
绿色建筑比例（C3）	40%	拉萨能源发展规划，2020 年目标	0.0034	60%	桂林市能源发展"十三五"规划，2020 年目标	0.0110	正
低碳购物（C4）	100%	专家组决策	0.0086	100%	专家组决策	0.0074	正
低碳交通比例（C5）	90%	拉萨能源发展规划，2020 年目标	0.0228	95%	桂林市能源发展"十三五"规划，2020 年目标	0.0575	正
低碳旅游景区比例（C6）	100%	专家组决策	0.0072	100%	专家组决策	0.0136	正
低碳投资比例（C7）	10%	专家组决策，2020 年目标	0.0038	20%	专家组决策，2020 年目标	0.0166	正
低碳营销（C8）	60%	专家组决策，2020 年目标	0.0110	80%	专家组决策，2020 年目标	0.0143	正
游客增长率（C9）	≤10%	专家组决策，2020 年目标	0.0231	≤10%	专家组决策，2020 年目标	0.0114	负
旅游拥挤指数（C10）	≤10	专家组决策，2020 年目标；Zhang（2016）	0.0045	≤20	专家组决策	0.0078	负
旅游碳强度（C11）	≤0.150	Zhang（2017）	0.0502	≤0.200	专家组决策	0.0453	负
旅游碳足迹（C12）	≤30	专家组决策，2020 年目标	0.0309	≤30	专家组决策，2020 年目标	0.0251	负

续表

指标	拉萨 标杆值 数值	拉萨 标杆值 数据来源	拉萨 最终得分	桂林 标杆值 数值	桂林 标杆值 数据来源	桂林 最终得分	指标属性
可再生能源利用（C13）	55%	拉萨能源发展规划，2020年目标	0.0315	60%	桂林市能源发展"十三五"规划，2020年目标	0.0284	正
旅游能源强度（C14）	≤5	专家组决策，2020年目标	0.0170	≤6	专家组决策，2020年目标	0.0180	负
绿地空间比例（C15）	42%	拉萨"十三五"规划，2020年目标	0.0129	70%	桂林"十三五"规划，2020年目标	0.0167	正
空气污染指数（C16）	100%	专家组决策	0.0711	100%	专家组决策	0.0734	正
地表水质量（C17）	100%	专家组决策	0.0639	100%	专家组决策	0.0639	正
噪声污染（C18）	100%	专家组决策	0.0150	100%	专家组决策	0.0150	正
固体垃圾处理（C19）	100%	专家组决策	0.0171	100%	专家组决策	0.0224	正
污水处理（C20）	100%	专家组决策	0.0377	100%	专家组决策	0.0423	正
环境监测系统（C21）	100%	专家组决策	0.0968	100%	专家组决策	0.0968	正
低碳公共设施建设（C22）	5%	专家组决策	0.0004	8%	专家组决策，2020年目标	0.0240	正
节水技术应用（C23）	30%	专家组决策	0.0058	50%	专家组决策	0.0095	正
低碳标识（C24）	100%	专家组决策	0.0028	100%	专家组决策	0.0060	正
低碳材料使用（C25）	100%	专家组决策	0.0049	100%	专家组决策	0.0062	正
低碳环境教育（C26）	100	专家组决策	0.0160	100	专家组决策	0.0237	正
低碳理念传播（C27）	100	专家组决策	0.0101	100	专家组决策	0.0108	正
居民低碳素养（C28）	100	专家组决策	0.0043	100	专家组决策	0.0042	正
游客低碳素养（C29）	100	专家组决策	0.0056	100	专家组决策	0.0056	正
旅游企业员工低碳素养（C30）	100	专家组决策	0.0098	100	专家组决策	0.0090	正
低碳政策&法规（C31）	100	专家组决策	0.0218	100	专家组决策	0.0262	正
低碳旅游规划（C32）	100	专家组决策	0.0086	100	专家组决策	0.0098	正
低碳科技进步（C33）	100	专家组决策	0.0076	100	专家组决策	0.0077	正

为了衡量城市低碳旅游的发展水平，本节参考 Cheng 等（2013）将低碳城市旅游目的地的发展划分为四个层次：优秀的低碳旅游发展、相对较好的低碳旅游发展、不足的低碳旅游发展和较差的低碳旅游发展。这四个发展层次分别对应 Cho 等（2016）提出的成熟阶段、发展阶段、参与阶段和探索阶段。这四个发展层次依次对应综合得分范围（0.85，1］、（0.7，0.85］、（0.5，0.7］和（0，0.5］。

假设低碳旅游发展综合得分为 G，则第 n 个评价指标的权重为 W_n，第 n 个评价指标的最终得分为 F_n，则

$$G = \sum_{n=1}^{33} W_n F_n \tag{4-4}$$

根据表 4-6 中给出的每个指标的数据收集方法，本节获得了 2016 年每个指标的原始数据。随后，根据 11 位专家的判断计算所有指标的标准化分数（附录表 A5）。最后，利用式（4-4）得出拉萨和桂林低碳旅游发展水平的综合得分。结果见表 4-7 第 4 列和第 7 列。

最终拉萨和桂林的综合得分分别为 0.6375 和 0.7510。结果表明，目前拉萨的低碳旅游发展水平不足，还处于参与阶段，而桂林的低碳旅游发展相对较好，但也只处于发展阶段。具体而言，拉萨的生态环境开始受到关注，低碳旅游也开始受到关注。积极向绿色经济转型的势头正在明显增强（Cho et al.，2016）。附录表 A5 表明，拉萨生态环境方面的六项指标具有较高的标准化分数。其中，噪声污染（C18）（1）和环境监测系统（C21）（1）得分最高。值得注意的是，拉萨的官方定位一直是一个高原生态旅游城市，其生态环境也相对脆弱（Zhang et al.，2015a）；因此，生态环境一直是拉萨城市发展的重点。但是研究发现，与 CO_2 排放量密切相关的一些指标，拉萨的表现普遍较差。例如，低碳投资比例的标准化得分仅为 0.09，绿色酒店比例（C1）为 0.28，绿色餐饮比例（C2）为 0.13，低碳旅游景区比例（C6）为 0.25。

尽管旅游碳强度（C11）（0.81）、旅游碳足迹（C12）（0.69）和旅游能源强度（C14）（0.70）表现较好，但当前值与 2020 年目标值之间仍存在明显差距（分别为 26.11%、24.43% 和 25.90%）。缩小这一差距可能会产生巨大的经济成本，特别是考虑到我国减少 20% 或 30% 的碳排放量将导致名义 GDP 分别下降 6.11% 或 14.86%（Guo et al.，2014），拉萨旅游发展也会遇到同样的问题。旅游业的碳足迹和能源强度也将面临同样的困难。此外，有利于改善低碳旅游发展的低碳设施、低碳理念、低碳管理等指标的标准化得分，也远低于生态环境指标。因此，如果将评价指标局限于纯粹的"低碳"标准，拉萨的低碳旅游发展水平似乎极为低下。拉萨市区应在发展低碳旅游的各个方面继续努力。

相比之下，桂林的低碳旅游正处于 Cho 等（2016）所界定的发展阶段。附录表 A5 显示，桂林有九个指标的标准化分数高于 0.9。其中，旅游拥挤指数

（C10）、噪声污染（C18）（1.0000）和环境监测系统（C21）（1.0000）得分最高。作为中国可持续发展议程创新示范区，桂林的生态环境也一直是城市发展的重点。本节发现，桂林与自然环境密切相关的指标绩效普遍较高。这些指标大部分得分要高于拉萨。此外，桂林也有一些指标得分相对较低。例如，绿色酒店比例（C1）的标准化得分仅为 0.49，绿色餐饮比例（C2）为 0.35，低碳投资比例（C7）为 0.39，游客增长率（C9）为 0.36，节水技术应用（C23）为 0.46。需要注意的是，尽管桂林低碳旅游发展水平总体良好，但在与低碳密切相关的几个指标上，桂林的得分仍然很低，包括旅游碳强度（C11）（0.73）、旅游碳足迹（C12）（0.56）、可再生能源利用（C13）（0.65）和旅游能源强度（C14）（0.73）。

综上所述，本节提出以下一些主要的政策建议。一是在传统生态环境保护投资的基础上，建议加大低碳基础设施投资，在旅游业乃至各行各业推广低碳材料和低碳认证。二是建议在旅游发展的利益相关者中传播低碳理念，进而提高这些群体的低碳素养。此外，旅游从业人员，包括管理人员，特别是旅游企业的员工，应不断接受低碳教育，了解气候变化对旅游业发展的负面影响，从而在整个旅游社会形成低碳文化氛围。三是要尽快制定并重点实施低碳发展的相关政策法规，制定低碳旅游发展规划或修订现行旅游规划，以体现低碳发展理念，引导低碳行为。此外，应在住宿和交通等旅游业碳密集型部门积极推广低碳技术，并推广太阳能、风能和水能等新能源和可持续能源。

4.2.5　结论和讨论

如果旅游业要实现减少 CO_2 排放的目标或在实现低碳社会的过程中发挥重要作用，建设低碳旅游城市是一项重要举措（Shen et al., 2015a; Xu et al., 2011）。本节在可持续城市、低碳城市、可持续城市旅游和低碳旅游评价的基础上，构建了一个可应用于 TBUDs 的评价指标。本章在评价指标的选择和权重设置方面做了一些开创性工作。在拉萨和桂林的实证研究中，结果表明了两个城市不同的低碳旅游发展水平。

在评价指标的选择方面，尽管关于低碳可持续城市的评价研究有很多，但由于侧重点不同，本节更侧重于突出旅游相关指标的表现，即本节主要关注低碳旅游，而其他研究则涵盖整个经济体系。此外，本节研究中的评价指标仅限于旅游城市目的地，而不是已有研究探讨的更普遍的具有一般意义上的城市。正是由于旅游业的特点，本节强调了酒店、旅游景点和其他旅游企业在低碳经济和环境指标方面 CO_2 排放和能源消费的重要性。同样，本节强调了低碳社会指标中的居民、旅游者和旅游企业在内的旅游利益相关者的低碳素养的重要性。

与 Pérez 等（2016）和 Blancas 等（2016）的城市可持续旅游评估研究相比，本节构建的指标突出了低碳特征，反映在碳强度、能源强度和低碳素养等多个指标上。本节还对 Zhang（2017）的研究做了拓展。Zhang（2017）评估了区域低碳旅游发展战略，通过评价指标的设置，对区域低碳旅游战略的重点进行了排序。本节将 Zhang（2017）的 15 个指标扩展到当前研究的 33 个指标。本节强调经济发展对低碳旅游的重要性，从而更全面地反映城市低碳旅游发展水平。

在权重确定方面，在评估低碳发展和可持续性时，最流行的方法是层次分析法（Cho et al.，2016；Hsiao，2016）和熵值法（Chang and Dong，2016；Shen et al.，2015b；Zinatizadeh et al.，2017）。然而，本节考虑了附录表 A3 所示指标和相邻层级之间的网络关系，因此选择 ANP 方法来定义每个指标的权重。熵值法往往忽视指标本身的重要性，以及不同指标之间的相互依赖性。ANP 作为层次分析法的升级版本，具有考虑不同指标或相邻层次之间相互依赖性的巨大优势，可以使用超矩阵对所有指标进行综合分析，从而获得这些指标的综合权重。

本节研究的主要贡献在于，首次构建了一个指标体系，该体系采用定性和定量相结合的 FDM-ANP 方法评估 TBUD 的低碳发展。本节构建的网络评价模型将抽象的低碳旅游城市发展概念转化为具体的指标。该评价模型还可以将低碳旅游的主观定性特征、众多指标之间隐含的相互影响以及发展需求转化为综合的定量值，以便于指导低碳旅游发展实践。研究过程还表明，本节构建的指标（和权重）具有更广泛的适用性。因为，一方面，初始指标体系是参照世界范围内的研究确定的；另一方面，选定的 FDM 专家来自多个国家和地区，包括澳大利亚、中国和欧盟。ANP 过程也由同一专家组执行。因此，在不失一般性的情况下，该评估模型不仅适用于本节列举的两个案例地，还适用于全球所有以旅游为主要经济动力的城市目的地。

在未来研究方面，有两个方面可以提升。第一，本节基于经验确定了三角模糊数。改变这些数值可能会改变低碳城市旅游评价指标选择的最终结果。因此，未来需要在这一方面进一步进行敏感性分析，以确保指标选择的稳健性。第二，需要更多的实证研究来证明本节模型的适用性。当然，这需要根据其他区域的综合数据分析重新确定标杆值，以获得适合具体情况的评价结果。

第 5 章　旅游、经济、能源与碳排放

本章综合考虑低碳发展中的几个重要的经济和环境变量，包括旅游、经济增长、能源消费、可再生能源利用和二氧化碳排放之间的相互关系。本章基于计量经济学方法调查上述五个变量在不同样本中的协整和格兰杰因果关系。5.2 节、5.3 节分别对应中国、东盟 8 国的样本。

5.2 节应用向量误差修正模型和格兰杰因果关系检验方法，调查了 2000～2017 年我国 30 个省份的旅游、经济增长、能源消费和二氧化碳排放之间的短期和长期因果关系。结果表明，上述四个变量之间存在长期均衡关系。VECM-Granger 因果关系检验的结果证实了 GDP 和旅游之间的双向短期因果关系。此外，存在从能源消耗到其他变量的单向短期因果关系，而二氧化碳排放与 GDP、二氧化碳排放与旅游、GDP 与旅游之间存在双向长期因果关系。最后，存在从能源消费到其他变量的单向长期因果关系。

5.3 节运用 2000～2014 年的面板数据探讨了东盟 8 个国家的旅游、经济、能源和二氧化碳排放之间的短期和长期联系。研究发现，二氧化碳排放、人均 GDP、能源消费、可再生能源利用和旅游之间同样存在着显著的长期均衡关系，上述各变量的短期波动受其自身以及其他四个变量的影响。从长期来看，二氧化碳排放和人均 GDP 之间、人均 GDP 和可再生能源利用之间、能源消费和可再生能源之间、旅游和可再生能源利用之间存在双向因果关系，但是不存在短期的双向因果关系。旅游对二氧化碳排放、人均 GDP 和可再生能源利用无论是长期还是短期都有显著的影响。

5.1 文献述评

旅游与经济增长、能源消耗及二氧化碳排放之间的关系是学者关注的热点之一。在这些研究中，变量的选择具有多样性，包括旅游与其中一个变量或者多个变量之间的关系。表 5-1 列出了关于旅游、经济、能源、可再生能源和二氧化碳排放的相关研究。本节将这些工作总结如下。

表 5-1 相关文献梳理

作者（时间）	主要研究方法	案例地	结果（因果关系和影响方向）
Akadiri 等（2019）	面板格兰杰因果检验	小型岛国	旅游 CO_2（负向）
Alam 和 Paramati（2017）	FMOLS	排名前 10 位的旅游经济体	旅游 CO_2
Ali 等（2018）	VEC	19 个亚洲国家	旅游 可再生能源
Alola 和 Alola（2018）	ARDL	16 个地中海国家	旅游 可再生能源
Amin 等（2020）	面板格兰杰因果检验	南亚国家	旅游 能源，旅游 经济
Apergis 和 Payne（2012）	VEC	加勒比国家	旅游 经济
Aratuo 和 Etienne（2019）	PVAR	美国	经济 旅游
Aratuo 等（2019）	VAR	美国	经济 旅游
Azam 等（2018）	FMOLS	马来西亚、泰国和新加坡	旅游 CO_2 在马来西亚，CO_2 旅游在泰国和新加坡（负向）
Balaguer 和 Cantavella（2002）	面板协整检验	西班牙	旅游 经济
Balli 等（2019）	面板格兰杰因果检验	地中海国家	旅游 经济，旅游 CO_2，旅游 经济在摩洛哥和土耳其
Bella（2018）	VEC	法国	旅游 经济，旅游 CO_2
Belloumi（2010）	VAR 和 VEC	突尼斯	旅游 经济
Çalışkan 等（2019）	面板 ARDL	土耳其和 13 个"丝绸之路"国家	国际贸易 旅游
Chou（2013）	Bootstrap 面板因果关系检验	10 个转型国家	旅游 经济在塞浦路斯、拉脱维亚和斯洛文尼亚、经济 旅游在捷克和波兰、旅游 经济在爱沙尼亚和匈牙利
Cortes 和 Pulina（2010）	VEC	西班牙、意大利	旅游 经济在西班牙、旅游 经济在意大利
Danish 和 Wang（2018）	面板非因果关系检验	金砖国家	旅游 经济，旅游 CO_2
Dogan 和 Aslan（2017）	FMOLS 和 DOLS	欧盟及其候选国	旅游 CO_2，经济 旅游

续表

作者（时间）	主要研究方法	案例地	结果（因果关系和影响方向）
Dogan 等（2017）	DOLS	OECD 国家	旅游 CO_2
Dritsakis（2012）	FMOLS	地中海国家	旅游 经济
Eyuboglu 和 Uzar（2019）	VEC	土耳其	旅游 CO_2，经济 旅游，能源 旅游
Faber 和 Gaubert（2019）	空间均衡模型	墨西哥	旅游 经济
Isik 等（2018）	Bootstrap 面板因果关系检验	美国、法国、西班牙、中国、意大利、土耳其和德国	旅游 经济在中国和土耳其、经济 旅游在西班牙、旅游 经济在德国、旅游 能源在意大利、西班牙、土耳其和美国、能源 旅游在中国
Jebli 和 Hadhri（2018）	VEC	排名前 10 位的国际旅游目的地	旅游 经济，旅游 能源
Jiao 等（2019）	空间杜宾模型	中国	旅游 经济
Katircioglu（2014a）	ARDL	土耳其	旅游 能源，旅游 CO_2
Katircioglu 等（2014）	ARDL	塞浦路斯	旅游 能源，旅游 CO_2
Lee 和 Brahmasrene（2013）	面板协整检验	欧盟国家	旅游 经济，旅游 CO_2（负向）
Lee 和 Chang（2008）	VEC	OECD 和非 OECD 国家	旅游 经济在 OECD 国家、旅游 经济在非 OECD 国家
León 等（2014）	GMM	14 个发达国家和 31 个欠发达国家	旅游 CO_2
Lin 等（2019）	时间序列模型	中国	旅游 经济在 10 个省，经济 旅游在 9 个省
Narayan 等（2010）	面板格兰杰因果检验	太平洋岛国	旅游 经济
Nepal 等（2019）	ARDL	尼泊尔	经济 旅游，能源 旅游（负向）
Oh（2005）	VAR	韩国	经济 旅游
Paramati 等（2017）	FMOLS	26 个发达国家和 18 个发展中国家	旅游 经济，旅游 CO_2
Paramati 等（2018）	面板非因果关系检验	28 个欧盟国家	旅游投资 旅游，旅游投资 CO_2（负向）
Raza 等（2017）	格兰杰因果检验	美国	旅游 CO_2
Roudi 等（2019）	面板 ARDL	小型岛国和发展中国家	旅游 经济，旅游 能源
Sharif 等（2017）	FMOLS	巴基斯坦	旅游 CO_2
Sherafatian 等（2017）	PMG	东南亚国家	旅游 CO_2
Ren 等（2019）	ARDL	地中海国家	旅游 经济，旅游 CO_2（负向）
Tang 和 Abosedra（2014）	GMM	中东北非国家	旅游 经济
Wang 和 Wang（2018）	OLS	35 个 OECD 国家	旅游 CO_2

续表

作者（时间）	主要研究方法	案例地	结果（因果关系和影响方向）
Wu 和 Wu（2018）	Bootstrap 面板因果关系检验	中国	旅游→经济，经济→旅游，旅游→经济在不同区域
Yazdi（2019）	ARDL	伊朗	旅游→经济
Zaman 等（2016）	2SLS	东亚&太平洋、欧盟、高收入 OECD 国家和非 OECD 国家	旅游→CO_2，经济→旅游
Zaman 等（2017）	面板计量方法	11 个转型经济体	能源→旅游，旅游→CO_2，旅游→经济
Zhang 和 Gao（2016）	面板格兰杰因果检验	中国	旅游→CO_2，旅游→经济
Zhang 和 Liu（2019）	FMOLS	东北亚和东南亚 10 国	旅游→CO_2
Zhang 和 Zhang（2020a）	VEC	中国	旅游→CO_2，能源→旅游，旅游→经济

注：FMOLS 表示完全修正普通最小二乘法（fully modified ordinary least squares），VEC 表示向量误差修正模型（vector error correction），GMM 表示广义矩估计方法（general method of moments），ARDL 表示自回归分布滞后模型（autoregressive distributed lag），GLS 表示广义最小二乘法（generalized least square），PMG 表示混合组群平均数方法（pooled mean group），OECD 表示经济合作和发展组织（Organization for Economic Cooperation and Development），DOLS 表示动态普通最小二乘法（dynamic ordinary least squares），2SLS 表示两阶段最小二乘法回归分析（two-stage least square regression）。

5.1.1 旅游和经济增长

大量的研究已经证实了旅游和经济增长之间存在着一定的联系，例如赵磊等（2014）、吴玉鸣（2014）、Antonakakis 等（2019）、Aratuo 和 Etienne（2019）、Aratuo 等（2019）、Balaguer 和 Cantavella（2002）、Belloumi（2010）、Chou（2013）、Dritsakis（2012）、Faber 和 Gaubert（2019）、Fayissa 等（2008）、Jiao 等（2019）、Lee 和 Chang（2008）、Narayan 等（2010）、Oh（2005）和 Yazdi（2019）。但是在不同实证对象以及不同时间跨度方面，这些联系往往有较大的区别。例如，Antonakakis 等（2019）认为，增长导向型旅游假设在发展中国家始终占主导地位。Belloumi（2010）、Dritsakis（2012）、Lee 和 Chang（2008）以及 Yazdi（2019）等也支持旅游业与经济增长之间的均衡关系。然而，这一发现与 Oh（2005）的研究结果相矛盾。Oh（2005）通过调查韩国经济中旅游业与经济增长之间的关系，否认了二者均衡关系的存在。

在因果关系方面，一方面，Balaguer 和 Cantavella（2002）、Belloumi（2010）、Chou（2013）、Cortes 和 Pulina（2010）、Dritsakis（2012）、Faber 和

Gaubert（2019）、Jiao 等（2019）、Lee 和 Chang（2008）以及 Yazdi（2019）认为存在从旅游到经济增长的长期单向因果关系。但是 Oh（2005）、Aratuo 和 Etienne（2019）以及 Aratuo 等（2019）否认了这一结果。后两者认为在一些旅游子行业中，只存在经济增长到旅游的单向格兰杰因果关系。还有一些研究发现了旅游和经济增长之间的双向因果关系（Fayissa et al.，2008；Lee and Chang，2008）。Narayan 等（2010）和 Yazdi（2019）证实了长期和短期的旅游经济增长假设。

此外，大多数研究都支持旅游业对经济增长的积极影响（Amin et al.，2020；Apergis and Payne，2012；Danish and Wang，2018；Lin et al.，2019）。然而，由于各种数据来源、估算方法和区域特征的差异，这种正向影响有时并不存在，例如在发展中国家（Antonakakis et al.，2019）、美国（Aratuo and Etienne，2019；Aratuo et al.，2019）和西班牙（Isik et al.，2018）。Apergis 和 Payne（2012）在加勒比国家、Balli 等（2019）在地中海国家、Jebli 和 Hadhri（2018）在全球前十国际旅游目的地以及 Roudi 等（2019）在一些小岛屿发展中国家还分别证实了旅游业与经济增长之间可以互相促进。

5.1.2 旅游和二氧化碳排放

低碳经济的兴起使得低碳旅游成为旅游研究领域的主流方向，从而催生了日益增多的旅游业与二氧化碳排放关系的研究。Scott 等（2010）认为，旅游业正面临着二氧化碳排放量的快速增加。然而，关于旅游业与二氧化碳排放之间的关系，却有诸多不同的结论。Akadiri 等（2019）和 Sharif 等（2017）指出旅游者人次与二氧化碳排放之间存在长期均衡关系。Paramati 等（2018）证实了旅游投资、旅游收入和二氧化碳排放之间存在长期均衡关系。此外，Dogan 和 Aslan（2017）、Alam 和 Paramati（2017）、Akadiri 等（2019）、Raza 等（2017）、Sharif 等（2017）和 Sherafatian 等（2017）指出存在从旅游业到二氧化碳排放的单向因果关系。旅游业与二氧化碳之间的双向因果关系则得到 Danish 和 Wang（2018）在金砖国家、Eyuboglu 和 Uzar（2019）在土耳其、Jebli 等（2019）在中南美洲国家、Wang 和 Wang（2018）在经合组织国家以及 Zhang 和 Zhang（2020a）在中国的证实。王凯等（2018）也认为旅游发展对区域碳排放增加的影响较为显著。这些研究的区别在于，一方面，旅游业对十大旅游经济体（Alam and Paramati，2017）、马来西亚（Azam et al.，2018）、地中海国家（Balli et al.，2019）、法国（Bella，2018）、土耳其（Katircioglu，2014a）、塞浦路斯（Katircioglu et al.，2014）和巴基斯坦（Sharif et al.，2017）的二氧化碳排放量做出了积极贡献。另一方面，旅游业有助于减少小岛屿（Akadiri et al.，2019）、欧盟国家（Lee and Brahmasrene，2013）和地中海国家（Ren et al.，2019）的二氧化碳排放量。此外，Azam 等（2018）发现二氧化碳排放对泰国和新加坡的旅游业产生负面影响。Wang 和 Wang（2018）、Chen 等（2018）、León 等（2014）则进一步指出，未来旅游增长将增加更多的二氧化碳排放。由此可见，旅游业与二氧化碳排放之间的关系在不同的目的地也有很大差异。因此，有必要审视不同区域旅游和二氧化碳排放之间的关系，从而更全面地认知可持续旅游发展。

5.1.3　旅游和（可再生）能源消耗

第三类相关的文献集中在旅游和能源消耗的关系研究上。旅游业一直是能源消费的重要经济主体（Zhang and Zhang，2019a）。Nepal（2008）早些时候指出了旅游业中不同的能源消费模式。Amin 等（2020）使用 Dumitrescu-Hurlin 面板非格兰杰因果关系检验方法调查了 1995～2015 年南亚国家旅游业与能源消费之间的因果关系。作者认为，旅游业与能源是协整的，从长期来看，旅游业与能源消费之间存在单向因果关系。同样，基于 EKC 假设，Zaman 等（2016）肯定了 2005～2013 年三个不同国际性区域（即东亚和太平洋国家、欧盟、经合组织国家）的旅游发展导致的能源消耗。Katircioglu（2014a）、Katircioglu 等（2014）认为，旅游业显著增加了土耳其和塞浦路斯的能源消费。反过来，Eyuboglu 和 Uzar（2019）、Zaman 等（2017）以及 Zhang 和 Zhang（2020a）发现，能源消费的增加分别对土耳其、转型经济体和中国的旅游业产生了积极影响。而相反，Nepal 等（2019）则证明了能源消费对尼泊尔旅游业的负面影响。此外，Jebli 和 Hadhri（2018）以及 Roudi 等（2019）分别在全球前十国际旅游目的地和小岛屿发展中国家发现了旅游业与能源消费之间的双向正向因果关系，Dogan 和 Aslan（2017）则认为旅游业与能源消费之间不存在因果关系。

与关于旅游业和经济增长或一般性能源消费或二氧化碳排放的研究相比，

关注旅游业和可再生能源使用的研究较少。Ali 等（2018）利用 VECM 模型确认了 1995~2015 年 19 个亚洲合作对话成员国从旅游业到可再生能源消费的长期单向因果关系。他们发现旅游业有助于增加亚洲国家的可再生能源使用，Alola 和 Alola（2018）以及 Jebli 等（2019）则分别证实了地中海国家和中南美国家旅游业与可再生能源使用之间的双向因果关系。总体上，旅游与可再生能源之间的关系需要在不同的旅游地进行更广泛的调查。

5.1.4 旅游、经济增长、(可再生)能源消费和二氧化碳排放

前文简要介绍了旅游业和经济或二氧化碳排放或能源消费有关的研究，但大量研究并不严格限于旅游业和其他单一变量，而是更多地涉及旅游业和这三个或两个变量的综合分析，从而有利于得出一些更重要的政策启示。例如，Katircioglu（2014a）和 Katircioglu 等（2014）分别探讨了土耳其和塞浦路斯旅游业、能源消费和二氧化碳排放之间的长期均衡关系。作者肯定了这种均衡关系的存在，并验证了旅游业主导能源利用和二氧化碳排放这一假设。在一些岛屿发展中国家的实证中，Roudi 等（2019）同样认为旅游业、能源消费和 GDP 之间存在长期均衡关系，进一步地，他们还发现了这三个变量之间的双向因果关系。Nepal 等（2019）以尼泊尔为例，发现了经济驱动型旅游业的有力证据，并且指出了能源消费对入境游客的负面影响。Isik 等（2018）使用 bootstrap 面板格兰杰因果关系模型，调查了美国、法国、西班牙、中国、意大利、土耳其和德国的旅游业、可再生能源消费和经济增长之间的关系，结果发现在不同的国家三个变量之间的因果关系也存在着较大的差异。可以看出，在不同的实证研究中，学者们对旅游、能源消费和经济之间的长期均衡关系达成了共识。然而，这些变量之间的因果关系存在显著差异，尤其是在因果方向上。查建平（2016）、谢园方和赵媛（2012）、石培华和吴普（2011）等则分别计算了湖北省、长三角地区和中国的旅游相关的能源消费和二氧化碳排放，当然这属于碳计量的研究，并没有涉及旅游-能源-二氧化碳排放关系的研究。

不同于旅游-能源-二氧化碳排放关系的研究，还有一些学者研究了旅游业、经济增长和二氧化碳排放之间的关系。在不同的实证研究中，Balli 等（2019）、Lee 和 Brahmasrene（2013）、Danish 和 Wang（2018）都认为旅游业、GDP 和二

氧化碳排放之间存在着正向的长期均衡关系。此外，Lee 和 Brahmasrene（2013）还发现了这三个变量之间的双向因果关系，但是 Danish 和 Wang（2018）只发现了旅游收入和二氧化碳排放之间的双向因果关系。同样地，Zhang 和 Gao（2016）认为，国际旅游业长期影响中国的经济增长和二氧化碳排放，经济增长与二氧化碳排放之间存在双向因果关系。Paramati 等（2017）还研究了发达国家和发展中国家的旅游业、经济增长和二氧化碳排放之间的关系。作者发现尽管旅游业带动了经济增长，但是在发达国家，旅游导致的二氧化碳排放要比发展中国家下降快得多。发达经济体的旅游业对二氧化碳排放的影响比发展中国家减少得更为迅速。此外，Bella（2018）和 Ren 等（2019）分别采用 VECM 模型和 ARDL 估计以及异质因果检验验证了旅游业导致二氧化碳排放和经济增长假设。在这些研究中，本节发现了旅游业对经济增长和二氧化碳排放的积极影响，以及不同区域的旅游业、经济和二氧化碳排放之间的长期均衡关系。然而，同样地，不同案例地内不同变量之间的因果关系存在显著差异。

在对旅游和相关变量的综合性研究中，还有一些学者将注意力集中在前文提及的所有四个变量之间的关系。例如，基于 1995～2013 年的国家面板数据，Jebli 和 Hadhri（2018）对十大国际旅游目的地进行了调查，考察了四个变量之间的动态因果关系，研究发现经济增长、能源使用和国际旅游业存在双向因果关系，从二氧化碳排放到经济增长存在单向因果关系。接着，Jebli 等（2019 年）通过对 1995～2010 年 22 个中美洲和南美洲国家的格兰杰因果关系测试，认为可再生能源、旅游业、碳排放之间存在长期的双向因果关系，从可再生能源到二氧化碳排放和从经济增长到可再生能源和旅游之间存在短期单向因果关系。

Eyuboglu 和 Uzar（2019）、Dogan 等（2017）以及 Sherafatian 等（2017）同样调查了旅游业、经济增长、能源消费和二氧化碳排放之间的因果关系。Eyuboglu 和 Uzar（2019）通过 VECM 因果检验指出，旅游业、经济增长和能源消费是二氧化碳排放的格兰杰原因，从长期来看，经济增长、二氧化碳排放和能源消费是旅游发展的格兰杰原因。Dogan 等（2017）基于拉格朗日乘数 bootstrap 面板协整检验和 Dumitrescu-Hurlin 因果关系检验，同样发现了这些变量之间的长期联系和各种因果关系。此外，在马来西亚、印度尼西亚、泰国、新加坡和菲律宾的研究中，Sherafatian 等（2017）证实了 EKC 的存在。具体来说，作者发现旅游业对二氧化碳排放量的影响是长期的，经济增长和能源消耗大大增加了二氧化碳排放量。Zaman 等（2017）调查了 1995~2013 年 11 个转型国家的旅游交通、二氧化碳排放、能源消费和经济增长之间的动态关系。作者证实了能源导致的排放和旅游业导致的增长假设。Zhang 和 Liu（2019）探讨了 1995~2014 年亚洲 10 个国家的二氧化碳排放量、GDP、不可再生能源、可再生能源和旅游业之间的关系。作者发现，在不同地区，被分析变量之间的因果关系存在显著差异，但是旅游导致的二氧化碳排放增加全部存在。

综上所述，已有的研究充分证实了旅游业与经济、二氧化碳排放和能源消费之间的多样性关系。其中，旅游业与其他三个变量之间的长期均衡关系已经被大多数研究所证实，这也表明旅游业在整个经济和环境系统中的作用应该得到重视。已有的研究还表明，旅游业也受到经济、碳排放或能源消费的影响。当然，这些结论分散在不同的研究中。同时，本节发现，在不同的研究中，旅游业与其他三个变量之间的关系并不一致，这取决于不同的数据、模型、估计方法以及分析周期。这意味着，在不同的样本中研究这些关系同样具有重要的理论和实践意义。更重要的是，旅游业、经济增长、能源消费和二氧化碳排放是相互关联的，因此，应该使用综合框架来研究它们之间的关系。尽管相关研究越来越多，但综合性地分析我国以及全球性的旅游业、经济增长、能源消费和二氧化碳排放之间关系的研究仍然很少。同样，东盟国家的旅游业、经济增长、能源消费、可再生能源使用和二氧化碳排放之间的关系仍然鲜有学者关注。因此，本章分别以中国、东盟国家为样本，继续探讨旅游和经济、能源消耗、可再生能源利用和二氧化碳排放之间的关系，从而丰富低碳旅游研究文献并有助于相关政策制定。

5.2 中国样本

本节旨在研究我国这一世界主要旅游目的地的旅游业、经济增长、能源消费和二氧化碳排放之间的关系。在促进经济增长和遏制气候变化的背景下，经济增长、能源消费、二氧化碳排放和旅游业之间的关系已成为学术研究的热门话题。前一节已经证实有大量文献探讨了经济增长、气候变化和旅游业之间的各种关系，但是并没有形成共识，这也使得研究不同区域的变量关系非常重要。在不同的案例中有一些特殊和有意义的发现。

随着社会经济的高速发展，我国已成为全球最大的能源消费国和二氧化碳排放国（BP，2020），也是世界第二大经济体。因此，一些研究侧重于中国旅游业以外的经济增长、能源消费和二氧化碳排放之间的关系（例如，Chen et al.，2019；Fan and Hao，2020）。同时，我国旅游相关的增加值、二氧化碳排放和能源消费呈现出快速增长的趋势（Zhang and Zhang，2018；Zhang and Zhang，2019a）。因此，探讨旅游业与这些变量之间的关系，对于认识旅游经济系统的运行以及旅游业对区域经济和环境的影响具有重要意义。因此，有必要探讨我国旅游业、经济增长、能源消费和二氧化碳排放之间的关系，但迄今为止，学术界在很大程度上忽视了这一关系，仅有的一些研究，如 Zhang 和 Gao（2016）、Isik 等（2018）仅关注我国的入境旅游，但是入境旅游在中国旅游经济中所占比例很小，无法准确代表我国的旅游发展。并且 Isik 等（2018）忽略了二氧化碳排放这一重要气候变量，其研究也是依据我国国家级的时间序列数据，而不是省级面板数据。这些不足使得上述研究缺乏足够的说服力。Chen 等（2018）则将他们的研究局限于长江三角洲，且没有考虑能源消耗。因此，对于我国旅游业、经济、二氧化碳排放和能源消费之间的长期和短期因果关系，仍无法找到令人满意的答案。这一不足难以契合我国这样的旅游大国地位以及我国当前的低碳转型战略背景。为了填补这一空白，本节调查我国旅游业与经济、环境和能源之间的关系。

与以往研究不同，本节采用计量经济学方法，包括面板单位根检验、面板协整检验、向量误差修正模型（VECM）和面板格兰杰因果关系检验，基于我国 30 个省级管辖区 2000~2017 年的面板数据，首次估计我国旅游业、经济增长、能源消费和二氧化碳排放之间的因果关系。本节的主要贡献有两个方面，首先，在变量选择和数据采集方面具有创新性。本节使用旅游业总收入，而不是先前研究中常用的入境游客人次或者入境旅游收入来代表旅游业。在能源消费计算方面，本节将非化石能源燃料纳入能源处理和转换，以获得更准确的数据。其次，从实证角度来看，本节通过定量考察我国旅游业、经济增长、能源消费和二氧化碳排放之间的长期和短期关系，有效弥补当前的研究空白。正如 Bella（2018）所言，尽管面板分析技术在众多相关文献中普遍使用，但由于受特定社会经济特征和环境或旅游政策影响，不同旅游目的地的长期演化路径不同，因此研究不同的旅游目的地具有较高的价值，也有助于提出更合适的管理建议。因此，本节研究可为我国旅游领域的实证研究做出贡献。

5.2.1 数据和研究方法

1. 数据来源和处理

本节涉及的数据包括旅游、经济增长、能源消费和二氧化碳排放。考虑到研究的实际需要和数据可用性，本节收集了我国30个省（自治区、直辖市）2000～2017年的年度数据。需要指出的是，本节的研究样本不包括西藏、香港、澳门和台湾。主要原因在于，一方面，西藏的能源统计和二氧化碳排放数据缺乏；另一方面，香港、澳门、台湾的统计体系与我国其他地区有显著的区别，相应的统计数据难以获得。在本节中，旅游业和经济增长指标分别用旅游收入和GDP表示。考虑到价格因素，根据各省历年的"国内生产总值指数"，将各省的名义GDP以2000年的不变价格换算为实际GDP。所有旅游收入和GDP按当年汇率换算成美元。在旅游指标方面，之前针对中国（Zhang and Gao, 2016）或其他国家（Irisk et al., 2017年；Çalışkan et al., 2019; Jebli and Hadhri, 2018）的研究都选择入境旅游收入或者入境旅游者人次，但是这种做法并不适合我国国情。前文已经指出，入境旅游在我国旅游产业规模中只占极少数，相反国内旅游业占据主导地位。因此，使用包括国内和国际收入在内的旅游总收入而不是入境旅游来表示我国旅游更加可行。旅游收入数据来源于2001～2018年的省级统计年鉴，GDP数据来源于2001～2018年的《中国统计年鉴》。

本节的能源消费包括省级各类化石燃料的消耗，以及能源加工和转换过程中的一些燃料投入和非能源化石燃料，通过煤当量计算得出。所有省份的能源消费相关数据均来自《中国能源统计年鉴》（2001—2018）。本节参考Zhang和Zhang（2019b）的研究计算有关能源消耗。为了避免重复计算，本节剔除了能源加工转化过程中的能源投入和损失以及工业生产中用作（原）材料的部分，从而得出2000～2017年30个省份的净能耗。具体来说，本节选取了2000～2017年30个省级行政区的能源平衡表。2000～2009年的能源平衡表包括11

种能源，即煤、焦炭、焦炉气、其他气体、原油、汽油、煤油、柴油、燃油、液化石油气和天然气，而 2010～2017 年的能源平衡表包括 14 种能源，增加了高炉煤气、转炉煤气和液化天然气。与之前的研究相似，本节参考 IPCC（2006）使用排放系数法计算省级二氧化碳排放量。表 5-2 显示了所有数据的描述性统计结果。

表 5-2　省级面板数据描述性统计（30 个省级行政区，2000～2017 年）

变量（单位）	均值	最大值	最小值	标准误	2017 年排名前五的省份
二氧化碳排放/万 t	25 289.32	96 795.16	818.42	19 847.94	河北、山东、江苏、内蒙古、广东
能源消费/万 t ce	10 947.33	38 899.00	480.00	7 732.24	山东、江苏、河北、广东、河南
GDP/百万美元	199 656.13	1 292 582.56	3185.16	225 024.93	广东、江苏、山东、浙江、河南
旅游/百万美元	26 100.09	178 120.18	114.94	32 625.16	广东、江苏、浙江、山东、四川

2. 研究方法

本节使用 VECM 格兰杰因果关系检验来探索旅游业、经济增长、能源消费和二氧化碳排放之间的长期均衡关系和短期动态因果关系。本节理论背景是旅游业（T）可能是经济增长（GDP）、能源消耗（E）和二氧化碳排放（CO_2）的驱动因素。因此，根据协整检验的思想，本节参考 Jebli 和 Hadhri（2018）、Katircioglu（2014a）和 Katircioglu 等（2014）的研究，建立了以下对数线性方程，以考察 GDP、能源消费、二氧化碳排放和旅游业之间的长期关系。协整方法已成为分析非平稳经济变量之间数量关系的重要工具之一。如果变量是协整的，则这些变量之间存在长期稳定的平衡关系。

$$\ln GDP_t = \beta_0 + \beta_1 \ln CO_{2t} + \beta_2 \ln E_t + \beta_3 \ln T_t + \varepsilon_t \tag{5-1}$$

$$\ln CO_{2t} = \beta_0 + \beta_1 \ln GDP_t + \beta_2 \ln E_t + \beta_3 \ln T_t + \varepsilon_t \tag{5-2}$$

$$\ln E_t = \beta_0 + \beta_1 \ln GDP_t + \beta_2 \ln CO_{2t} + \beta_3 \ln T_t + \varepsilon_t \tag{5-3}$$

这里时间用下标 t(t = 2000, 2001, $\cdots$, 2017) 表示，ln 表示自然对数转换，ε_t 表示估计的残差并刻画与长期关系的偏差。

如 Katircioglu 等（2014）和 Bella（2018）所指，式（5-1）～式（5-3）中的因变量从长远来看可能不会立即调整到其均衡状态。因此，本节通过估计动态 VECM 模型，获得 ln GDP、$\ln CO_2$ 和 ln E 短期和长期水平之间的调整速度。

首先，本节建立了四个滞后期为 p 的 VAR 模型。在 VAR 模型中，系统中的每个内生变量都被视为所有内生变量滞后项的函数。VAR 模型中每个方程都有许多系数，通常不考虑这些系数，而是使用脉冲响应函数和 Granger 因果关系检验进行分析。

假设 $y_t = (\ln \text{GDP}_t, \ln \text{CO}_{2t}, \ln E_t, \ln T_t)'$，建立如下 VAR 模型：

$$y_t = \alpha_t + \sum_{j=1}^{p} \prod_j y_{t-j} + \xi_t \tag{5-4}$$

这里 $\alpha_t = (\alpha_1, \alpha_2, \alpha_3, \alpha_4)'$，$\xi_t = (\xi_1, \xi_2, \xi_3, \xi_4)'$。

对式（5-4）进行协整转换，得到：

$$\Delta y_t = \sum_{j=1}^{p-1} \Gamma_j \Delta y_{t-j} + \prod_j y_{t-1} + \mu_t \tag{5-5}$$

这里 $\prod = \sum_{j=1}^{p-1} \prod_j j - 1$，$\Gamma_j = -\sum_{k=1+j}^{p-1} \prod_j j$，$\mu_t$ 是白噪声。如果 y_{it} 之间存在协整关系，可以将式（5-5）写成如下 VECM 模型：

$$\Delta y_t = \sum_{j=1}^{p-1} \Gamma_j \Delta y_{t-j} + \beta \text{ECT}_{t-1} + \mu_t \tag{5-6}$$

VECM 本质上是在 VAR 模型中增加了一个误差修正项（error correction term，ECT），它反映了偏离变量之间长期均衡关系的非均衡误差。ECT 系数表示每个变量收敛到长期均衡路径的调整速度。更直观地，将式（5-6）改写为以下形式：

$$\begin{pmatrix} \Delta \ln \text{GDP}_t \\ \Delta \ln \text{CO}_{2t} \\ \Delta \ln E_t \\ \Delta \ln T_t \end{pmatrix} = \begin{pmatrix} \beta_1 \\ \beta_2 \\ \beta_3 \\ \beta_4 \end{pmatrix} + \sum_{k=1}^{p} \begin{pmatrix} \omega_{11,k} & \omega_{12,k} & \omega_{13,k} & \omega_{14,k} \\ \omega_{21,k} & \omega_{22,k} & \omega_{23,k} & \omega_{24,k} \\ \omega_{31,k} & \omega_{32,k} & \omega_{33,k} & \omega_{34,k} \\ \omega_{41,k} & \omega_{42,k} & \omega_{43,k} & \omega_{44,k} \end{pmatrix} \begin{pmatrix} \Delta \ln \text{GDP}_{t-1} \\ \Delta \ln \text{CO}_{2t-1} \\ \Delta \ln E_{t-1} \\ \Delta \ln T_{t-1} \end{pmatrix}$$
$$+ \begin{pmatrix} \varphi_1 \\ \varphi_2 \\ \varphi_3 \\ \varphi_4 \end{pmatrix} \text{ECT}_{t-1} + \begin{pmatrix} \xi_{1,t} \\ \xi_{2,t} \\ \xi_{3,t} \\ \xi_{4,t} \end{pmatrix} \tag{5-7}$$

式中，Δ 表示一阶差分，表示变量的短期偏差；p 是由施瓦茨信息准则（Schwarz information criterion，SIC）自动确定的回归滞后周期，本节为 2；ECT_{t-1} 是根据式（5-1）~式（5-3）的长期关系得出的 ECT 的一期滞后项；φ 和 ξ 分别表示调整速度系数和误差项；φ 的绝对值越大，表明调整速度越快。

5.2.2 实证结果和讨论

1. 面板单位根检验

由于目前还没有统一的单位根测试方法,为了确保检验的稳健性,本节在此报告了五种单位根检验的结果,包括 Levin-Lin-Chu(LLC)检验、Breitung 检验、Im-Pesaran-Shin(IPS)检验、Augmented Dickey-Fuller(ADF)检验和 Phillips-Perron(PP)检验,结果如表 5-3 所示。

表 5-3 $lnCO_2$、lnE、$lnGDP$ 和 lnT 的单位根检验

项目		$lnCO_2$ 统计值	显著性**	lnE 统计值	显著性**	$lnGDP$ 统计值	显著性**	lnT 统计值	显著性**
原始变量	原假设:单位根(共同单位根过程)								
	LLC 检验	2.5724	0.9950	2.4640	0.9931	13.8127	1.0000	5.1032	1.0000
	Breitung 检验	4.5020	1.0000	9.41755	1.0000	7.2760	1.0000	−1.6610	0.0484
	原假设:单位根(不同单位根过程)								
	IPS 检验	7.01975	1.0000	8.8880	1.0000	9.9307	1.0000	1.6712	0.9527
	ADF 检验	25.6702	1.0000	12.9246	1.0000	7.3469	1.0000	65.9529	0.2787
	PP 检验	24.7238	1.0000	9.8817	1.0000	1.7023	1.0000	48.9526	0.8452
一阶差分变量	原假设:单位根(共同单位根过程)								
	LLC 检验	−15.0838	0.0000	−10.7517	0.0000	−21.3797	0.0000	−30.5478	0.0000
	Breitung 检验	−7.9809	0.0000	−6.9709	0.0000	−14.2512	0.0000	−2.1719	0.0149
	原假设:单位根(不同单位根过程)								
	IPS 检验	−11.9566	0.0000	−9.7330	0.0000	−17.5744	0.0000	−12.3039	0.0000
	ADF 检验	232.848	0.000	192.783	0.000	339.432	0.000	165.112	0.000
	PP 检验	329.799	0.000	253.392	0.000	622.400	0.000	186.387	0.000

表 5-3 显示,对于原始序列的单位根测试,$lnCO_2$、lnE、$lnGDP$ 和 lnT 的 p 值均大于 0.1。结果表明,所有原始数据似乎都包含面板单位根。然而,在 5% 显著性水平的一阶差分后,各变量数据变得平稳(所有 p 值均小于 0.05),意味着一阶单整,即 $I(1)$。这一结果与 Chen 等(2019)、Zhang 和 Gao(2016)的实证结果相似,他们同样发现我国的二氧化碳排放量、能源消耗和 GDP 在水平序列上是非平稳的,而经过一阶差分后变得平稳。但与 Isik 等(2018)的实证结果相矛盾,他们发现 GDP 经过二阶差分后才变得平稳。由于面板数据的不稳定性,本节继续分析这些变量之间的协整关系。

2. 协整检验

已知所有分析变量为$I(1)$，本节使用 Pedroni、Kao、ADF 和 Johansen Fisher 检验协整关系，结果见表 5-4。Pedroni 检验的结果表明，除面板、群组 rho-tests 和面板 v-test 外，所有检验在 1%显著性水平下拒绝不存在协整关系的原假设。正如 Pedroni（2004）所指出的那样，三个接受同样可能支持具有相对较低效力的协整关系的存在。因此，式（5-1）～式（5-3）中的变量是面板协整的。Kao 和 ADF 测试也表明在 1%的显著性水平上存在协整联系。因此，表 5-4 的结果表明，我国的二氧化碳排放量、能源消费、GDP 和旅游业之间存在长期均衡关系。这一发现与 Zhang 和 Gao（2016）的实证结果一致。这一长期均衡联系同样被 Balli 等（2019）在地中海国家、Dogan 等（2017）在经合组织国家、Katircioglu 等（2014）在土耳其、Katircioglu 等（2014）在塞浦路斯以及 Roudi 等（2019）在一些小岛屿发展中国家发现。此外，Johansen-Fisher 检验表明在 1%显著性水平上存在四个协整向量。换句话说，lnGDP、ln$E$、lnCO$_2$ 和 ln$T$ 之间存在四个协整方程。

表 5-4　lnCO_2、ln$E$、lnGDP 和 ln$T$ 的面板协整检验

Pedroni 检验			Statistic	Prob.
Panel v-Statistic（Weighted Statistic）			−2.705439	0.9966
Panel rho-Statistic（Weighted Statistic）			0.065124	0.5260
Panel PP-Statistic（Weighted Statistic）			−7.553487***	0.0000
Panel ADF-Statistic（Weighted Statistic）			−10.131790***	0.0000
Group rho-Statistic			1.549321	0.9393
Group PP-Statistic			−9.604320***	0.0000
Group ADF-Statistic			−11.34980***	0.0000
Kao 检验			−8.293372***	0.0000
ADF 检验			−10.84250***	0.0000
Johansen Fisher 检验				
Hypothesized（No. of CE（s））	Fisher Stat.*（from trace test）	Prob.	Fisher Stat.*（from max-eigen test）	Prob.
None	565.3***	0.0000	340.8***	0.0000
At most 1	293.1***	0.0000	163.3***	0.0000
At most 2	195.8***	0.0000	137.4***	0.0000
At most 3	168.8***	0.0000	168.8***	0.0000

*使用渐近卡方分布计算概率；***表示在 1%的显著水平上拒绝原假设。

分别以 lnGDP、lnE 和 lnCO$_2$ 为因变量的协整方程的估计结果如表 5-5 所示。从长期来看，我国旅游收入每增加 1%，二氧化碳排放量、能源消费和 GDP 将分别显著增加约 0.51%、0.12%和 0.56%。在确认协整关系的存在后，本节使用 VECM 模型来研究四个变量之间的长期和短期因果关系。

表 5-5 协整方程

变量	系数	标准误	T 值	显著性
lnCO$_2$ 作为因变量（观察值：540）				
C	−0.015 834	0.271 275	−0.058 367	0.9535
lnE	0.085 869	0.028 747	2.987 038	0.0029
lnGDP	1.183 736	0.048 274	24.521 290	0.0000
lnT	0.506 499	0.036 730	13.789 970	0.0000
lnE 作为因变量（观察值：540）				
C	4.143 303	0.362 475	11.430 60	0.0000
lnCO$_2$	0.190 682	0.063 836	2.987 038	0.0029
lnGDP	0.160 893	0.104 555	1.538 842	0.1244
lnT	0.120 732	0.063 493	1.901 495	0.0578
lnGDP 作为因变量（观察值：540）				
C	1.814 464	0.147 053	12.338 860	0.0000
lnCO$_2$	0.446 642	0.018 214	24.521 290	0.0000
lnE	0.027 338	0.017 765	1.538 842	0.1244
lnT	0.557 105	0.010 515	52.98 076	0.0000

3. VECM 模型分析

表 5-6 报告了 VECM 模型的估计结果，并给出了每个变量的短期变化。如表 5-6 所示，第 2～5 列［即模型（Ⅰ）、（Ⅱ）、（Ⅲ）和（Ⅳ）］分别报告了 lnCO$_2$、lnE、lnGDP 和 lnT 的 VECM 模型的估计结果。每个变量的短期变化受两个方面的影响，一个是其他变量及其自身（即 ΔlnCO$_2$、ΔlnE、ΔlnGDP 和 ΔlnT）的短期变化，另一个是变量与前期长期均衡（即 ECT）的偏差。根据式（5-7），ECT 系数表示长期均衡关系对短期变化的调整。

表 5-6　VECM 估计结果

误差修正模型	$\Delta \ln CO_2$（Ⅰ）	$\Delta \ln E$（Ⅱ）	$\Delta \ln GDP$（Ⅲ）	$\Delta \ln T$（Ⅳ）
误差修正项	−0.064 974	−0.095 740	−0.054 062	−0.031 635
	（0.048 09）	（0.042 15）	（0.005 91）	（0.030 49）
	[−7.089 22]	[−3.587 58]	[−10.375 50]	[−0.900 84]
$\Delta \ln CO_2$（−1）	0.255 989	0.184 504	0.458 667	0.648 745
	（0.382 91）	（0.340 01）	（0.298 58）	（0.846 19）
	[0.668 53]	[0.542 65]	[1.536 16]	[0.766 67]
$\Delta \ln CO_2$（−2）	0.597 022	0.322 427	−0.071 831	−1.912 955
	（0.260 01）	（0.230 88）	（0.202 75）	（0.574 59）
	[2.296 14]	[1.396 53]	[−0.354 29]	[−3.329 23]
$\Delta \ln E$（−1）	0.242 343	0.423 797	0.389 373	−0.015 777
	（0.549 94）	（0.488 32）	（0.428 82）	（1.215 29）
	[0.440 68]	[0.867 87]	[0.908 01]	[−0.012 98]
$\Delta \ln E$（−2）	0.144 557	−0.082 177	−0.005 243	2.059 073
	（0.430 41）	（0.382 19）	（0.335 62）	（0.951 16）
	[0.335 85]	[−0.215 02]	[−0.015 62]	[2.164 79]
$\Delta \ln GDP$（−1）	−0.903 276	−0.194 278	0.539 055	0.801 381
	（0.403 70）	（0.358 47）	（0.314 79）	（0.892 13）
	[−2.237 49]	[−0.541 97]	[1.712 42]	[0.898 28]
$\Delta \ln GDP$（−2）	0.931 950	0.420 623	0.285 029	0.286 751
	（0.377 64）	（0.335 32）	（0.294 47）	（0.834 54）
	[2.467 84]	[1.254 38]	[0.967 94]	[0.343 61]
$\Delta \ln T$（−1）	−0.101 128	−0.099 097	−0.059 670	−0.280 306
	（0.092 07）	（0.081 75）	（0.071 79）	（0.203 46）
	[−1.098 41]	[−1.212 16]	[−0.831 17]	[−1.377 70]
$\Delta \ln T$（−2）	−0.133 487	−0.088 560	0.074 777	−0.366 809
	（0.100 96）	（0.089 65）	（0.078 72）	（0.223 11）
	[−1.322 18]	[−0.987 87]	[0.949 85]	[−1.644 08]
C	0.214 103	0.411 058	−4.763 641	−1.916 037
	（1.685 39）	（1.496 55）	（1.314 21）	（3.724 52）
	[0.127 03]	[0.274 67]	[−3.624 73]	[−0.514 44]
R^2	0.909 874	0.982 216	0.999 357	0.994 062
调整的 R^2	0.806 873	0.961 891	0.998 621	0.987 275
S.E.方程	0.033 525	0.029 768	0.026 141	0.074 085
F 值	8.833 633	48.325 480	1359.067 000	146.468 900

注：（）里表示标准误，[]里表示 T 值。

模型（Ⅰ）表明，二氧化碳排放量的短期变化受自身、能源消费、经济增长和旅游收入的影响。同样，经济增长、能源消费和旅游收入的短期变化也受到自身和其他三个变量的影响。表5-6还表示，当二氧化碳排放受到干扰并偏离均衡时，将通过能源消费、经济增长和旅游收入渠道以-0.064974的调整速度收敛到长期均衡路径。同时，能源消费通过二氧化碳排放、经济增长和旅游收入渠道以-0.095740的调整速度收敛到其长期均衡路径；经济增长通过二氧化碳排放、能源消费和旅游收入渠道以-0.054062的调整速度收敛到其长期均衡路径。

4. 脉冲响应分析

基于VECM模型，图5-1描绘了二氧化碳排放、经济增长、能源消费和旅游收入之间的脉冲响应关系。中间实线表示每个变量受到冲击后的趋势，两侧的虚线表示95%的置信区间。

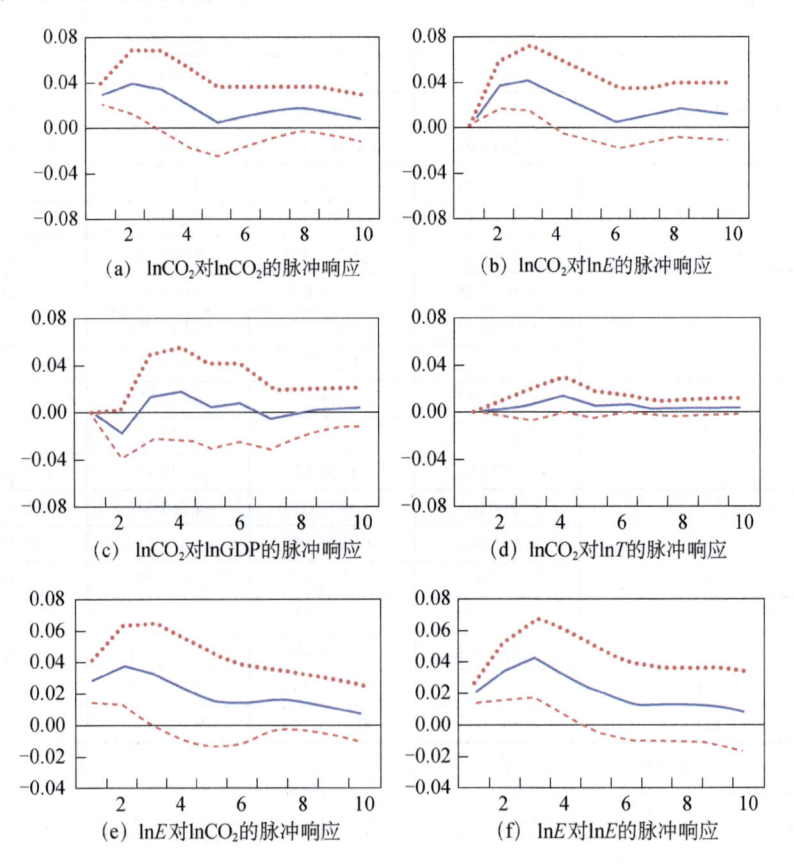

(a) $lnCO_2$对$lnCO_2$的脉冲响应

(b) $lnCO_2$对lnE的脉冲响应

(c) $lnCO_2$对$lnGDP$的脉冲响应

(d) $lnCO_2$对lnT的脉冲响应

(e) lnE对$lnCO_2$的脉冲响应

(f) lnE对lnE的脉冲响应

(g) ln$E$ 对 lnGDP 的脉冲响应   (h) ln$E$ 对 ln$T$ 的脉冲响应

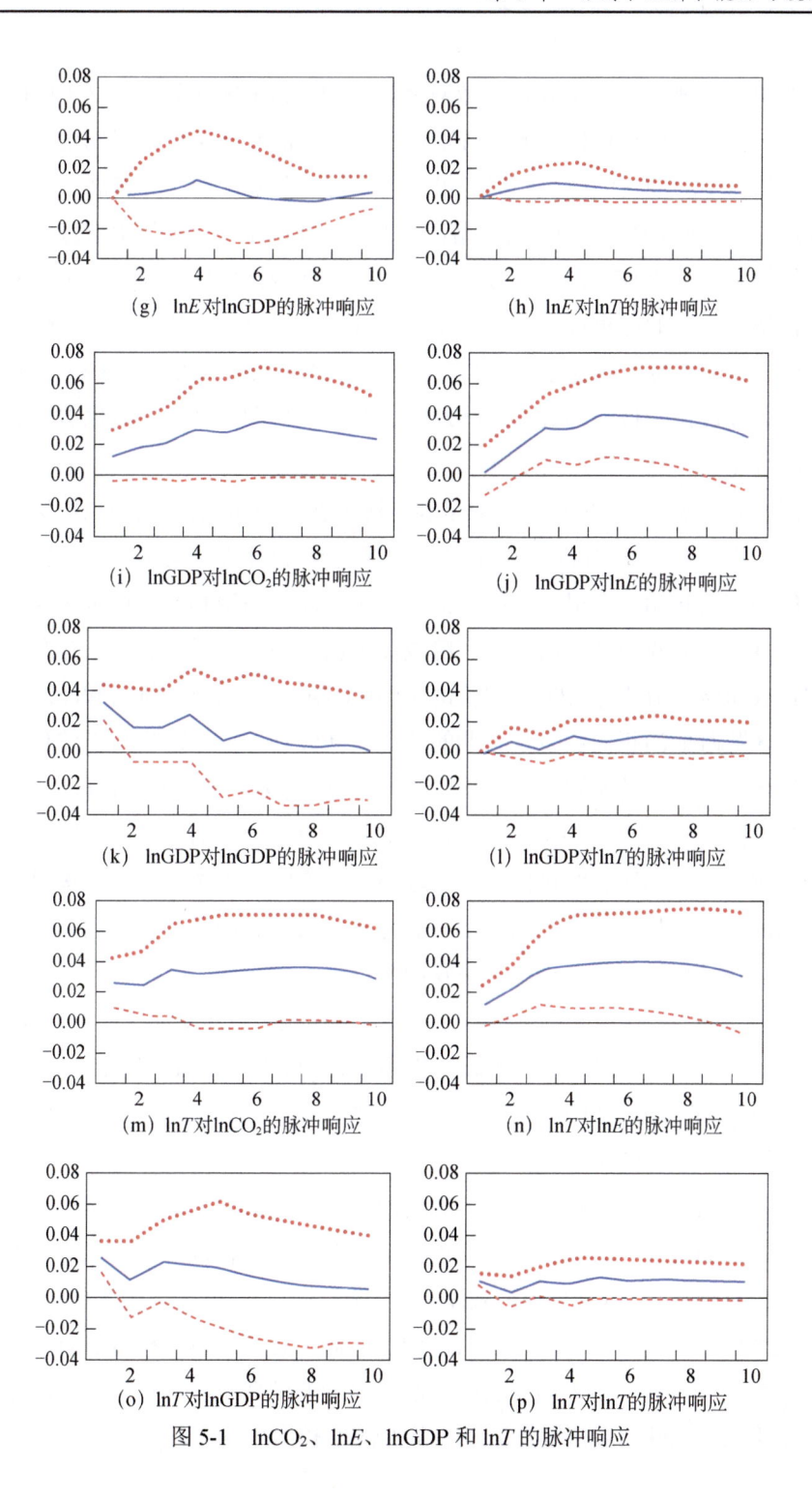

(i) lnGDP 对 lnCO_2 的脉冲响应   (j) lnGDP 对 ln$E$ 的脉冲响应

(k) lnGDP 对 lnGDP 的脉冲响应   (l) lnGDP 对 ln$T$ 的脉冲响应

(m) ln$T$ 对 lnCO_2 的脉冲响应   (n) ln$T$ 对 ln$E$ 的脉冲响应

(o) ln$T$ 对 lnGDP 的脉冲响应   (p) ln$T$ 对 ln$T$ 的脉冲响应

图 5-1   lnCO_2、ln$E$、lnGDP 和 ln$T$ 的脉冲响应

如图 5-1 所示，二氧化碳排放对能源消费冲击的响应为正，这表明能源消费对二氧化碳排放有积极影响。特别是，该响应函数在第三个周期达到峰值，然后在第六个周期逐渐减小到局部最小值。考虑到我国的实际发展，这个结果是合理的。根据 BP（2020）的数据，一方面，我国是一个能源消费大国，二氧化碳排放量居世界首位；另一方面，为实现节能减排战略，我国可再生能源在能源消费总量中的比重逐步提高，反过来减少了二氧化碳排放。二氧化碳排放对能源消费的单位影响也是正向的。此外，$lnCO_2 \sim lnE$ 和 $lnE \sim lnCO_2$ 的脉冲响应函数曲线遵循类似的模式。这些发现表明，从短期来看，二氧化碳排放和能源消费可能会相互产生正向影响。

图 5-1 还显示，二氧化碳排放量和能源消费对 GDP 的正向响应类似于抛物线形式。正如 Fan 和 Hao（2020）所言，尽管我国正在大力推动低碳转型，但我国的经济增长始终在很大程度上依赖于传统能源消费和二氧化碳排放。这也一定程度上表明我国经济增长的环境成本突出。另一个类似的结果存在于二氧化碳排放和能源消费对 GDP 冲击的响应中。GDP 对二氧化碳排放和能源消费的影响在多数时期的正向和少数时期的负向之间波动。这些影响与当前我国为实现经济增长而不断增加的污染排放和能源消费需求相一致（Chen et al.，2019）。图 5-1 还表明，二氧化碳排放量、能源消费和 GDP 对旅游收入冲击的反应是轻微的正响应，因为所有绝对值都相对较小。这意味着旅游业在一定程度上促进了中国的经济增长，同时也增加了二氧化碳排放量和能源消费。因此，无论是经济增长还是环境质量，旅游业在我国都是一个关键变量。事实上，在我国，旅游业已经成为一个重要的支柱产业，且近些年旅游业对 GDP 的综合贡献率一直在 11% 以上。这一结果也与 Zhang 和 Zhang（2018）、Zhang 和 Zhang（2019a）以及 Zhang 和 Gao（2016）的实证结果一致，他们同样认为旅游业有助于增加能源消费和二氧化碳排放。

此外，GDP、二氧化碳排放量和能源消费对旅游收入的影响是积极的，但呈现出不同的程度和方式。具体来说，旅游业对二氧化碳排放和能源消费冲击的响应相对较高，并以抛物线形式变化，而旅游业对 GDP 冲击的响应相对较小，在第三个周期后逐渐下降。这表明，增加能源消费或二氧化碳排放有利于我国旅游业增长，也进一步表明了我国旅游业对能源消费或二氧化碳排放的依赖。这一结果同时意味着我国的旅游业会从经济增长中受益。

5. 格兰杰因果检验

二氧化碳排放、能源消费、经济增长和旅游业之间的短期和长期因果关系可以通过面板格兰杰因果关系检验进行调查。表 5-7 报告了因果关系和影响方向的检验结果。根据 Fan 和 Hao（2020），本节使用滞后期为 2 的 VAR 模型来检验长期因果关系，并使用滞后期为 1 的 VECM 模型来检验短期因果关系。

表 5-7　面板格兰杰因果检验

因果关系	原假设	F 值	p 值	结论
短期因果关系	$\Delta \ln E$ 不是 $\Delta \ln CO_2$ 的格兰杰原因	4.984 59**	0.0288	拒绝原假设
	$\Delta \ln CO_2$ 不是 $\Delta \ln E$ 的格兰杰原因	2.573 30	0.1211	接受原假设
	$\Delta \ln GDP$ 不是 $\Delta \ln CO_2$ 的格兰杰原因	1.514 54	0.2624	接受原假设
	ΔCO_2 不是 $\Delta \ln GDP$ 的格兰杰原因	0.961 81	0.4121	接受原假设
	$\Delta \ln T$ 不是 $\Delta \ln CO_2$ 的格兰杰原因	2.180 20	0.1594	接受原假设
	$\Delta \ln CO_2$ 不是 $\Delta \ln T$ 的格兰杰原因	0.954 63	0.4147	接受原假设
	$\Delta \ln GDP$ 不是 $\Delta \ln E$ 的格兰杰原因	0.759 31	0.4910	接受原假设
	$\Delta \ln E$ 不是 $\Delta \ln GDP$ 的格兰杰原因	0.635 81**	0.0479	拒绝原假设
	$\Delta \ln T$ 不是 $\Delta \ln E$ 的格兰杰原因	0.191 37	0.8285	接受原假设
	$\Delta \ln E$ 不是 $\Delta \ln T$ 的格兰杰原因	6.385 41**	0.0144	拒绝原假设
	$\Delta \ln T$ 不是 $\Delta \ln GDP$ 的格兰杰原因	2.278 67*	0.0986	拒绝原假设
	$\Delta \ln GDP$ 不是 $\Delta \ln T$ 的格兰杰原因	2.105 86*	0.0681	拒绝原假设
长期因果关系	$\Delta \ln E$ 不是 $\Delta \ln CO_2$ 的格兰杰原因	3.773 14*	0.0565	拒绝原假设
	$\Delta \ln CO_2$ 不是 $\Delta \ln E$ 的格兰杰原因	0.884 35	0.4404	接受原假设
	$\Delta \ln GDP$ 不是 $\Delta \ln CO_2$ 的格兰杰原因	8.574 03***	0.0057	拒绝原假设
	$\Delta \ln CO_2$ 不是 $\Delta \ln GDP$ 的格兰杰原因	14.776 00***	0.0008	拒绝原假设
	$\Delta \ln T$ 不是 $\Delta \ln CO_2$ 的格兰杰原因	4.068 93**	0.0476	拒绝原假设
	$\Delta \ln CO_2$ 不是 $\Delta \ln T$ 的格兰杰原因	3.669 50*	0.0601	拒绝原假设
	$\Delta \ln GDP$ 不是 $\Delta \ln E$ 的格兰杰原因	0.039 14	0.9617	接受原假设
	$\Delta \ln E$ 不是 $\Delta \ln GDP$ 的格兰杰原因	9.727 13***	0.0037	拒绝原假设
	$\Delta \ln T$ 不是 $\Delta \ln E$ 的格兰杰原因	0.810 10	0.4697	接受原假设
	$\Delta \ln E$ 不是 $\Delta \ln T$ 的格兰杰原因	3.620 03*	0.0619	拒绝原假设
	$\Delta \ln T$ 不是 $\Delta \ln GDP$ 的格兰杰原因	0.652 30*	0.0399	拒绝原假设
	$\Delta \ln GDP$ 不是 $\Delta \ln T$ 的格兰杰原因	9.596 60***	0.0039	拒绝原假设

***、**、*分别表示1%、5% 和10%的显著水平。

表 5-7 显示在短期内，对 $\Delta \ln CO_2$ 来说，$\ln E$ 在 5% 的显著性水平上拒绝原假设，而 $\Delta \ln GDP$ 和 $\Delta \ln T$ 则接受零假设。这一结果表明能源消费是二氧化碳排放的格兰杰原因，但 GDP 和旅游业不是二氧化碳排放的格兰杰原因。因此，能源消费可以在短期内显著解释或预测我国的二氧化碳排放量。对于 $\Delta \ln E$，所有的 $\Delta \ln GDP$、$\Delta \ln CO_2$ 和 $\Delta \ln T$ 拒绝原假设，因此，GDP、二氧化碳排放量和旅游业都不是能源消费的格兰杰原因。对于 $\Delta \ln GDP$，$\Delta \ln CO_2$ 接受原假设，但是 $\Delta \ln E$ 和 $\Delta \ln T$ 分别在 5% 和 10% 的显著性水平上拒绝原假设，表明能源消费和旅游是导致 GDP 变化的格兰杰原因。这表明，在短期内，能源消费和旅游业可以显著解释或预测中国的经济增长。$\Delta \ln T$、$\Delta \ln E$ 和 $\Delta \ln GDP$ 分别在 5% 和 10% 的显著性水平上拒绝原假设，而 $\Delta \ln CO_2$ 则接受原假设，这意味着能源消费和 GDP 可以显著解释或预测中国的旅游业增长。特别地，在短期内，能源消费是旅游业的格兰杰原因的结论与 Katircioglu 等（2014）对塞浦路斯的实证研究结果一致。综上所述，GDP 和旅游业之间存在双向短期因果关系。这一结果与 Jebli 和 Hadhri（2018）在 10 个国际旅游目的地的实证结果一致。此外，从能源消费到其他分析变量，存在一些单向短期因果关系。这一结果支持 Zhang 和 Gao（2016）在我国东部地区的实证发现，与他们在我国中西部地区的研究结果相矛盾。

从长期因果关系来看，对于 $\Delta \ln CO_2$、$\Delta \ln GDP$ 和 $\Delta \ln T$ 分别在 10%、1% 和 5% 的显著性水平上拒绝原假设，表明能源消费、GDP 和旅游业都是二氧化碳排放的格兰杰原因。这也证实了我国旅游业主导、能源主导和增长主导的排放假设。该结果与 Eyuboglu 和 Uzar（2019）在土耳其、Zhang 和 Gao（2016）在中国、Dogan 和 Aslan（2017）在欧盟及其候选国以及 Dogan 等（2017）在经合组织国家的研究结果一致。$\Delta \ln E$ 与短期因果关系测试的结果类似，所有 $\Delta \ln GDP$、$\Delta \ln CO_2$ 和 $\Delta \ln T$ 接受了原假设。$\Delta \ln GDP$、$\Delta \ln CO_2$、$\Delta \ln E$ 和 $\Delta \ln T$ 分别在 1%、1% 和 10% 的显著性水平上拒绝原假设，因此，二氧化碳排放、能源消费和旅游业都是导致 GDP 增长的格兰杰原因。这意味着从长期来看，证实了我国的排放导向型、能源导向型和旅游导向型增长假说。因此，所有的二氧化碳排放、能源消费和旅游业都可以显著地解释或预测我国的经济增长。这一结果与 Eyuboglu 和 Uzar（2019）、Zhang 和 Gao（2016）以及 Isik 等（2017）对中国的研究结果一致。$\Delta \ln T$、$\Delta \ln CO_2$ 和 $\Delta \ln E$ 都在 10% 的显著性水平上拒绝原假设，而 $\Delta \ln GDP$ 则在 1% 的显著性水平上拒绝原假设，表明我国的二氧化碳排放、能源消费和 GDP 对旅游具有一定的预测能力,我国能源消费、二氧化碳排放和经济增长的增加有利于旅游业提升。

总之,二氧化碳排放与 GDP、二氧化碳排放与旅游业以及 GDP 与旅游业之间存在双向的长期因果关系。从长期来看,Roudi 等(2019)、Eyuboglu 和 Uzar (2019)、Jebli 和 Hadhri(2018)以及 Dogan 等(2017)也支持二氧化碳排放量和 GDP 之间的双向因果关系;Eyuboglu 和 Uzar(2019)也支持二氧化碳排放和旅游业之间的双向因果关系;Roudi 等(2019)、Eyuboglu 和 Uzar(2019)以及 Isik 等(2017)也支持 GDP 和旅游业之间的双向因果关系。然而,本节没有发现 Roudi 等(2019)和 Zaman 等(2016)支持的我国 GDP 和能源消费之间的双向长期因果关系。此外,本节发现从能源消费到其他分析变量存在单向长期因果关系。这一结果表明,我国较高的能源消费导致了所有较高的二氧化碳排放、经济增长和旅游业发展。

由于不同的经济特征和数据来源,本节的实证结果与我国以外的其他研究结果之间的差异很容易解释。同样针对中国的研究,有三个可能的原因导致了不同的发现。一是数据的分析周期不同。Zhang 和 Gao(2016)覆盖了 1995～2011 年,Isik 等(2017)覆盖了 1995～2012 年,而本节研究则覆盖 2000～2017 年。二是空间尺度的差异。Zhang 和 Gao(2016)将我国分为三个区域——东部、中部和西部——来研究,而本节将所有样本视为一个整体。第三个原因,也是最大的可能原因,在于变量选择的差异。Zhang 和 Gao(2016)以及 Isik 等(2017)都是基于入境旅游数据,但是本节将入境旅游替换为整体旅游收入。由于入境旅游的比重较小,从理论上讲,入境旅游对我国经济增长、能源消费和二氧化碳排放的影响有限。

5.2.3 结论和对策建议

已经有大量的研究探讨了旅游与环境、能源或经济之间的关系。考虑到旅游、经济增长、能源消费和二氧化碳排放是相互关联的,也有许多研究将这四个变量放在一个综合框架中,以探讨它们在不同旅游目的地的关系,从而提出更合理的政策建议。然而,除 Zhang 和 Gao(2016)调查了入境旅游、经济增长、能源消费和二氧化碳排放之间的关系外,很少有研究关注作为全球主要旅游大国的我国的这些方面。但是，入境旅游远不能代表中国旅游业的发展。因此，人们仍无法清晰地认知我国旅游、经济增长、能源消费和二氧化碳排放之间的关系。本节首次使用 VECM 格兰杰因果关系检验方法，依据我国 30 个省级行政区 2000~2017 年的面板数据，全面考察了旅游、经济增长、能源消费和二氧化碳排放之间的关系。

本节的实证结果表明，首先，四个分析变量的几乎所有原始数据序列都包含面板单位根，但经过一阶差分后数据变得平稳。其次，我国的旅游、经济增长、能源消费和二氧化碳排放之间存在长期均衡关系，这表明一旦这种关系受到破坏，这些变量在短期内将回到长期均衡水平。再次，旅游、经济增长、能源消费和二氧化碳排放相互影响，但影响程度和方式不同。最后，在短期内，GDP 和旅游之间存在双向的短期因果关系，从能源消费到其他分析变量存在单向因果关系。此外，通过 VECM 格兰杰因果关系检验，从长期来看，二氧化碳排放与 GDP、二氧化碳排放与旅游、GDP 与旅游之间存在双向格兰杰因果关系，能源消费到所有其他分析变量存在单向因果关系。

基于上述研究结果，本节对我国旅游可持续发展有如下政策启示：首先，旅游与其他三个变量之间存在长期稳定的关系。我国旅游收入的增加意味着二氧化碳排放、能源消费和 GDP 的显著增加。本节证实了我国旅游发展会促进经济增长、二氧化碳排放和能源消费增加。因此，通过旅游发展经济，诸如增加旅游投资、大力发展旅游业是有效可行的。尤其是在传统投资和产业在我国经济增长中的作用日渐下降的背景下，应该重视旅游发展这一新的经济增长动力。旅游业应该也可以在我国经济转型、升级和增长过程中发挥更大的作用。特别地，本节建议在当前我国生态文明建设以及中美贸易摩擦和国际贸易受限的背景下，大力发展国内旅游业。

其次，无论是长期还是短期都存在经济驱动的旅游增长。这表明我国的经济增长有利于旅游业的增长。我国旅游业的快速发展在很大程度上取决于整体旅游环境的改善，特别是硬环境的改善，旅游成就与我国近年来经济增长取得的巨大成就密切相关。考虑到各种基础设施和配套设施的进步可以极大地促进中国旅游业的进步和竞争力的提升，我国旅游业应积极融入区域经济布局。这要求旅游决策者积极寻求旅游在国家和区域经济规划中的地位和机遇，如当前的高铁建设、乡村振兴、碳中和、碳达峰目标等，以实现旅游业的跨越式发展。

最后，旅游业和二氧化碳排放之间的双向因果关系表明，应该权衡旅游业造成的经济增长和环境恶化。在"双碳"目标背景下，旅游业的去碳化是必然选择。本节建议将更多的管理聚焦在降低旅游业引起的能源消费和二氧化碳排放上，以促进我国旅游业的低碳转型。能源消费到旅游的单向因果关系意味着增加能源消费可以促进旅游增长。然而，这种增长不能局限于传统的化石能源，建议在我国旅游业增长中提升可再生能源使用的比例。

当然，本节的研究和相关结论在很大程度上取决于数据集本身。因此，在未来，空间尺度可以从省级扩展到地级。此外，可再生能源和不可再生能源以及国内和国际旅游也可以在 VECM 模型中进一步区分。通过这些扩展，人们可以更深入、广泛地探索二氧化碳排放、经济增长、能源消费和旅游业之间的因果关系。当然，这些改进对数据的可得性提出了更高的要求。

5.3 东盟样本

1967 年 8 月 8 日，印度尼西亚、马来西亚、菲律宾、新加坡、泰国在曼谷签署《东南亚国家联盟成立宣言》，标志着东南亚国家联盟（简称"东盟"）成立。后期，文莱（1984）、越南（1995）、老挝（1997）、缅甸（1997）和柬埔寨（1999）先后加入，从而形成一个拥有 10 个成员方的国际性区域组织。2017 年东盟国家接待境外旅游者总人数达 1.2572 亿人次，国际旅游收入达到 1269.35 亿美元。旅游业已经成为东盟国家社会经济发展的重要引擎，成为增强东盟国家与其他国家友好往来的重要纽带（叶莉和陈修谦，2013）。在气候变迁形势越发严峻的情形下，据世界银行数据，东盟也已经成为全球重要的能源消费和二氧化碳排放主体。东盟十国的二氧化碳排放量由 2000 年的 76.41 百万吨增加到 2018 年的 1597.66 百万吨，年均增长 18.4%。因此，Heidari 等（2015）考察了东盟 5 个国家经济增长、能源消费和二氧化碳排放之间的关系，并证实了该区域环境库兹涅茨曲线（Environmental Kuznets Curve，EKC）的存在。相反，Zhang 和 Liu（2019）则否认了东盟六个国家存在 ECK 假设。Azam 等（2018）探讨了新加坡、泰国和马来西亚的旅游发展和二氧化碳排放之间的关系。在马来西亚、印度尼西亚、泰国、新加坡和菲律宾的研究中，Sherafatian 等（2017）证实了 EKC 的存在，作者发现旅游业对二氧化碳排放有长期影响，并且经济增长和能源消费显著增加了二氧化碳排放。

东盟是全球重要的旅游目的地以及可持续旅游发展的典型示范地。由于地理环境因素，该区域受气候变迁的影响也比较大。但是，迄今为止东盟国家的旅游发展与二氧化碳排放、经济增长和能源消费之间的综合性关系仍然鲜有学者关注。探寻该区域旅游和二氧化碳排放以及相关因素之间的关系，对于深入认识旅游影响以及东盟国家的可持续旅游发展具有重要的实践意义。本节与已有研究的区别在于，本节首次运用计量经济学方法，包括面板单位根检验、面板协整检验、向量误差修正模型和面板格兰杰因果检验等来估计东盟国家的旅游发展、经济增长、能源消费、可再生能源利用和二氧化碳排放之间的因果关系。

本节的主要研究贡献包括两个方面。首先，从实证的视角而言，本节首次关注东盟国家的旅游和二氧化碳排放问题。在"一带一路"倡议以及中国-东盟自由贸易区建设背景下，旅游业已经成为深化中国与东盟国家贸易、深入二者文化交流、促进地区和平的重要手段。本节研究对于认知东盟国家的旅游与经济、能源和环境等关键变量之间的关系具有重要意义。尽管在研究范式上有大量相似的研究，正如 Bella（2018）所云，由于不同旅游目的地的不同社会经济特征和旅游政策环境，研究不同旅游目的地具有非常重要的价值，从而可以提供更合理的政策建议。在国家数量方面，文章纳入了东盟十国中的八个国家，分别是越南、柬埔寨、菲律宾、泰国、缅甸、印度尼西亚、马来西亚和新加坡。相对于已有研究，本节样本覆盖更多的区域，因此更具有说服力。由于数据欠缺，老挝和文莱两个国家被排除在外。其次，文章在研究方法和变量选择方面也有一定创新之处。在研究方法上，本节综合应用 VECM 和 VAR，探讨不同变量之间的长期和短期均衡以及因果关系。为进一步考察各变量相互之间的贡献度，本节引入方差分解方法。在变量选择上，文章在旅游和二氧化碳排放两个变量之外，引入经济、能源消费和可持续能源利用三个变量，从而有助于更深入地了解不同经济和环境变量之间的因果关系。

5.3.1　研究方法和数据

1. 数据来源和处理

参考惯常的研究指标，旅游用国际旅游者人次表示，经济增长用人均 GDP

（现价美元）表示，能源消费用人均消耗石油当量（kg）表示，可再生能源利用用占能源使用总量的百分比表示，二氧化碳排放用每美元 GDP 的排放量（kg/美元）表示。上述数据来源为世界银行发展指标数据（http：//data.worldbank.org/）。需要指出的是，尽管东盟由 10 个国家组成，但是由于老挝和文莱两个国家的相关数据缺失，本节只选定越南、柬埔寨、菲律宾、泰国、缅甸、印度尼西亚、马来西亚和新加坡八个国家来探讨东盟国家旅游和经济、能源及二氧化碳排放之间的关系。即便如此，相对于已有的研究，如 Heidari 等（2015）、Zhang 和 Liu（2019）和 Sherafatian 等（2017）的研究，文章的覆盖范围要更为广泛。此外，由于越南 2014 年的能源消费数据缺失，文章采用 Excel 的线性插值 trend 函数插入越南 2014 年的人均消耗石油当量和可再生能源占能源使用总量的比例值。此外，为了降低数据的量级，文章对人均 GDP、人均消耗石油当量和国际旅游者人次分别取自然对数。表 5-8 给出了东盟国家 2000～2014 年五个指标数据的描述性统计结果。总体来看，面板数据的均值和中位数比较接近，并且标准误相对较小，这表明文章的面板数据相对均匀。由于世界银行发展指标数据库中的能源消费数据只更新到 2014 年，为了保证面板数据的一致性，本节的数据分析周期为 2000～2014 年。

表 5-8　描述性统计结果（东盟国家，2000～2014 年）

项目	CO_2	ln 人均 GDP	ln 人均消耗石油当量	可替代能源	ln 国际旅游者人次
柬埔寨					
均值	0.388 951	6.370 576	5.748 825	0.601 489	14.315 34
中位数	0.377 099	6.448 137	5.755 974	0.114 242	14.516 13
最大值	0.449 917	6.997 135	6.032 698	3.319 266	15.320 25
最小值	0.332 738	5.712 336	5.526 549	0.002 507	13.051 94
标准误	0.041 241	0.447 586	0.190 541	1.106 144	0.720 091
马来西亚					
均值	8.377 547	6.916 644	2.316 609	15.765 83	16.730 44
中位数	8.200 575	6.725 708	1.109 230	15.850 22	16.858 75
最大值	10.92 498	8.530 933	6.937 204	17.035 71	17.127 40
最小值	6.857 388	5.638 053	0.187 057	13.612 17	16.140 05
标准误	1.269 672	0.981 134	2.198 261	1.042 020	0.336 062

续表

项目	CO_2	ln 人均 GDP	ln 人均消耗石油当量	可替代能源	ln 国际旅游者人次
缅甸					
均值	0.357 365	6.090 084	5.695 338	1.882 801	13.574 75
中位数	0.347 283	6.008 146	5.712 537	1.377 120	13.481 44
最大值	0.631 097	7.132 354	5.911 697	3.585 289	14.940 76
最小值	0.197 174	4.921 209	5.582 526	0.787 380	12.938 44
标准误	0.126 580	0.838 119	0.082 980	1.071 796	0.531 813
泰国					
均值	0.836 780	8.186 654	7.350 033	0.697 612	16.491 05
中位数	0.832 617	8.287 282	7.371 537	0.644 233	16.465 23
最大值	0.892 887	8.727 173	7.596 690	1.109 230	17.094 43
最小值	0.790 186	7.546 060	7.045 994	0.395 588	16.075 08
标准误	0.033 109	0.424 109	0.170 482	0.230 172	0.332 103
新加坡					
均值	0.217 967	10.489 88	8.545 203	0.169 132	15.868 84
中位数	0.194 481	10.569 45	8.530 304	0.177 019	15.842 08
最大值	0.367 273	10.960 63	8.905 262	0.204 186	16.291 96
最小值	0.097 058	9.985 068	8.356 502	0.097 325	15.363 71
标准误	0.080 770	0.360 971	0.127 672	0.031 315	0.281 970
印度尼西亚					
均值	0.612 093	7.490 650	6.692 656	0.759 443	15.622 50
中位数	0.613 127	7.528 333	6.677 600	0.764 662	15.521 35
最大值	0.752 998	8.214 560	6.784 365	0.947 815	16.059 94
最小值	0.492 659	6.617 747	6.601 112	0.639 576	15.312 23
标准误	0.067 337	0.591 547	0.060 731	0.091 990	0.237 487
越南					
均值	1.101 076	6.786 839	6.271 437	4.502 677	15.194 78
中位数	1.125 270	6.809 353	6.277 560	3.986 847	15.136 47
最大值	1.235 481	7.615 920	6.588 232	6.937 204	15.879 08
最小值	0.877 315	5.966 386	5.885 002	3.101 582	14.576 32
标准误	0.097 819	0.587 218	0.227 933	1.204 781	0.432 867
菲律宾					
均值	0.460 445	7.371 307	6.115 165	3.303 550	14.881 52
中位数	0.425 215	7.420 932	6.109 423	3.296 251	14.919 77
最大值	0.584 827	7.948 497	6.239 783	3.735 179	15.390 98

续表

项目	CO_2	ln 人均 GDP	ln 人均消耗石油当量	可替代能源	ln 国际旅游者人次
菲律宾					
最小值	0.410 005	6.864 002	6.023 960	2.906 361	14.401 63
标准误	0.059 692	0.402 238	0.056 220	0.231 419	0.333 444
总体情况					
均值	0.598 725	7.700 723	6.781 950	1.595 067	15.334 90
中位数	0.559 359	7.535 452	6.594 672	0.805 116	15.433 22
最大值	1.235 481	10.96 063	8.905 262	6.937 204	17.127 40
最小值	0.097 058	4.921 209	5.526 549	0.002 507	12.938 44
标准误	0.289 237	1.450 653	0.982 314	1.597 535	1.087 165

2. 模型设定

本节综合应用 VECM 格兰杰因果检验和 VAR 模型来探讨旅游和经济、能源以及二氧化碳排放之间的长期和短期均衡与因果关系。相似地，本节理论假设的出发点是旅游发展是经济增长、能源消费和二氧化碳排放的驱动因素，因此文章参考 Jebli 和 Hadhri（2018）、Katircioglu（2014a）和 Katircioglu 等（2014）的研究，建立如下对数线性方程来检验二氧化碳排放、人均 GDP（GDPpc）、能源消费（E）、可再生能源利用（RE）和旅游（T）之间的长期联系：

$$\ln \text{GDPpc}_{it} = \beta_0 + \beta_1 CO_{2it} + \beta_2 \ln E_{it} + \beta_3 RE_{it} + \beta_4 \ln T_{it} + \varepsilon_{it} \quad (5\text{-}8)$$

$$CO_{2it} = \beta_0 + \beta_1 \ln \text{GDPpc}_{it} + \beta_2 \ln E_{it} + \beta_3 RE_{it} + \beta_4 \ln T_{it} + \varepsilon_{it} \quad (5\text{-}9)$$

$$\ln E_{it} = \beta_0 + \beta_1 \ln \text{GDPpc}_{it} + \beta_2 CO_{2it} + \beta_3 RE_{it} + \beta_4 \ln T_{it} + \varepsilon_{it} \quad (5\text{-}10)$$

$$RE_{it} = \beta_0 + \beta_1 \ln \text{GDPpc}_{it} + \beta_2 CO_{2it} + \beta_3 \ln E_{it} + \beta_4 \ln T_{it} + \varepsilon_{it} \quad (5\text{-}11)$$

其中时间由下标 t（t=2000，2001，2002，…，2014）表示，ln 表示自然对数转换，i（i=1，2，3，…，8）表示横截面成员，ε_{it} 表示估计的残差，用来描述与长期关系的偏差。

如 Katircioglu 等（2014）、Bella（2018）所讲的，式（5-8）～式（5-11）的独立变量从长期来看可能不会立即调整到其均衡水平，因此，需要分析 lnGDPpc、CO_2、E 和 RE 在短期和长期均衡之间的调整速度。为此，文章建立动态 VECM 模型来估计这一调整速度。首先，文章建立 5 个拥有滞后期 p 的 VAR 模型。

假设 $y_t = (\ln CO_{2t}, \ln GDPpc_t, \ln E_t, \ln RE_t, \ln T_t)'$，文章建立如下 VAR 模型：

$$y_t = a_t + \sum_{j=1}^{p} \prod_j y_{t-j} + \xi_t \qquad (5\text{-}12)$$

式中，$a_t = (\alpha_1, \alpha_2, \alpha_3, \alpha_4, \alpha_5)'$，$\xi_t = (\xi_1, \xi_2, \xi_3, \xi_4, \xi_5)'$。

对式（5-12）进行协整变换得到：

$$\Delta y_t = \sum_{j=1}^{p-1} \Gamma_j \Delta y_{t-j} + \prod_j y_{t-1} + \mu_t \qquad (5\text{-}13)$$

其中，$\prod = \sum_{j=1}^{p} \prod_j - 1$，$\Gamma_j = -\sum_{k=1+j}^{p} \prod_j$，$\mu_t$ 表示白噪声。如果在 y_{it} 之间存在协整关系，式（5-13）可以写成如下 VECM 形式：

$$\Delta y_t = \sum_{j=1}^{p} \Gamma_j \Delta y_{t-j} + \beta ECT_{t-1} + \mu_t \qquad (5\text{-}14)$$

更直观地，式（5-14）可以写成如下矩阵形式：

$$\begin{pmatrix} \Delta \ln GDP_t \\ \Delta \ln CO_{2t} \\ \Delta \ln E_t \\ \Delta \ln T_t \end{pmatrix} = \begin{pmatrix} \beta_1 \\ \beta_2 \\ \beta_3 \\ \beta_4 \end{pmatrix} + \sum_{k=1}^{p} \begin{pmatrix} \omega_{11,k} & \omega_{12,k} & \omega_{13,k} & \omega_{14,k} \\ \omega_{21,k} & \omega_{22,k} & \omega_{23,k} & \omega_{24,k} \\ \omega_{31,k} & \omega_{32,k} & \omega_{33,k} & \omega_{34,k} \\ \omega_{41,k} & \omega_{42,k} & \omega_{43,k} & \omega_{44,k} \end{pmatrix} \begin{pmatrix} \Delta \ln GDP_{t-1} \\ \Delta \ln CO_{2,t-1} \\ \Delta \ln E_{t-1} \\ \Delta \ln T_{t-1} \end{pmatrix}$$

$$+ \begin{pmatrix} \varphi_1 \\ \varphi_2 \\ \varphi_3 \\ \varphi_4 \end{pmatrix} ECT_{t-1} + \begin{pmatrix} \xi_{1,t} \\ \xi_{2,t} \\ \xi_{3,t} \\ \xi_{4,t} \end{pmatrix} \qquad (5\text{-}15)$$

式中，Δ 是一阶差分，表示变量的短期变化；p 表示由施瓦茨信息准则（Schwarz information criterion，SIC）自动确定的回归滞后时间，本节为 2；ECT_{t-1} 表示由式（5-8）～式（5-11）导出的一期滞后误差修正项（error correction term，ECT）；φ 和 ξ_t 分别表示调整速度和误差项。φ 的绝对值越大，则表示调整得越快。

5.3.2 结果和讨论

1. 面板单位根检验

本节同样采用共同单位根过程和不同单位根过程两类面板单位根检验。共同单位根过程包括 Levin-Lin-Chu（LLC）检验和 Breitung 检验两种类型，不同单位根过程包括 Im-Pesaran-Shin（IPS）检验、Augmented Dickey-Fuller（ADF）-Fisher 检验和 Phillips-Perron（PP）-Fisher 检验三种类型。表 5-9 显示了各类型单位根检验的结果。

表 5-9 面板单位根检验结果

阶数	类型	CO_2 统计量	p 值	lnGDPpc 统计量	p 值	ln$E$ 统计量	p 值	RE 统计量	p 值	ln$T$ 统计量	p 值
0 阶	\multicolumn{11}{l}{Null：单位根（假定为共同单位根进程）}
	LLC 检验	3.993 84	1.000 0	−0.038 74	0.484 5	−1.791 02	0.056 6	−1.887 75	0.059 5	1.037 51	0.850 3
	Breitung 检验	0.778 03	0.781 7	−0.077 41	0.469 1	2.418 23	0.992 2	1.715 73	0.956 9	−0.060 59	0.475 8
	\multicolumn{11}{l}{Null：单位根（假定为不同单位根进程）}
	IPS 检验	0.111 55	0.544 4	3.482 98	0.999 8	0.238 26	0.594 2	−0.461 51	0.322 2	4.390 57	1.000 0
	ADF-Fisher 检验	0.929 38	0.628 3	2.008 36	1.000 0	12.852 5	0.683 5	16.294 8	0.432 6	2.334 40	1.000 0
	PP-Fisher 检验	22.860 9	0.000 0	1.929 43	1.000 0	13.964 5	0.601 4	14.887 2	0.532 9	7.517 93	0.961 9
1 阶	\multicolumn{11}{l}{Null：单位根（假定为共同单位根进程）}
	LLC 检验	−12.620 5	0.000 0	−7.273 01	0.000 0	−5.161 73	0.000 0	−5.805 27	0.000 0	−8.609 34	0.000 0
	Breitung 检验	−2.538 35	0.005 6	−1.735 92	0.041 3	−2.943 17	0.001 6	−1.582 53	0.046 8	−3.421 01	0.000 3
	\multicolumn{11}{l}{Null：单位根（假定为不同单位根进程）}
	IPS 检验	−9.949 17	0.000 0	−5.476 40	0.000 0	−4.048 25	0.000 0	−5.979 65	0.000 0	−6.834 84	0.000 0
	ADF-Fisher 检验	25.993 8	0.000 0	56.854 2	0.000 0	50.546 2	0.000 0	62.479 0	0.000 0	70.542 9	0.000 0
	PP-Fisher 检验	20.473 5	0.000 0	68.875 7	0.000 0	75.069 9	0.000 0	83.394 0	0.000 0	94.434 7	0.000 0

表 5-9 显示的单位根检验结果表明，对于原始序列的单位根检验，CO_2、lnGDPpc、ln$E$、RE 和 ln$T$ 的检验统计量对应的 p 值均大于 0.05。这表明在 5% 的显著性水平下都不能拒绝各截面序列具有相同和不同单位根过程的原假设，即所有数据序列都存在单位根，因此各变量序列是非平稳的。本节进一步对面板数据序列的一阶差分进行单位根检验。表 5-9 的结果显示，在 5% 的显著性水平下，各截面序列的检验统计量对应的 p 值均小于 0.05，由此可见面板数据序列的一阶差分序列是平稳的。因此文章的原序列属于一阶单整，即 $I(1)$，满足协整检验的前提条件。

2. 面板协整检验

本节继续考察东盟国家旅游和二氧化碳排放、人均 GDP、能源消费和可再生能源利用之间的协整关系。表 5-10 给出了三种不同类型协整检验的结果，包括 Pedroni 检验、Kao 检验和 Johansen Fisher 检验。Pedroni 检验结果表明，面板和群组检验的 7 个统计量对应的 p 值有 5 个小于 0.05，这表明在 5%甚至更低的显著水平下，式（5-8）～式（5-11）中的变量是面板协整的。Kao 检验的结果则表明 5 个变量在 1%的显著性水平上具有协整关系。因此，表 5-10 表明，东盟国家的 CO_2 排放、人均 GDP、能源消费、可再生能源利用和旅游业之间存在着显著的长期均衡关系。这一结果与 Zhang 和 Gao（2016）关于中国的研究、Balli 等（2019）关于地中海国家的研究、Dogan 等（2017）关于经合组织国家的研究、Katircioglu（2014a）关于土耳其的研究、Katircioglu 等（2014）关于塞浦路斯的研究，以及 Roudi 等（2019）关于海岛国家的研究中得出的结论相似。此外，Johansen Fisher 检验的结果显示最多 4 个协整方程的 0 假设的 p 值为 0，这表明在该假设被拒绝，即在 CO_2、$\ln GDPpc$、$\ln E$、RE 和 $\ln T$ 之间存在 5 个协整方程。

表 5-10　面板数据协整检验结果

	Pedroni Test				
		统计量值	p 值	
	Panel v-Statistic（加权统计值）	−2.825 425	0.997 6	
	Panel rho-Statistic（加权统计值）	−1.614 886	0.043 2	
	Panel PP-Statistic（加权统计值）	−25.041 810	0.000 0	
	Panel ADF-Statistic（加权统计值）	−12.601 210	0.000 0	
	Group rho-Statistic	−0.700 009	0.242 0	
	Group PP-Statistic	−32.787 150	0.000 0	
	Group ADF-Statistic	−16.035 920	0.000 0	
	Kao Test				
	ADF	−3.408 963	0.000 3	
	Johansen Fisher 检验				
0 假设	Fisher 统计量值（from trace test）	p 值	Fisher 统计量值（from max-eigen test）	p 值
None	11.09	0.803 9	11.09	0.803 9
At most 1	113.3	0.000 0	113.3	0.000 0
At most 2	147.4	0.000 0	147.4	0.000 0
At most 3	103.7	0.000 0	90.93	0.000 0
At most 4	60.42	0.000 0	60.42	0.000 0

表 5-11 分别给出了 CO_2、人均 GDP、能源消费和可再生能源利用为独立变量的协整方程估计结果。从长期来看，旅游业每增长 1%，二氧化碳排放将增加约 0.241%，人均 GDP 将增长约 0.491%，人均能源消费将降低约 0.183%，而可再生能源利用将降低约 1.076%。上述统计结果在 1%水平上显著。

表 5-11 协整方程

变量	系数	标准误	t-值	显著性
CO_2 作为因变量					
C	−2.798 811	0.181 756	−15.398 700	0.000 0
ln 人均 GDP	−0.343 369	0.021 565	−15.922 320	0.000 0
ln 人均消耗石油当量	0.325 990	0.036 810	8.856 080	0.000 0
可替代能源	0.087 320	0.008 240	10.596 530	0.000 0
ln 国际旅游者人次	0.240 732	0.017 228	13.973 290	0.000 0
lnGDPpc 作为因变量					
C	−6.370 357	0.487 156	−13.076 620	0.000 0
CO_2 排放	−2.003 506	0.125 830	−15.922 320	0.000 0
ln 人均消耗石油当量	1.093 132	0.053 917	20.274 290	0.000 0
可替代能源	0.202 449	0.020 656	9.800 822	0.000 0
ln 国际旅游者人次	0.491 307	0.050 726	9.685 415	0.000 0
ln$E$ 作为因变量					
C	3.602 094	0.522 605	6.892 574	0.000 0
CO_2 排放	1.243 813	0.140 447	8.856 080	0.000 0
ln 人均 GDP	0.714 816	0.035 257	20.274 290	0.000 0
可替代能源	−0.168 626	0.016 273	−10.362 340	0.000 0
ln 国际旅游者人次	−0.182 621	0.052 585	−3.472 871	0.000 7
RE 作为因变量					
C	16.820 140	2.023 297	8.313 235	0.000 0
CO_2 排放	5.657 704	0.533 921	10.596 530	0.000 0
ln 人均 GDP	2.248 081	0.229 377	9.800 822	0.000 0
ln 人均消耗石油当量	−2.863 515	0.276 539	−10.362 340	0.000 0
ln 国际旅游者人次	−1.076 245	0.204 474	−5.263 495	0.000 0

3. VECM 模型分析

在证实了东盟国家旅游、经济、能源和二氧化碳排放之间的协整关系之后，本节运用 VECM 模型考察不同变量之间的长期均衡和短期波动情况。表 5-12

显示了 VECM 模型的估计结果。

表 5-12　VECM 估计结果

项目	$D(CO_2)$	$D(\ln GDPpc)$	$D(\ln E)$	$D(RE)$	$D(\ln T)$
误差修正系数	−0.023 304 (0.045 72) [−0.509 72]	0.447 151 (0.158 89) [2.814 29]	−0.011 080 (0.108 03) [−0.102 57]	0.899 792 (0.285 33) [3.153 55]	0.494 088 (0.211 22) [2.339 18]
$D(CO_2(-1))$	−0.121 609 (0.150 77) [−0.806 59]	−0.929 170 (0.523 95) [−1.77 339]	−0.290 658 (0.356 23) [−0.815 93]	−2.242 687 (0.940 91) [−2.38 353]	−1.123 731 (0.696 54) [−1.613 30]
$D(CO_2(-2))$	−0.261 700 (0.147 79) [−1.770 80]	0.160 775 (0.513 58) [0.313 05]	−0.284 804 (0.349 18) [−0.815 63]	0.736 204 (0.922 29) [0.798 23]	0.131 569 (0.682 76) [0.192 70]
$D(\ln GDPpc(-1))$	−0.029 691 (0.062 51) [−0.474 98]	−0.111 757 (0.217 24) [−0.514 45]	−0.072 599 (0.147 70) [−0.491 54]	−0.621 798 (0.390 11) [−1.593 90]	−0.393 784 (0.288 79) [−1.363 55]
$D(\ln GDPpc(-2))$	−0.074 732 (0.060 13) [−1.242 83]	0.057 746 (0.208 97) [0.276 34]	−0.132 213 (0.142 07) [−0.930 59]	0.370 614 (0.375 26) [0.987 61]	0.153 543 (0.277 80) [0.552 71]
$D(\ln E(-1))$	0.048 967 (0.082 23) [0.595 49]	0.056 306 (0.285 77) [0.197 03]	0.061 187 (0.194 29) [0.314 92]	0.724 145 (0.513 18) [1.411 09]	0.300 496 (0.379 90) [0.790 99]
$D(\ln E(-2))$	0.070 032 (0.081 58) [0.858 39]	0.044 768 (0.283 52) [0.157 90]	0.098 273 (0.192 76) [0.509 81]	−0.333 239 (0.509 15) [−0.654 50]	−0.171 996 (0.376 91) [−0.456 33]
$D(RE(-1))$	−0.006 600 (0.020 28) [−0.325 46]	0.076 814 (0.070 48) [1.089 89]	0.014 220 (0.047 92) [0.296 76]	0.384 051 (0.126 57) [3.034 40]	0.107 201 (0.093 69) [1.144 15]
$D(RE(-2))$	0.019 441 (0.020 38) [0.953 73]	0.022 042 (0.070 84) [0.311 15]	0.016 913 (0.048 16) [0.351 16]	−0.079 311 (0.127 21) [−0.623 45]	−0.032 023 (0.094 17) [−0.340 04]
$D(\ln T(-1))$	0.032 752 (0.044 84) [0.730 47]	0.292 702 (0.155 81) [1.878 52]	0.064 809 (0.105 94) [0.611 77]	0.408 732 (0.279 81) [1.460 74]	0.327 162 (0.207 14) [1.579 42]
$D(\ln T(-2))$	0.054 348 (0.043 09)	0.006 371 (0.149 75)	0.081 257 (0.101 82)	0.017 619 (0.268 93)	0.077 424 (0.199 08)

续表

项目	$D(CO_2)$	$D(\ln \text{GDPpc})$	$D(\ln E)$	$D(RE)$	$D(\ln T)$
$D(\ln T(-2))$	[1.261 18]	[0.042 54]	[0.798 07]	[0.065 52]	[0.388 90]
	−0.008 616	0.036 204	0.022 030	−0.034 142	0.011 167
C	(0.010 77)	(0.037 44)	(0.025 45)	(0.067 23)	(0.049 77)
	[−0.799 86]	[0.967 10]	[0.865 57]	[−0.507 87]	[0.224 39]
R^2 值	0.062 586	0.112 268	0.020 581	0.161 014	0.072 226
调整的 R^2 值	−0.035 619	0.019 268	−0.082 024	0.073 121	−0.024 969
F 值	0.637 297	1.207 179	0.200 588	1.831 921	0.743 104

注：（ ）数值表示标准误，[ ]数值表示 T 值。

根据表 5-12 的显示结果，文章得到如下 ECM 方程的表达式：

$$\text{ECM} = CO_{2,t-1} + 0.117258 \times \ln \text{GDPpc}_{t-1} + 0.163225 \times \ln E_{t-1}$$
$$- 0.129152 \times RE_{t-1} - 0.505719 \times \ln T_{t-1} + 5.352526 \quad (5\text{-}16)$$

如表 5-12 所示，第 2～6 列分别呈现了变量 CO_2、$\ln \text{GDPpc}$、$\ln E$、RE 和 $\ln T$ 的 VECM 模型的估计结果，分别命名为模型Ⅰ、模型Ⅱ、模型Ⅲ、模型Ⅳ和模型Ⅴ。在表 5-12 中，D 表示一阶差分，即变量的短期波动。根据式（5-15），ECT 的系数即误差修正系数表明长期均衡关系对短期变化的调整。模型Ⅰ表明，二氧化碳排放量的短期变化受自身、经济增长、能源消费、可再生能源利用和旅游人次的影响。模型Ⅱ-Ⅴ同时表明经济增长、能源消费、可再生能源利用和旅游人次的短期变化也受到自身同其他四个变量的影响。表 5-12 表明，当二氧化碳排放受到干扰并偏离平衡状态时，经济增长、能源消费、可再生能源利用和旅游人次等因素将共同作用并以 0.023304 的反向调整速度使其回到长期均衡路径。同样地，经济增长通过二氧化碳排放、能源消费、可再生能源利用和旅游人次等渠道向长期均衡路径收敛，调整速度为 0.447151；能源消费通过二氧化碳排放、经济增长、可再生能源利用和旅游人次等渠道向长期均衡路径收敛，调整速度为−0.011080；可再生能源利用通过二氧化碳排放、经济增长、能源消费和旅游人次等渠道向长期均衡路径收敛，调整速度为 0.899792；旅游人次通过二氧化碳排放、经济增长、能源消费和可再生能源利用等渠道向长期均衡路径收敛，调整速度为 0.494088。

4. 脉冲响应分析

在 VECM 模型的基础上，文章进一步刻画脉冲响应曲线来表示二氧化碳排放、经济增长、能源消费、可再生能源利用、旅游发展之间的动态联系，结果如图 5-2 所示。脉冲响应函数描述了系统中一个变量对其他变量的单位冲击，并能提供冲击的正负方向、调整滞后周期和稳定过程等信息。

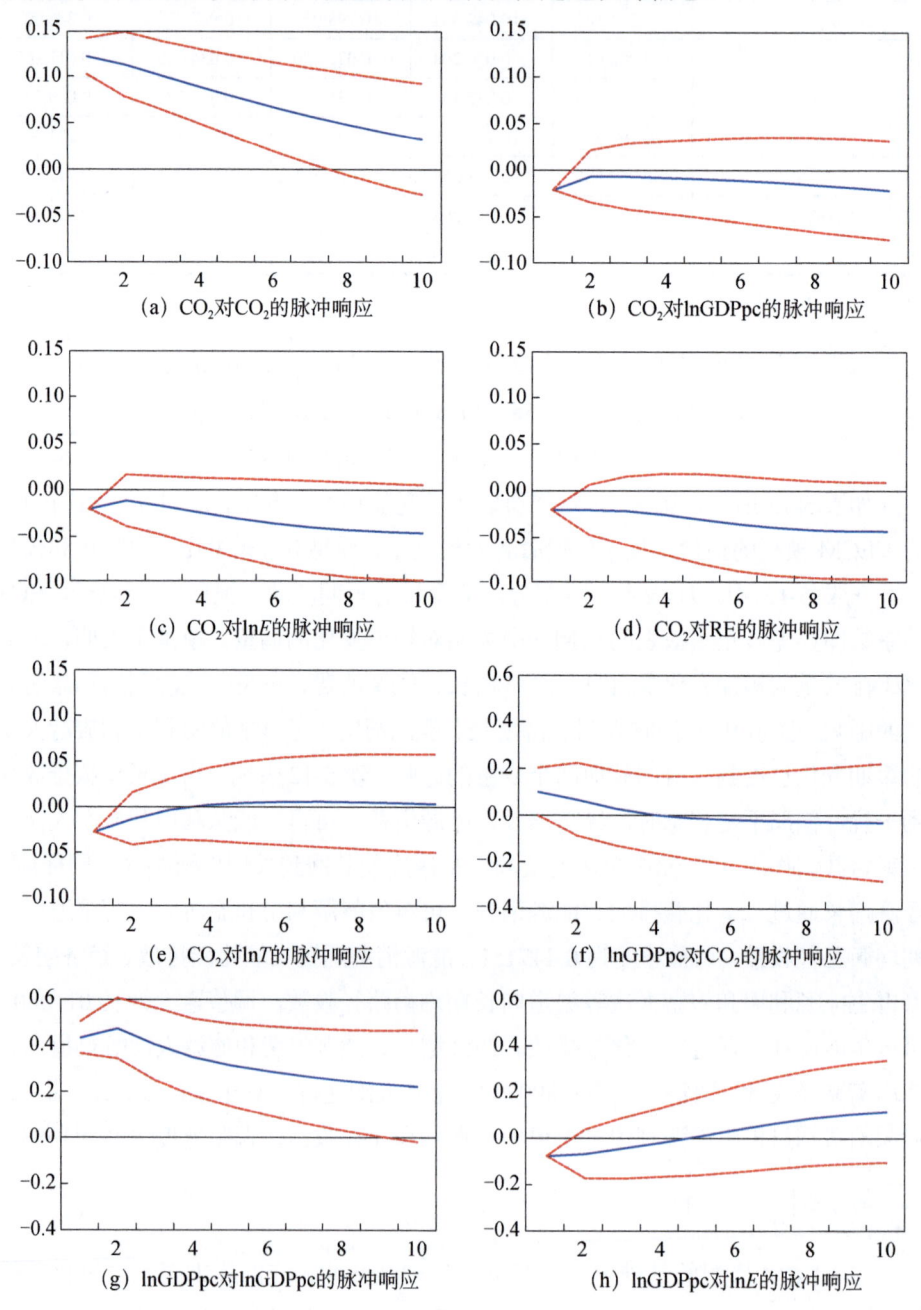

(a) CO_2对CO_2的脉冲响应

(b) CO_2对ln$GDPpc$的脉冲响应

(c) CO_2对ln$E$的脉冲响应

(d) CO_2对RE的脉冲响应

(e) CO_2对ln$T$的脉冲响应

(f) ln$GDPpc$对CO_2的脉冲响应

(g) ln$GDPpc$对ln$GDPpc$的脉冲响应

(h) ln$GDPpc$对ln$E$的脉冲响应

第 5 章　旅游、经济、能源与碳排放 | 189

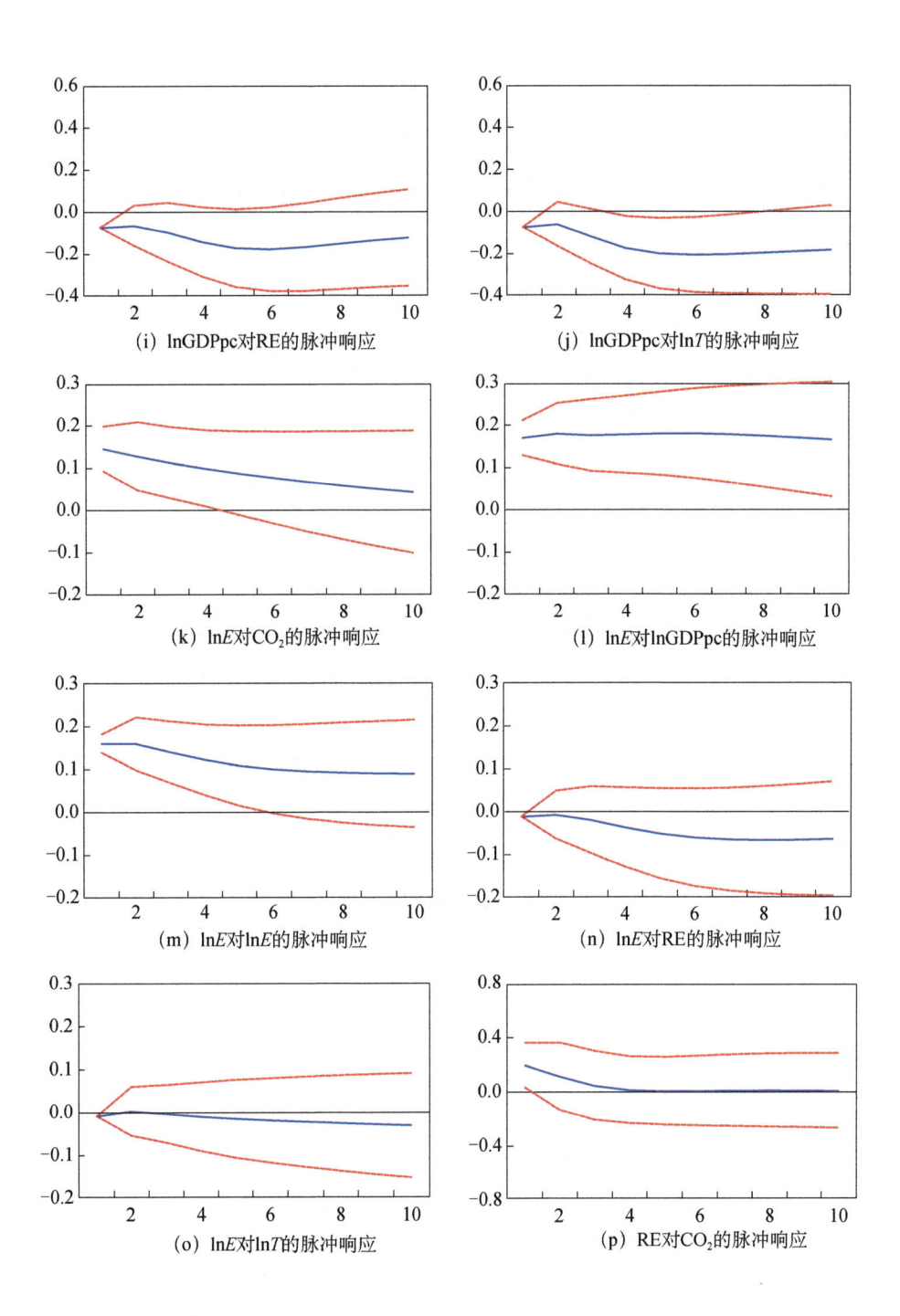

(i) lnGDPpc对RE的脉冲响应

(j) lnGDPpc对lnT的脉冲响应

(k) lnE对CO$_2$的脉冲响应

(l) lnE对lnGDPpc的脉冲响应

(m) lnE对lnE的脉冲响应

(n) lnE对RE的脉冲响应

(o) lnE对lnT的脉冲响应

(p) RE对CO$_2$的脉冲响应

(q) RE对lnGDPpc的脉冲响应

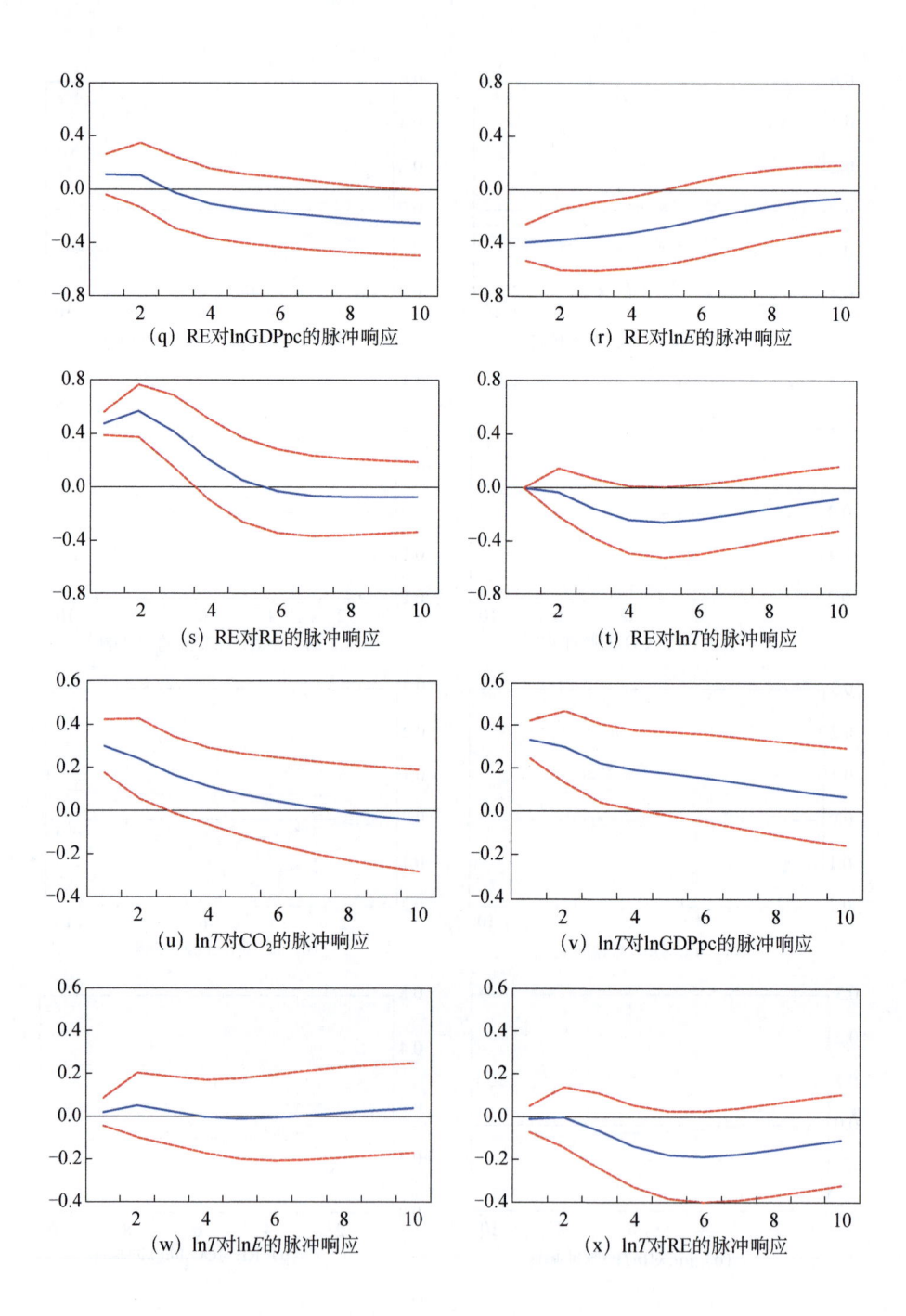

(r) RE对ln$E$的脉冲响应

(s) RE对RE的脉冲响应

(t) RE对ln$T$的脉冲响应

(u) ln$T$对CO_2的脉冲响应

(v) ln$T$对lnGDPpc的脉冲响应

(w) ln$T$对ln$E$的脉冲响应

(x) ln$T$对RE的脉冲响应

(y) ln*T*对ln*T*的脉冲响应

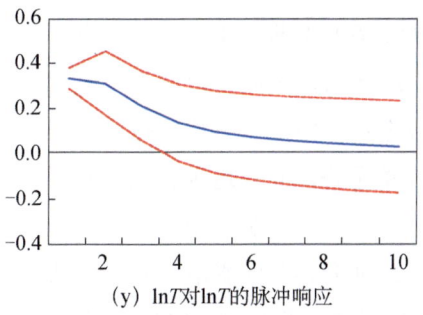

图 5-2　CO$_2$、lnGDPpc、ln*E*、RE 和 ln*T* 的脉冲响应

图 5-2 显示，短期来看，人均 GDP 的增加对二氧化碳排放的增加有正向影响，并且该正向影响呈逐渐收敛趋势。这一结果与已有的研究结论基本相似：经济增长导致了越来越多的二氧化碳排放。同时，经济增长与二氧化碳排放之间存在倒"U"形关系，即存在 EKC 曲线。当经济增长到达一个阈值时，对二氧化碳排放的正向影响逐渐削弱乃至转向负向影响。具体到东盟国家，这一结论与 Heidari 等（2015）和 Sherafatian 等（2017）的结论一致，但是与 Zhang 和 Liu（2019）的结论相反。能源消费增加对二氧化碳排放增加的影响由开始的正向转变为后期的负向。能源消费是导致全球包括东盟国家二氧化碳排放的主要原因，因此很容易理解能源消费对二氧化碳排放的正向影响。需要注意的是，随着全球气候治理以及可持续发展议程的推进，可再生能源在总能源消费中的比例不断增加。这在东盟八国可再生能源利用的时间序列数据中得到了很好的体现。因此，尽管总体能源消费增加，但是可再生能源比重的增加反而降低了二氧化碳排放。这在图 5-2 中也有着较好的体现。图 5-2 的脉冲曲线表明，可再生能源利用的增加对于二氧化碳排放增加有负面影响，并且负面影响随着时间的推进不断增加。这也表明对于东盟而言，可再生能源的普及是实现低碳发展的重要举措。图 5-2 同时表明旅游人次的增加导致了二氧化碳排放的增加，这与 Zhang 和 Liu（2019）的结论相似。该结果表明旅游业正给东盟带来越来越多的二氧化碳排放，旅游业的减排工作对于东盟低碳转型的重要性应该引起关注。

脉冲响应曲线表明，短期来看，二氧化碳排放的增加对于经济增长有着正向影响，但是该影响逐渐变弱；能源消费的增加对于经济增长同样有着正向影响，不同的是该影响逐渐走强。后者原因在于能源作为经济增长的重要驱动力，增加其投入当然会实现经济的不断进步。对于前者可能的解释在于，由于二氧化碳排放主要来源于生产环节，因此可以认为二氧化碳的增加一定程度上增加了产出，从而促进经济进步，但是二氧化碳排放带来的负面影响，如气候变迁对经济的负面影响也同样显著，并且这种影响越到后期会越凸显。可再生能源利用的增加对于经济增长总体上有负面影响，而旅游人次的增加在短期内对经济增长有正向作用，后期则变为负面影响。对于东盟而言，当前的经济进步更多地依赖传统化石能源的消费。根据《BP世界能源统计年鉴》的统计数据，在东盟国家的经济实践中，可再生能源消费的比例一直处于较低水平。尽管旅游业在东盟各国发展较快，但是扩展到整个经济体系，这种影响可能需要进一步提升，并且需要降低旅游发展对其他产业的挤出效应。

其他方面，旅游人次的增加对于能源消费的增加由正向影响转向负向影响，对于可再生能源的增加有着负向影响。这一定程度上说明在东盟国家，旅游业的能源消费水平总体较低，并且可再生能源的利用程度较低。尽管旅游发展导致的二氧化碳排放越来越多，但是横向比较来看，东盟国家旅游业仍然是一个相对低排放的产业，并且可再生能源的利用有着较大提升空间，这将会极大促进未来东盟国家旅游的低碳转型。二氧化碳排放的增加对于旅游增长有着正向影响，但是该影响逐渐降低，经济增长对旅游的影响与二氧化碳排放有着相似的影响轨迹。原因在于经济增长和二氧化碳排放之间有着极大的相关性，而经济增长对于旅游目的地竞争力的提升（如旅游资源开发、基础设施建设、旅游环境治理等）具有重要的推动作用，从而吸引更多的游客前来。能源消费增加对旅游人次的增加有着正向影响，但是影响的强度相对较弱，可再生能源的增加对于旅游人次有着显著的负面影响。因此当前的旅游产出更多地仍然是传统能源的推动，可再生能源的推广对旅游者的旅游体验可能仍有一定的负面影响。脉冲响应结果表明，在减排和增长之间，东盟国家的旅游发展仍面临较大考验。

5. 面板格兰杰因果检验

本节运用面板格兰杰因果检验方法探讨二氧化碳排放、经济增长、能源消费、可再生能源利用和国际旅游人次之间的短期和长期因果关系，结果如表5-13所示。与前文相似，本节采用滞后2期的VAR模型检验长期因果关系，采用滞后 1 期的 VECM 模型检验短期因果关系。

表 5-13　格兰杰因果检验

关系类型	原假设	F 值	p 值	结论
短期因果关系	人均 GDP 不是二氧化碳排放的格兰杰原因	1.174 72*	0.057 0	拒绝假设
	二氧化碳排放不是人均 GDP 的格兰杰原因	0.075 74	0.927 7	接受假设
	能源消费不是二氧化碳排放的格兰杰原因	0.856 15*	0.060 3	拒绝假设
	二氧化碳排放不是能源消费的格兰杰原因	0.560 50	0.591 8	接受假设
	可再生能源利用不是二氧化碳排放的格兰杰原因	0.157 36	0.857 0	接受假设
	二氧化碳排放不是可再生能源利用的格兰杰原因	0.288 79	0.756 7	接受假设
	旅游不是二氧化碳排放的格兰杰原因	0.067 83	0.934 9	接受假设
	二氧化碳排放不是旅游的格兰杰原因	2.384 19	0.154 1	接受假设
	能源消费不是人均 GDP 的格兰杰原因	1.314 22	0.321 0	接受假设
	人均 GDP 不是能源消费的格兰杰原因	1.040 31	0.396 7	接受假设
	可再生能源利用不是人均 GDP 的格兰杰原因	2.120 84	0.182 4	接受假设
	人均 GDP 不是可再生能源利用的格兰杰原因	15.591 50***	0.001 7	拒绝假设
	旅游不是人均 GDP 的格兰杰原因	0.292 57	0.754 0	接受假设
	人均 GDP 不是旅游的格兰杰原因	2.216 21	0.171 4	接受假设
	可再生能源利用不是能源消费的格兰杰原因	2.080 78	0.187 2	接受假设
	能源消费不是可再生能源利用的格兰杰原因	7.535 60**	0.014 5	拒绝假设
	旅游不是能源消费的格兰杰原因	0.270 24	0.769 9	接受假设
	能源消费不是旅游的格兰杰原因	1.589 30	0.262 3	接受假设
	旅游不是可再生能源利用的格兰杰原因	1.667 76	0.248 1	接受假设
	可再生能源利用不是旅游的格兰杰原因	4.566 48**	0.047 5	拒绝假设
长期因果关系	人均 GDP 不是二氧化碳排放的格兰杰原因	8.696 37***	0.005 8	拒绝假设
	二氧化碳排放不是人均 GDP 的格兰杰原因	4.604 24*	0.086 3	拒绝假设
	能源消费不是二氧化碳排放的格兰杰原因	7.232 02**	0.025 2	拒绝假设
	二氧化碳排放不是能源消费的格兰杰原因	4.099 14	0.205 6	接受假设
	可再生能源利用不是二氧化碳排放的格兰杰原因	3.839 26*	0.097 2	拒绝假设
	二氧化碳排放不是可再生能源利用的格兰杰原因	1.958 57	0.365 4	接受假设
	旅游不是二氧化碳排放的格兰杰原因	6.669 36**	0.034 6	拒绝假设
	二氧化碳排放不是旅游的格兰杰原因	6.334 20	0.141 0	接受假设
	能源消费不是人均 GDP 的格兰杰原因	2.429 32**	0.012 2	拒绝假设
	人均 GDP 不是能源消费的格兰杰原因	2.534 50	0.302 4	接受假设
	可再生能源利用不是人均 GDP 的格兰杰原因	137.521 00***	0.007 2	拒绝假设
	人均 GDP 不是可再生能源利用的格兰杰原因	119.490 00***	0.008 3	拒绝假设
	旅游不是人均 GDP 的格兰杰原因	4.957 84*	0.074 8	拒绝假设
	人均 GDP 不是旅游的格兰杰原因	3.082 60	0.259 6	接受假设
	可再生能源利用不是能源消费的格兰杰原因	94.596 30**	0.010 5	拒绝假设
	能源消费不是可再生能源利用的格兰杰原因	68.320 90**	0.014 5	拒绝假设
	旅游不是能源消费的格兰杰原因	3.307 22	0.245 4	接受假设
	能源消费不是旅游的格兰杰原因	2.379 75	0.317 1	接受假设
	旅游不是可再生能源利用的格兰杰原因	38.619 4**	0.025 4	拒绝假设
	可再生能源利用不是旅游的格兰杰原因	49.784 8**	0.019 8	拒绝假设

*$p<0.1$，**$p<0.05$，***$p<0.01$。

从短期因果关系来看,表 5-13 的结果在 10%的显著性水平上拒绝人均 GDP 不是二氧化碳排放格兰杰原因的假设和能源消费不是二氧化碳排放格兰杰原因的假设,在 1%的显著性水平上拒绝人均 GDP 不是可替代能源利用格兰杰原因的假设,在 5%的显著性水平上拒绝能源利用不是可再生能源利用格兰杰原因的假设和可再生能源利用不是旅游格兰杰原因的假设。结果表明,东盟国家存在人均 GDP 和能源消费到二氧化碳排放的短期因果关系,存在人均 GDP 和能源消费到可再生能源利用的短期因果关系,存在可再生能源利用到旅游的短期因果关系。此外,短期因果关系检验结果表明旅游不是二氧化碳排放、人均 GDP、能源消费和可再生能源利用的格兰杰原因。这意味着从短期来看,东盟国家的旅游业无法对上述四个变量产生显著的影响。同时,二氧化碳排放、人均 GDP 和能源消费也不是旅游的格兰杰原因,不存在从上述三个变量到旅游的短期因果关系。因此,文章研究的五个变量之间不存在短期的双向因果关系。在东盟国家的相关研究中,变量之间的短期因果关系还没有文献涉及,因此该结论无法与已有研究进行对比。但是文章的结论与 Katircioglu 等(2014)对塞浦路斯,Zhang 和 Gao(2016)对中国,Jebli and Hadhri(2018)对中国、美国、西班牙、意大利等全球排名前十的国际旅游目的地的研究发现有显著的差异。

长期因果关系检验的结果表明,在二氧化碳排放方面,人均 GDP、能源消费、可再生能源利用和旅游分别在 1%、5%、10%和 5%的显著性水平上拒绝零假设,这表明这四个变量从长期来看是二氧化碳排放的格兰杰原因。该结果也证实了东盟国家经济、能源和旅游为主导的排放假设。这一结论与大多现有的研究发现一致,如 Eyuboglu 和 Uzar(2019)对土耳其的研究,Zhang 和 Gao(2016)对中国的研究,Dogan 和 Aslan(2017)对欧盟及候选国的研究,Dogan 等(2017)对经合组织国家的研究等。在人均 GDP 方面,二氧化碳排放、能源消费、可再生能源利用和旅游分别在 10%、5%、1%和 10%的显著性水平上拒绝零假设,这表明这四个变量从长期来看是人均 GDP 的格兰杰原因。在能源消费方面,可再生能源利用在 5%的显著性水平上拒绝零假设,而其他三个变量则接受零假设,因此可再生能源利用是能源消费的长期格兰杰原因。在可再生能源利用方面,人均 GDP、能源消费和旅游分别在 1%、5%和 5%的显著性水平上拒绝零假设,这表明这三个变量是可再生能源利用的长期格兰杰原因。在旅游方面,可再生能源利用在 5%的显著性水平上拒绝零假设,即可再生能源利用从长期来看是旅游发展的格兰杰原因。

上述结果表明,长期来看,二氧化碳排放和人均 GDP 之间、人均 GDP 和可再生能源利用之间、能源消费和可再生能源之间、旅游和可再生能源利用之间存在双向因果关系。该结论与 Zhang 和 Liu（2019）关于东盟六国的研究有较大的差异性，该研究没有发现双向因果关系的存在。在东盟，人均 GDP、能源消费、可再生能源利用和旅游对二氧化碳排放，二氧化碳排放、能源消费、可再生能源利用和旅游对人均 GDP 具有一定的预测能力，该结论一定程度上支持了 Sherafatian 等（2017）关于东盟五国的研究发现。人均 GDP 和二氧化碳排放之间的双向长期因果关系也与前期研究，如 Roudi 等（2019）、Eyuboglu 和 Uzar（2019）、Jebli 和 Hadhri（2018）以及 Dogan 等（2017）相似。但是并没有发现 Eyuboglu 和 Uzar（2019）证实的二氧化碳排放和旅游之间的双向长期因果关系，也没有发现 Roudi 等（2019）、Eyuboglu 和 Uzar（2019）以及 Isik 等（2017）所发现的人均 GDP 和旅游之间的双向因果关系。同时，本节没有发现 Roudi 等（2019）和 Zaman 等（2016）所发现的人均 GDP 和能源消费之间的双向长期因果关系。除了旅游，本节发现能源消费是人均 GDP、二氧化碳排放和可再生能源利用的格兰杰原因。

6. 方差分解分析

前文分析了东盟国家旅游、经济增长、能源消费、可再生能源利用和二氧化碳排放之间的长期均衡、短期扰动、脉冲响应以及因果关系。方差分解方法的主要目的在于分析各个变量对其他变量变化的贡献度，从而有助于更好地理解变量之间的相互影响。方差分解的结果如图 5-3 所示。

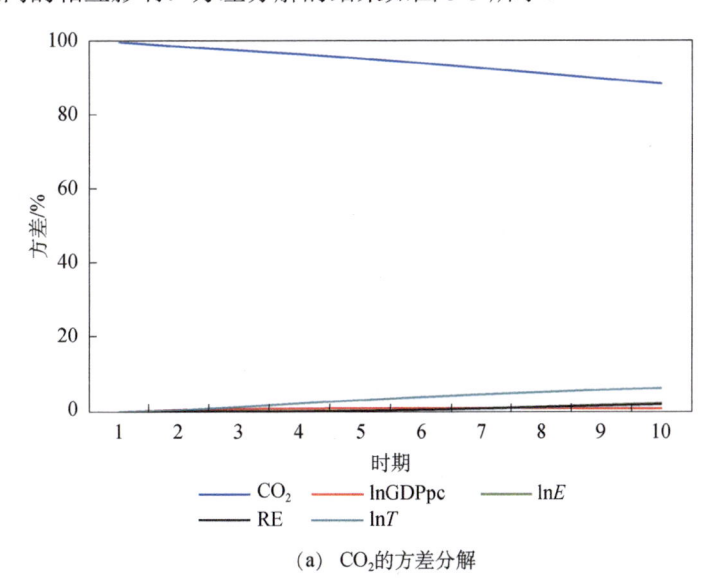

(a) CO_2的方差分解

(b) ln$GDPpc$的方差分解

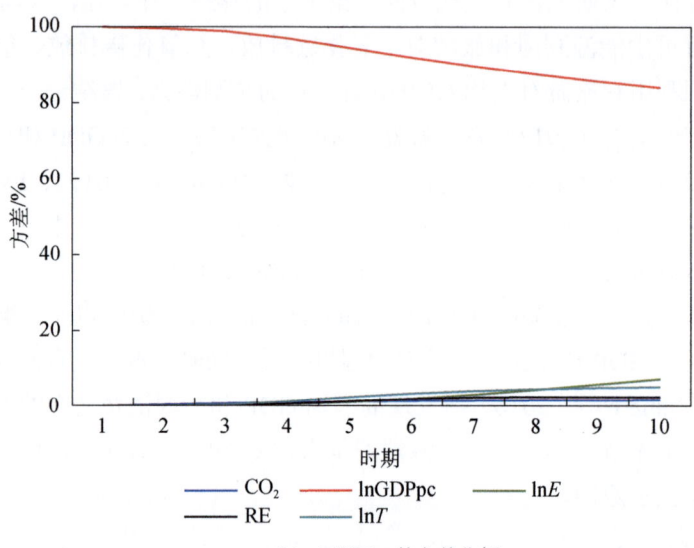

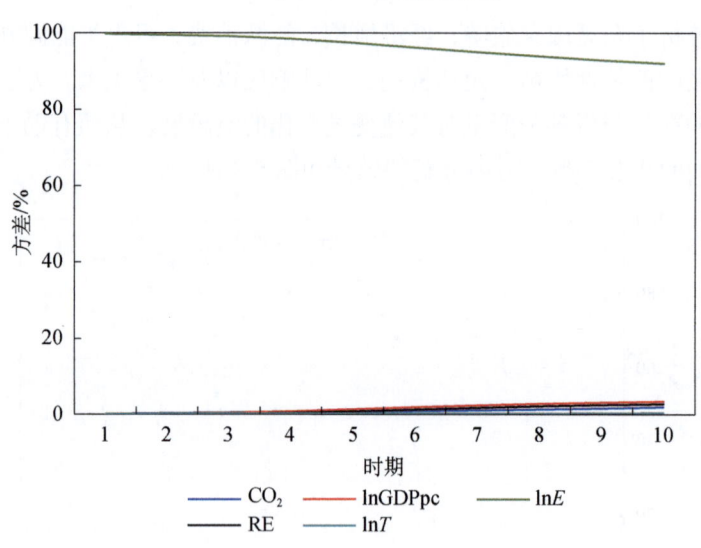

(c) ln$E$的方差分解

(d) RE的方差分解

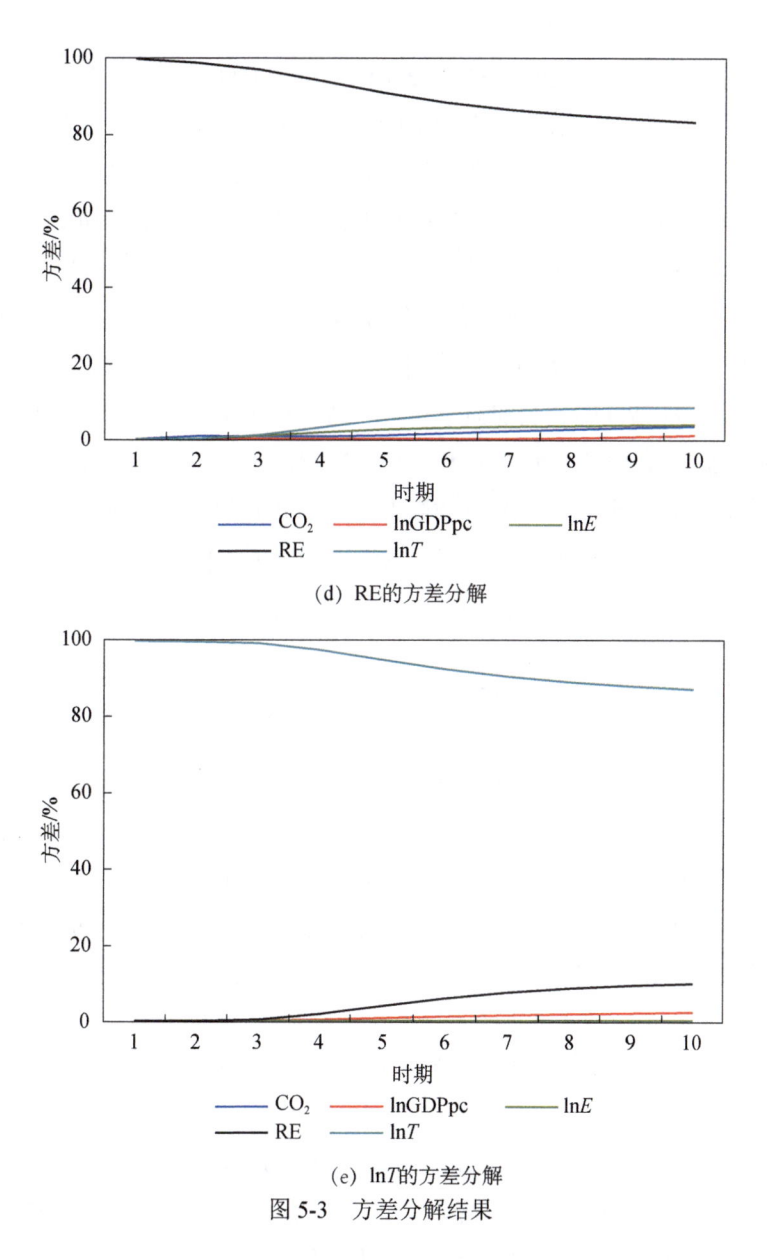

(e) ln$T$的方差分解

图 5-3　方差分解结果

图 5-3 中，横坐标表示方差分解的时期数，即各变量标准差的预测期。图 5-3 显示，各变量的预测方差在第一期中全部是由自身扰动引起的，随着时间的推移，其他变量的扰动开始逐渐影响各变量预测的方差。总体上来看，在第十期左右，各变量的分解结果基本趋于稳定。在第十期预测中，二氧化碳排放的预测方差有 88.67% 是由自身扰动引起的，人均 GDP、能源消费、可再生能源利

用和旅游分别贡献了 0.85%、2.23%、1.89%和 6.35%（各占比都为四舍五入，因此加和可能不为 1，余同）；人均 GDP 的预测方差 84.04%是由自身的扰动引起的，二氧化碳排放、能源消费、可再生能源利用和旅游分别贡献了 1.59%、7.07%、2.28%和 5.03%；能源消费的预测方差 92.21%由自身扰动引起，二氧化碳排放、人均 GDP、可再生能源利用和旅游分别贡献了 2.41%、2.57%、2.56%和 0.25%；可再生能源利用的预测方差 83.45%由自身的扰动引起，二氧化碳排放、人均 GDP、能源消费和旅游分别贡献了 1.39%、4.23%、2.49%和 8.44%；旅游的预测方差 87.37%由自身扰动引起，而二氧化碳排放、人均 GDP、能源消耗和可再生能源利用分别贡献了 0.23%、2.28%、0.24%和 9.89%。结果表明，在东盟国家，旅游发展对二氧化碳排放、人均 GDP 和可再生能源利用无论是长期还是短期都有着一定程度的影响，这进一步验证了前文的脉冲分析和格兰杰因果关系检验的结果。

5.3.3　结论和政策启示

旅游和二氧化碳排放以及相关变量如经济、能源之间的关系是学术研究的热点。将旅游、二氧化碳、经济和能源置于一个综合框架内，基于多样化的方法在不同的旅游目的地探讨各变量之间的关系具有较高的实践和理论价值。作为全球新兴以及重要的国际性旅游目的地，东盟的旅游发展取得了瞩目的成就，同时也给当地的经济、环境和能源消费带来了显著的影响。在中国-东盟自贸区以及"一带一路"倡议逐步推进的背景下，认知旅游、经济、能源和环境之间的相互联系对于了解、借鉴、促进东盟的可持续旅游发展非常必要。但是这一研究需求在当前并没有完全实现。基于这样的考虑，本节综合应用 VECM 和 VAR Granger 因果检验方法，以 2000~2014 年东盟八国的面板数据，探讨了国际旅游人次、人均 GDP、能源消费、可再生能源利用和二氧化碳排放之间的长期和短期联系。

本节的实证结果显示，第一，东盟国家的旅游发展、经济增长、能源消费、可再生能源利用和二氧化碳排放之间存在长期均衡关系，即使这种关系一时被破坏，在短期内这些变量也会恢复长期均衡。第二，上述五个变量的短期变化同时受到自身和其他四个变量的影响。当某一变量受到干扰并偏离平衡状态时，其他四个变量因素将共同作用并以一定的调整速度回到长期均衡路径。第三，旅游发展对东盟国家的二氧化碳排放有一定的正向影响，而对人均 GDP、能源消费和可再生能源利用则有一定的负向影响。二氧化碳排放、人均 GDP、能源消费对东盟旅游发展具有一定的正向影响，而可再生能源则有一定的负向影响。第四，国际旅游人次、人均 GDP、能源消费、可再生能源利用和二氧化碳排放之间不存在双向短期因果关系，但是二氧化碳排放和人均 GDP 之间、人均 GDP 和可再生能源利用之间、能源消费和可再生能源之间、旅游和可再生能源利用之间存在双向长期格兰杰因果关系。第五，无论是长期还是短期，旅游发展对二氧化碳排放、人均 GDP 和可再生能源利用都有一定程度的影响。

基于上述研究结果，本节针对东盟旅游可持续发展提出如下政策建议。首先，也是最重要的，是建议加大对东盟国家旅游业能源消费和二氧化碳排放的关注，促进区域旅游业的低碳转型。旅游导致的排放增长在本节得到了充分证实，而东盟国家由于特殊的地理环境，气候变迁对其影响也非常显著。在旅游管理中，政府应该鼓励和推广生态旅游、低碳旅游和共享旅游经济。考虑到旅游产业中交通和住宿在整体二氧化碳排放中占比较高，旅游业节能减排部门差异化管理也非常重要，尤其针对旅游交通、住宿等一些公认的高排放行业。其次，考虑到旅游发展并没有显著增加东盟国家的能源消费，因此通过大力发展旅游业来促进经济增长进而保护环境是东盟国家实现可持续发展的重要选择。由于东盟大多数仍是发展中国家，旅游相关的配套设施建设仍有较大的提升空间，需要在旅游相关的基础设施尤其是交通建设方面投入大量资金。对于东盟内部而言，国家之间的免签证旅行也应该在一个合理的框架下尽快落实。这样一方面有利于促进区域旅游发展，另一方面也可以减少处理过程中的二氧化碳排放。最后，当前东盟旅游发展中可再生能源的利用比例仍然较低，建议提高能源利用效率和推广可再生能源的应用，进而发展环境友好型旅游交通和住宿。考虑到东盟独特的地理环境，开发新的海洋能源具有极大的可行性。考虑到可再生能源的不稳定性，如何提升可再生能源的存储或转换技术也需引起重视，可再生能源的成本可以通过技术进步来降低。

第6章　旅游与低碳发展的元分析

本章聚焦旅游增长与区域低碳发展绩效的关系研究，从而有助于识别旅游在区域低碳转型中的作用。采用元分析方法，根据从 47 项精选的高质量计量经济学研究中得出的 260 个效应值，分别考察了游客人数和旅游收入对碳排放和能源消费的影响。该节进一步测试了这些影响的调节因素。结果表明，游客人数和旅游收入对碳排放和能源使用具有显著的积极影响，目的地类型、研究方法、工具变量数量、研究期中点和研究期显著调节这些影响。该节讨论了这些结果，并强调了未来研究的理论启示以及决策者寻求低碳转型和旅游增长的旅游目的地可持续发展的实践启示。

旅游业对区域低碳发展究竟有着怎样的影响？近几十年来，学者们从计量经济学的角度对此问题进行了数百次探索。这些研究显示了诸多差异性甚至截然不同的结论。例如，有的研究发现，旅游业将对低碳发展产生负面影响，即旅游业有助于增加碳排放（Danish and Wang, 2018；Zhang and Zhang, 2020a）。还有一些研究则证明旅游业将减少碳排放（Katircioglu, 2014b；Dogan and Aslan, 2017；Wang and Wang, 2018）。一些研究还表明，旅游业与碳排放之间呈倒"U"形关系（Chan and Wong, 2020；De Vita et al., 2015）。基于已有的工作基础，本节试图利用元分析方法整合不同实证研究中的非结论性发现，为全面、深入地揭示旅游与低碳发展之间的关系提供参考。因此，本节的研究样本主要是已发表的各个文献。

元分析方法有助于找到更一般的量化结论，并能够确定传统描述性评论无法识别的影响变量关系的调节因素。作为一种文献分析技术，元分析主要用于总结不同变量之间的定量关系，且已经在旅游研究中广泛应用。具有代表性的有旅游需求预测（Crouch，1995）、旅游与经济增长（Castro-Nuño et al.，2013）、旅游与世界遗产（Yang et al.，2019），以及口碑效应和酒店业绩（Yang et al.，2018b）等。然而，尽管低碳发展是气候变化背景下的一个研究热点且已经有大量的关于量化研究探讨旅游与低碳发展的关系的研究，但是元分析这一强大的文献分析技术尚未在这一领域得到应用。

总之，本节基于两个原因选择应用元分析方法开展这项研究。首先，近些年，旅游业与低碳发展的实证研究已经积累了相当数量，结论也存在显著差异。在这样的背景下，采用元分析方法可以系统地整合现有的实证研究，从而对变量之间关系的方向和显著性做出总体估计，并有效消除以往研究中样本或统计方法造成的研究偏差（Schmidt and Hunter，2004）。其次，本节旨在检验旅游业对低碳发展的影响，并进一步检验一些调节变量对这些影响的调节效应，如目的地类型、建模和样本特征等，这正是元分析方法的优势所在。元分析方法可以分析不同样本变量之间的假设关系是否存在异质性。如果存在异质性，则可以进一步总结可能的调节变量，从而有助于更全面地看待研究问题。总而言之，基于大量实证结果进行定量评论的元分析技术有助于全面、准确地理解旅游业对低碳发展的影响及其调节因素。

在研究目标方面，本节试图解决两个基本问题。一是旅游业对低碳发展的影响（程度），二是改变这些影响的调节因素。本节的主要贡献有三个方面，首先，本节首次运用元分析方法量化了旅游业对低碳发展的影响，有助于全面、辩证地认识旅游业在全球低碳转型中的作用。其次，本节还检验了影响旅游业低碳发展效应的调节因素，从而丰富和细化了这些效应的边界条件和适用范围，并有助于指导未来的研究。最后，本节的研究结果可以为寻求低碳转型和旅游增长的旅游目的地的可持续发展提供实践启示。

6.1 文献综述和理论假设

长期以来，旅游能否成为低碳经济的重要组成部分或低碳转型的重要推动因素一直是旅游学者关注的焦点（Scott et al.，2010；Scott et al.，2016a，2019）。因此，有大量研究集中在旅游业对低碳发展的影响上。为了系统地回顾这些影响，参考 Castro-Nuño 等（2013）的研究，本节首先使用游客人次和旅游收入作为旅游指标。这也是学者们运用计量经济学方法讨论旅游问题的常见做法，如 Danish 和 Wang（2018）、Nepal 等（2019）、Zhang 和 Zhang（2020a）。然后，本节参考 Zhang 和 Zhang（2019b）的研究，将二氧化碳排放和能源消费作为低碳发展的衡量指标。这二者也是衡量低碳发展的惯用指标，且二氧化碳排放与能源消费密切相关。能源消费是二氧化碳排放的主要来源，近年来能源消费结构的变化已成为减少碳排放、实现低碳转型的主要手段。图 6-1 为本节研究的分析框架。

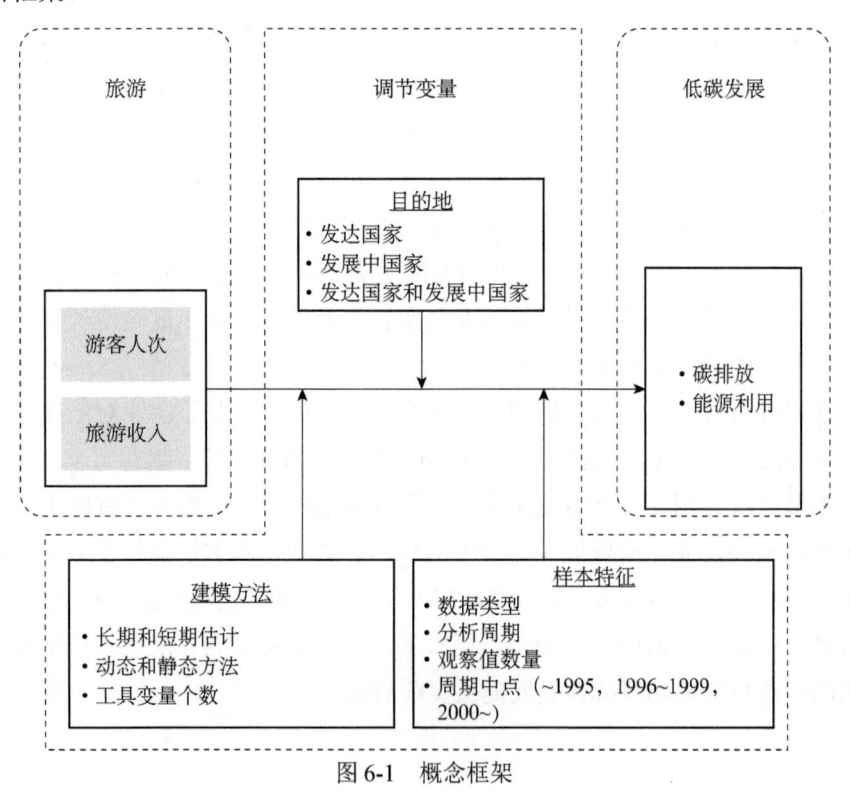

图 6-1 概念框架

1. 旅游和碳排放

旅游业一直是全球和区域二氧化碳排放的重要贡献者（Lenzen et al.，2018；Zhang and Zhang，2018）。因此，以往的大量研究侧重于从全球、区域或地方角度量化旅游与二氧化碳排放之间的关系。然而，这些关系在不同的研究中存在显著差异。一些学者认为，游客的到来减少了二氧化碳排放（Akadiri et al.，2019；

Sharif et al.，2020a；Dogan and Aslan，2017），而另一些学者则发现游客的到来增加了二氧化碳排放（Ehigiamusoe，2020；Eyuboglu and Uzar，2019；Ghosh，2020），且这种增加在未来将更加可观（Wang and Wang，2018）。关于旅游收入，学者们有着类似的发现。例如，Balli 等（2019）、Gao 和 Zhang（2019）以及 Zhang 和 Gao（2016）发现了旅游收入对二氧化碳排放的积极影响，而 Kocak 等（2020）和 Uzuner 等（2020）则得出了消极影响的结论。值得注意的是，有几项研究侧重于旅游支出（Balsalobrelorente et al.，2020）、旅游投资（Alam and Paramati，2017）和旅游指数（包括游客人数、旅游收入和旅游支出）（Zaman et al.，2016）对二氧化碳排放的影响。但是，此类研究太少，不具有普遍性，也不符合元分析方法的基本要求，因此不被纳入本节的研究样本。

综上所述，一方面，Jones（2013）声称旅游业的可持续性将使其在减少二氧化碳排放方面发挥重要作用；另一方面，正如 Rico 等（2019）和 Sun（2016）所言，旅游业正呈现出越来越显著的碳密集型特征。因此，本节推断出以下假设。

假设1. 游客人次对区域二氧化碳排放有显著影响。

假设2. 旅游收入对区域二氧化碳排放有显著影响。

2. 旅游和能源利用

尽管有大量的关于旅游对二氧化碳排放影响的研究，但考察旅游业对能源使用影响的研究则相对较少。需要注意的是，能源利用也是低碳发展的一个关键衡量标准（Zhang and Zhang，2019b）。Amin 等（2020）认为，游客的到来对能源利用有积极影响。Katircioglu 等（2019）和 Qureshi 等（2017）也发现了类似的结论。然而，Bhuiyan 等（2018）和 Nepal 等（2019）给出了相反的结果。在旅游收入和能源利用之间的关系中也存在着这种矛盾的结论。例如，Zhang 和 Zhang（2020a）发现了旅游收入对能源使用的积极影响，而 Bhuiyan 等（2018）和 Qureshi 等（2017）则发现了消极影响。同样，本节得出如下假设：

假设3. 游客人次对区域能源利用有显著影响。

假设4. 旅游收入对区域能源利用有显著影响。

3. 调节变量

本节假设目的地、建模方法和样本特征对旅游业与低碳发展之间关系有显著的调节作用。为了保持讨论的完整性，这里的旅游变量不再区分游客人次和旅游收入。

1）目的地类型

现有的实证研究涉及世界各地的各种案例。这些研究包括：一些学者探讨了旅游对发达国家低碳发展的影响，例如 G-7 国家（Anser et al.，2020），并认为旅游收入增加了二氧化碳排放。在一些发展中国家也得出了类似结论，如金砖四国（Danish and Wang，2018）。不同地，Ehigiamusoe（2020）在 31 个非洲国家发现了旅游对二氧化碳排放的积极和消极影响。特别是 Paramati 等（2017）和 Leon 等（2014）分别比较了旅游业对发达国家和发展中国家低碳发展的影响。然而，他们得出了相互矛盾的结论。结论的区域异质性同样存在于其他研究中。例如，旅游积极影响马来西亚的二氧化碳排放，而泰国的情况则正好相反（Azam et al.，2018）。对于全球样本，Gulistan 等（2020）和 Ghosh（2020）分别基于不同收入群体的分类探讨了旅游业对低碳发展的影响，也得出了不同结论。总之，目的地特征可能会影响旅游与低碳发展的关系。因此，本节形成以下假设：

假设 5. 目的地类型显著调节旅游对低碳发展的影响。

基于上述研究，本节将已有的实证案例分为三种类型：发达国家、发展中国家以及混合案例（既包括发达国家又包括发展中国家）来检验目的地类型的调节效应。

2）建模方法

不同的实证研究同样基于不同的实证模型。研究方法的多样性主要包括三个方面。首先，旅游业与低碳发展之间的关系基于动态或静态建模。与静态方法相比，动态方法通常将被解释变量（即二氧化碳排放或能源利用）的滞后项作为解释变量，从而很好地结合了被解释变量的惯性。例如，Liu 等（2019b）使用动态时间序列模型发现，旅游收入对巴基斯坦的二氧化碳排放有积极影响。然而，Wang 和 Wang（2018）根据静态面板数据模型得出结论，游客的到来对 35 个经合组织国家的二氧化碳排放产生了负面影响。因此，从理论上讲，动态和静态估算方法的差异也会调节旅游业对低碳发展的影响。其次，学者们估计了旅游业对低碳发展影响的长期和短期特征，也得出了不同的结论，例如，Chishti 等（2020）对五个南亚国家的实证研究就反映了这一点。同样，对塞浦路斯旅游与低碳发展之间关系的长期和短期估计结果也不同（Katircioglu et al.，

2020）。最后，工具变量的引入导致了模型的差异化。除旅游外，其他一些因素也影响低碳发展，如经济增长（Dogan et al., 2017）、能源使用（Gao et al., 2019）、贸易（Dogan et al., 2017）和外国直接投资（Lee and Brahmasrene, 2013）。在模型中加入不同的工具变量对估计结果有显著的影响。例如，Dogan 等（2017）发现了游客到达对二氧化碳排放的积极影响；Lee 和 Brahmasrene（2013）则发现了旅游收入对二氧化碳排放的负面影响；Gao 等（2019）发现了混合效应。根据上述观点，本节得出如下假设：

假设 6. 建模方法显著调节旅游对低碳发展的影响。

本节将建模方法分成三种区分类型，分别是动态和静态模型、长期和短期估计、工具变量个数［即 1、2 和 3（+）］，来测试其对旅游影响低碳发展的调节效应。

3）样本特征

考虑到气候理念、气候政策、技术进步和旅游发展的时间变化，旅游对二氧化碳排放和能源利用的影响在理论上也具有时间特征。时间特征包括两个方面。一个是研究周期，即数据的时间跨度。不同的时间跨度反映了不同的旅游发展特征，从而可能导致旅游对低碳发展的不同影响。例如，在巴基斯坦，Sharif 等（2017）、Ali 等（2020）和 Khan 等（2020）分别使用 1972~2013 年、1981~2017 年和 1975~2017 年的时间序列数据探讨游客到达对二氧化碳排放的影响。虽然这些影响都是积极的，但影响程度存在显著差异。土耳其的实证研究也证实了这种差异（Eyuboglu and Uzar, 2020; Uzuner et al., 2020; Katircioglu, 2014a）。另一个是研究周期的时间中点也将影响估计结果（Yang et al., 2018b）。作为世界上第一个具有约束力的减排公约，《联合国气候变化框架公约》（UNFCCC）于 1992 年 6 月 4 日通过，并于 1994 年 3 月 21 日生效。旅游在这个时间节点前后对低碳发展的影响在理论上应该不同。此外，本节还注意到数据属性的潜在调节效应。例如，Zhang 和 Zhang（2020a）以及 Sharif 等（2020b）分别使用面板数据和时间序列数据来考察旅游对中国低碳发展的影响。前者发现了积极影响，后者则证实了消极影响。为了测试更多的调节因素，本节还进一步假设样本观察量具有调节效应。综上所述，本节假设：

假设 7. 样本特征显著调节旅游对低碳发展的影响。

根据数据属性，本节将现有的实证研究分为时间序列数据和面板数据。根据研究周期，本节将样本分为长样本、中样本和短样本。考虑到旅游业与低碳发展关系的时间特征，本节将样本按研究周期的中点分为～1995 年、1996～1999 年和 2000 年～。根据观测值大小，本节将样本分为大、中、小三类。经过上述分类，本节调查样本特征的调节效应。

6.2 研究方法

1. 文献检索和遴选

鉴于元分析方法对文献质量的高标准要求（Lipsey and Wilson，2001），本节的文献检索范围限制在 Web of Science 电子文献数据库。该数据库涵盖了世界上几乎所有的高质量期刊。然后参考 Zhang 等（2014），本节还搜索了其他几个主要数据库，包括 ScienceDirect、EBSCO、SAGE 和 Taylor&Francis。需要指出的是，本节没有考虑会议论文和工作论文，主要是因为与期刊论文相比，大多数会议和工作论文并没有经过严格的同行审查，或者同行审查的尺度较为宽松。研究样本的权威性可以确保元分析结果的可靠性。文献检索的截止日期为 2020 年 8 月 30 日。其他常规设置包括语言限定为英语和文章类型限定为 article。

本节将关键词限定为旅游（tourism/tourist/travel）和碳（carbon）或能源（energy），分别获得 68 项和 113 项研究。然后，本节将主题设置为旅游（tourism/tourist/travel）和碳（carbon）或能源（energy），进一步扩大搜索范围，分别获得 476 项和 716 项研究。然后本节将这些研究汇总，删除了所有的重复研究，共获得 958 篇研究论文。随后，根据标题和摘要，本节选取了研究变量之间定量关系的文章，初步得到 94 篇文章。在此基础上，根据以下元分析标准确定最终选定的文章：

a）文章应该是实证研究，且以目的地为样本。这样，本节排除了部门实证研究。文章必须同时包括任一旅游指标（即旅游收入或游客人次）和任一低碳发展指标（即碳/二氧化碳排放或能源使用/消费）。经过这一步骤，本节得到 58 项研究。

b）文章必须报告元分析所需的统计数据，如相关系数、回归系数、p 值、样本量和 F 值。一些研究只探讨了旅游业与低碳发展之间的协整关系或因果关系，而没有量化它们之间的相关性或回归关系，导致上述所列统计数据的缺乏。这些研究也被排除在外。

最后，本节共收集了 47 项研究（表 6-1）。

表 6-1 本节元分析包含的文献

序号	作者（时间）	JCR 分区	目的地/数量/篇	研究周期/年	估计值数量/篇
1	Ahmad 等（2018）	Q2	中国"一带一路"沿线省份/5	1991~2016	5
2	Akadiri 等（2019）	Q1	小型岛国/7	1995~2013	2
3	Ali 等（2020）	Q1	巴基斯坦/1	1981~2017	2
4	Amin 等（2020）	Q1	南亚国家/5	1995~2015	1
5	Anser 等（2020）	Q2	G-7 国家/7	1995~2015	1
6	Azam 等（2018）	Q1	马来西亚、泰国和新加坡/3	1990~2014	3
7	Balli 等（2019）	Q3	地中海国家/15	1995~2014	2
8	Ben Jebli 和 Hadhri（2018）	Q2	前十国际旅游目的地国家/10	1995~2013	2
9	Bhuiyan 等（2018）	Q4	OECD 国家/13	1995~2016	2
10	Chan 和 Wong（2020）	Q2	中国省份/30	1997~2015	8
11	Chishti 等（2020）	Q2	南亚国家/5	1980~2018	20
12	Danish 和 Wang（2018）	Q1	BRICS 国家/5	1995~2014	1
13	De Vita 等（2015）	Q2	土耳其/1	1960~2009	3
14	Dogan 和 Aslan（2017）	Q1	欧盟及其候选国/24	1995~2011	4
15	Dogan 等（2017）	Q1	OECD 国家/27	1995~2010	1
16	Ehigiamusoe（2020）	Q1	非洲国家/31	1995~2016	12
17	Eyuboglu 和 Uzar（2019）	Q1	土耳其/1	1960~2014	4
18	Gamage 等（2017）	Q4	斯里兰卡/1	1974~2013	2
19	Gao 和 Zhang（2019）	Q1	地中海国家/18	1995~2010	2
20	Gao 等（2019）	Q3	地中海国家/18	1995~2010	30
21	Ghosh（2020）	Q2	全球国家/95	1995~2014	12

续表

序号	作者（时间）	JCR 分区	目的地/数量/篇	研究周期/年	估计值数量/篇
22	Gulistan 等（2020）	Q2	全球国家/112	1995~2017	20
23	Isik 等（2017）	Q4	希腊/1	1970~2014	4
24	Katircioglu（2014a）	Q1	土耳其/1	1960~2010	1
25	Katircioglu（2014b）	Q2	新加坡/1	1971~2010	2
26	Katircioglu 等（2014）	Q1	塞浦路斯/1	1970~2009	2
27	Katircioglu 等（2019）	Q3	前十旅游目的地国家/9	1995~2014	4
28	Katircioglu 等（2020）	Q2	塞浦路斯/1	1977~2015	2
29	Khan 等（2020）	Q2	巴基斯坦/1	1975~2017	4
30	Kocak 等（2020）	Q1	前十旅游目的地国家/10	1995~2014	4
31	Lee 和 Brahmasrene（2013）	Q1	欧盟国家/27	1988~2009	1
32	León 等（2014）	Q4	发达和发展中国家/45	1998~2006	2
33	Liu 等（2019b）	Q2	巴基斯坦/1	1980~2016	3
34	Nepal 等（2019）	Q1	尼泊尔/1	1975~2014	2
35	Paramati 等（2017）	Q1	发达和发展中国家/44	1995~2012	3
36	Porto 和 Ciaschi（2020）	Q2	拉美国家/18	1995~2013	18
37	Qureshi 等（2017）	Q1	重要的旅游目的地国家/37	1995~2015	12
38	Shaheen 等（2019）	Q2	重要的旅游目的地国家/10	1995~2016	1
39	Sharif 等（2020b）	Q1	中国/1	1978~2017	11
40	Sharif 等（2017）	Q3	巴基斯坦/1	1972~2013	4
41	Sharif 等（2020a）	Q2	马来西亚/1	1995~2018	11
42	Sherafatian-Jahromi 等（2017）	Q3	东南亚国家/5	1979~2010	4
43	Ren 等（2019）	Q2	地中海国家/8	1995~2014	10
44	Uzuner 等（2020）	Q2	土耳其/1	1970~2014	4
45	Wang 和 Wang（2018）	Q2	OECD 国家/35	1995~2014	4
46	Zhang 和 Gao（2016）	Q1	中国省份/30	1995~2011	6
47	Zhang 和 Zhang（2020）	Q2	中国省份/30	2000~2017	2

图 6-2 显示了 47 项研究的出版期刊和年度分布。出版期刊涵盖旅游、环境、

能源和经济领域。图 6-2 还表明，所有研究都是在过去十年中发表的，且过去四年的比例相对较大，这表明旅游业与低碳发展之间的关系是一个新兴且迅速发展的热门研究领域。根据所选研究，本节额外设置了如下样本特征：长、中、短研究周期分别对应>30 年、21～30 年和<20 年；大、中、小分别对应>200 个观测值、101～200 个观测值和<100 个观测值。

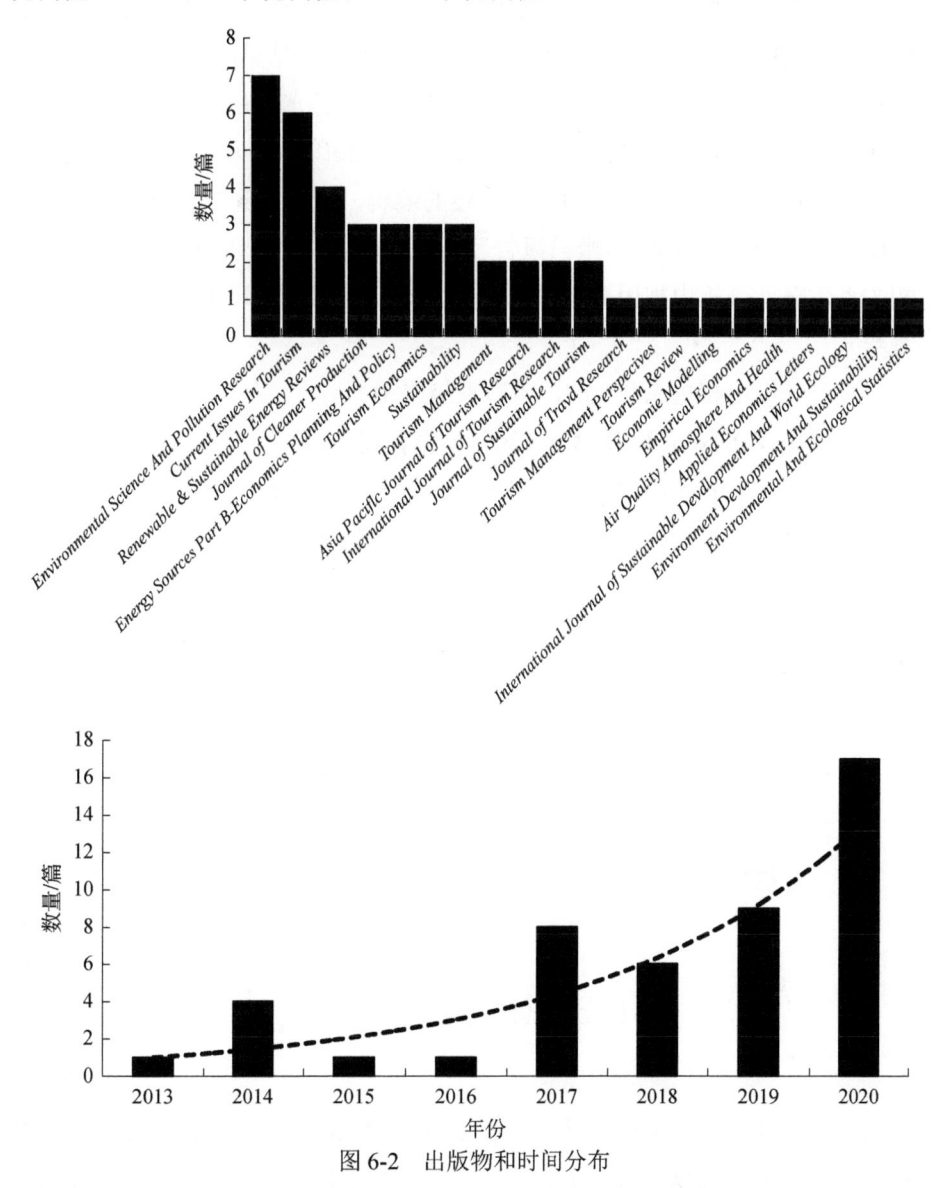

图 6-2　出版物和时间分布

2. 编码和效应值

参考 Lipsey 和 Wilson（2001）的研究，本节对 47 项选定的文章进行编码。首先，收集样本的统计特征和效应值信息。前者主要指文献的一些基本信息，如作者、时间、研究方法、目的地类型、样本量、研究周期和解释变量等。后者包含相关统计数据，包括相关系数、回归系数、标准误、t 值、p 值和 F 值。为了保证编码的科学性，首先对文章进行了两次编码，结果的一致性约为 98%。接下来，根据编码要求仔细检查了不一致的结果，并形成最终结果。然后邀请一位元分析专家对 47 个研究进行独立编码。专家编码的结果与作者结果的相似度约 99%。然后本节再次彻底检查不一致的编码，最终得到 260 个编码结果。

由于 47 个研究中的大多数只报告了回归系数（β）而不是相关系数（r）（通常相关系数在元分析中被用来衡量效应值大小），本节通过以下三种方式获得相关系数 r。

（1）已经给出相关系数 r 的，本节直接采用。

（2）根据 Peterson 和 Brown（2005）将 β 转换成 r

$$r=0.98\times\beta+0.05\times\lambda，如 \beta\geqslant0，\lambda=1；如 \beta<0，\lambda=0；\beta=(-0.5,0.5) \quad (6\text{-}1)$$

（3）如 $|\beta|\geqslant0.5$ 且报告了 t 值，则利用式（6-2）计算 r：

$$r=\frac{t}{\sqrt{t^2+N-3}} \quad (6\text{-}2)$$

式中，N 表示样本数量；t 表示 t 值。

或者在有 t 值的情况下，利用式（6-3）获得 r（柳武妹等，2020）：

$$r=\sqrt{\frac{F}{F-N-2}} \quad (6\text{-}3)$$

式中，F 表示方差统计量。

基于上述操作，本节共获得元分析的 260 个效应值。

6.3 研究结果

本节使用元分析的专用软件 Comprehensive Meta Analysis（CMA）3.0 分析上述效应值与编码数据。本节报告了由可靠性测量误差修正的相关系数 ρ 及其置信区间，以修正随机测量误差引起的效应值衰减（Schmidt and Hunter，2014）。

1. 异质性和出版偏倚检验

为了选择合适的元分析模型，本节首先进行了异质性测试。一般来说，如果研究之间没有异质性（$p>0.1$），则选择固定效应模型。如果异质性检验结果显著（$p<0.1$），则采用随机效应模型。结果表明，Q 检验值 8490.761 在 1%水平上具有显著性（$p<0.01$），从而否定了所有研究相等的零假设，这表明在不同效应值之间存在显著的异质性。此外，I^2 值 96.95 表明效应值的真实差异导致了 96.95%的观察变异；随机误差仅占 3.05%。I^2 值也大大超过了 Higgins 等（2003）提出的高异质性阈值 75%。由于异质性较大，本节的元分析采用随机效应模型。

然后本节对所有选定的研究进行了出版偏倚检验。图 6-3 显示了所有效应值的分布状况。横坐标轴表示 Fisher's Z 效应值；纵坐标表示 Fisher's Z 效应值标准误差的倒数。漏斗图显示，大多数研究位于图的底部，表明标准误差越大，结果越可靠。此外，效应值都聚集在平均效应值周围，且大致对称。这意味着可能不存在出版偏倚。

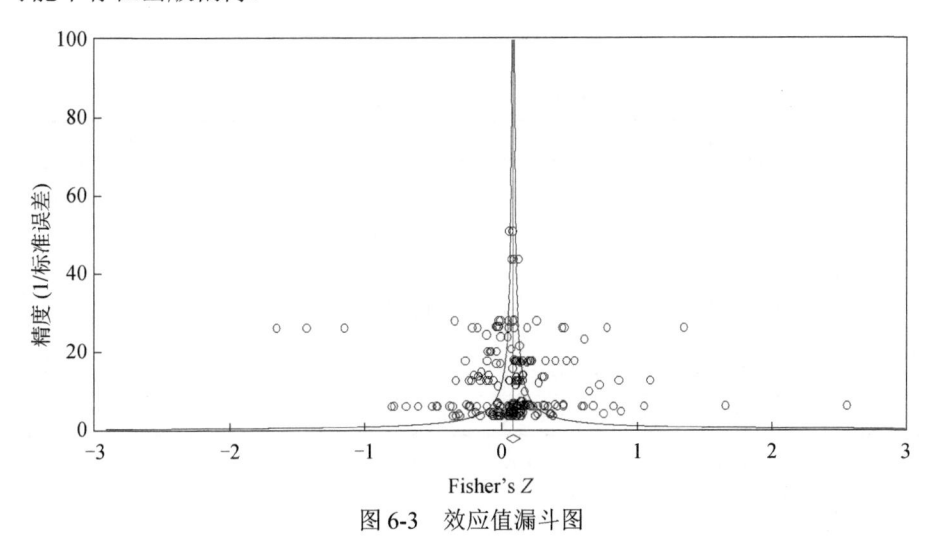

图 6-3 效应值漏斗图

由于漏斗图只能从直观和定性的角度初步检查出版偏倚，为了获得更准确的测试结果，本节分别通过经典失安全系数法（Classic Fail-safe N）、Begg 检验和 Egger's 回归方法进一步进行出版偏倚测试。从经典失安全系数 N 值来看，需要包括额外的 2970 项相关研究，才可能使总效应值不显著。Begg 检验的 p 值（单尾）和 p 值（双尾）分别为 0.338 和 0.576，这意味着效应值的出版偏倚是可以接受的。此外，Egger's 回归方法的 p 值大于 0.05，这也表明没有出版偏倚。其他相关统计值包括截距=0.614，标准误=0.579，置信区间=-0.527~1.754，t 值= 1.060，p 值（单尾）=0.145，p 值（双尾）=0.290。

2. 主效应结果

表 6-2 报告了元分析的主效应结果。本节发现旅游与二氧化碳排放之间存在显著的正相关关系。这一结果支持假设 1 和假设 2。异质性测试的 Q 值非常显著。这表明估计的效应值之间存在显著差异。本节还发现游客人数与能源消费之间存在显著的正相关关系。然而，旅游收入和能源消费之间的关系是负的，且统计上不显著，但异质性仍然非常显著。总的来说，结果证实了假设 3 和假设 4。根据 Lipsey 和 Wilson（2001）的相关性分类，表 6-2 表明，游客人次与低碳发展的相关性中等（$0.1<|\rho|<0.4$），而旅游收入与低碳发展的相关性较弱（$|\rho|\leq0.1$）。总之，与旅游收入相比，游客人次与二氧化碳排放和能源消费的关系更强。

表 6-2 元分析的主效应

解释变量	k	Obs.	ρ	95% 置信区间 低	95% 置信区间 高	双尾检验 Z值	双尾检验 p 值	异质性 Q值	异质性 p 值	异质性 I^2	Begg 检验（p-值）	失安全系数
被解释变量：二氧化碳排放													
游客人次	142	35 885	0.115	0.062	0.159	3.387	0.001	8 155.499	0.000	98.271	0.487	6 583
旅游收入	101	17 125	0.061	-0.064	0.180	0.926	0.044	5 478.355	0.000	98.175	0.553	455
被解释变量：能源利用													
游客人次	10	2 962	0.179	0.014	0.328	2.133	0.033	141.549	0.000	93.642	1.000	174
旅游收入	7	3 517	-0.033	-0.159	0.100	-0.448	0.654	86.825	0.000	93.090	0.548	10

注：k 表示效应值数量，Obs. 表示观察值数量，ρ 表示修正的相关系数。

3. 调节效应检验

显著的异质性证明了潜在的条件变量（Bilal et al., 2018）。因此，本节进一步分析各调节变量的调节效应。表 6-3 结果表明，目的地类型、研究方法、工具变量数量、研究周期中点和研究周期都显著调节了游客人次对二氧化碳排放的影响。此外，相对于发达国家目的地，发展中国家和混合案例的游客人次与二氧化碳排放量显著正相关。上述结果证实了假设5。动态或静态方法也与游客人次和二氧化碳排放量之间的关系显著正相关。当使用动态研究方法时，游客人次对二氧化碳排放的影响更大。研究结果还表明，工具变量的增加不会降低游客对二氧化碳排放的影响。在两个或两个以上工具变量的情况下，游客对二氧化碳排放的影响更显著，且影响值更大。需要注意的是，长期或短期估计不会显著影响游客人次与二氧化碳排放之间的关系。总体而言，假设6部分成立。

与中期研究周期相比，在长期和短期背景下，游客人次对二氧化碳排放的影响更为显著。在2000年之前的中点，游客人次对二氧化碳排放的影响更为显著。本节还注意到，数据类型、观察值数量和估计特征的调节效应不显著。在游客人次对能源使用的影响方面，本节还发现研究周期中点的显著调节作用。不同的是，如果研究周期中点在1995年后，则游客人次对能源消费的影响更为显著。然而，观察值和数据属性的调节效应并不显著。总之，假设7也部分成立。

表6-3 不同调节变量的调节效应（游客人次和低碳发展）

被解释变量	调节变量	项目	k	ρ	95% 置信区间 低	95% 置信区间 高	双尾检验 Z值	双尾检验 p值	Q_W	Q_B	I^2
二氧化碳排放	目的地类型	发达国家	17	0.086	−0.074	0.231	1.020	0.308	52.650***	5.742**	69.611
		发展中国家	87	0.179	0.112	0.237	5.375	0.000	2071.610***		95.849
		混合案例	38	0.049	−0.042	0135	1.043	0.097	303.802***		87.821
	估计特征	长期	137	0.137	0.084	0.183	5.256	0.000	2433.927***	2.157	94.412
		短期	5	−0.095	−0.348	0.179	−0.658	0.550	23.044***		82.642
	研究方法	动态建模	52	0.151	0.071	0.220	3.805	0.000	433.145***	2.891*	88.225
		静态建模	90	0.117	0.052	0.177	3.561	0.000	2029.383***		95.614
	工具变量数量	1	5	0.033	−0.212	0.268	0.235	0.814	1.448	2.982*	0.000
		2	40	0.194	0.099	0.281	4.001	0.000	1612.571***		97.582
		3（+）	97	0.108	0.046	0.165	3.453	0.001	823.744***		88.346
	时间中点	~1995年	20	0.256	0.129	0.370	3.913	0.000	300.080***	10.539***	93.668
		1996~1999年	15	0.283	0.131	0.417	3.612	0.000	264.916***		94.715
		2000年~	107	0.085	0.027	0.137	2.894	0.004	1802.934***		94.121
	观察值数量	大	44	0.087	0.003	0.161	2.038	0.042	1569.934***	1.923	97.261
		中	20	0.146	0.022	0.260	2.322	0.020	462.320***		95.890
		小	78	0.160	0.084	0.227	4.227	0.000	401.773***		80.835

续表

被解释变量	调节变量	项目	k	ρ	95% 置信区间 低	95% 置信区间 高	双尾检验 Z值	双尾检验 p值	Q_W	Q_B	I^2
二氧化碳排放	数据类型	时间序列	45	0.172	0.078	0.259	3.607	0.000	369.309***	1.222	88.086
		面板	97	0.110	0.052	0.166	3.714	0.000	2076.895***		95.378
	研究周期	长期	35	0.267	0.168	0.356	5.243	0.000	565.144***	10.745***	93.984
		中期	46	0.057	−0.041	0.146	1.103	0.270	1258.279***		96.424
		短期	61	0.102	0.028	0.168	2.739	0.006	538.662***		88.861
能源利用	目的地类型	发达国家	2	0.113	−0.278	0.462	0.536	0.592	0.107	0.751	0.000
		发展中国家	3	0.084	−0.249	0.395	0.476	0.634	16.557***		87.921
		混合案例	5	0.243	0.017	0.435	2.111	0.035	122.787***		96.742
	估计特征	长期	8	0.191	0.006	0.358	2.012	0.044	128.904***	0.095	94.570
		短期	2	0.126	−0.249	0.464	0.640	0.522	6.173**		83.800
	研究方法	动态建模	7	0.178	−0.105	0.432	1.234	0.217	105.522***	0.516	94.314
		静态建模	3	0.166	−0.063	0.373	1.414	0.157	35.569***	0.516	94.377
	工具变量数量	1	2	0.110	−0.273	0.458	0.542	0.588	0.107	0.153	0.000
		3（+）	8	0.193	0.008	0.360	2.050	0.040	140.403***		95.014
	时间中点	～1995年	2	−0.162	−0.508	0.237	−0.780	0.435	6.728***	3.570**	85.137
		1996～1999年	2	0.337	−0.049	0.631	3.103	0.002	0.039		0.000
		2000年～	6	0.216	0.020	0.392	2.156	0.031	123.963***		95.967
	观察值数量	大	3	0.163	−0.128	0.422	1.088	0.277	40.965***	0.734	95.118
		中	3	0.274	−0.023	0.523	1.809	0.070	74.848***		97.328
		小	4	0.098	−0.195	0.372	0.643	0.520	16.629***		81.959
	数据类型	时间序列	4	0.098	−0.180	0.366	0.660	0.509	16.629***	0.451	81.959
		面板	6	0.218	0.015	0.396	2.105	0.035	123.963***		95.967
	研究周期	长期	3	0.276	−0.059	0.550	1.617	0.042	1.101	0.475	0.000
		中期	4	0.145	−0.112	0.377	1.095	0.073	41.612***		92.790
		短期	3	0.144	−0.168	0.424	0.892	0.377	91.312***		97.810

注：k 表示效应值数量，ρ 表示修正的相关系数，Q_W 表示组内异质性检验统计量，Q_B 表示组间异质性检验统计量。* $p<0.1$，** $p<0.05$，*** $p<0.01$。

表 6-4 报告了调节变量对旅游收入和低碳发展之间关系的调节作用。总体而言，旅游收入对低碳发展影响的调节效应要弱于游客人次对低碳发展影响的调节作用，表现为 Q_B 值较小，显著性较低。表 6-4 还显示，目的地类型、研究

方法、工具变量数量、时间中点和研究周期显著调节了旅游收入对二氧化碳排放的影响。在发展中国家，旅游收入与二氧化碳排放呈正相关；然而，这一结果在统计上并不显著。相反，在发达国家，旅游收入与二氧化碳排放显著正相关。这些结果支持假设5。

表6-4 不同调节变量的调节效应（旅游收入和低碳发展）

被解释变量	调节变量	项目	k	ρ	95% 置信区间 低	95% 置信区间 高	双尾检验 Z值	双尾检验 p值	Q_W	Q_B	I^2
二氧化碳排放	目的地类型	发达国家	23	0.025	−0.227	0.264	3.977	0.000	65.976***	2.342*	66.655
		发展中国家	65	0.056	−0.090	0.194	0.722	0.470	5400.967***		98.815
		混合案例	13	−0.009	−0.306	0.294	−0.044	0.965	129.866***		90.760
	估计特征	长期	84	0.035	−0.094	0.153	0.480	0.631	5504.875***	0.074	98.492
		短期	17	0.076	−0.200	0.334	0.515	0.606	104.004***	0.074	84.616
	研究方法	动态建模	52	0.067	−0.005	0.131	1.828	0.068	278.265***	2.875*	81.672
		静态建模	49	0.038	−0.162	0.230	0.350	0.726	5303.441***		99.095
	工具变量数量	1	6	0.076	−0.367	0.487	2.219	0.026	11.747**	2.440*	57.436
		2	80	0.019	−0.114	0.148	0.257	0.797	5400.489***		98.537
		3（+）	15	0.122	−0.168	0.393	1.829	0.067	188.611***		92.577
	时间中点	～1995年	12	−0.035	−0.345	0.290	−0.182	0.856	58.118***	3.239**	81.073
		1996～1999年	25	0.071	−0.158	0.289	0.595	0.552	174.437***		86.241
		2000年～	64	0.043	−0.105	0.150	3.517	0.005	5379.142***		98.829
	观察值数量	大	25	−0.002	−0.216	0.216	−0.001	0.999	5272.412***	0.276	99.545
		中	13	0.106	−0.203	0.386	2.303	0.020	47.975***		74.987
		小	63	0.044	−0.107	0.185	0.530	0.596	258.252***		75.992
	数据类型	时间序列	62	0.033	−0.119	0.176	0.383	0.702	223.519***	0.030	72.709
		面板	39	0.053	−0.125	0.221	0.552	0.581	5387.238***		99.295
	研究周期	长期	35	0.038	−0.156	0.221	0.346	0.729	214.032***	5.109**	84.115
		中期	14	−0.102	−0.369	0.191	−2.656	0.012	4940.555***		99.737
		短期	52	0.085	−0.079	0.236	3.361	0.001	250.319***		79.626
能源利用	目的地类型	混合案例	7	−0.033	−0.159	0.100	−0.448	0.654	86.825***	0.000	93.090
	估计特征	长期	6	−0.034	−0.174	0.115	−0.403	0.687	86.370***	0.000	94.211
		短期	1	−0.031	−0.173	0.120	−0.359	0.719	0.000		0.000
	研究方法	动态建模	4	0.024	−0.070	0.109	0.433	0.665	7.261*	0.468	58.682
		静态建模	3	−0.105	−0.333	0.145	−0.799	0.424	64.849***		96.916

续表

被解释变量	调节变量	项目	k	ρ	95% 置信区间 低	95% 置信区间 高	双尾检验 Z 值	双尾检验 p 值	Q_W	Q_B	I^2
能源利用	工具变量数量	2	1	0.172	0.085	0.249	3.930	0.000	0.000	2.304*	0.000
		3（+）	6	−0.069	−0.183	0.051	−0.116	0.265	48.420***		89.674
	时间中点	2000 年~	7	−0.034	−0.159	0.100	−0.448	0.654	86.825***	0.000	93.090
	观察值数量	大	5	−0.073	−0.218	0.082	−0.902	0.367	72.703***	1.032	94.498
		中	2	0.085	−0.131	0.288	0.753	0.452	4.218**		76.290
	数据类型	面板	7	−0.033	−0.159	0.100	−0.448	0.654	86.825***	0.000	93.090
	研究周期	中期	4	−0.134	−0.246	−0.012	−2.155	0.031	27.595***	6.971***	89.128
		短期	3	0.123	−0.005	0.237	1.880	0.060	5.850*		65.810

注：k 表示效应值数量，ρ 表示修正的相关系数，Q_W 表示组内异质性检验统计量，Q_B 表示组间异质性检验统计量。* $p<0.1$，** $p<0.05$，*** $p<0.01$。

表 6-4 显示，采用动态方法往往会得出旅游收入与二氧化碳排放之间的显著正相关关系。此外，3（+）个工具变量具有显著的调节效应，且具有最大的效应值。对于旅游收入和能源消费之间关系的有限样本，结果也表明，工具变量数量的调节效应在统计上是显著的。综上所述，假设 6 部分成立。从时间中点的调节效应来看，1996~1999 年的调节效应最大。然而这一结果在统计上并不显著。2000 年后的时间中点显著正向调节旅游收入对二氧化碳排放的影响。相对于长研究周期而言，中、短研究周期的调节效应更强，且具有统计学显著性。表 6-4 表明，旅游收入对能源消费的影响受研究周期和工具变量数量的显著调节。其中，中期研究周期呈负向调节，短期研究周期呈正向调节。3（+）个工具变量具有显著的正向调节效应。根据这些结果，假设 6 和假设 7 同样部分成立。

4. 敏感性检验

在元分析中，敏感性测试通常通过重新定义解释变量的指标或适当减少研究样本来执行，通过比较虚拟结果和现有结果来判断结论的稳健性。如果虚拟结果与现有结果没有差异，可以认为已有结果是可靠的。由于除了二氧化碳排放和能源消费之外，很难找到更能代表低二氧化碳发展的替代指标，本节采用减少研究样本的方法进行敏感性分析。具体而言，通过比较旅游期刊样本的元分析结果与整个样本结果，来检验表 6-2~表 6-4 中结果的稳健性。这样做的一个理论出发点在于，旅游期刊可能会更有兴趣关注旅游的显著作用。

也就是说，报道旅游对低碳发展显著影响的文章更有可能被旅游期刊接受。在专注旅游期刊之后，旅游对能源消费影响的可用效应值数量大大减少，无法支持主效应尤其是调节效应的分析。因此，本节的敏感性测试仅涉及旅游与二氧化碳排放之间的关系。表 6-5 和表 6-6 分别为主效应和调节效应的敏感性检验结果。

表 6-5 敏感性测试：旅游对二氧化碳排放影响的元分析结果

解释变量	k	Obs.	ρ	95% 置信区间 低	95% 置信区间 高	双尾检验 Z 值	双尾检验 p 值	异质性 Q 值	异质性 p 值	异质性 I^2	Begg 检验（p-值）	失安全系数
游客人次	57	20 222	0.169	0.085	0.243	4.005	0.000	1708.457	0.000	96.722	0.289	3356
旅游收入	28	12 667	0.043	−0.204	0.277	0.311	0.056	5241.693	0.000	99.485	0.492	0

注：k 表示效应值数量，Obs. 表示观察值数量，ρ 表示修正的相关系数。

表 6-6 敏感性测试：不同调节变量的调节效应

解释变量	调节变量	项目	k	ρ	95% 置信区间 低	95% 置信区间 高	双尾检验 Z 值	双尾检验 p 值	Q_W	Q_B	I^2
游客人次	目的地类型	发达国家	9	0.091	−0.032	0.202	1.437	0.151	5.725	5.566**	0.000
		发展中国家	36	0.195	0.062	0.318	2.869	0.004	1555.476***		97.750
		混合案例	12	0.168	−0.006	0.327	1.889	0.059	145.375***		92.433
	估计特征	长期	55	0.169	0.085	0.246	3.964	0.000	1708.269***	0.028	96.839
		短期	2	0.133	−0.100	0.344	1.105	0.269	0.097		0.000
	研究方法	动态建模	18	0.172	0.077	0.256	3.584	0.000	115.846***	3.061**	85.325
		静态建模	39	0.157	0.046	0.257	2.799	0.005	1592.592***		97.614
	工具变量数量	1	4	0.028	−0.016	0.066	1.192	0.233	1.420	0.974	0.000
		2	13	0.192	0.016	0.353	2.137	0.033	1309.218***		99.083
		3（+）	40	0.166	0.107	0.216	5.740	0.000	371.713***		89.508
	时间中点	～1995 年	11	0.279	0.032	0.492	2.841	0.007	77.814***	6.662***	87.149
		2000 年～	46	0.145	0.053	0.227	3.114	0.002	1615.757***		97.215
	观察值数量	大	33	0.109	0.006	0.201	2.079	0.038	1491.767***	1.116	97.855
		中	4	0.417	0.128	0.636	2.770	0.006	48.846***		93.858
		小	20	0.234	0.083	0.369	3.027	0.002	93.840***		79.753
	数据类型	时间序列	11	0.251	0.032	0.492	2.843	0.005	77.814***	1.662	87.149
		面板	46	0.145	0.053	0.227	3.141	0.002	1615.757***		97.215
	研究周期	长期	11	0.278	0.088	0.446	2.840	0.009	77.814***	3.382**	87.149
		中期	3	−0.075	−0.807	0.749	−0.138	0.890	1156.137***		99.827
		短期	43	0.157	0.103	0.201	5.961	0.000	398.934***		89.472

续表

解释变量	调节变量	项目	k	ρ	95% 置信区间 低	95% 置信区间 高	双尾检验 Z值	双尾检验 p值	Q_W	Q_B	I^2
旅游收入	目的地类型	发达国家	1	0.142	0.049	0.227	3.017	0.003	0.000	0.024	0.000
		发展中国家	20	0.043	−0.287	0.357	0.230	0.818	5187.011***		99.634
		混合案例	7	−0.029	−0.080	0.132	−0.483	0.629	40.462***		85.171
	估计特征	长期	27	0.039	−0.209	0.281	0.298	0.766	5241.542***	0.002	99.504
		短期	1	0.068	−0.264	0.382	0.385	0.700	0.000		0.000
	研究方法	动态建模	11	0.042	−0.059	0.137	0.783	0.433	93.417***	0.020	89.295
		静态建模	17	0.029	−0.352	0.397	0.129	0.897	5145.719***		99.689
	工具变量数量	1	6	0.067	0.008	0.121	2.219	0.026	11.747**	0.149	57.436
		2	16	−0.006	−0.400	0.395	−0.013	0.990	5135.315***		99.708
		3（+）	6	0.111	−0.045	0.251	1.379	0.168	53.940***		90.730
	时间中点	1996~1999年	4	0.078	−0.015	−0.002	2.010	0.044	2.944	0.000	0.000
		2000年~	24	0.043	−0.228	0.303	0.289	0.773	5234.549***		99.561
	观察值数量	大	20	0.018	−0.277	0.306	0.106	0.915	5188.038***	0.304	99.634
		中	4	0.034	−0.169	0.110	0.418	0.676	10.808**		72.242
		小	4	0.238	−0.101	0.524	1.379	0.168	16.100***		81.367
	数据类型	时间序列	3	0.085	−0.113	0.268	0.810	0.418	0.014	0.012	0.000
		面板	25	0.035	−0.222	0.287	0.259	0.796	5241.008***		99.542
	研究周期	长期	3	0.084	−0.113	0.268	0.810	0.418	0.014	0.756	0.000
		中期	10	−0.109	−0.581	0.422	−0.375	0.708	4870.056***		99.815
		短期	15	0.127	0.024	0.224	2.415	0.016	210.674***		93.655

注：k 表示效应值数量，ρ 表示修正的相关系数，Q_W 表示组内异质性检验统计量，Q_B 表示组间异质性检验统计量。* $p<0.1$，** $p<0.05$，*** $p<0.01$。

表6-5显示，游客人次和旅游收入对二氧化碳排放有显著影响，这与表6-2中的结果一致。表6-6显示，在减少研究样本后，在游客人次与二氧化碳排放之间的关系上，目的地类型、研究方法、时间中点和研究周期仍然具有显著的调节作用。工具变量数量的调节作用不显著；然而，2个及2个以上的工具变量与游客人次对二氧化碳排放的影响显著正相关。此外，对于各亚组的游客人次与二氧化碳排放量之间的关系，表6-6的结果与表6-3基本一致。例如，无论是发展中国家还是混合案例、动态还是静态方法、~1995年还是2000年~的时间中点、长或短的研究周期，游客人次对二氧化碳排放都有显著的正向影响。关

于旅游收入和二氧化碳排放之间的关系，表 6-6 中的结果没有显示调节因素的显著影响。这可能与有限的效应值数量（仅 28 个）有关。然而，不同亚组内所有效应值的方向与表 6-4 中的结果一致。总体上，旅游期刊子样本的旅游收入和二氧化碳排放之间的相关性与整个样本的结果基本一致。因此，敏感性测试结果很大程度上证实了元分析结果的稳健性。

6.4　讨论和启示

本节结果表明，总的来说，旅游对二氧化碳排放和能源消费有显著贡献。这一发现支持 Lenzen 等（2018）、Zhang 和 Zhang（2018）以及 Zhang 和 Zhang（2020a）的观点。他们认为旅游是关键的二氧化碳源和能源消费主体。因此，全球决策者和旅游企业经营者必须充分了解旅游业的碳密集型和能源密集型特征。需要注意的是，与旅游收入相比，游客人次对低碳发展的影响更大。主要原因是，如果人们的出行行为没有根本性的改变，人均二氧化碳排放或能源消费可以认为是相对稳定的；因此，更多的游客到来将不可避免地带来更多的二氧化碳排放和能源消费。由此，如果能够在稳定游客规模的前提下增加旅游收入，那么可以在一定程度上减少与旅游相关的二氧化碳排放和能源消费，或者至少可以降低旅游业的二氧化碳强度和能源强度。

除了旅游对低碳发展的显著影响外，本节还揭示了目的地类型、模型构建和样本特征的调节作用。

第一，目的地类型显著调节了旅游对低碳发展的影响。不同类型的旅游目的地由于其自身的经济发展水平、旅游业的性质、规模和经济地位不同，其二氧化碳排放特征存在很大差异。在发达国家，旅游业对低碳发展的影响（即效应值）小于发展中国家，其重要性较弱。该结果与 León 等（2014）的结论相反，但与 Paramati 等（2017）的研究结果一致。这两项研究结果相互矛盾的主要原因可能在于不同的实证案例。前者涉及 26 个发达经济体和 18 个发展中经济体，后者涉及 14 个发达国家和 31 个发展中国家。但是本节的元分析结果支持 Paramati 等（2017）的结论。首先，发达国家已经完成工业化进程，并且跨越了包括旅游业在内的各个行业的粗放型发展模式。相比之下，发展中国家仍然遵循相对粗放的旅游发展模式。其次，与发展中国家相比，发达国家一直处于低碳转型的前沿并且转型时间相对更长，低碳技术应用和可再生能源消费结构相对更为先进。

第二，模型构建显著调节了旅游业对低碳发展的影响，特别是在研究方法和工具变量方面。由于不同时期的解释变量并非相互独立，在低碳经济背景下，当前的二氧化碳排放或能源消费往往受前一时期状态的影响。因此，与静态模型相比，动态模型往往能够更好地反映旅游业与低碳发展的关系。特别是在研究周期较长的情况下，动态模型更能反映长期趋势。因此，动态方法比静态方法更符合经济事实。本节的结果表明，动态模型下的效应值要大于静态模型。工具变量的增加有助于提高模型的稳健性。许多因素都在影响低碳发展，如已有研究中考虑的经济增长和能源使用。这些变量的引入可以有效地避免建模过程中遗漏变量导致的内生性问题，有助于避免单一旅游造成的伪回归或夸大的旅游影响。

第三，样本特征显著调节了旅游业对低碳发展的影响，研究周期及其中点尤其显著。随着气候变化问题日益严重，旅游业的低碳觉醒和整个国民经济的低碳转型逐渐推进。需要指出的是，旅游业的低碳转型和低碳意识直到2000年才出现，在此之前则相对较弱。Gössling（2002）早些时候指出，2001年旅游业占世界能源消费的3.2%左右，并将逐年增加。但从官方角度来看，直到2007年，全球旅游业才被要求有意识地、科学地减少能源消费和二氧化碳排放，以帮助解决全球变暖问题（UNWTO et al., 2008）。因此，旅游业对低碳发展的影响具有显著的时间特征。

基于上述发现和讨论，本节强调了以下理论和实践启示。本节首次对旅游与低碳发展之间的关系进行了定量的文献分析，并提出了一个综合研究框架，从而为该领域的知识体系做出了显著贡献。与现有研究不同，本节通过元分析总结了个体研究的效应值，从而提出了更具代表性和普遍性的结论。本节还考察了目的地类型、模型构建和样本特征对旅游业与发展之间关系的调节作用，这有助于深入理解旅游业与低碳发展领域中不一致结论出现的原因。本节校准了旅游业与低碳发展之间关系的效应值，并验证了现有结论。更重要的是，本节能够为未来研究提供新的建议，指导未来如何考察旅游对低碳发展的影响及其背后的影响机制。总的来说，未来研究应侧重于更广泛的旅游目的地、多样化的研究方法、更合适的工具变量选择和充分的数据收集，还应该根据上述调节变量进行更多的比较研究。

在旅游目的地方面，许多发展中国家和新兴国家需要更多的关注。元分析结果表明，发展中国家的影响程度要大于发达国家或混合国家，这表明发展中国家的旅游业排放了相对更多的二氧化碳，消耗了更多的能源，尽管这些国家同样面临着低碳转型的巨大压力。在量化旅游与低碳发展关系的基础上，应认真探讨其背后的影响机制，探索适合当地条件的低碳旅游发展路径。在研究方法上，应更多关注一些前沿的计量经济学方法，特别是动态面板或时间序列数据建模，这可能更有助于理解旅游业与低碳发展之间的关系，并有助于决策制定。

未来研究的另一个关键方向是纵向比较。现有的无论是长期、中期还是短期研究，主要从一个固定的研究周期讨论旅游业对低碳发展的影响。然而，研究时间显著调节了这些影响。全球对节能、减排和气候变化的理解已经发生显著变化，而这些变化背后有复杂的社会经济特征。因此，对于同一案例，可以使用分时建模来比较不同时间的回归结果，这有助于理解旅游与低碳发展之间关系的时变特征。需要注意的是，当前元分析中包括的所有研究都是在新冠疫情之前开始的。2020 年以来，新冠疫情对人类的生产和生活活动产生了显著影响，也影响着二氧化碳排放和能源消费（Forster et al., 2020；Liu et al., 2020）。甚至有专家认为，新冠疫情可能会长期影响旅游业，从而对旅游与低碳发展之间的关系产生重大影响。这样，未来较长时间尺度上的纵向比较也必须考虑使用新冠疫情作为关键的调节因子。

本节还鼓励学者更多地关注旅游与能源消费之间的关系。结果表明，旅游对能源消费的影响相对较弱，甚至旅游收入与能源消费之间有轻微的负相关。然而，考虑到二氧化碳排放和能源消费之间的密切关系，应该谨慎对待这一发现。一个可能的原因在于，相对于旅游和二氧化碳排放的研究而言，量化旅游和能源消费之间关系的研究太少。此外，学者们更多地将能源消费作为工具变量纳入研究模型，这导致本节的元分析很难得出旅游与能源消费之间更可靠的一般性关系。

在实践方面，为了更有效地节能减排，旅游目的地应该关注旅游收入的增加，同时控制游客人次。元分析结果表明，更多游客的到来与更多的二氧化碳排放和能源消费密切有关。不建议旅游目的地，特别是发展中国家的旅游目的地，依靠吸引更多的游客来推动旅游业发展。相反，可以通过延长停留时间、重置旅游线路和创新旅游产品来增加人均旅游消费，从而在有限的旅游者规模基础上增加旅游收入。决策者还应根据目的地类型和旅游业的经济状况权衡旅游增长、二氧化碳排放和能源消费，尽快推进旅游业的低碳转型。为此，本节建议发展中国家的政策制定者可以遵循和学习发达国家的政策，借鉴发达国家工业化和旅游业发展模式的经验，制定更有效、更环保的旅游政策，从而减少二氧化碳排放和能源消费。

6.5 小　　结

近年来，旅游对低碳发展的影响越来越受到研究者的关注，但是不同的研究给出了不同的结论。为了调和这些相互矛盾的发现，并回答旅游业如何影响低碳发展的问题，本节基于 47 项来自 Web of science SCIE 和 SSCI 数据库的研究，采用元分析方法研究了旅游与低碳发展之间的关系，并进一步探讨了目的地类型、模型构建和样本特征对这些关系的调节作用。总的来说，旅游业的增长对二氧化碳排放和能源消费的增加有正向影响。这一结果证实了旅游业对环境的负面影响。同时，影响的大小和方向在不同的目的地类型、方法和样本特征之间存在显著差异。当然，本节还有如下一些局限性可以在未来改进。在文献选择方面，根据对高质量研究样本的需求，本节将文献范围限制在 SCIE 和 SSCI 数据库，而没有考虑其他有影响力的数据库，如 Emerging Sources Citation Index（ESCI）、Scopus 和更广泛的谷歌学术数据库。因此，不可避免地可能会遗漏一些其他重要的研究。未来，可以尝试扩大搜索范围，将更多的研究纳入元分析框架。此外，本节的文献检索结果也表明旅游业与低碳发展的关系正越来越受到学者们的关注，未来也将有更多高质量的研究出现，需要继续关注。

结　语

本书运用多学科交叉研究方法在低碳旅游研究的几个重要方向做了较为深入的探讨，获得了一些有趣的发现和启示，总结如下。

1. 碳税和旅游发展

本书基于旅游相关的二氧化碳排放、能源消费和经济变化等指标，分析碳税这一重要的气候政策对旅游业的影响。本书基于一般均衡理论、能源经济学理论和内生增长理论，关注旅游业在碳税情形下的总体和部门变化。宏观经济学的可计算一般均衡模型和动态随机一般均衡模型构成了本问题的主要研究方法。

结果表明，征收碳税可以有效降低旅游业相关的二氧化碳排放，特别是旅游业碳强度。此外，碳税对旅游业的短期影响大于长期影响。与我国国家能源消费相比，碳税对旅游能源消费的影响较小。碳税会降低旅游业对国民经济的贡献、缩减旅游业的经济规模、降低旅游业在就业方面的促进作用以及对旅游产品的需求。在旅游业内部，不同旅游部门受到的碳税影响存在显著差异，甚至有的完全相反。在增加值、产出和就业三个方面，大多数旅游部门受到碳税的负面影响，在生产价格方面，大多数旅游部门受到正面影响。

低碳技术进步对旅游经济的负面影响要比碳税小。碳税将抵消生产率对产出和二氧化碳排放的积极影响。相反，生产率的提高在抵消征收碳税的负面影响方面同样有效。所有碳税政策只在特定的商业周期内有效，其影响最终将达到稳定状态。因此，理解和适应商业周期对于管理碳税政策至关重要。旅游部门二氧化碳排放量和经济指标的百分比偏差的增加或减少取决于不同的参数值。碳税和碳强度目标在不同旅游部门的影响差异显著，其中两个旅游业核心部门，即运输和住宿，受到的影响最大。

2. 碳市场和旅游发展

本书探讨我国2013年始建立的碳交易市场对我国旅游总体经济和环境指标的影响以及背后的影响机制。主要指标包括旅游者人次、旅游收入、旅游相关的二氧化碳排放和碳强度。影响包括平均影响、动态影响以及区域异质性影响。计量经济学下的双重差分模型是本问题的主要研究方法。碳市场的建立一定程度上阻碍了旅游经济增长，但同时也有助于环境改善。碳市场通过提高价格影响旅游经济，并通过减少煤炭消耗改善环境质量。碳交易市场对旅游业的影响因经济、旅游业、能源消费结构和产业结构发展水平的不同而存在显著差异。本书的结论证实，旅游业并没有被真正排除在我国的碳市场之外。

3. 气候政策和旅游研究

本书采用叙事性的系统评论方式，讨论建立一个宏观分析框架，以指导全球主要排放政策下如何进行旅游相关的研究。该框架包括政策体系的设定、研究变量的选择和研究方法的使用。在政策设置方面，应该在碳排放交易市场或碳税的基础上进行政策多元化设计，并对其进行综合研究。本书同时建议考虑对不同旅游经济和环境变量的整体或部门影响。未来工作不仅应致力于模拟未来的旅游变化，而且还应根据现有数据量化对旅游业的实际影响。本书还推荐了几种评估排放政策对旅游业影响的研究方法，包括可计算一般均衡模型、动态随机一般均衡模型、双重差分法和断点回归法等。

4. 低碳旅游系统和评价

基于系统论思想，本书分析区域低碳旅游系统的演变以及评价区域低碳旅游发展水平。分析基准情形、经济优先情形和环境优先情形下的低碳旅游系统的演化特征，并识别影响低碳旅游系统变化的关键变量。构建低碳旅游发展评价指标体系，并量化各指标权重，最终提出一个综合性模型以用于评价区域低碳旅游发展水平。管理学中的系统动力学方法、德尔菲方法和网络层次分析法构成了本问题的主要方法体系。

结果表明，诸多决策参数对低碳旅游系统的绩效具有显著的影响。最重要的参数是低碳投资的比例,其次是游客人均二氧化碳排放量、其他行业的碳强度、居民人均二氧化碳排放量和旅行时间。在环境优先情形和基准情形中,低碳旅游系统的演变差异并不显著。经济优先情形下的环境质量也接近其他两种情形,但是在污染控制方面加强努力仍然需要成为今后的优先事项。本书的低碳旅游评价指标体系强调经济发展对低碳旅游的重要性,强调了酒店、旅游景点和其他旅游企业在低碳经济和环境指标如二氧化碳排放和能源消费方面的重要性。该指标体系突出了包括居民、旅游者和旅游企业在内的旅游利益相关者的低碳素养。

5. 旅游、经济、能源与二氧化碳排放

探讨旅游、经济增长、能源消费和二氧化碳排放这几个低碳旅游发展的关键指标之间的协整和因果关系。为了研究的多元化,本书分别考察了中国样本、东盟 8 国的样本。计量经济学中的协整检验、格兰杰因果关系检验和广义矩估计等构成了本问题的主要研究方法。

在我国,旅游、经济增长、能源消费和二氧化碳排放之间相互影响,但影响程度和方式不同。在短期内,经济和旅游之间存在双向因果关系,从能源消费到其他分析变量存在单向因果关系。从长期来看,二氧化碳排放与经济、二氧化碳排放与旅游、经济与旅游之间存在双向格兰杰因果关系,能源消费到所有其他分析变量存在单向因果关系。在东盟,旅游发展对二氧化碳排放有着一定的正向影响,而对经济、能源消费和可再生能源利用则有着一定的负向影响。二氧化碳排放、经济、能源消费对于东盟旅游发展具有一定的正向影响,而可再生能源利用则有一定的负向影响。旅游、经济、能源消费、可再生能源利用和二氧化碳排放之间不存在双向短期因果关系。二氧化碳排放和经济、经济和可再生能源利用、能源消费和可再生能源利用、旅游和可再生能源利用之间存在双向长期格兰杰原因。

6. 旅游与低碳发展的元分析

本书分析旅游对区域低碳发展绩效的影响。以二氧化碳排放量、碳强度、能源消费作为区域低碳发展绩效的衡量指标,总结当前主要的研究成果,概括旅游与低碳发展关系的主要结论,寻找和解释结论差异性的原因,从而为未来研究以及实践提供参考。文献计量学中的元分析方法构成了本问题的主要研究方法。

元分析的结果表明旅游业的增长对二氧化碳排放和能源使用的增加有正向影响，该影响的大小和方向在不同的目的地类型、方法和样本特征之间存在显著差异。

参考文献

杜运周，贾良定.2017.组态视角与定性比较分析（QCA）：管理学研究的一条新道路. 管理世界，（6）：155-167.

国家统计局. 2015. 国家旅游及相关产业统计分类（2015）. http://www.stats.gov.cn/tjsj/tjbz/201508/t20150821_1233792.html [2015-08-21].

国家统计局. 2018a. 中国价格统计年鉴 2018. 北京：中国统计出版社.

国家统计局. 2018b. 中国能源统计年鉴 2018. 北京：中国统计出版社.

国家统计局. 2018c. 中国人口和就业统计年鉴 2018. 北京：中国统计出版社.

国家统计局. 2018d. 中国统计年鉴 2018. 北京：中国统计出版社.

国家统计局. 2019. 中国投入产出表 2017. 北京：中国统计出版社.

黄和平，乔学忠，张瑾，等. 2019. 绿色发展背景下区域旅游业二氧化碳排放时空分异与影响因素研究——以长江经济带为例. 经济地理，39（11）：214-224.

贾仁安，胡玲，丁荣华，等. 2001. SD 简化流率基本入树模型及其应用. 系统工程理论与实践，21（10）：137-144.

柳武妹，马增光，卫旭华. 2020. 拥挤影响消费者情绪和购物反应的元分析. 心理学报，52（10）：1237-1254.

全国低碳经济媒体联盟. 2011. 中国低碳城市评价体系. http://www.clemf.com/productshop.asp?id2117.

石培华，吴普. 2011. 中国旅游业能源消耗与 CO_2 排放量的初步估算. 地理学报，66（2）：235-243.

王凯，李娟，席建超. 2014. 中国旅游经济增长与二氧化碳排放的耦合关系研究.旅游学刊，29（6）：24-33.

王凯，邵海琴，周婷婷，等. 2018. 基于 EKC 框架的旅游发展对区域二氧化碳排放的影响分析——基于 1995~2015 年中国省际面板数据. 地理研究，37（4）：742-750.

魏婕，李梦，任保平. 2016. 国旅游业发展质量的时序变化与地区差异研究. 商业经济与管理，（10）：78-87.

吴玉鸣. 2014. 旅游经济增长及其溢出效应的空间面板计量经济分析. 旅游学刊，29（2）：16-24.

谢园方，赵媛. 2012. 长三角地区旅游业能源消耗的 CO_2 排放测度研究. 地理研究，31（3）：429-438.

叶莉，陈修谦. 2013. 基于旅游竞争力评价的中国与东盟国家旅游贸易互动分析. 经济地理，33（12）：179-183.

袁宇杰. 2013. 中国旅游间接能源消耗与二氧化碳排放的核算. 旅游学刊，28（10）：81-88.

查建平. 2016. 旅游业能源消费、CO_2 排放及低二氧化碳效率评估. 中国人口·资源与环境，26（1）：47-54.

赵磊，方成，吴向明. 2014. 旅游发展、空间溢出与经济增长——来自中国的经验证据. 旅游学刊，29（5）：16-30.

中国财政年鉴编辑委员会. 2018. 中国财政年鉴 2018. 北京：中国财政杂志社.

Aall C. 2011. Energy use and leisure consumption in Norway: An analysis and reduction strategy. Journal of Sustainable Tourism, 19（6）: 729-745.

Acheampong A O. 2018. Economic growth, CO_2 emissions and energy consumption: What causes what and where? Energy Economics, 74: 677-692.

Ahmad F, Draz M U, Su L, et al. 2018. Tourism and environmental pollution: Evidence from the One Belt One Road Provinces of Western China. Sustainability, 10（10）: 1-22.

Akadiri S S, Akadiri A C, Alola U V. 2019. Is there growth impact of tourism? Evidence from selected small island states. Current Issues in Tourism, 22（12）: 1480-1498.

Alam M S, Paramati S R. 2017. The dynamic role of tourism investment on tourism development and CO_2 emissions. Annals of Tourism Research, 66: 213-215.

Ali Q, KhanM T I, Khan M N I. 2018. Dynamics between financial development, tourism, sanitation, renewable energy, trade and total reserves in 19 Asia cooperation dialogue members. Journal of Cleaner Production, 179: 114-131.

Ali W, Sadiq F, Kumail T, et al. 2020. A cointegration analysis of structural change, international tourism and energy consumption on CO_2 emission in Pakistan. Current Issues in Tourism. https: //doi.org/10.1080/13683500.2020. 1804338[2022-04-11].

Allan G, Lecca P, McGregor P, et al. 2014. The economic and environmental impact of a carbon tax for Scotland: A computable general equilibrium analysis. Ecological Economics, 100: 40-50.

Alola A A, Alola U V. 2018. Agricultural land usage and tourism impact on renewable energy consumption among Coastline Mediterranean Countries. Energy & Environment, 29（8）: 1438-1454.

Alshehry A S, Belloumi M. 2015. Energy consumption, carbon dioxide emissions and economic growth: The case of Saudi Arabia. Renewable & Sustainable Energy Reviews, 41: 237-247.

Amelung B, Nicholls S. 2014. Implications of climate change for tourism in Australia. Tourism Management, 41: 228-244.

Amin S B, Kabir F A, Khan F. 2020. Tourism and energy nexus in selected South Asian countries: A panel study. Current Issues in Tourism, 23（16）: 1963-1967.

Anger A, Köhler J. 2010. Including aviation emissions in the EU ETS: Much ado about nothing? A review. Transport Policy, 17 (1): 38-46.

Anke C P, Hobbie H, Schreiber S, et al. 2020. Coal phase-outs and carbon prices: Interactions between EU emission trading and national carbon mitigation policies. Energy Policy, 144: 111647.

Annicchiarico B, Di Dio F. 2015. Environmental policy and macroeconomic dynamics in a new Keynesian model. Journal of Environmental Economics and Management, 69: 1-21.

Anser M K, Yousaf Z, Nassani A A, et al. 2020. International tourism, social distribution, and environmental Kuznets curve: evidence from a panel of G-7 countries. Environmental Science and Pollution Research, 27 (3): 2707-2720.

Antonakakis N, Dragouni M, Eeckels B, et al. 2019. The tourism and economic growth enigma: Examining an ambiguous relationship through multiple prisms. Journal of Travel Research, 58 (1): 3-24.

Apergis N, Payne J E. 2010. Renewable energy consumption and economic growth: Evidence from a panel of OECD countries. Energy Policy, 38 (1): 656-660.

Apergis N, Payne J E. 2012. Tourism and growth in the Caribbean-Evidence from a panel error correction model. Tourism Economics, 18 (2): 449-456.

Aratuo D N, Etienne X L. 2019. Industry level analysis of tourism-economic growth in the United States. Tourism Management, 70: 333-340.

Aratuo D, Etienne X, Gebremedhin, et al. 2019. Revisiting the tourism-economic growth nexus: Evidence from the United States. International Journal of Contemporary Hospitality Management, 31 (9): 3779-3798.

Arellano M, Bond S. 1991. Some tests of specification for panel data: Monte Carlo evidence and an application to employment equations. The Review of Economic Studies, 58 (2): 277-297.

Arellano M, Bover O. 1995. Another look at the instrumental variable estimation of error-components models. Journal of Econometrics, 68 (1): 29-51.

Azam M, Alam M M, Hafeez M H. 2018. Effect of tourism on environmental pollution: Further evidence from Malaysia, Singapore and Thailand. Journal of Cleaner Production, 190: 330-338.

Bäckstrand K, Lövbrand E. 2016. The road to Paris: Contending climate governance discourses in the post-Copenhagen era. Journal of Environmental Policy & Planning, 21 (5): 1-19.

Balaguer J, Cantavella J M. 2002. Tourism as a long-run economic growth factor: The Spanish case. Applied Economics, 34 (7): 877-884.

Balli E, Sigeze C, Manga M, et al. 2019. The relationship between tourism, CO_2 emissions and economic growth: A case of Mediterranean countries. Asia Pacific Journal of Tourism Research, 24 (3): 219-232.

Balsalobrelorente D, Driha O M, Shahbaz M, et al. 2020. The effects of tourism and globalization over environmental degradation in developed countries. Environmental Science and Pollution

Research, 27 (7): 7130-7144.

Baranzini A, Van Den Bergh J C, Carattini S, et al. 2017. Carbon pricing in climate policy: Seven reasons, complementary instruments, and political economy considerations. Wiley Interdisciplinary Reviews: Climate Change, 8 (4): e462.

Barlas Y. 1996. Formal aspects of model validity and validation in system dynamics. System Dynamics Review, 12 (3): 183-210.

Baum T. 2018. Sustainable human resource management as a driver in tourism policy and planning: A serious sin of omission. Journal of Sustainable Tourism, 26 (6): 873-889.

Becken S, Frampton C, Simmons D. 2001. Energy consumption patterns in the accommodation sector: The New Zealand case. Ecological Economics, 39 (3): 371-386.

Becken S, Simmons D G. 2002. Understanding energy consumption patterns of tourist attractions and activities in New Zealand. Tourism Management, 23 (4): 343-354.

Becken S. 2013. Operators' perceptions of energy use and actual saving opportunities for tourism accommodation. Asia Pacific Journal of Tourism Research, 1-2: 72-91.

Becken S. 2017. Evidence of a low-carbon tourism paradigm. Journal of Sustainable Tourism, 25 (6): 832-850.

Bella G. 2018. Estimating the tourism induced environmental Kuznets curve in France. Journal of Sustainable Tourism, 26 (12): 2043-2052.

Belloumi M. 2010. The relationship between tourism receipts, real effective exchange rate and economic growth in Tunisia. International Journal of Tourism Research, 12 (5): 550-560.

Ben D S, Collins K N, Churchman A. 2013. Evaluation of an urban tourism destination. Tourism Geographies, 15 (2): 233-249.

Benavides C, Diaz M, Palmabehnke R, et al. 2015. The impact of a carbon tax on the Chilean electricity generation sector. Energies, 8 (4): 2674-2700.

Bereitschaft B, Debbage K. 2013. Urban form, air pollution, and CO_2 emissions in large US metropolitan areas. The Professional Geographer, 65 (4): 612-635.

Bhuiyan M A, Zaman K, Shoukry A M, et al. 2018. Energy, tourism, finance, and resource depletion: Panel data analysis. Energy Sources Part B-economics Planning and Policy, 13 (11-12): 463-474.

Bilal Chen S, Komal B. 2018. Audit committee financial expertise and earnings quality: A meta-analysis. Journal of Business Research, 84: 253-270.

Bilgili F, Koçak E, Bulut U. 2016. The dynamic impact of renewable energy consumption on CO_2 emissions: A revisited Environmental Kuznets Curve approach. Renewable & Sustainable Energy Reviews, 54: 838-845.

Blancas F J, Lozano O M, González M, et al. 2016. Sustainable tourism composite indicators: A dynamic evaluation to manage changes in sustainability. Journal of Sustainable Tourism, 24 (10): 1403-1424.

Blancas F J, Lozano O M, González M, et al. 2018. A dynamic sustainable tourism evaluation using multiple benchmarks. Journal of Cleaner Production, 174: 1190-1203.

Böhringer C, Löschel A, Moslener U, et al. 2009. EU climate policy up to 2020: An economic impact assessment. Energy Economics, 31: S295-S305.

BP. 2020. BP Statistical Review of World Energy 2020. https://www.bp.com/content/dam/bp/business-sites/en/global/corporate/pdfs/energy-economics/statistical-review/bp-stats-review-2020-full-report.pdf.[2022-04-21].

BP. 2021. BP Statistical Review of World Energy 2019. https://www.bp.com/content/dam/bp/business-sites/en/global/corporate/pdfs/energy-economics/statistical-review/bp-stats-review-2021-full-report.pdf.

Brau R, Lanza A, Pigliaru F. 2007. How fast are small tourism countries growing? Evidence from the data for 1980–2003. Tourism Economics, 13 (4): 603-613.

Braulio G M, Bovea M D, Ruá M J. 2015. Sustainability on the urban scale: Proposal of a structure of indicators for the Spanish context. Environmental Impact Assessment Review, 53: 16-30.

Brounen D, Kok N, Quigley J M. 2013. Energy literacy, awareness, and conservation behavior of residential households. Energy Economics, 38: 42-50.

Bruninx K, Ovaere M, Delarue E. 2020. The long-term impact of the market stability reserve on the EU emission trading system. Energy Economics, 89: 104746.

Buckley R. 2011. Tourism and environment. Annual Review of Environment and Resources, 36: 397-416.

Bujosa A, Riera A, Torres C M. 2015. Valuing tourism demand attributes to guide climate change adaptation measures efficiently: The case of the Spanish domestic travel market. Tourism Management, 47: 233-239.

Bukowski M, Kowal P. 2010. Large Scale, Multi-Sector DSGE Model as A Climate Policy Assessment Tool. Warszawa: Instytut Badań Strukturalnych.

Bulkeley H, Broto V C, Hodson M, et al. 2010. Cities and Low Carbon Transitions. London: Routledge.

Bulut U. 2017. The impacts of non-renewable and renewable energy on CO_2 emissions in Turkey. Environmental Science & Pollution Research, 24 (18): 1-11.

Buzinde C N, Manuel-Navarrete D, Kerstetter D, et al. 2010. Representations and adaptation to climate change. Annals of Tourism Research, 37 (3): 581-603.

Cabalu H, Koshy P, Corong E, et al. 2015. CModelling the impact of energy policies on the Philippine economy: Carbon tax, energy efficiency, and changes in the energy mix. Economic Analysis & Policy, 48: 222-237.

Calderón S, Alvarez A C, Loboguerrero A M, et al. 2016. Achieving CO_2 reductions in Colombia: Effects of carbon taxes and abatement targets. Energy Economics, 56: 575-586.

Çalışkan U, Saltik I A, Ceylan R, et al. 2019. Panel cointegration analysis of relationship between international trade and tourism: Case of Turkey and silk road countries. Tourism Management Perspectives, 31: 361-369.

Camagni R, Capello R, Nijkamp P. 1998. Towards sustainable city policy: An economy-environment technology nexus. Ecological Economics, 24（1）: 103-118.

Carratù M, Chiarini B, Piselli P. 2020. Effects of European emission unit allowance auctions on corporate profitability. Energy Policy, 144: 111584.

Castro-Nuño M, Molina-Toucedo J A, Pablo-Romero M P. 2013. Tourism and GDP: A meta-analysis of panel data studies. Journal of Travel Research, 52（6）: 745-758.

Cazcarro I, Hoekstra A Y, Chóliz J S. 2014. The water footprint of tourism in Spain. Tourism Management, 40: 90-101.

Chan Y T, Wong Y F. 2020. Estimating the tourism‐induced province‐specific Environmental Kuznets Curve: Evidence from panel analyses of Chinese provinces. International Journal of Tourism Research, 22（6）: 751-766.

Chang Y Z, Dong S C. 2016. Evaluation of sustainable development of resources-based cities in Shanxi Province based on unascertained measure. Sustainability, 8（6）: 585.

Chen F, Zhu D. 2013. Theoretical research on low-carbon city and empirical study of Shanghai. Habitat International, 37: 33-42.

Chen L, Thapa B, Yan W. 2018. The relationship between tourism, carbon dioxide emissions, and economic growth in the Yangtze River Delta, China. Sustainability, 10（7）: 2118.

Chen Y, Wang Z, Zhong Z. 2019. CO_2 emissions, economic growth, renewable and non-renewable energy production and foreign trade in China. Renewable Energy, 131: 208-216.

Chen Z Y, Nie P Y. 2016. Effects of carbon tax on social welfare: A case study of China. Applied Energy, 183: 1607-1615.

Cheng Q, Su B, Tan J. 2013. Developing an evaluation index system for low-carbon tourist attractions in China–A case study examining the Xixi Wetland. Tourism Management, 36(3): 314-320.

Chishti M Z, Ullah S, Ozturk I, et al. 2020. Examining the asymmetric effects of globalization and tourism on pollution emissions in South Asia. Environmental Science and Pollution Research, 27: 27721-27737.

Cho C H, Chu Y P, Yang H Y. 2014. An Environment Kuznets Curve for GHG emissions: A panel cointegration analysis. Energy Sources, Part B: Economics, Planning, and Policy, 9（2）: 120-129.

Cho Y J, Wang Y, Hsu L L I. 2016. Constructing Taiwan's low-carbon tourism development suitability evaluation indicators. Asia Pacific Journal of Tourism Research, 21（6）: 658-677.

Choi Y, Liu Y, Lee H. 2017. The economy impacts of Korean ETS with an emphasis on sectoral coverage based on a CGE approach. Energy Policy, 109: 835-844.

Chou M C. 2013. Does tourism development promote economic growth in transition countries? A panel data analysis. Economic Modelling, 33: 226-232.

Churchill S A, Pan L, Paramati S R. 2020. Air Pollution and Tourism: Evidence from G20 Countries. Journal of Travel Research, 61（2）: 223-234.

Cole D H. 2015. Advantages of a polycentric approach to climate change policy. Nature Climate Change, 5 (2): 114.

Conefrey T, Gerald J D, Valeri L M, et al. 2013. The impact of a carbon tax on economic growth and carbon dioxide emissions in Ireland. Journal of Environmental Planning and Management, 56 (7): 934-952.

Corbera E, Brown K. 2010. Offsetting benefits? Analyzing access to forest carbon. Environment and Planning A, 42 (7): 1739-1761.

Cortes J I, Pulina M. 2010. Inbound tourism and long-run economic growth. Current Issues in Tourism, 13 (1): 61-74.

Cox P M, Betts R A, Jones C D, et al. 2000. Acceleration of global warming due to carbon-cycle feedbacks in a coupled climate model. Nature, 408 (6809): 184-187.

Cranenburgh S V, Chorus C G, Wee B V. 2014. Simulation study on impacts of high aviation carbon taxes on tourism: Application of portfolio vacation choice model. Transportation Research Record, 2449: 64-71.

Crouch G I. 1995. A meta-analysis of tourism demand. Annals of Tourism Research, 22 (1): 103-118.

Cucculelli M, Goffi G. 2016. Does sustainability enhance tourism destination competitiveness? Evidence from Italian Destinations of Excellence. Journal of Cleaner Production, 111: 370-382.

Cui L B, Fan Y, Zhu L, et al. 2014. How will the emissions trading scheme save cost for achieving China's 2020 carbon intensity reduction target? Applied Energy, 136: 1043-1052.

Cui L, Li R, Song M, et al. 2019. Can China achieve its 2030 energy development targets by fulfilling carbon intensity reduction commitments? Energy Economics, 83: 61-73.

Cui Q, Wei Y M, Li Y. 2016. Exploring the impacts of the EU ETS emission limits on airline performance via the Dynamic Environmental DEA approach. Applied Energy, 183: 984-994.

Dalton G J, Lockington D A, Baldock T E. 2009. Case study feasibility analysis of renewable energy supply options for small to medium-sized tourist accommodations. Renewable Energy, 34 (4): 1134-1144.

Danish, Wang Z. 2018. Dynamic relationship between tourism, economic growth, and environmental quality. Journal of Sustainable Tourism, 26 (11): 1928-1943.

De Vita G, Katircioglu S, Altinay L, et al. 2015. Revisiting the environmental Kuznets curve hypothesis in a tourism development context. Environmental Science and Pollution Research, 22 (21): 16652-16663.

De Wit A. 2015. Japan's bid to become a world leader in renewable energy. https://nautilus.org/napsnet/napsnet-special-reports/japans-bid-to-become-a-world-leader-in-renewable-energy/?view=pdf[2022-04-21].

Dissou Y, Karnizova L. 2016. Emissions cap or emissions tax? A multi-sector business cycle analysis. Journal of Environmental Economics and Management, 79: 169-188.

Dogan E, Aslan A. 2017. Exploring the relationship among CO$_2$ emissions, real GDP, energy consumption and tourism in the EU and candidate countries: Evidence from panel models robust to heterogeneity and cross-sectional dependence. Renewable & Sustainable Energy Reviews, 77: 239-245.

Dogan E, Seker F, Bulbul S. 2017. Investigating the impacts of energy consumption, real GDP, tourism and trade on CO$_2$ emissions by accounting for cross-sectional dependence: A panel study of OECD countries.Current Issues in Tourism, 20 (16): 1701-1719.

Dogan E, Seker F. 2016. Determinants of CO$_2$ emissions in the European Union: The role of renewable and non-renewable energy. Renewable Energy, 94: 429-439.

Dogru T, Marchio E A, Bulut U, et al. 2019. Climate change: Vulnerability and resilience of tourism and the entire economy. Tourism Management, 72: 292-305.

Dong B, Ma X, Zhang Z, et al. 2020. Carbon emissions, the industrial structure and economic growth: Evidence from heterogeneous industries in China. Environmental Pollution, 262: 114322.

Dong F, Dai Y, Zhang S, et al. 2019. Can a carbon emission trading scheme generate the Porter effect? Evidence from pilot areas in China. Science of the Total Environment, 653: 565-577.

Dong H, Dai H, Geng Y, et al. 2017. Exploring impact of carbon tax on China's CO$_2$ reductions and provincial disparities. Renewable and Sustainable Energy Reviews, 77: 596-603.

Dritsakis N. 2012. Tourism development and economic growth in seven Mediterranean countries: A panel data approach. Tourism Economics, 18 (4): 801-816.

Duan H, Wang S. 2018. Potential impacts of China's climate policies on energy security. Environmental Impact Assessment Review, 71: 94-101.

Duan K, Ren X, Shi Y, et al. 2021. The marginal impacts of energy prices on carbon price variations: Evidence from a quantile-on-quantile approach. Energy Economics, 95: 105131.

Dulal H B, Dulal R, Yadav P K. 2015. Delivering green economy in Asia: The role of fiscal instruments. Futures, 73: 61-77.

Duval D T. 2013. Critical issues in air transport and tourism. Tourism Geographies, 15 (3): 494-510.

Dwyer L, Forsyth P, Spurr R, et al. 2013. Economic impacts of a carbon tax on the Australian tourism industry. Journal of Travel Research, 52 (2): 143-155.

Dwyer L, Forsyth P, Spurr R. 2012. Wither Australian tourism? Implications of the carbon tax. Journal of Hospitality & Tourism Management, 19 (1): 15-30.

Dwyer L. 2015. Computable general equilibrium modelling: An important tool for tourism policy analysis. Tourism & Hospitality Management, 21 (2): 111-126.

Ehigiamusoe K U. 2020. Tourism, growth and environment: analysis of non-linear and moderating effects. Journal of Sustainable Tourism, 28 (8): 1174-1192.

Eijgelaar E. 2011. Voluntary carbon offsets a solution for reducing tourism emissions? Assessment of communication aspects and mitigation potential. European Journal of Transport &

Infrastructure Research, 11 (3): 281-296.

Eyuboglu K, Uzar U. 2019. The impact of tourism on CO_2 emission in Turkey. Current Issues in Tourism, 23 (13): 1631-1645.

Faber B, Gaubert C. 2019. Tourism and economic development: Evidence from Mexico's coastline. American Economic Review, 109 (6): 2245-2293.

Falkner R, Stephan H, Vogler J. 2010. International climate policy after Copenhagen: Towards a 'building blocks' approach. Global Policy, 1 (3): 252-262.

Fan W, Hao Y. 2020. An empirical research on the relationship amongst renewable energy consumption, economic growth and foreign direct investment in China. Renewable Energy, 146: 598-609.

Fang D, Chen B, Hayat T, et al. 2017. Emergy evaluation for a low-carbon industrial park. Journal of Cleaner Production, 163: S392-S400.

Fang G, Tian L, Fu M, et al. 2013. The impacts of carbon tax on energy intensity and economic growth—A dynamic evolution analysis on the case of China. Applied Energy, 110(5): 17-28.

Fayissa B, Nsiah C, Adasse B. 2008. Impact of tourism on economic growth and development in Africa. Tourism Economics, 14 (4): 807-818.

Feriedouni H G, Almulali U. 2014. The interaction between tourism and FDI in real estate in OECD countries. Current Issues in Tourism, 17 (2): 105-113.

Fernandez F Y, Lopez M A F, Blanco B O. 2018. Innovation for sustainability: The impact of R&D spending on CO_2 emissions. Journal of Cleaner Production, 172: 3459-3467.

Figueroa J D, Fout T, Plasynski S, et al. 2008. Advances in CO_2, capture technology—the U.S. department of energy's carbon sequestration program. International Journal of Greenhouse Gas Control, 2 (1): 9-20.

Fischer C, Springborn M. 2011. Emissions targets and the real business cycle: Intensity targets versus caps or taxes. Journal of Environmental Economics and Management, 62(3): 352-366.

Fiss P C. 2011. Building better causal theories: A fuzzy set approach to typologies in organization, research. Academy of Management Journal, 54 (2): 393-420.

Floros N, Vlachou A. 2005. Energy demand and energy-related CO_2 emissions in Greek manufacturing: Assessing the impact of a carbon tax. Energy Economics, 27 (3): 387-413.

Forster P M, Forster H I, Evans M J, et al. 2020. Current and future global climate impacts resulting from COVID-19. Nature Climate Change, 10: 913-919.

Forsyth P, Dwyer L, Spurr R, et al. 2014. The impacts of Australia's departure tax: Tourism versus the economy? Tourism Management, 40: 126-136.

Fotis P, Polemis M. 2018. Sustainable development, environmental policy and renewable energy use: A dynamic panel data approach. Sustainable Development, 26 (6): 726-740.

Frey M. 2017. Assessing the impact of a carbon tax in Ukraine. Climate Policy, 17 (3): 378-396.

Friedlingstein P, Cox P M, Betts R A, et al. 2006. Climate-carbon cycle feedback analysis: Results from the (CMIP) -M-4 model intercomparison. Journal of Climate, 19: 3337-3353.

Fu Y, Huang G, Liu L, et al. 2020. A factorial cge model for analyzing the impacts of stepped carbon tax on Chinese economy and carbon emission. Science of The Total Environment, 759: 143512.

Gagliardi F, Roscia M, Lazaroiu G. 2007. Evaluation of sustainability of a city through fuzzy logic. Energy, 32 (5): 795-802.

Gamage S K, Kuruppuge R H, Haq I U. 2017. Energy consumption, tourism development, and environmental degradation in Sri Lanka. Energy Sources Part B-Economics Planning and Policy, 12 (10): 910-916.

Gao J, Xu W, Zhang L. 2019. Tourism, economic growth, and tourism-induced EKC hypothesis: Evidence from the Mediterranean region. Empirical Economics, 60: 1507-1529.

Gao J, Zhang L. 2019. Exploring the dynamic linkages between tourism growth and environmental pollution: New evidence from the Mediterranean countries. Current Issues in Tourism, 24(1): 49-65.

Gawlik L, Szurlej A, Wyrwa A. 2015. The impact of the long-term EU target for renewables on the structure of electricity production in Poland. Energy, 92: 172-178.

Ghalib A, Qadir A, Ahmad S R. 2017. Evaluation of developmental progress in some cities of Punjab, Pakistan, using urban sustainability indicators. Sustainability, 9 (8): 1473.

Ghosh S. 2020. Tourism and the environmental Kuznets Curve: A panel estimation. International Journal of Tourism Research, 22 (6): 839-852.

Gill A R, Viswanathan K K, Hassan S. 2018. The Environmental Kuznets Curve (EKC) and the environmental problem of the day. Renewable & Sustainable Energy Reviews, 81: 1636-1642.

Goh C. 2012. Exploring impact of climate on tourism demand. Annals of Tourism Research, 39 (4): 1859-1883.

Golombek R, Kittelsen S A, Rosendahl K E. 2013. Price and welfare effects of emission quota allocation. Energy Economics, 36: 568-580.

Golosov M, Hassler J, Krusell P, et al. 2014. Optimal taxes on fossil fuel in general equilibrium. Econometrica, 82 (1): 41-88.

Golpîra H, Bahramara S, Khan S A R, et al. 2019. Robust bi-level risk-based optimal scheduling of microgrid operation against uncertainty. RAIRO Operations Research, 54 (4): 993-1012.

Golpîra H, Khan S A R. 2019. A multi-objective risk-based robust optimization approach to energy management in smart residential buildings under combined demand and supply uncertainty. Energy, 170: 1113-1129.

Gössling S, Broderick J, Upham P, et al. 2007. Voluntary carbon offsetting schemes for aviation: Efficiency, credibility and sustainable tourism. Journal of Sustainable Tourism, 15 (3): 223-248.

Gössling S, Peeters P. 2015. Assessing tourism's global environmental impact 1900–2050. Journal of Sustainable Tourism, 23 (5): 1-21.

Gössling S, Scott D, Hall C M, et al. 2012. Consumer behaviour and demand response of tourists to climate change. Annals of Tourism Research, 39（1）: 36-58.

Gössling S, Scott D, Hall C M. 2013. Challenges of tourism in a low-carbon economy. Wiley Interdisciplinary Reviews Climate Change, 4（6）: 525-538.

Gössling S, Scott D, Hall C M. 2015. Inter-market variability in CO_2 emission-intensities in tourism: Implications for destination marketing and carbon management. Tourism Management, 46: 203-212.

Gössling S. 2002. Global environmental consequences of tourism. Global Environmental Change, 12（4）: 283-302.

Gössling S. 2013. National emissions from tourism: An overlooked policy challenge? Energy Policy, 59: 433-442.

Gössling S. 2016. Tourism, information technologies and sustainability: An exploratory review. Journal of Sustainable Tourism, 25（7）: 1024-1041.

Greis T. 2011. Policies for a low carbon economy? The example of Germany//Xue J. Annual Report on China's Low-Carbon Economic Development 2011. Chinese Beijing: Social Science Literature Press: 115-131.

Gugler K, Haxhimusa A, Liebensteiner M. 2021. Effectiveness of climate policies: Carbon pricing vs. subsidizing renewables. Journal of Environmental Economics and Management, 106: 102405.

Gulistan A, Tariq Y B, Bashir M F. 2020. Dynamic relationship among economic growth, energy, trade openness, tourism, and environmental degradation: Fresh global evidence. Environmental Science and Pollution Research, 27: 13477-13487.

Guo H, Yang C, Liu X, et al. 2018. Simulation evaluation of urban low-carbon competitiveness of cities within Wuhan City Circle in China. Sustainable Cities and Society, 42: 688-701.

Guo J, Gu F, Liu Y, et al. 2020. Assessing the impact of ETS trading profit on emission abatements based on firm-level transactions. Nature communications, 11（1）: 1-8.

Guo Z, Zhang X, Zheng Y, et al. 2014. Exploring the impacts of a carbon tax on the Chinese economy using a CGE model with a detailed disaggregation of energy sectors. Energy Economics, 45: 455-462.

Haites E. 2018. Carbon taxes and greenhouse gas emissions trading systems: What have we learned. Climate Policy, 18（8）: 955-966.

Hall C M. 2019. Constructing sustainable tourism development: The 2030 agenda and the managerial ecology of sustainable tourism. Journal of Sustainable Tourism, 27（7）: 1044-1060.

Hamaguchi Y. 2019. Do pollution havens restrict tourism-led growth? Achieving sustainable tourism via a mix of environmental and tourism policies. Tourism Economics, 26（7）: 1175-1196.

Hara M, Nagao T, Hannoe S, et al. 2016. New key performance indicators for a smart sustainable city. Sustainability, 8（3）: 206.

Hara T. 2008. Quantitative tourism industry analysis: Introduction to input-output, social accounting matrix modelling and tourism satellite accounts. Butterworth-Heinemann, Elsevier Inc. All.

Harris R, Williams P, Griffin T. 2012. Sustainable tourism. Routledge.

He P, He Y, Xu F. 2018a. Evolutionary analysis of sustainable tourism. Annals of Tourism Research, 69: 76-89.

He Y, Huang P, Xu H. 2018b. Simulation of a dynamical ecotourism system with low carbon activity: A case from western China. Journal of Environmental Management, 206: 1243-1252.

Heer B, Maußner A. 2008. Computation of business cycle models: A comparison of numerical methods. Macroeconomic Dynamics, 12 (5): 641-663.

Heidari H, Katircioğlu S T, Saeidpour L. 2015. Economic growth, CO_2 emissions, and energy consumption in the five ASEAN countries. International Journal of Electrical Power & Energy Systems, 64: 785-791.

Herzog T, Baumert K A, Pershing J. 2006. Target—Intensity: An analysis of greenhouse gas intensity targets. https: //wriorg.s3.amazonaws.com/s3fs-public/pdf/target_intensity.pdf[2022-04-21].

Heutel G. 2012. How should environmental policy respond to business cycles? Optimal policy under persistent productivity shocks. Review of Economic Dynamics, 15 (2): 244-264.

Higgins J P T, Thompson S G, Deeks J J, et al. 2003. Measuring inconsistency in meta-analyses. British Medical Journal, 327 (7414): 557-560.

Higham J, Cohen S A, Cavaliere C T, et al. 2016. Climate change, tourist air travel and radical emissions reduction. Journal of Cleaner Production, 111: 336-347.

Hodson M, Marvin S. 2010. World Cities and Climate Change: Producing Ecological Security. New York: McGraw Hill.

Holladay J C, Mohsin M, Pradhan S. 2019. Environmental policy instrument choice and international trade. Environmental and Resource Economics, 74: 1585-1617.

Hoogendoorn G, Fitchett J M. 2018. Tourism and climate change: A review of threats and adaptation strategies for Africa. Current Issues in Tourism, 21 (7): 742-759.

Horng J S, Hu M L M, Teng C C, et al. 2013. Development and validation of the low-carbon literacy scale among practitioners in the Tourism industry in Taiwan, China. Tourism Management, 35: 255-262.

Horng J S, Hu M L, Teng C C, et al. 2012. Energy saving and carbon reduction management indicators for natural attractions: a case study in Taiwan. Journal of Sustainable Tourism, 20 (8): 1-25.

Horng J S, Hu M L, Teng C C, et al. 2014. How the introduction of concepts of energy saving and carbon reduction (ESCR) can affect festival visitors' behavioural intentions: An investigation using a structural model. Journal of Sustainable Tourism, 22 (8): 1216-1235.

Hsiao T Y. 2016. Developing a dual-perspective low-carbon tourism evaluation index system for travel agencies. Journal of Sustainable Tourism, 24 (12): 1604-1623.

Hu M L, Horng J S, Teng C C, et al. 2013. A criteria model of restaurant energy conservation and carbon reduction in Taiwan. Journal of Sustainable Tourism, 21 (5): 765-779.

Huisingh D, Zhang Z, Moore J C, et al. 2015. Recent advances in carbon emissions reduction: Policies, technologies, monitoring, assessment and modeling. Journal of Cleaner Production, 103: 1-12.

Iacoviello M, Neri S. 2010. Housing market spillovers: Evidence from an estimated DSGE model. American Economic Journal: Macroeconomics, 2 (2): 125-164.

Inchausti S F. 2015. Tourism: Economic growth, employment and Dutch disease. Annals of Tourism Research, 54: 172-189.

IPCC. 2001. Climate change 2001: The scientific basis. https://www.ipcc.ch/site/assets/uploads/2018/03/WGI_TAR_full_report.pdf[2022-04-21].

IPCC. 2006. IPCC guidelines for national greenhouse gas inventories. http://www.ipcc-nggip.iges.or.jp/public/2006g l/index.html[2022-04-21].

Isik C, Dogru T, Turk E S. 2018. A nexus of linear and non-linear relationships between tourism demand, renewable energy consumption, and economic growth: Theory and evidence. International Journal of Tourism Research, 20 (1): 38-49.

Isik C, Kasimati E, Ongan S. 2017. Analyzing the causalities between economic growth, financial development, international trade, tourism expenditure and/on the CO_2 emissions in Greece. Energy Sources Part B-economics Planning and Policy, 12 (7): 665-673.

Jebli M B, Hadhri W. 2018. The dynamic causal links between CO_2 emissions from transport, real GDP, energy use and international tourism. International Journal of Sustainable Development and World Ecology, 25 (6): 568-577.

Jebli M B, Youssef S B, Apergis N. 2019. The dynamic linkage between renewable energy, tourism, CO_2 emissions, economic growth, foreign direct investment, and trade. Latin American Economic Review, 28 (1): 2.

Jia R A, Hu L, Ding R H, et al. 2001. SD simplified Rate Variable Fundamental In-tree Model and its application. Systems Engineering-Theory & Practice, 21 (10): 137-144.

Jiao S, Gong W, Zheng Y, et al. 2019. Spatial spillover effects and tourism-led growth: An analysis of prefecture-level cities in China. Asia Pacific Journal of Tourism Research, 24(7): 725-734.

Jones C. 2013. Scenarios for greenhouse gas emissions reduction from tourism: An extended tourism satellite account approach in a regional setting. Journal of Sustainable Tourism, 21 (3): 458-472.

Juvan E, Dolnicar S. 2016. Measuring environmentally sustainable tourist behaviour. Annals of Tourism Research, 59: 30-44.

Kaján E, Saarinen J. 2013. Tourism, climate change and adaptation: A review. Current Issues in Tourism, 16 (2): 167-195.

Kaján E, Tervo K K, Saarinen J. 2015. Cost of adaptation to climate change in tourism: Methodological challenges and trends for future studies in adaptation. Scandinavian Journal of

Hospitality and Tourism, 15 (3): 311-317.
Kanwal S, Rasheed M I, Pitafi A H, et al. 2020. Road and transport infrastructure development and community support for tourism: The role of perceived benefits, and community satisfaction. Tourism Management, 77: 104014.
Katircioglu S T. 2014a. International tourism, energy consumption, and environmental pollution: The case of Turkey. Renewable and Sustainable Energy Reviews, 36: 180-187.
Katircioglu S T. 2014b. Testing the tourism-induced EKC hypothesis: The case of Singapore. Economic Modelling, 41: 383-391.
Katircioglu S, Feridun M, Kilinc C. 2014. Estimating tourism-induced energy consumption and CO_2 emissions: The case of Cyprus. Renewable & Sustainable Energy Reviews, 29 (29): 634-640.
Katircioglu S, Gokmenoglu K K, Eren B M. 2019. The role of tourism growth in generating additional energy consumption: Empirical evidence from major tourist destinations. Environmental and Ecological Statistics, 26 (4): 303-323.
Katircioglu S, Saqib N, Katircioglu S, et al. 2020. Estimating the effects of tourism growth on emission pollutants: Empirical evidence from a small island, Cyprus. Air Quality Atmosphere and Health, 13: 391-397.
Khan A, Bibi S, Ardito L, et al. 2020. Revisiting the dynamics of tourism, economic growth, and environmental pollutants in the emerging economies-sustainable tourism policy implications. Sustainability, 12 (6): 2533.
Khanna N, Fridley D, Hong L. 2014. China's pilot low-carbon city initiative: A comparative assessment of national goals and local plans. Sustainable Cities and Society, 12: 110-121.
Klein R J, Schipper E L F, Dessai S. 2005. Integrating mitigation and adaptation into climate and development policy: Three research questions. Environmental Science & Policy, 8 (6): 579-588.
Kocak E, Ulucak R, Ulucak Z Ş. 2020. The impact of tourism developments on CO_2 emissions: An advanced panel data estimation. Tourism Management Perspectives, 33: 100611.
Koçak E, Ulucak Z Ş. 2019.The effect of energy R&D expenditures on CO_2 emission reduction: Estimation of the STIRPAT model for OECD countries. Environmental Science and Pollution Research, 26: 14328-14338.
Kumar R R, Kumar R. 2012. Exploring the nexus between information and communications technology, tourism and growth in Fiji. Tourism Economics, 18 (2): 359-371.
Kuo N W, Chen P H. 2009. Quantifying energy use, carbon dioxide emission, and other environmental loads from island tourism based on a life cycle assessment approach. Journal of Cleaner Production, 17 (15): 1324-1330.
Kuo T C, Hong I H, Lin S C. 2016. Do carbon taxes work? Analysis of government policies and enterprise strategies in equilibrium. Journal of Cleaner Production, 139: 337-346.
Kuo Y F, Chen P C. 2008. Constructing performance appraisal indicators for mobility of the

service industries using Fuzzy Delphi Method. Expert Systems with Applications, 35 (4): 1930-1939.

Kydland F E, Prescott E C. 1982. Time to build and aggregate fluctuations. Econometrica: Journal of the Econometric Society, 50 (6): 1345-1370.

Lee C C, Chang C P. 2008. Tourism development and economic growth: A closer look at panels. Tourism Management, 29 (1): 180-192.

Lee C F, Huang H I, Yeh H R. 2010. Developing an evaluation model for destination attractiveness: Sustainable forest recreation tourism in Taiwan. Journal of Sustainable Tourism, 18 (6): 811-828.

Lee J W, Brahmasrene T. 2013. Investigating the influence of tourism on economic growth and carbon emissions: Evidence from panel analysis of the European Union. Tourism Management, 38: 69-76.

Lee Y K. 2016. Impact of government policy and environment quality on visitor loyalty to Taiwan music festivals: Moderating effects of revisit reason and occupation type. Tourism Management, 53: 187-196.

Leining C, Kerr S, Bruce-Brand B. 2020. The New Zealand Emissions Trading Scheme: Critical review and future outlook for three design innovations. Climate Policy, 20 (2): 246-264.

Lenzen M, Sun Y, Faturay F, et al. 2018. The carbon footprint of global tourism. Nature Climate Change, 8 (6): 522-528.

León C J, Arana J E, Hernández Alemán A. 2014. CO_2 Emissions and tourism in developed and less developed countries. Applied Economics Letters, 21 (16): 1169-1173.

Li A, Lin B. 2013. Comparing climate policies to reduce carbon emissions in China. Energy Policy, 60 (6): 667-674.

Li G, Yang J, Chen D, Hu S. 2017. Impacts of the coming emission trading scheme on China's coal-to-materials industry in 2020. Applied Energy, 195: 837-849.

Li H M. 2016. China low-carbon development index 1990~2014. http://www.pishu.com.cn/skwx_ps/databasedetail?Siteid=14&contentid=6582433&contenttype=literature&type=&sublibid=. (in China) [2021-12-20].

Li J Z. 2015. Work report of 2015 National Tourism Work Conference. http://dj.cnta.gov.cn/html/2015-01/1722.shtml. (in Chinese) [2021-12-20]

Li L, Li J, Tang L, et al. 2019a. Balancing tourism's economic benefit and CO_2 emissions: An insight from input–output and tourism satellite account analysis. Sustainability, 11 (4): 1052.

Li P, Ouyang Y. 2020. Quantifying the role of technical progress towards China's 2030 carbon intensity target. Journal of Environmental Planning and Management, 64 (3): 379-398.

Li W, Jia Z. 2016. The impact of emission trading scheme and the ratio of free quota: A dynamic recursive CGE model in China. Applied Energy, 174: 1-14.

Li W, Koo C, Cha S H, et al. 2019b. A conceptual framework for the real-time monitoring and diagnostic system for the optimal operation of smart building: A case study in Hotel ICON of

Hong Kong. Energy Procedia, 158: 3107-3112.

Li Z, Dai H, Sun L, et al. 2018. Exploring the impacts of regional unbalanced carbon tax on CO_2 emissions and industrial competitiveness in Liaoning province of China. Energy Policy, 113: 9-19.

Lin B, Jia Z. 2017. The impact of Emission Trading Scheme (ETS) and the choice of coverage industry in ETS: A case study in China. Applied Energy, 205: 1512-1527.

Lin B, Jia Z. 2018a. Impact of quota decline scheme of emission trading in China: A dynamic recursive CGE model. Energy, 149: 190-203.

Lin B, Jia Z. 2018b. The energy, environmental and economic impacts of carbon tax rate and taxation industry: A CGE based study in China. Energy, 159: 558-568.

Lin B, Jia Z. 2019. Impacts of carbon price level in carbon emission trading market. Applied Energy, 239, 157-170.

Lin B, Jia Z. 2020. Does the different sectoral coverage matter? An analysis of China's carbon trading market. Energy Policy, 137 (2): 1-11.

Lin B, Zhu J. 2017. Energy and carbon intensity in China during the urbanization and industrialization process: A panel VAR approach. Journal of Cleaner Production, 168: 780-790.

Lin V S, Yang Y, Li G. 2019. Where can tourism-led growth and economy-driven tourism growth occur. Journal of Travel Research, 58 (5): 760-773.

Lipsey M W, Wilson D B. 2001. Practical Meta-Analysis. Thousand Oaks, CA: Sage Publications.

Liu J, Bai J, Deng Y, et al. 2021. Impact of energy structure on carbon emission and economy of china in the scenario of carbon taxation. Science of the Total Environment, 762: 143093.

Liu J, Cheng H, Jiang D, et al. 2019a. Impact of climate-related changes to the timing of autumn foliage colouration on tourism in Japan. Tourism Management, 70: 262-272.

Liu J, Feng T, Yang X. 2011. The energy requirements and carbon dioxide emissions of tourism industry of western China: A case of Chengdu City. Renewable & Sustainable Energy Reviews, 15 (6): 2887-2894.

Liu L, Huang C Z, Huang G, et al. 2018. How a carbon tax will affect an emission-intensive economy: A case study of the Province of Saskatchewan, Canada Energy, 159: 817-826.

Liu W, Qin B. 2016. Low-carbon city initiatives in China: A review from the policy paradigm perspective. Cities, 51 (12): 131-138.

Liu X, Wang C, Niu D, et al. 2015. An analysis of company choice preference to carbon tax policy in China. Journal of Cleaner Production, 103: 393-400.

Liu Y, Kumail T, Ali W, et al. 2019b. The dynamic relationship between CO_2 emission, international tourism and energy consumption in Pakistan: A cointegration approach. Tourism Review, 74 (4): 761-779.

Liu Y, Lu Y. 2015. The Economic impact of different carbon tax revenue recycling schemes in China: A model-based scenario analysis. Applied Energy, 141 (1): 96-105.

Liu Z, Ciais P, Deng Z, et al. 2020. Near-real-time monitoring of global CO_2 emissions reveals the effects of the COVID-19 pandemic. Nature Communications, 11: 5172.

Liu Z. 2003. Sustainable tourism development: A critique. Journal of Sustainable Tourism, 11 (6): 459-475.

Lo K. 2014. China's low-carbon city initiatives: the implementation gap and the limits of the target responsibility system. Habitat International, 42: 236-244.

Löfgren Å, Wråke M, Hagberg T, et al. 2014. Why the EU ETS needs reforming: An empirical analysis of the impact on company investments. Climate Policy, 14 (5): 537-558.

Loisel R. 2010. Quota allocation rules in Romania assessed by a dynamic CGE model. Climate Policy, 10 (1): 87-102.

Lontzek T S, Cai Y, Judd K L, et al. 2015. Stochastic integrated assessment of climate tipping points indicates the need for strict climate policy. Nature Climate Change, 5 (5): 441.

Love D R. 2010. Revisiting deterministic extended-path: A simple and accurate solution method for macroeconomic models. International Journal of Computational Economics and Econometrics, 1 (3-4): 309-316.

Lu C, Tong Q, Liu X. 2010. The impacts of carbon tax and complementary policies on Chinese economy. Energy Policy, 38 (11): 7278-7285.

Luo F, Moyle B D, Moyle C L J, et al. 2019. Drivers of carbon emissions in China's tourism industry. Journal of Sustainable Tourism, 28 (5): 747-770.

Luo G, Weng J H, Zhang Q, et al. 2017. A reexamination of the existence of Environmental Kuznets Curve for CO_2 emissions: Evidence from G20 countries. Natural Hazards, 85 (2): 1023-1042.

Luo Y, Jin M, Ren P, et al. 2014. Simulation and prediction of decarbonated development in tourist attractions associated with low-carbon economy. Sustainability, 6 (4): 2320-2337.

Lyu J, Cao M, Wu K, et al. 2020. Price volatility in the carbon market in China. Journal of Cleaner Production, 255: 120171.

Mair J. 2011. Exploring air travellers' voluntary carbon-offsetting behaviour. Journal of Sustainable Tourism, 19 (2): 215-230.

Malina R, McConnachie D, Winchester N, et al. 2012. The impact of the European Union emissions trading scheme on US aviation. Journal of Air Transport Management, 19: 36-41.

Mardani A, Streimikiene D, Cavallaro F, et al. 2019. Carbon dioxide (CO_2) emissions and economic growth: A systematic review of two decades of research from 1995 to 2017. Science of the Total Environment, 649: 31-49.

Mardones C, Flores B. 2018. Effectiveness of a CO_2 tax on industrial emissions. Energy Economics, 71: 370-382.

Markandya A, Antimiani A, Costantini V, et al. 2015. Analyzing trade-offs in international climate policy options: The case of the green climate fund. World Development, 74: 93-107.

Marsiglio S. 2015. Economic growth and environment: Tourism as a trigger for green growth. Tourism Economics, 21 (1): 183-204.

Mayor K, Tol R S J. 2007. The impact of the UK aviation tax on carbon dioxide emissions and visitor numbers. Transport Policy, 14 (6): 507-513.

Mayor K, Tol R S J. 2010b. Scenarios of carbon dioxide emissions from aviation. Global Environmental Change, 20 (1): 65-73.

Mayor K, Tol R S. 2010a. The impact of European climate change regulations on international tourist markets. Transportation Research Part D: Transport and Environment, 15 (1): 26-36.

McLennan C L J, Becken S, Battye R, et al. 2014. Voluntary carbon offsetting: Who does it? Tourism Management, 45: 194-198.

Meckling J, Kelsey N, Biber E, et al. 2015. Winning coalitions for climate policy. Science, 349 (6253): 1170-1171.

Menegaki A N. 2014. On energy consumption and GDP studies: A meta-analysis of the last two decades. Renewable & Sustainable Energy Reviews, 29: 31-36.

Meng S, Pham T, Dwyer L, et al. 2021. Carbon price impacts on the Chinese tourism industry. Journal of Travel Research, 60 (2): 370-383.

Meng S, Pham T. 2017. The impact of the Australian carbon tax on the tourism industry. Tourism Economics, 23 (3): 506-522.

Meng S, Siriwardana M, McNeill J. 2013a. The environmental and economic impact of the carbon tax in Australia. Environmental and Resource Economics, 54 (3): 313-332.

Meng W, Xu L, Hu B, et al. 2016. Quantifying direct and indirect carbon dioxide emissions of the Chinese tourism industry. Journal of Cleaner Production, 126: 586-594.

Meng X, Siriwardana M, Pham T. 2013b. A CGE assessment of Singapore's tourism policies. Tourism Management, 34: 25-36.

Michailidou A V, Vlachokostas C, Moussiopoulos N. 2016. Interactions between climate change and the tourism sector: Multiple-criteria decision analysis to assess mitigation and adaptation options in tourism areas. Tourism Management, 55: 1-12.

Miguel C D, Montero M, Bajona C, et al. 2015. Intergenerational effects of a green tax reform for a more sustainable social security system. Energy Economics, 52: S117-S129.

Mo J L, Agnolucci P, Jiang M R, et al. 2016. The impact of Chinese carbon emission trading scheme (ETS) on low carbon energy (LCE) investment. Energy Policy, 89: 271-283.

Mo J L, Zhu L, Fan Y. 2012. The impact of the EU ETS on the corporate value of European electricity corporations. Energy, 45 (1): 3-11.

Mongeon P, Paul-Hus A. 2016. The journal coverage of Web of Science and Scopus: A comparative analysis. Scientometrics, 106 (1): 213-228.

Moore F C, Diaz D B. 2015. Temperature impacts on economic growth warrant stringent mitigation policy. Nature Climate Change, 5 (2): 127.

Moore N, Großkurth P, ThemannM. 2019. Multinational corporations and the EU Emissions Trading System: The specter of asset erosion and creeping deindustrialization. Journal of Environmental Economics and Management, 94: 1-26.

Mori K, Christodoulou A. 2012. Review of sustainability indices and indicators: Towards a new City Sustainability Index (CSI). Environmental Impact Assessment Review, 32 (1): 94-106.

Moyle C L J, Moyle B D, Chai A, et al. 2018. Have Australia's tourism strategies incorporated climate change. Journal of Sustainable Tourism, 26 (5): 703-721.

Moz C M A, Pereda P C. 2021. Winners and losers: The distributional impacts of a carbon tax in Brazil. Ecological Economics, 183: 106945.

Mu Y, Evans S, Wang C, et al. 2018. How will sectoral coverage affect the efficiency of an emissions trading system? A CGE-based case study of China. Applied Energy, 227: 403-414.

Munjal P. 2018.The impact of presence and hypothetical absence of tourism in Indian economy// Mukhopadhyay K. Applications of the input-output framework. Springer Proceedings in Business and Economics. Singapore: Springer.

Murray T J, Pipino L L, van Gigch J P. 1985. A pilot study of fuzzy set modification of Delphi. Human Systems Management, 5 (1): 76-80.

Nabuurs G J, Lindner M, Verkerk P J, et al. 2013. First signs of carbon sink saturation in European forest biomass. Nature Climate Change, 3 (9): 792.

Narayan P K, Narayan S, Prasad A, et al. 2010. Tourism and economic growth: A panel data analysis for Pacific Island countries. Tourism Economics, 16 (1): 169-183.

Nava C R, Meleo L, Cassetta E, et al. 2018. The impact of the EU-ETS on the aviation sector: Competitive effects of abatement efforts by airlines. Transportation Research Part A: Policy and Practice, 113: 20-34.

Nepal R, Irsyad M I, Nepal S K. 2019. Tourist arrivals, energy consumption and pollutant emissions in a developing economy-implications for sustainable tourism. Tourism Management, 72: 145-154.

Nepal S K. 2008. Tourism-induced rural energy consumption in the Annapurna region of Nepal. Tourism Management, 29 (1): 89-100.

Never B, Betz J. 2014. Comparing the climate policy performance of emerging economies. World Development, 59: 1-15.

Ng E C. 2015. Housing market dynamics in China: Findings from an estimated DSGE model. Journal of Housing Economics, 29: 26-40.

Niu T, Yao X, Shao S, et al. 2018. Environmental tax shocks and carbon emissions: An estimated DSGE model. Structural Change and Economic Dynamics, 47: 9-17.

Nordhaus W. 2015. Climate clubs: Overcoming free-riding in international climate policy. American Economic Review, 105 (4): 1339-1370.

Ocko I B, Hamburg S P, Jacob D J, et al. 2017. Unmask temporal trade-offs in climate policy debates. Science, 356 (6337): 492-493.

Oh C O. 2005. The contribution of tourism development to economic growth in the Korean economy. Tourism Management, 26 (1): 39-44.

Omri A. 2013. CO_2 emissions, energy consumption and economic growth nexus in MENA countries: Evidence from simultaneous equations models. Energy Economics, 40: 657-664.

Oregi X, Pousse M, Mabe L, et al. 2016. Sustainability assessment of three districts in the city of Donostia through the NEST simulation tool. Natural Resources Forum, 40 (4): 156-168.

Orlov A, Grethe H. 2012. Carbon taxation and market structure: A CGE analysis for Russia. Energy Policy, 51 (6): 696-707.

Pan Y, Birdsey R A, Fang J, et al. 2011. A large and persistent carbon sink in the world's forests. Science, 333 (6045): 988-993.

Paramati S R, Alam M S, Chen C F. 2017. The effects of tourism on economic growth and CO_2 emissions: A comparison between developed and developing economies. Journal of Travel Research, 56 (6): 712-724.

Paramati S R, Alam M S, Lau C K M. 2018. The effect of tourism investment on tourism development and CO_2 emissions: Empirical evidence from the EU nations. Journal of Sustainable Tourism, 26 (9): 1587-1607.

Pearce D. 1991. The role of carbon taxes in adjusting to global warming. The Economic Journal, 101 (407): 938-948.

Pedroni P. 2004. Panel cointegration: Asymptotic and finite sample properties of pooled time series tests with an application to the PPP hypothesis. Econometric Theory, 20 (3): 597-625.

Peeters P, Gossling S, Williams V. 2006. Air Transport Greenhouse Gas Emission Factors. Westelbeers: Proceedings of the Tourism and Climate Change Mitigation Conference.

Pereira A M, Pereira R M, Rodrigues P G. 2016. A new carbon tax in Portugal: A missed opportunity to achieve the triple dividend. Energy Policy, 93: 110-118.

Pérez V, Hernández A, Guerrero F, et al. 2016. Sustainability ranking for Cuban tourist destinations based on composite indexes. Social Indicators Research, 129 (1): 425-444.

Peterson R A, Brown S P. 2005. On the use of beta coefficients in Meta-Analysis. Journal of Applied Psychology, 90 (1): 175-181.

Petrović P, Lobanov M M. 2020. The impact of R&D expenditures on CO_2 emissions: Evidence from sixteen OECD countries. Journal of Cleaner Production, 248: 119187.

Pham T, Jago L, Spurr R, et al. 2015. The Dutch disease effects on tourism–the case of Australia. Tourism Management, 46: 610-622.

Phdungsilp A. 2010. Integrated energy and carbon modeling with a decision support system: Policy scenarios for low-carbon city development in Bangkok. Energy Policy, 38 (9): 4808-4817.

Plosser C I, Long J B J. 1983. Real business cycles. Journal of Political Economy, 91 (1): 39-69.

Ponjan P, Thirawat N. 2016. Impacts of Thailand's tourism tax cut: A CGE analysis. Annals of Tourism Research, 61: 45-62.

Porto N, Ciaschi M. 2020. Reformulating the tourism-extended environmental Kuznets curve: A quantile regression analysis under environmental legal conditions. Tourism Economics, 27 (5): 911-1014.

Pratt S. 2015. The economic impact of tourism in SIDS. Annals of Tourism Research, 52: 148-160.

Presley K, Wesseh J, Lin B. 2018. Energy consumption, fuel substitution, technical change, and economic growth: Implications for CO_2 mitigation in Egypt. Energy Policy, 117: 340-347.

Preston H, Lee D S, Hooper P D. 2012. The inclusion of the aviation sector within the European Union's Emissions Trading Scheme: What are the prospects for a more sustainable aviation industry. Environmental Development, 2: 48-56.

Qian H, Zhou Y, Wu L. 2018. Evaluating various choices of sector coverage in Chinas national emissions trading system (ETS). Climate Policy, 18 (sup1): 7-26.

Qiao H, Wang S Y. 2014. Research on Carbon Tax Policy based on Game Theory and CGE Model. Beijing: Chinese Science Publishing.

Qureshi M I, Hassan M A, Hishan S S, et al. 2017. Dynamic linkages between sustainable tourism, energy, health and wealth: Evidence from top 80 international tourist destination cities in 37 Countries. Journal of Cleaner Production, 158: 143-155.

Rabe B G. 2008. States on steroids: The intergovernmental odyssey of American climate policy. Review of Policy Research, 25 (2): 105-128.

Ragin C C. 2017. User's guide to Fuzzy-Set/Qualitative Comparative Analysis. http: //www. socsci.uci. edu/ ~ cragin/fsQCA/download/fsQCAManual.pdf. Accessed on 20/4/2010 [2021-12-20].

Rasoulinezhad E, Saboori B. 2018. Panel estimation for renewable and non-renewable energy consumption, economic growth, CO_2 emissions, the composite trade intensity, and financial openness of the commonwealth of independent states. Environmental Science & Pollution Research, 25 (18): 17354-17370.

Raza S A, Sharif A, Wong W K, et al. 2017. Tourism development and environmental degradation in the United States: Evidence from wavelet-based analysis. Current Issues in Tourism, 20 (16): 1768-1790.

Ren T, Can M, Paramati S R, et al. 2019. The impact of tourism quality on economic development and environment: Evidence from Mediterranean countries. Sustainability, 11 (8): 2296.

Renner S, Lay J, Greve H. 2018. Household welfare and CO_2 emission impacts of energy and carbon taxes in Mexico. Energy Economics, 72: 222-235.

Rico A, Martinez-Blanco J, Montlleo M, et al. 2019. Carbon footprint of tourism in Barcelona. Tourism Management, 70: 491-504.

Rihoux B, Ragin C C. 2009. Configurational comparative methods: Qualitative comparative analysis (QCA) and related techniques. Thousand Oaks, CA: SAGE Publications, Inc.

Ritchie B W, Sie L, Gössling S, et al. 2019. Effects of climate change policies on aviation carbon offsetting: A three-year panel study. Journal of Sustainable Tourism, 28 (2): 337-360.

Rivera G L, Reynès F, Cortes I I, et al. 2016. Towards a low carbon growth in Mexico: Is a double dividend possible?A dynamic general equilibrium assessment. Energy Policy, 96: 314-327.

Rogge K S, Schneider M, Hoffmann V H. 2011. The innovation impact of the EU Emission Trading System—Findings of company case studies in the German power sector. Ecological

Economics, 70 (3): 513-523.
Rosendahl K E. 2008. Incentives and prices in an emissions trading scheme with updating. Journal of Environmental Economics and Management, 56 (1): 69-82.
Roudi S, Arasli H, Akadiri S S. 2019. New insights into an old issue–examining the influence of tourism on economic growth: Evidence from selected small island developing states. Current Issues in Tourism, 22 (11): 1280-1300.
Saaty T L. 1996. Decision Making with Dependence and Feedback: The Analytical Hierarchy Process. Pittsburgh: RWS Publications.
Saboori B, Sulaiman J, Mohd S. 2012. Economic growth and CO_2 emissions in Malaysia: A cointegration analysis of the Environmental Kuznets Curve. Energy Policy, 51: 184-191.
Sandoff A, Schaad G. 2009. Does EU ETS lead to emission reductions through trade? The case of the Swedish emissions trading sector participants. Energy Policy, 37 (10): 3967-3977.
Santos L R, Velasco González M. 2018. Policy coherence between tourism and climate policies: The case of Spain and the Autonomous Community of Catalonia. Journal of Sustainable Tourism, 26 (10): 1708-1727.
Savage V R, Huang S, Chang T C. 2004. The Singapore River thematic zone: Sustainable tourism in an urban context. Geographical Journal, 170 (3): 212-225.
Scheelhaase J, Maertens S, Grimme W, et al. 2018. EU ETS versus CORSIA–A critical assessment of two approaches to limit air transport's CO_2 emissions by market-based measures. Journal of Air Transport Management, 67: 55-62.
Scheer D, Konrad W, Scheel O. 2013. Public evaluation of electricity technologies and future low-carbon portfolios in Germany and the USA. Energy, Sustainability and Society, 3 (1): 1-13.
Schmidt F L, Hunter J E. 2014. Methods of Meta-Analysis: Correcting Error and Bias in Research Findings. 3rd ed. Newbury Park: SAGE Publications.
Schneider C Q, Wagemann C. 2010. Standards of good practice in qualitative comparative analysis (QCA) and fuzzy-sets. Comparative Sociology, 9 (3): 397-418.
Schneider C, Wagemann C. 2012. Set-theoretic Methods for the Social Sciences. A Guide to Qualitative Comparative Analysis. Cambridge: Cambridge University Press.
Scott D, Amelung B, Becken S, et al. 2008. Climate Change and Tourism: Responding to Global Challenges. Madrid: World Tourism Organization.
Scott D, Gössling S, Hall C M, et al. 2016a. Can tourism be part of the decarbonized global economy? The costs and risks of alternate carbon reduction policy pathways. Journal of Sustainable Tourism, 24 (1): 52-72.
Scott D, Gössling S, Hall C M. 2012. International tourism and climate change. Wiley Interdisciplinary Reviews Climate Change, 3 (3): 213-232.
Scott D, Hall C M, Gössling S. 2016b. A report on the Paris Climate Change Agreement and its implications for tourism: Why we will always have Paris. Journal of Sustainable Tourism, 24

（7）：933-948.

Scott D, Hall C M, Gössling S. 2019. Global tourism vulnerability to climate change. Annals of Tourism Research, 77: 49-61.

Scott D, Peeters P M, Gössling S. 2010. Can tourism deliver its 'aspirational' greenhouse gas emission reduction targets. Journal of Sustainable Tourism, 18（3）：393-408.

Scott D. 2011. Why sustainable tourism must address climate change. Journal of Sustainable Tourism, 19（1）：17-34.

Seetanah B, Fauzel S. 2019. Investigating the impact of climate change on the tourism sector: Evidence from a sample of island economies. Tourism Review, 74（2）：194-203.

Seetanah B, Sannassee R V, Teeroovengadum V, et al. 2019. Air access liberalization, marketing promotion and tourism development. International Journal of Tourism Research, 21（1）：76-86.

Seetaram N, Song H, Ye S, et al. 2018. Estimating willingness to pay air passenger duty. Annals of Tourism Research, 72: 85-97.

Sen S, Vollebergh H. 2018. The effectiveness of taxing the carbon content of energy consumption. Journal of Environmental Economics and Management, 92: 74-99.

Sghaier A, Guizani A, Jabeur S B, et al. 2019. Tourism development, energy consumption and environmental quality in Tunisia, Egypt and Morocco: A trivariate analysis. GeoJournal, 84（3）：593-609.

Shaheen K, Zaman K, Batool R, et al. 2019. Dynamic linkages between tourism, energy, environment, and economic growth: Evidence from top 10 tourism-induced countries. Environmental Science and Pollution Research, 26（30）：31273-31283.

Shan Y, Guan D, Liu J, et al. 2017. Methodology and applications of city level CO_2 emission accounts in China. Journal of Cleaner Production, 161: 1215-1225.

Sharif A, Afshan S, Chrea S, et al. 2020a. The role of tourism, transportation and globalization in testing environmental Kuznets curve in Malaysia: New insights from quantile ARDL approach. Environmental Science and Pollution Research, 27: 25494-25509.

Sharif A, Afshan S, Nisha N. 2017. Impact of tourism on CO_2 emission: Evidence from Pakistan. Asia Pacific Journal of Tourism Research, 22（4）：408-421.

Sharif A, Godil D I, Xu B, et al. 2020b. Revisiting the role of tourism and globalization in environmental degradation in China: Fresh insights from the quantile ARDL approach. Journal of Cleaner Production, 272: 122906.

Sharma K, Bhattarai B, Ahmed S. 2019. Aid, growth, remittances and carbon emissions in Nepal. The Energy Journal, 40（1）：129-141.

Sharpley R. 2020. Tourism, sustainable development and the theoretical divide: 20 years on. Journal of Sustainable Tourism, 28（11）：1932-1946.

Shen L, Wu Y, Lou Y, et al. 2018. What drives the carbon emission in the Chinese cities？—A case of pilot low carbon city of Beijing. Journal of Cleaner Production, 174: 343-354.

Shen L, Zhou J, Skitmore M, et al. 2015b. Application of a hybrid Entropy–McKinsey Matrix method in evaluating sustainable urbanization: A China case study. Cities, 42: 186-194.

Shen P, Wu C, Wang Z, et al. 2015a. The Influence Factor of Low-Carbon Urban Construction Land Use in Tourism City Based on PCA Analysis: A Case Study of Hangzhou City. Proceedings of the 19th International Symposium on Advancement of Construction Management and Real Estate. Springer Berlin Heidelberg.

Shen X, Lin B. 2020. Policy incentives, R&D investment, and the energy intensity of China's manufacturing sector. Journal of Cleaner Production, 255: 120208.

Sherafatian J R, Othman M S, Law S H, et al. 2017. Tourism and CO_2 emissions nexus in Southeast Asia: New evidence from panel estimation. Environment, Development and Sustainability, 19 (4): 1407-1423.

Shinkuma T, Sugeta H. 2016. Tax versus emissions trading scheme in the long run. Journal of Environmental Economics and Management, 75: 12-24.

Smale R, Hartley M, Hepburn C, et al. 2006. The impact of CO_2 emissions trading on firm profits and market prices. Climate Policy, 6 (1): 31-48.

Song W, Huang J, Zhong M, et al. 2019. The impacts of nonferrous metal price shocks on the macroeconomy in China from the perspective of resource security. Journal of Cleaner Production, 213: 688-699.

Spasojevic B, Lohmann G, Scott N. 2019. Leadership and governance in air route development. Annals of Tourism Research, 78: 102746.

Stähler N, Thomas C. 2012. FiMod—A DSGE model for fiscal policy simulations. Economic Modelling, 29 (2): 239-261.

Steiger R, Scott D, Abegg B, et al. 2019. A critical review of climate change risk for ski tourism. Current Issues in Tourism, 22 (11): 1343-1379.

Stoerk T, Dudek D J, Yang J. 2019. Chinas national carbon emissions trading scheme: lessons from the pilot emission trading schemes, academic literature, and known policy details. Climate Policy, 19 (4): 472-486.

Su B, Ang B W. 2015. Multiplicative decomposition of aggregate carbon intensity change using input–output analysis. Applied Energy, 154: 13-20.

Su M, Li R, Lu W, et al. 2013. Evaluation of a low-carbon city: Method and application. Entropy, 15 (4): 1171-1185.

Sun Y Y, Lenzen M, Liu B J. 2019. The national tourism carbon emission inventory: Its importance, applications and allocation frameworks. Journal of Sustainable Tourism, 27 (3): 360-379.

Sun Y Y. 2014. A framework to account for the tourism carbon footprint at island destinations. Tourism Management, 45: 16-27.

Sun Y Y. 2019. Global value chains and national tourism carbon competitiveness. Journal of Travel Research, 58 (5): 808-823.

Sun Y. 2016. Decomposition of tourism greenhouse gas emissions: Revealing the dynamics between tourism economic growth, technological efficiency, and carbon emissions. Tourism Management, 55: 326-336.

Tan S, Yang J, Yan J, et al. 2017. A holistic low carbon city indicator framework for sustainable development. Applied Energy, 185: 1919-1930.

Tang B J, Ji C J, Hu Y J, et al. 2020. Optimal carbon allowance price in China's carbon emission trading system: Perspective from the multi-sectoral marginal abatement cost. Journal of Cleaner Production, 253: 119945.

Tang C F, Abosedra S. 2014. The impacts of tourism, energy consumption and political instability on economic growth in the MENA countries. Energy Policy, 68: 458-464.

Tang C H H, Jang S S. 2009. The tourism–economy causality in the United States: A sub-industry level examination. Tourism Management, 30 (4): 553-558.

Tang C, Zhong L, Jiang Q. 2018. Energy efficiency and carbon efficiency of tourism industry in destination. Energy Efficiency, 11: 539-558.

Tang C, Zhong L, Ng P. 2017. Factors that Influence the Tourism Industry's Carbon Emissions: A Tourism Area Life Cycle Model Perspective. Energy Policy, 109: 704-718.

Teng C C, Horng J S, Hu M L M, et al. 2014. Exploring the energy and carbon literacy structure for hospitality and tourism practitioners: Evidence from hotel employees in Taiwan. Asia Pacific Journal of Tourism Research, 19 (4): 451-468.

Theodoridou I, Papadopoulos A M, Hegger M. 2012. A feasibility evaluation tool for sustainable cities–A case study for Greece. Energy Policy, 44 (5): 207-216.

Thimm T. 2017. The Kerala tourism model–an Indian state on the road to sustainable development. Sustainable Development, 25 (1): 77-91.

Tian J, Andraded C, Lumbreras J, et al. 2018. Integrating sustainability into city-level CO_2 accounting: Social consumption pattern and income distribution. Ecological Economics, 153: 1-16.

Tol R S. 2007. The impact of a carbon tax on international tourism. Transportation Research Part D: Transport and Environment, 12 (2): 129-142.

Trappey A J, Trappey C, Hsiao C, et al. 2012. An evaluation model for low carbon island policy: The case of Taiwan's green transportation regulation. Energy Policy, 45: 510-515.

Tsai M S, Chang S L. 2015. Taiwan's 2050 low carbon development roadmap: An evaluation with the MARKAL model. Renewable and Sustainable Energy Reviews, 49: 178-191.

Tseng F, Huang W. 2017. The long-term effects of tourist regulation adjustments on the development of tourism in Taiwan: Consideration of time trends and Fourier component test results. International Journal of Tourism Research, 19 (3): 349-357.

Tseng M L, Wu K J, Lee C H, et al. 2018. Assessing sustainable tourism in Vietnam: A hierarchical structure approach. Journal of Cleaner Production, 195: 406-417.

Tumen S, Unalmis D, Unalmis I, et al. 2016. Taxing fossil fuels under speculative storage. Energy

Economics, 53: 64-75.
UNEP-WMO-UNWTO. 2008. Climate Change and Tourism: Responding to Global Challenges. Madrid: World Tourism Organization.
United Nations. 2010. Tourism Satellite Account: Recommended Methodological Framework 2008. http: //unstats.un. org/unsd/publication/Seriesf/SeriesF_80rev1e.pdf[2022-04-21].
UNWTO, United Nations Environment Program, World Meteorological Organisation. 2008. Climate Change and Tourism: Responding to Global Challenges. Madrid: UNWTO.
Uzuner G, Akadiri S S, Lasisi T T. 2020. The asymmetric relationship between globalization, tourism, CO_2 emissions, and economic growth in Turkey: Implications for environmental policy making. Environmental Science and Pollution Research, 27: 32742-32753.
Van Cranenburgh S, Chorus C G, Van Wee B. 2014. Simulation study on impacts of high aviation carbon taxes on tourism: Application of portfolio vacation choice model. Transportation Research Record, 2449 (1): 64-71.
Verde S F, Teixidó J, Marcantonini C, et al. 2019. Free allocation rules in the EU emissions trading system: what does the empirical literature show? Climate Policy, 19 (4): 439-452.
Villoria-Sáez P, Tam V W, Del Río Merino M, et al. 2016. Effectiveness of greenhouse-gas Emission Trading Schemes implementation: A review on legislations. Journal of Cleaner Production, 127: 49-58.
Wakabayashi M, Kimura O. 2018. The impact of the Tokyo Metropolitan Emissions Trading Scheme on reducing greenhouse gas emissions: Findings from a facility-based study. Climate Policy, 18 (8): 1028-1043.
Walz A, Calonder G P, Hagedorn F, et al. 2008. Regional CO_2 budget, countermeasures and reduction aims for the Alpine tourist region of Davos, Switzerland. Energy Policy, 36 (2): 811-820.
Wang D G, Niu Y, Qian J. 2018. Evolution and optimization of China's urban tourism spatial structure: A high speed rail perspective. Tourism Management, 64: 218-232.
Wang H, Chen Z, Wu X, et al. 2019a. Can a carbon trading system promote the transformation of a low-carbon economy under the framework of the porter hypothesis? —Empirical analysis based on the PSM-DID method. Energy Policy, 129: 930-938.
Wang H, Zhang R, Liu M, et al. 2012. The carbon emissions of Chinese cities. Atmospheric Chemistry and Physics, 12 (14): 6197-6206.
Wang M C, Wang C S. 2018. Tourism, the environment, and energy policies. Tourism Economics, 24 (7): 821-838.
Wang Q, Gao C, Dai S. 2019b. Effect of the emissions trading scheme on CO_2 abatement in China. Sustainability, 11 (4): 1055.
Wang W M, Lee A H, Chang D T. 2010. An integrated FDM–ANP evaluation model for sustainable development of housing community. Optimization Letters, 4 (2): 239-257.
Wang W M, Lee A H, Peng L P, et al. 2013. An integrated decision making model for district

revitalization and regeneration project selection. Decision Support Systems, 54 (2): 1092-1103.

Wang X, Li J F, Zhang Y X. 2011. An analysis on the short-term sectoral competitiveness impact of carbon tax in China. Energy Policy, 39 (7): 4144-4152.

Wang Y, Song Q, He J, et al. 2015. Developing low-carbon cities through pilots. Climate Policy, 15 (sup1): S81-S103.

Wei J, Li M, Ren B P. 2016. The temporal characteristics and regional difference of the quality of tourism development in China. Journal of Business Economics, (10): 78-87.

Wei Y M, Liu L C, Fan Y, et al. 2007. The impact of lifestyle on energy use and CO_2 emission: An empirical analysis of China's residents. Energy policy, 35 (1): 247-257.

Wei Y M, Mi Z F, Huang Z. 2015. Climate policy modeling: An online SCI-E and SSCI based literature review. Omega, 57: 70-84.

Wells V K, Taheri B, Gregory-Smith D, et al.2016. The role of generativity and attitudes on employees home and workplace water and energy saving behaviours. Tourism Management, 56: 63-74.

Wen J J, Sinha C. 2009. The spatial distribution of tourism in China: Trends and impacts. Asia Pacific Journal of Tourism Research, 14 (1): 93-104.

Westner G, Madlener R. 2012. The impact of modified EU ETS allocation principles on the economics of CHP-based district heating systems. Journal of Cleaner Production, 20 (1): 47-60.

Whitehead M. 2003. (Re) analysing the sustainable city: Nature, urbanisation and the regulation of socio-environmental relations in the UK. Urban Studies, 40 (7): 1183-1206.

Whittlesea E R, Owen A. 2012. Towards a low carbon future-the development and application of reap tourism, a destination footprint and scenario tool. Journal of Sustainable Tourism, 20(6): 845-865.

Wiedenhofer D, Guan D, Liu Z, et al. 2017. Unequal household carbon footprints in China. Nature Climate Change, 7 (1): 75-80.

Woods R, Skeie K S, Haase M. 2017. The influence of user behaviour on energy use in European shopping centres. Sustainable Development, 25 (1): 11-24.

World Tourism Organization and United Nations Environment Programme. 2008. Davos Declaration: Climate Change and Tourism-Responding to Global Challenges. Madrid: World Tourism Organization.

Wu P, Shi P H. 2011. An estimation of energy consumption and CO_2 emissions in tourism sector of China. Journal of Geographical Sciences, 21 (4): 733-745.

Wu Q, Li C. 2020. How quota allocation affects the unified ETS of China: a simulation with dynamic CGE model. Environmental Science and Pollution Research, 27 (2): 1835-1851.

Wu T P, Wu H C. 2018. The influence of international tourism receipts on economic development: Evidence from China's 31 major regions. Journal of Travel Research, 57 (7): 871-882.

Xiao B, Fan Y, Guo X. 2018. Exploring the macroeconomic fluctuations under different environmental policies in China: A DSGE approach. Energy Economics, 76: 439-456.

Xiao B, Niu D, Guo X. 2016. Can China achieve its 2020 carbon intensity target? A scenario analysis based on system dynamics approach. Ecological Indicators, 71: 99-112.

Xiao J, Wang M, Gao X. 2021. Valuing tourists' willingness to pay for conserving the non-use values of marine tourism resources: A comparison of three archipelagic tourism destinations in China. Journal of Sustainable Tourism, 29 (4): 678-710.

Xu J, Yao L, Mo L. 2011. Simulation of low-carbon tourism in world natural and cultural heritage areas: An application to Shizhong District of Leshan City in China. Energy Policy, 39 (7): 4298-4307.

Xu L, Chen N, Chen Z. 2017. Will China make a difference in its carbon intensity reduction targets by 2020 and 2030. Applied Energy, 203: 874-882.

Yamazaki A. 2017. Jobs and climate policy: Evidence from British Columbia's revenue-neutral carbon tax. Journal of Environmental Economics and Management, 83: 197-216.

Yang B, Liu C, Gou Z, et al. 2018a. How will policies of China's CO_2 ETS affect its carbon price: Evidence from Chinese pilot regions. Sustainability, 10 (3): 605.

Yang X, Li R. 2018. Investigating low-carbon city: Empirical study of Shanghai. Sustainability, 10 (4): 1054.

Yang X, Su B. 2019. Impacts of international export on global and regional carbon intensity. Applied Energy, 253: 113552.

Yang Y, Park S, Hu X. 2018b. Electronic word of mouth and hotel performance: A meta-analysis. Tourism Management, 67: 248-260.

Yang Y, Xue L, Jones T E. 2019. Tourism-enhancing effect of World Heritage Sites: Panacea or placebo? A meta-analysis. Annals of Tourism Research, 75: 29-41.

Yang Y, Zhang H, Xiong W, et al. 2018c. Regional power system modeling for evaluating renewable energy development and CO_2 emissions reduction in China. Environmental Impact Assessment Review, 73: 142-151.

Yao L, Xu J, Li Y. 2014. Evaluation of the efficiency of low carbon industrialization in cultural and natural heritage: Taking Leshan as an example. Sustainability, 6 (6): 3825-3842.

Yazdi S K. 2019. Structural breaks, international tourism development and economic growth. Economic Research-EkonomskaIstraživanja, 32 (1): 1765-1776.

Ye F, Fang X, Li L, et al. 2019. Allocation of carbon dioxide emission quotas based on the energy-economy-environment perspective: Evidence from Guangdong Province. Science of the Total Environment, 669: 657-667.

Yuan J, Hou Y, Xu M. 2012. China's 2020 carbon intensity target: consistency, implementations, and policy implications. Renewable and Sustainable Energy Reviews, 16 (7): 4970-4981.

Yung E H, Chan E H. 2012. Implementation challenges to the adaptive reuse of heritage buildings: Towards the goals of sustainable, low carbon cities. Habitat International, 36 (3): 352-361.

Zaman K, Moemen M A E, Islam T. 2017. Dynamic linkages between tourism transportation expenditures, carbon dioxide emission, energy consumption and growth factors: evidence from the transition economies. Current Issues in Tourism, 20 (16): 1720-1735.

Zaman K, Shahbaz M, Loganathan N, et al. 2016. Tourism development, energy consumption and Environmental Kuznets Curve: Trivariate analysis in the panel of developed and developing countries. Tourism Management, 54: 275-283.

Zamfir A, Corbos R A. 2015. Towards sustainable tourism development in urban areas: Case study on Bucharest as tourist destination. Sustainability, 7 (9): 12709-12722.

Zang J, Wan L, Li Z, et al. 2020. Does emission trading scheme have spillover effect on industrial structure upgrading? Evidence from the EU based on a PSM-DID approach. Environmental Science and Pollution Research, 27 (11): 12345-12357.

Zeppel H. 2012. Collaborative governance for low-carbon tourism: Climate change initiatives by Australian tourism agencies. Current Issues in Tourism, 15 (7): 603-626.

Zhang H, Fu X, Cai L A, et al. 2014. Destination image and tourist loyalty: A meta-analysis. Tourism Management, 40: 213-223.

Zhang J K, Ji M, Zhang Y. 2015a. Tourism sustainability in Tibet-Forward planning using a systems approach. Ecological Indicators, 56: 218-228.

Zhang J K, Zhang Y. 2018. Carbon tax, tourism CO_2 emissions and economic welfare. Annals of Tourism Research, 69: 18-30.

Zhang J K, Zhang Y. 2019a. Exploring the impacts of carbon tax on tourism-related energy consumption in China. Sustainable Development, 27 (3): 296-303.

Zhang J K, Zhang Y. 2020a. Tourism, economic growth, energy consumption, and CO_2 emissions in China. Tourism Economics, 27 (5): 1060-1080.

Zhang J K, Zhang Y. 2020b. Could the ETS reduce tourism-related CO_2 emissions and carbon intensity? A quasi-natural experiment. Asia Pacific Journal of Tourism Research, 25 (9): 1029-1041.

Zhang J K, Zhang Y. 2020c. Examining the economic and environmental effects of emissions policies in China: A Bayesian DSGE model. Journal of Cleaner Production, 266: 122026.

Zhang J K, Zhang Y. 2020d. Chinese tourism economic change under carbon tax scenarios. Current Issues in Tourism, 23 (7): 836-851.

Zhang J K, Zhang Y. 2020e. Low-carbon tourism system in an urban destination. Current Issues in Tourism, 23 (13): 1688-1704.

Zhang J K, Zhang Y. 2021. Examining the economic effects of emissions trading scheme in China. Journal of Environmental Planning and Management, 64 (9): 1622-1641.

Zhang J K. 2016. Weighing and realizing the environmental, economic and social goals of tourism development using an analytic network process-goal programming approach. Journal of Cleaner Production, 127: 262-273.

Zhang J K. 2017. Evaluating regional low-carbon tourism strategies using the fuzzy Delphi-analytic network process approach. Journal of Cleaner Production, 141: 409-419.

Zhang J K. 2021. Impacts of the emissions policies on tourism: An important but neglected aspect of sustainable tourism. Journal of Hospitality and Tourism Management, 47: 453-461.

Zhang L, Gao J. 2016. Exploring the effects of international tourism on China's economic growth, energy consumption and environmental pollution: Evidence from a regional panel analysis. Renewable & Sustainable Energy Reviews, 53: 225-234.

Zhang S, Liu X. 2019. The roles of international tourism and renewable energy in environment: New evidence from Asian countries. Renewable Energy, 139: 385-394.

Zhang Y J, Peng Y L, Ma C Q, et al. 2017a. Can environmental innovation facilitate carbon emissions reduction? Evidence from China. Energy Policy, 100: 18-28.

Zhang Y J, Wang A D, Tan W. 2015b. The impact of China's carbon allowance allocation rules on the product prices and emission reduction behaviors of ETS-covered enterprises. Energy Policy, 86: 176-185.

Zhang Y, Zhang J K. 2019b. Estimating the impacts of emissions trading scheme on low-carbon development. Journal of Cleaner Production, 238: 117913.

Zhang Z, Zhang A, Wang D, et al. 2016. How to improve the performance of carbon tax in China? Journal of Cleaner Production, 142: 2060-2072.

Zhang Z, Zhang A, Wang D, et al. 2017b. How to improve the performance of carbon tax in China. Journal of Cleaner Production, 142: 2060-2072.

Zhao Y, Cao Y, Shi X, et al. 2020. How China's electricity generation sector can achieve its carbon intensity reduction targets. Science of the Total Environment, 706: 135689.

Zhou B, Zhang C, Song H, et al. 2019. How does emission trading reduce China's carbon intensity? An exploration using a decomposition and difference-in-differences approach. Science of the Total Environment, 676: 514-523.

Zhou G, Singh J, Wu J, et al. 2015a. Evaluating low-carbon city initiatives from the DPSIR framework perspective. Habitat International, 50: 289-299.

Zhou N, He G, Williams C, et al. 2015b. ELITE cities: A low-carbon eco-city evaluation tool for China. Ecological Indicators, 48: 448-456.

Zhou N, He G, Williams C.2012. China's Development of Low-Carbon Eco-Cities and Associated Indicator Systems. San Francisco: Lawrence Berkeley National Laboratory.

Zhou W, Wang T, Yu Y, et al. 2016. Scenario analysis of CO_2, emissions from China's civil aviation industry through 2030. Applied Energy, 175: 100-108.

Zhou X, Zhou D, Wang Q, et al. 2020. Who shapes China's carbon intensity and how? A demand-side decomposition analysis. Energy Economics, 85: 104600.

Zhu B, Wang K, Chevallier J, et al. 2015. Can China achieve its carbon intensity target by 2020 while sustaining economic growth. Ecological Economics, 119: 209-216.

Zinatizadeh S, Azmi A, Monavari S M, et al. 2017. Evaluation and prediction of sustainability of urban areas: A case study for Kermanshah city, Iran. Cities, 66: 1-9.

Zou H, Du H, Broadstock D C, et al. 2016. China's future energy mix and emissions reduction potential: A scenario analysis incorporating technological learning curves. Journal of Cleaner Production, 112: 1475-1485.

Zou L, Xue J, Fox A, et al. 2018. The emissions reduction effect and economic impact of an energy tax vs. a carbon tax in China: A dynamic CGE model analysis. The Singapore Economic Review, 63 (2): 339-387.

附　　录

附录1：系统动力学模型的主要方程

（1）CO_2 含量= INTEG（增加的 CO_2 排放量−CO_2 处理量）

　　Units：ton

（2）CO_2 处理量=二氧化碳汇×每二氧化碳税 CO_2 吸收率+每低碳投资的 CO_2 中和效率×低二氧化碳投资

　　Units：**undefined**

（3）INITIAL TIME = 2010

　　Units：Year

　　The initial time for the simulation.

（4）人口= INTEG（增加的人口）

　　Units：人

（5）低二氧化碳投资=GDP×低碳投资比例+旅游收入×旅游收入比例

　　Units：万元

（6）GDP=GDP 表函数（Time）

　　Units：万元

（7）其他产业增加值=GDP×GDP 比例

　　Units：**undefined**

（8）减少的固体垃圾数量=固体垃圾处理率×固体垃圾数量

　　Units：**undefined**

（9）减少的污水数量=污水数量×污水处理率

Units: **undefined**

（10）减少的碳汇=污水系数×污水数量+固体垃圾系数×固体垃圾数量+碳汇×森林死亡率

Units: **undefined**

（11）可进入性=EXP（-0.1×旅行时间）

Units: Dmnl

（12）固体垃圾处理率=固体垃圾处理率表函数（环保投资指数）

Units: **undefined**

（13）固体垃圾数量= INTEG（增加的固体垃圾数量-减少的固体垃圾数量）

Units: 吨

（14）固体垃圾负荷率=固体垃圾数量/固体垃圾容量

Units: **undefined**

（15）增加的 CO_2 排放量=其他产业碳强度×其他产业增加值+居民人均 CO_2 排放量×人口+游客人均 CO_2 排放量×游客数量

Units: **undefined**

（16）增加的人口=人口×人口增长率

Units: **undefined**

（17）增加的固体垃圾数量=人口×居民人均垃圾排放量+游客人均固体垃圾排放量×游客数量+每增加值固体垃圾排放量×其他产业增加值

Units: **undefined**

（18）增加的污水数量=人口×居民人均污水排放量+游客数量×游客人均污水排放量+其他产业增加值×每增加值污水排放量

Units: **undefined**

（19）增加的二氧化碳汇=CO_2 含量×CO_2 含量系数+林业投资系数×林业投资+二氧化碳汇×自然增长率

Units: **undefined**

（20）家庭旅游收入=旅游收入系数×旅游收入

Units: 万元

（21）家庭旅游收入指数=家庭旅游收入/基准家庭旅游收入

Units: **undefined**

（22）旅游拥挤指数=游客数量/人口

　　　Units：**undefined**

（23）旅游收入=人均旅游消费×游客数量

　　　Units：万元

（24）林业投资=GDP×林业投资比例

　　　Units：**undefined**

（25）水环境质量指数=污水数量/污水容量

　　　Units：**undefined**

（26）污水处理率=污水处理率表函数（环保投资指数）

　　　Units：**undefined**

（27）污水数量= INTEG（增加的污水数量−减少的污水数量）

　　　Units：ton

（28）游客增长=游客数量×游客增长率

　　　Units：**undefined**

（29）游客增长率=1/3×［EXP（−6×可进入性）+EXP（−6×环境质量）+EXP（−6×游客满意度）］

　　　Units：**undefined**

（30）游客数量= INTEG（游客增长）

　　　Units：person

（31）游客满意度=1/2×｛EXP［−0.5×（1/旅游拥挤指数）］+EXP［−（1/家庭旅游收入指数）］｝

　　　Units：**undefined**

（32）环保投资=GDP×环保投资比例

　　　Units：万元

（33）环保投资指数=环保投资/基准环保投资

　　　Units：**undefined**

（34）环境质量=［EXP（−空气质量指数）+EXP（−固体垃圾负荷率）+EXP（−水环境质量指数）］/3

　　　Units：**undefined**

（35）二氧化碳汇= INTEG（增加的碳汇-减少的碳汇）

　　　Units：cubic meter

（36）空气质量指数=CO_2含量/CO_2容量

　　　Units：**undefined**

附录2：模糊德尔菲法结果（ρ=5）

表A1　模糊德尔菲法结果（ρ=5）

指标	Min（α）	Mean（β）	Max（γ）	最终得分（S）
绿色酒店比例（C1）	3.000	6.091	9.000	6.030
绿色餐饮比例（C2）	3.000	5.364	9.000	5.788
绿色建筑比例（C3）	3.000	5.364	9.000	5.788
低碳购物（C4）	1.000	5.364	9.000	5.121
低碳交通比例（C5）	7.000	8.182	9.000	8.061
低碳旅游景区比例（C6）	3.000	5.909	9.000	5.970
旅游企业低碳投资比例（C7）	5.000	6.091	9.000	6.697
低碳营销（C8）	3.000	5.545	9.000	5.848
游客增长率（C9）	3.000	5.818	9.000	5.939
旅游拥挤指数（C10）	1.000	5.364	9.000	5.121
旅游碳强度（C11）	5.000	7.182	9.000	7.061
旅游碳足迹（C12）	5.000	7.091	9.000	7.030
可再生能源利用（C13）	5.000	6.727	9.000	6.909
旅游能源强度（C14）	5.000	6.909	9.000	6.970
绿地空间比例（C15）	5.000	7.364	9.000	7.121
空气污染指数（C16）	5.000	6.727	9.000	6.909
地表水质量（C17）	5.000	6.818	9.000	6.939
噪声污染（C18）	1.000	5.091	9.000	5.030
固体垃圾处理（C19）	3.000	5.727	9.000	5.909
污水处理（C20）	3.000	6.000	9.000	6.000
环境监测系统（C21）	7.000	7.818	9.000	7.939
低碳公共设施建设（C22）	3.000	6.091	9.000	6.030
节水技术应用（C23）	5.000	5.182	9.000	6.394
低碳标识（C24）	1.000	5.091	9.000	5.030
低碳材料使用（C25）	1.000	5.182	9.000	5.061

续表

指标	得分			
	Min（α）	Mean（β）	Max（γ）	最终得分（S）
低碳环境教育（C26）	3.000	5.364	9.000	5.788
低碳理念传播（C27）	3.000	5.727	9.000	5.909
居民低碳素养（C28）	3.000	5.818	9.000	5.939
游客低碳素养（C29）	3.000	6.091	9.000	6.030
旅游企业员工低碳素养（C30）	5.000	6.091	9.000	6.697
低碳政策&法规（C31）	5.000	6.364	9.000	6.788
低碳旅游规划（C32）	5.000	5.727	9.000	6.576
低碳科技进步（C33）	5.000	5.818	9.000	6.606
公共交通出行比例	1.000	2.636	7.000	2.091
旅游业占 GDP 的比例	1.000	2.273	5.000	2.455
旅游 CO_2 排放	1.000	3.364	7.000	3.182
旅游能源消费	1.000	3.182	7.000	3.091
生物多样性	1.000	2.091	5.000	2.364
水消耗	1.000	2.273	5.000	2.455
人口密度	1.000	2.091	5.000	2.364
人口健康管理	1.000	2.091	5.000	2.364
R&D 投资占 GDP 的比重	1.000	2.455	5.000	2.546
受过高等教育者就业比例	1.000	2.273	5.000	2.455
生态城市规划	1.000	3.545	7.000	3.273

注：选定的指标位于第一个面板中，删除的指标位于第二个面板中。

附录 3：阈值 ρ 为 3 或 2 的敏感性检验

表 A2　阈值 ρ 为 3 或 2 的敏感性检验

指标	权重（ρ=5）	权重（ρ=3）	权重（ρ=2）
绿色酒店比例（C1）	0.0349	0.0346	0.0321
绿色餐饮比例（C2）	0.0121	0.0120	0.0111
绿色建筑比例（C3）	0.0200	0.0198	0.0184
低碳购物（C4）	0.0106	0.0104	0.0098
低碳交通比例（C5）	0.0632	0.0631	0.0581
低碳旅游景区比例（C6）	0.0289	0.0285	0.0266
旅游企业低碳投资比例（C7）	0.0426	0.0425	0.0392
低碳营销（C8）	0.0207	0.0206	0.0190
游客增长率（C9）	0.0317	0.0315	0.0292

续表

指标	权重（$\rho=5$）	权重（$\rho=3$）	权重（$\rho=2$）
旅游拥挤指数（C10）	0.0078	0.0075	0.0072
旅游碳强度（C11）	0.0620	0.0620	0.0570
旅游碳足迹（C12）	0.0448	0.0447	0.0412
可再生能源利用（C13）	0.0437	0.0438	0.0402
旅游能源强度（C14）	0.0243	0.0241	0.0224
绿地空间比例（C15）	0.0181	0.0182	0.0167
空气污染指数（C16）	0.0781	0.0780	0.0719
地表水质量（C17）	0.0666	0.0664	0.0613
噪声污染（C18）	0.0150	0.0150	0.0138
固体垃圾处理（C19）	0.0280	0.0281	0.0258
污水处理（C20）	0.0465	0.0463	0.0428
环境监测系统（C21）	0.0968	0.0965	0.0891
低碳公共设施建设（C22）	0.0444	0.0440	0.0408
节水技术应用（C23）	0.0207	0.0206	0.0190
低碳标识（C24）	0.0077	0.0076	0.0071
低碳材料使用（C25）	0.0119	0.0116	0.0109
低碳环境教育（C26）	0.0272	0.0270	0.0250
低碳理念传播（C27）	0.0144	0.0143	0.0132
居民低碳素养（C28）	0.0052	0.0050	0.0048
游客低碳素养（C29）	0.0075	0.0074	0.0069
旅游企业员工低碳素养（C30）	0.0119	0.0117	0.0109
低碳政策&法规（C31）	0.0316	0.0315	0.0291
低碳旅游规划（C32）	0.0131	0.0130	0.0121
低碳科技进步（C33）	0.0083	0.0080	0.0076
公共交通出行比例	/	/	0.0015
旅游业占 GDP 的比例	/	/	0.0021
旅游 CO_2 排放	/	0.0016	0.0025
旅游能源消费	/	0.0011	0.0024
生物多样性	/	/	0.0013
水消耗	/	/	0.0016
人口密度	/	/	0.0014
人口健康管理	/	/	0.0017
R&D 投资占 GDP 的比重	/	/	0.0024
受过高等教育者就业比例	/	/	0.0021
生态城市规划	/	0.0019	0.0022

附录 4：评价指标之间的相互联系

表 A3　评价指标之间的相互联系

	A1	A2	A3	C1	C2	C3	C4	C5	C6	C7	C8	C9	C10	C11	C12	C13	C14	C15	C16	C17	C18	C19	C20	C21	C22	C23	C24	C25	C26	C27	C28	C29	C30	C31	C32	C33
A1				✓	✓	✓				✓	✓	✓	✓	✓	✓	✓	✓	✓	✓	✓	✓	✓	✓	✓	✓	✓	✓	✓	✓	✓	✓	✓	✓	✓	✓	✓
A2																																				
A3		✓																																		
C1	✓				✓	✓				✓	✓	✓	✓	✓	✓	✓	✓	✓	✓	✓	✓	✓	✓	✓	✓	✓	✓	✓	✓	✓	✓	✓	✓	✓	✓	✓
C2	✓			✓		✓				✓	✓	✓	✓	✓	✓	✓	✓	✓	✓	✓	✓	✓	✓	✓	✓	✓	✓	✓	✓	✓	✓	✓	✓	✓	✓	✓
C3	✓			✓	✓		✓			✓	✓	✓	✓	✓	✓	✓	✓	✓	✓	✓	✓	✓	✓	✓	✓	✓	✓	✓	✓	✓	✓	✓	✓	✓	✓	✓
C4						✓		✓																												
C5							✓		✓																											
C6								✓		✓																										
C7	✓			✓	✓	✓			✓		✓	✓	✓	✓	✓	✓	✓	✓	✓	✓			✓	✓	✓	✓	✓	✓	✓	✓	✓	✓	✓	✓	✓	✓
C8	✓			✓	✓	✓				✓		✓	✓	✓	✓	✓	✓	✓	✓	✓		✓	✓	✓	✓	✓	✓	✓	✓	✓	✓	✓	✓	✓	✓	✓
C9	✓			✓	✓	✓				✓	✓		✓	✓	✓	✓	✓	✓	✓	✓	✓	✓	✓	✓	✓	✓	✓	✓	✓	✓	✓	✓	✓	✓	✓	✓
C10	✓			✓	✓	✓				✓	✓	✓		✓	✓	✓	✓	✓	✓	✓	✓	✓	✓	✓	✓	✓	✓	✓	✓	✓	✓	✓	✓	✓	✓	✓
C11	✓			✓	✓	✓				✓	✓	✓	✓		✓	✓	✓	✓	✓	✓	✓	✓	✓	✓	✓	✓	✓	✓	✓	✓	✓	✓	✓	✓	✓	✓
C12	✓			✓	✓	✓				✓	✓	✓	✓	✓		✓	✓	✓	✓	✓	✓	✓	✓	✓	✓	✓	✓	✓	✓	✓	✓	✓	✓	✓	✓	✓
C13	✓			✓	✓	✓				✓	✓	✓	✓	✓	✓		✓	✓	✓	✓	✓	✓	✓	✓	✓	✓	✓	✓	✓	✓	✓	✓	✓	✓	✓	✓
C14	✓			✓	✓	✓				✓	✓	✓	✓	✓	✓	✓		✓	✓	✓	✓	✓	✓	✓	✓	✓	✓	✓	✓	✓	✓	✓	✓	✓	✓	✓
C15	✓			✓	✓	✓				✓	✓	✓	✓	✓	✓	✓	✓		✓	✓	✓	✓	✓	✓	✓	✓	✓	✓	✓	✓	✓	✓	✓	✓	✓	✓

续表

	A1	A2	A3	C1	C2	C3	C4	C5	C6	C7	C8	C9	C10	C11	C12	C13	C14	C15	C16	C17	C18	C19	C20	C21	C22	C23	C24	C25	C26	C27	C28	C29	C30	C31	C32	C33
C16	✓	✓	✓									✓												✓						✓						✓
C17	✓	✓	✓															✓																		✓
C18	✓	✓	✓									✓									✓			✓												
C19	✓	✓	✓									✓																	✓	✓					✓	✓
C20	✓	✓	✓																					✓												
C21	✓	✓	✓									✓							✓		✓	✓			✓	✓										✓
C22	✓	✓	✓	✓													✓		✓		✓	✓	✓	✓							✓	✓				✓
C23	✓	✓	✓	✓							✓						✓		✓		✓	✓	✓				✓		✓			✓				✓
C24	✓	✓	✓	✓					✓		✓			✓	✓	✓	✓		✓		✓	✓	✓	✓		✓		✓	✓							✓
C25	✓	✓	✓	✓					✓		✓			✓	✓	✓	✓		✓		✓	✓	✓	✓				✓				✓				✓
C26	✓	✓	✓	✓					✓		✓	✓		✓	✓	✓	✓		✓		✓	✓	✓	✓		✓				✓						✓
C27	✓	✓	✓	✓							✓	✓		✓		✓	✓		✓		✓		✓	✓							✓					✓
C28	✓	✓	✓	✓							✓	✓		✓		✓	✓		✓		✓			✓			✓	✓				✓				✓
C29	✓	✓	✓	✓							✓	✓		✓		✓	✓		✓		✓			✓			✓		✓			✓				✓
C30	✓	✓	✓	✓							✓	✓		✓		✓	✓		✓		✓			✓												✓
C31	✓	✓	✓	✓							✓	✓		✓		✓	✓		✓		✓			✓			✓				✓	✓		✓		✓
C32	✓	✓	✓	✓							✓	✓		✓		✓	✓		✓		✓						✓									✓
C33	✓	✓	✓	✓							✓	✓		✓		✓	✓		✓		✓			✓			✓			✓			✓		✓	

注：第1行显示受第1列指标影响的评估指标。"✓"表示第1列中的指标可能会对第1行中的指标产生影响。例如，绿色酒店比例（C1）对绿色建筑比例（C3）产生积极影响，低碳环境教育（C26）对旅游碳强度（C11）产生消极影响。

附录 5：初始超矩阵

表 A4 初始超矩阵

	A1	A2	A3	C1	C2	C3	C4	C5	C6	C7	C8	C9	C10	C11	C12	C13	C14	C15	C16	C17	C18	C19	C20	C21	C22	C23	C24	C25	C26	C27	C28	C29	C30	C31	C32	C33
A1	0.0000	0.0000	0.0000	0.6370	0.6370	0.6370	0.6833	0.6370	0.6370	0.7306	0.7306	0.6370	0.5396	0.6442	0.6267	0.6370	0.6370	0.1007	0.2426	0.1125	0.1125	0.1125	0.1125	0.1125	0.1397	0.1172	0.1397	0.1397	0.0936	0.0936	0.0936	0.1397	0.1634	0.2764	0.2764	0.2297
A2	0.5495	0.0000	0.4884	0.2583	0.2583	0.2583	0.1998	0.2583	0.2583	0.1884	0.1884	0.2583	0.2970	0.0852	0.0936	0.1047	0.1047	0.6738	0.6694	0.7089	0.7089	0.7089	0.7089	0.7089	0.5278	0.6144	0.5278	0.5278	0.2797	0.2797	0.2797	0.3325	0.2970	0.1283	0.1283	0.6483
A3	0.2476	0.5495	0.2507	0.1047	0.1047	0.1047	0.1169	0.1047	0.1047	0.0810	0.0810	0.1047	0.1634	0.2706	0.2797	0.2583	0.2583	0.2255	0.0880	0.1786	0.1786	0.1786	0.1786	0.1786	0.3325	0.2684	0.3325	0.3325	0.6267	0.6267	0.6267	0.5278	0.5396	0.5954	0.5954	0.1220
C1	0.1293	0.2476	0.4884	0.0000	0.0000	0.0000	0.6370	0.0000	0.0000	0.0000	0.0000	0.4884	0.4884	0.6024	0.6024	0.6024	0.6024	0.0000	0.0000	0.0000	0.0000	0.0000	0.0000	0.0000	0.4331	0.5396	0.5167	0.4094	0.4094	0.4094	0.4155	0.5104	0.6157	0.4094	0.4094	0.5471
C2	0.2476	0.1293	0.2507	0.0000	0.0000	0.0000	0.1047	0.0000	0.0000	0.2647	0.0000	0.2507	0.2507	0.1260	0.1260	0.1260	0.1260	0.1260	0.0000	0.0000	0.0000	0.0000	0.0000	0.0000	0.1645	0.1634	0.2382	0.2895	0.2895	0.2895	0.2926	0.1040	0.1741	0.2895	0.2895	0.1061
C3	0.1575	0.2476	0.1293	0.0000	0.0000	1.0000	0.2583	0.0000	0.0000	0.0829	0.0000	0.1575	0.1575	0.2168	0.2168	0.2168	0.2168	0.0549	0.0000	0.0000	0.0000	0.0000	0.0000	0.0000	0.3085	0.2970	0.1682	0.2047	0.2047	0.2047	0.1850	0.1594	0.0871	0.2047	0.2047	0.2673
C4	0.0736	0.1034	0.0000	0.0000	0.0000	0.0000	0.0000	0.0000	0.0000	0.1361	1.0000	0.1034	0.1034	0.0549	0.0549	0.0549	0.0549	0.8333	0.0000	0.0000	0.0000	0.0000	0.0000	0.0000	0.0939	0.0000	0.0769	0.0965	0.0965	0.0965	0.1070	0.2262	0.1231	0.0965	0.0965	0.0796
C5	0.8333	0.8750	0.7500	0.0000	0.0000	0.0000	0.8333	1.0000	0.8333	0.7500	0.0000	0.6667	0.6667	0.8571	0.8333	0.8750	0.8333	0.8333	0.8333	0.8333	0.8333	0.8333	0.8333	0.8333	0.8333	0.0000	0.8571	0.7500	0.7500	0.7500	0.6667	0.7500	0.7500	0.7500	0.7500	0.8333
C6	0.1667	0.1250	0.2500	0.0000	0.0000	0.0000	0.1667	0.0000	0.1667	0.2500	0.0000	0.3333	0.3333	0.1429	0.1667	0.1250	0.1667	0.1667	0.1667	0.1667	0.1667	0.1667	0.1667	0.1667	0.1667	0.0000	0.1429	0.2500	0.2500	0.2500	0.3333	0.2500	0.2500	0.2500	0.2500	0.1667
C7	0.8333	0.8571	0.7500	0.8750	0.8750	0.8750	0.8750	0.8750	0.8750	0.0000	0.7500	0.7500	0.7500	0.8750	0.8333	0.8750	0.8333	0.7500	0.8333	0.8333	0.8333	0.8333	0.8333	0.8333	0.8333	0.8750	0.8750	0.8750	0.8750	0.8750	0.8333	0.8333	0.8333	0.8333	0.8333	0.8571
C8	0.1667	0.1429	0.2500	0.1250	0.1250	0.1250	0.1250	0.1250	0.1250	1.0000	0.2500	0.2500	0.2500	0.1250	0.1667	0.1250	0.1667	0.2500	0.1667	0.1667	0.1667	0.1667	0.1667	0.1667	0.1667	0.1250	0.1250	0.1250	0.1250	0.1250	0.1667	0.1667	0.1667	0.1667	0.1667	0.1429
C9	0.8333	0.7500	0.7500	0.8333	0.8333	0.8333	0.7500	1.0000	0.8333	0.7500	0.0000	0.0000	1.0000	0.7500	0.8333	0.8333	0.8333	0.7900	0.8333	0.8333	0.8333	0.8333	0.8333	0.8333	0.8571	0.8333	0.8333	0.8333	0.8333	0.8333	0.8333	0.8333	0.8333	0.8333	0.8333	0.8333
C10	0.1667	0.2500	0.2500	0.1667	0.1667	0.1667	0.2500	0.0000	0.1667	0.2500	0.1667	0.4382	0.0000	0.2500	0.1667	0.1667	0.1667	0.2500	0.1667	0.1667	0.1667	0.1667	0.1667	0.1667	0.1429	0.1667	0.1667	0.1667	0.1667	0.1667	0.1667	0.1667	0.1667	0.1667	0.1667	0.1667
C11	0.2447	0.2187	0.4020	0.4884	0.4884	0.4884	0.2275	0.4884	0.4884	0.4571	0.4382	0.4020	0.4020	0.1958	0.6144	0.1259	0.1667	0.2377	0.2377	0.2377	0.2377	0.2377	0.2377	0.2377	0.2773	0.2317	0.2773	0.2377	0.2377	0.2377	0.2610	0.2615	0.3948	0.3728	0.3728	0.4444
C12	0.4896	0.5319	0.2383	0.2507	0.2507	0.2507	0.5993	0.2507	0.2507	0.1247	0.1569	0.2383	0.2383	0.3108	0.0000	0.8750	0.4020	0.4677	0.4677	0.4677	0.4677	0.4677	0.4677	0.4677	0.5082	0.5682	0.4757	0.4677	0.4677	0.4677	0.4302	0.5128	0.1582	0.0816	0.0816	0.0823
C13	0.1336	0.1303	0.1921	0.1575	0.1575	0.1575	0.1105	0.1575	0.1575	0.2874	0.2861	0.1921	0.1921	0.4934	0.2684	0.0000	0.0000	0.1922	0.1922	0.1922	0.1922	0.1922	0.1922	0.1922	0.1503	0.1361	0.1418	0.1922	0.1922	0.1922	0.1799	0.1290	0.2816	0.2838	0.2838	0.2863
C14	0.0849	0.0675	0.1071	0.1034	0.1034	0.1034	0.0627	0.1034	0.1034	0.0949	0.0838	0.1071	0.1071	0.1172	0.1172	0.0000	1.0000	0.0705	0.0705	0.0705	0.0705	0.0705	0.0705	0.0705	0.0737	0.0540	0.0651	0.0705	0.0705	0.0705	0.0833	0.0654	0.1084	0.1602	0.1602	0.1407
C15	0.0472	0.0517	0.0606	0.0000	0.0000	0.0000	0.0000	0.0000	0.0000	0.0359	0.0371	0.0606	0.0606	0.0000	0.0000	0.0000	0.0000	0.0319	0.0319	0.0319	0.0319	0.0319	0.0319	0.0319	0.0406	0.0401	0.0401	0.0319	0.0319	0.0319	0.0456	0.0333	0.0571	0.1016	0.1016	0.0463
C16	0.3606	0.3792	0.3983	0.1098	0.1098	0.1061	0.3289	0.8333	0.8333	0.3633	0.3633	0.3858	0.3838	0.3181	0.3388	0.3388	0.3277	0.3277	0.3277	0.3277	0.3277	0.3277	0.3277	0.3388	0.3277	0.3277	0.3277	0.3277	0.3277	0.3277	0.2751	0.3983	0.3983	0.2751	0.2751	0.1268

续表

	A1	A2	A3	C1	C2	C3	C4	C5	C6	C7	C8	C9	C10	C11	C12	C13	C14	C15	C16	C17	C18	C19	C20	C21	C22	C23	C24	C25	C26	C27	C28	C29	C30	C31	C32	C33
C17	0.2337	0.2174	0.1866	0.1045	0.1045	0.1019	0.0916	0.0000	0.0000	0.2018	0.2018	0.2342	0.2342	0.0000	0.0000	0.0000	0.0000	0.0000	0.0000	0.0000	0.0000	0.7500	0.8333	0.2555	0.2049	0.0000	0.2049	0.2102	0.2102	0.2102	0.2183	0.1866	0.1866	0.2183	0.2183	0.0530
C18	0.0414	0.0411	0.0688	0.0000	0.0000	0.0000	0.0000	0.1667	0.1667	0.0705	0.0705	0.1234	0.1234	0.0000	0.0000	0.0000	0.0000	0.0000	0.0000	0.0000	0.0000	0.0000	0.0000	0.0836	0.0515	0.0000	0.0515	0.0713	0.0713	0.0713	0.0866	0.0688	0.0688	0.1733	0.1733	0.0422
C19	0.1655	0.1497	0.1392	0.1946	0.1946	0.1658	0.1153	0.0000	0.0000	0.1504	0.1504	0.1054	0.1054	0.0000	0.0000	0.0000	0.0000	0.0000	0.0000	0.0000	0.0000	0.0000	0.0000	0.1946	0.1703	0.0000	0.1703	0.1645	0.1645	0.1645	0.1733	0.1392	0.1392	0.1375	0.1375	0.3360
C20	0.1233	0.1186	0.1153	0.2555	0.2555	0.2716	0.2835	0.0000	0.0000	0.1193	0.1193	0.0841	0.0841	0.0000	0.0000	0.0000	0.0000	0.0000	0.0000	0.0000	0.0000	0.0000	0.0000	0.1481	0.1351	0.0000	0.1351	0.1305	0.1305	0.1305	0.1375	0.1153	0.1153	0.1092	0.1092	0.1748
C21	0.0754	0.0940	0.0918	0.3356	0.3356	0.3546	0.1808	0.0000	0.0000	0.0947	0.0947	0.0671	0.0671	1.0000	1.0000	1.0000	1.0000	0.0000	1.0000	0.8333	1.0000	0.2500	0.1667	0.0000	0.0994	0.0000	0.0994	0.0960	0.0960	0.0960	0.1092	0.0918	0.0918	0.0866	0.0866	0.2672
C22	0.5495	0.6157	0.5177	0.0000	0.0000	0.0000	0.5177	0.6370	0.6370	0.5837	0.5021	0.6157	0.6157	0.5604	0.5510	0.5604	0.5604	0.0000	0.8750	0.2344	1.0000	1.0000	0.2500	0.0000	0.6370	0.0000	0.6370	0.6370	0.4901	0.4901	0.4512	0.4774	0.4774	0.5019	0.5019	0.1452
C23	0.2476	0.2871	0.0942	0.6370	0.6370	0.6370	0.0942	0.0000	0.0000	0.1169	0.1270	0.1741	0.1741	0.0516	0.0551	0.0516	0.0516	0.0000	0.0000	0.0922	0.0000	0.0000	0.7500	0.0000	0.1047	0.0000	0.1047	0.2310	0.2310	0.2310	0.2609	0.0988	0.0988	0.2425	0.2425	0.5148
C24	0.1293	0.1231	0.2832	0.1047	0.1047	0.1047	0.1404	0.1047	0.1047	0.0697	0.0651	0.1231	0.1231	0.1276	0.1301	0.1276	0.1276	0.0000	0.1250	0.0700	0.0000	0.0000	0.0000	0.0000	0.2583	0.1397	0.2583	0.1155	0.1155	0.1155	0.1190	0.2794	0.2794	0.0838	0.0838	0.0755
C25	0.0736	0.1741	0.2477	0.2583	0.2583	0.2583	0.2477	0.2583	0.2583	0.2296	0.3058	0.0871	0.0871	0.2605	0.2639	0.2605	0.2605	0.0000	0.0000	0.1035	0.0000	0.0000	0.0000	0.0000	0.2583	0.3325	0.2583	0.0000	0.1634	0.1634	0.1689	0.1445	0.1445	0.1718	0.1718	0.2665
C26	0.4094	0.4117	0.4431	0.3870	0.3870	0.3870	0.4123	0.3870	0.4274	0.4504	0.4504	0.4176	0.4176	0.4181	0.4181	0.4181	0.4181	0.0000	0.4181	0.4467	0.0000	0.4467	0.4467	0.0000	0.3837	0.3837	0.3837	0.3837	0.0000	0.4827	0.4393	0.2527	0.4331	0.3539	0.3539	0.3714
C27	0.2477	0.2610	0.2832	0.2943	0.2943	0.2943	0.2768	0.2943	0.2705	0.2452	0.2452	0.2928	0.2928	0.0812	0.0812	0.0812	0.0812	0.0000	0.0812	0.2863	0.0000	0.2863	0.2863	0.0000	0.2812	0.2812	0.2812	0.2812	0.4827	0.0000	0.3107	0.5229	0.3085	0.2699	0.2699	0.2832
C28	0.0671	0.0810	0.1324	0.0527	0.0527	0.0527	0.0489	0.0527	0.0523	0.0870	0.0870	0.0645	0.0645	0.0997	0.0997	0.0997	0.0997	0.0000	0.0997	0.0495	0.0000	0.0495	0.0495	0.0000	0.0657	0.0657	0.0657	0.0657	0.1470	0.1412	0.0000	0.0765	0.1645	0.1634	0.1634	0.1553
C29	0.1156	0.1064	0.0584	0.1031	0.1031	0.1031	0.1136	0.1031	0.1089	0.0664	0.0664	0.0800	0.0800	0.1562	0.1562	0.1562	0.1562	0.0000	0.1562	0.0850	0.0000	0.0850	0.0850	0.0000	0.1163	0.1163	0.1163	0.1163	0.1129	0.1006	0.1036	0.0000	0.0939	0.0717	0.0717	0.0717
C30	0.1601	0.1398	0.0830	0.1629	0.1629	0.1629	0.1484	0.1629	0.1419	0.1510	0.1510	0.1451	0.1451	0.2448	0.2448	0.2448	0.2448	0.0000	0.2448	0.1326	0.0000	0.1326	0.1326	0.0000	0.1530	0.1530	0.1530	0.1530	0.2574	0.2756	0.1465	0.1479	0.0000	0.1411	0.1411	0.1184
C31	0.7259	0.6144	0.6833	0.6370	0.6370	0.6370	0.5584	0.6370	0.6370	0.6370	0.6370	0.6267	0.6267	0.6370	0.6370	0.6370	0.6370	0.0000	0.6370	0.5936	0.0000	0.5936	0.5936	0.0000	0.5469	0.2970	0.5469	0.5469	0.6370	0.6370	0.6370	0.5695	0.5816	0.0000	0.8333	0.7500
C32	0.1721	0.2684	0.1998	0.2583	0.2583	0.2583	0.3196	0.2583	0.2583	0.2583	0.2583	0.2797	0.2797	0.2583	0.2583	0.2583	0.2583	0.0000	0.2583	0.1571	0.0000	0.1571	0.1571	0.0000	0.3445	0.3196	0.3445	0.3445	0.2583	0.2583	0.2583	0.3331	0.3990	0.8333	0.0000	0.2500
C33	0.1020	0.1172	0.1169	0.1047	0.1047	0.1047	0.1220	0.1047	0.1047	0.1047	0.1047	0.0936	0.0936	0.1047	0.1047	0.1047	0.1047	0.0000	0.1047	0.2993	0.0000	0.2993	0.2993	0.0000	0.1085	0.1220	0.1085	0.1085	0.1047	0.1047	0.1047	0.0974	0.1095	0.1667	0.1667	0.0000

附录6：各指标得分和数据来源

表 A5 各指标得分和数据来源

指标	拉萨 得分	标准化得分	数据来源	桂林 得分	标准化得分	数据来源
C1	23.5%	0.28	绿色饭店（GB/T 21084—2007）确定	45.60%	0.49	绿色饭店（GB/T 21084—2007）确定
C2	15.7%	0.13	使用绿色材料和标识的餐饮企业数量	38.80%	0.35	使用绿色材料和标识的餐饮企业数量
C3[a]	5.7%	0.17	拉萨市住房和城乡建设局统计数据	20.40%	0.55	桂林市住房和城乡建设局统计数据
C4	87.8%	0.81	主要购物场所调查	75.30%	0.70	主要购物场所调查
C5	45.0%	0.36	拉萨市交通运输局统计数据	85.00%	0.91	广西桂林市交通运输局统计数据
C6	30.6%	0.25	主要旅游景点抽样调查	58.70%	0.47	主要旅游景点抽样调查
C7	0.5%	0.09	拉萨市发展和改革委员会统计数据	6.83%	0.39	广西桂林市发展和改革委员会统计数据
C8	31.0%	0.53	主要旅游企业调查	58.50%	0.69	主要旅游企业调查
C9	15.9%	0.73	拉萨市旅游发展局统计数据	52.86%	0.36	广西桂林市文化广电和旅游局统计数据
C10	19.7	0.58	拉萨市旅游发展局和《西藏统计年鉴2017》的统计数据	15.83	1.00	广西桂林市文化广电和旅游局和《广西统计年鉴2017》统计数据
C11	0.203	0.81	自下而上法计算二氧化碳排放量	0.214	0.73	自下而上法计算二氧化碳排放量
C12	39.7	0.69	自下而上法计算二氧化碳排放量	51.60	0.56	自下而上法计算二氧化碳排放量
C13	37.6%	0.72	拉萨市发展和改革委员会统计数据	40.80%	0.65	广西桂林市发展和改革委员会统计数据
C14	7.8	0.70	自下而上法计算能源消费	6.9	0.74	自下而上法计算能源消费
C15	32.8%	0.71	拉萨市林业和草原局统计数据	68.40%	0.92	广西桂林市林业和园林局统计数据
C16	85.75%	0.91	《中国环境统计年鉴2017》	90.12%	0.94	《中国环境统计年鉴2017》
C17	98.5%	0.96	同上	98.30%	0.96	同上
C18	100%	1.00	同上	100%	1.00	同上
C19	69.4%	0.61	同上	85.64%	0.80	同上
C20	84.9%	0.81	同上	90.35%	0.91	同上
C21	100%	1.00	西藏自治区生态环境厅统计数据	100%	1.00	广西壮族自治区生态环境厅统计数据
C22	0.05%	0.01	拉萨市发展和改革委员会统计数据	3.56%	0.54	广西桂林市发展和改革委员会统计数据
C23	10.7%	0.28	西藏自治区生态环境厅统计数据	28.74%	0.46	广西壮族自治区生态环境厅统计数据

续表

指标	拉萨 得分	标准化得分	数据来源	桂林 得分	标准化得分	数据来源
C24	30.9%	0.36	实地调研	75.33%	0.78	实地调研
C25	35.2%	0.41	主要旅游企业调查	53.48%	0.52	主要旅游企业调查
C26	65	0.59	旅游业利益相关者调查	85	0.87	旅游业利益相关者调查
C27	75	0.70	访谈	80	0.75	电话访谈
C28[b]	80	0.82	问卷调查和专家打分	75	0.80	问卷调查和专家打分
C29[c]	85	0.75	同上	85	0.75	同上
C30[d]	75	0.82	同上	70	0.76	同上
C31	60	0.69	专家打分	75	0.83	专家打分
C32	60	0.66	同上	70	0.75	同上
C33	80	0.91	同上	85	0.93	同上

注：a.绿色建筑根据《绿色建筑评价标准》（GB/T 50378—2019）确定。b、c、d.居民、游客和旅游企业的碳素养通过问卷调查获得。问卷参考了 Brounen 等（2013）和 Hong 等（2013）的研究，略有变化。2017 年 11 月 10～15 日，在拉萨市城关区、堆龙德庆区和达孜区分别向居民、游客和旅游企业发放了 100 份问卷，分别返回 92 份、95 份和 100 份。2020 年 3 月 10～18 日，在桂林市分别向居民、游客和旅游企业发放了 100 份在线问卷，分别回收 85 份、88 份和 93 份。然后将问卷的描述性统计结果发送给专家组进行评分，评分范围为 0～100。分数越高表示低碳素养水平越高。